U0101379

大洋沉思——甲午海战全景透视

苏小东 著

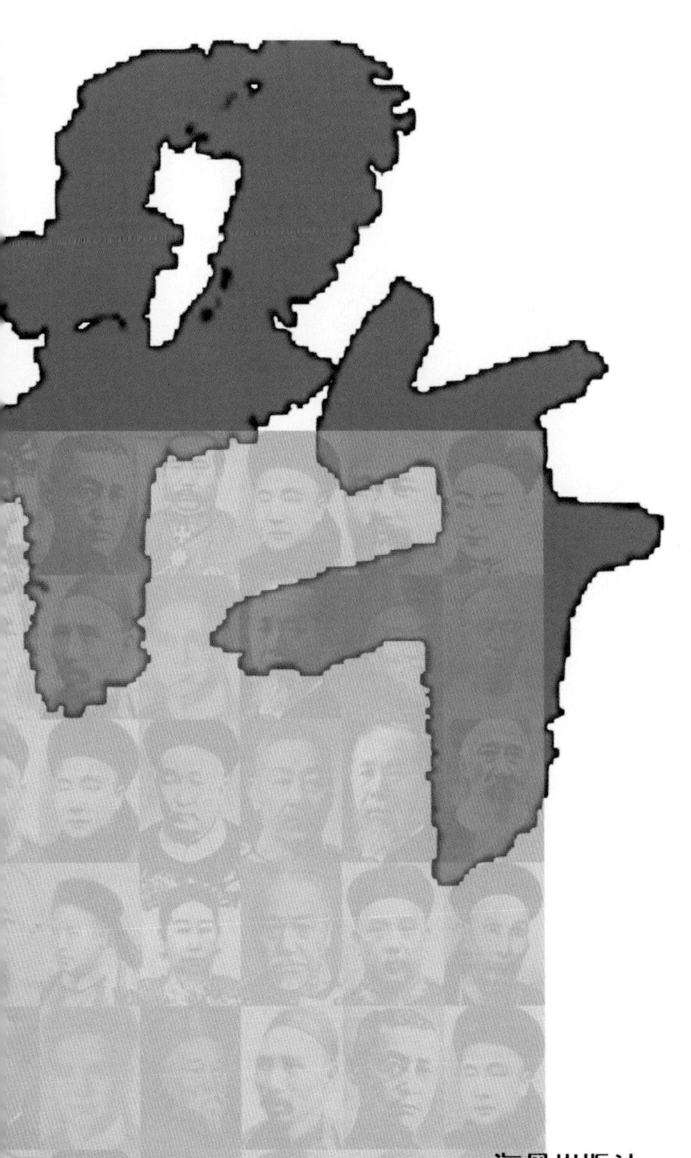

海风出版社
HAIFENG PUBLISHING HOUSE

甲午海战120周年

苏小东

1956年生,海军航空工程学院人文社科系教授、海军史研究所所长,中国甲午战争专业委员会副主任委员,编著有《中国近代海军史》、《中华民国海军史事日志》、《世界海军史》、《甲午日军罪行录》等。

清总理海军事务大臣醇亲王奕譞1886年巡阅海军时由随行画师所绘

旅顺水操

前　言

2014年是中国农历甲午年。按照中国传统的干支纪年法，60年为一“甲子”，亦即60年一循环。时光荏苒，又是甲午之年，人们几乎立刻就会联想到已逝去两个甲子整整120年的那场改变中日两国命运的“甲午战争”（日本称之为“日清战争”）。对于中国人来说，甲午之年话“甲午”，真可谓“别有一番滋味在心头”。

但无论如何，在这60年一遇的甲午之年里，“甲午战争”的话题在国人各种形式的“诉说”与“倾听”中，一定会异乎寻常地热起来。历史问题的热议，往往有其现实的原因，既是以史喻今，大抵也要以史为鉴。凡“事”一旦热起来，自会扩大成“势”，但也容易浮于表面。我以为，甲午之年话“甲午”，理应以“甲午”之历史真相唤起民族记忆与反思，而游离于历史真相之外的“热议”其实并不可取。

海风出版社计划在甲午年出版一部关于甲午海战的书，题目也已选定，即《大洋沉思——甲午海战全景透视》。出版社向我约稿，我却颇有些犹豫，因为我在2004年甲午战争110周年时写过一本名为《甲午中日海战》的小册子，再写同一内容的书，难免会有“炒冷饭”之嫌。但仔细想想，甲午战争在我的研究领域中是一个着力较多的专题，甲午之年写写“甲午”也算是义不容辞，于是便应承下来。应承下来之后的问题是给我的写作时间有限，所以我只能以10年前的旧作《甲午中日海战》为基础写这本新书，亦可谓旧作的增订本。

既是增订，当然在内容上要有所增加，有关史实和史识也会有所修订。

旧作《甲午中日海战》因为是“勿忘甲午”丛书中的一本，内容和篇幅都有一定的限制，所以在历史画面上强调的是“特写”而非“全景”。本书的篇幅已有比较大的扩展，丰富了战争背景、战前准备、作战过程及结局等内容，增加了诸如丰岛海战中的“高升”号事件、清政府曾试图组织海上力量直捣日本的谋划、日军在《马关条约》签订前后海陆协同攻占澎湖、台湾等内容，并从北洋海军覆灭后东亚海权格局新变化的视角对战争影响加以结论性概述。新书虽然对海战的基本内容未做大的调整，但在整体把握上更接近于“全景透视”，即以那个席卷全球的大洋时代透视中日两国的不同战略选择，以中日战略差异透视甲午战争，以甲午战争全局透视甲午海战，以甲午海战胜负透视制海权得失的重要影响和海军、海权的战略地位。

近10年来，与甲午战争相关的史料整理和发掘有了长足进步，数量之多不胜枚举，而特别值得一提的是中国第一历史档案馆编《清代军机处电报档汇编》（人民大学出版社出版）和顾廷龙、戴逸主编《李鸿章全集》（安徽教育出版社出版）两大部。史料直接关乎历史的重建和评论，历史研究就是要在最大限度占有史料的基础上尽可能地还原历史，虽然在此过程中难免带有一定的主观色彩，但至少可以使解读历史能够持之有故、言之成理。正因为众多新史料的出现，我对旧作的修订既有必要，也有了可能。另一方面，近年来与甲午战争研究相关的新成果也颇为丰硕，其中台湾王家俭《李鸿章与北洋舰队——中国近代创建海军的失败与教训》、美国夏威夷大学荣休教授马幼垣《靖海澄疆——中国近代海军史事新诠》及陈悦《沉没的甲午》等著作，我读后都颇受启发，受益匪浅。

不可否认，在新的研究成果中也有对拙著某些观点提出质疑者。对此，我首先表示诚挚的谢意，因为既有质疑，便说明已经看过我的书。有史家言，“历史需要不断解读”。在“不断解读”中，必然会有“不同解读”，这不仅十分正常，而且也很有必要。尽管此前我对质疑并未作出回应，但我对质疑的态度是明确的，即凡以史实为依据的质疑，我都虚心受教；凡属主观臆测的质疑，我则姑妄听之。不论是虚心受教，还是固执已见，在这本书里都有所反映。

这本书作为旧作的增订本，匆忙起笔，又仓促收笔，识见功力之不足一定处处可见，尤其是对中国海军在甲午战争中失败的经验教训，仍未进行全面系统的总结，我对此深感遗憾。在此，我惟有恳请读者谅解，并不吝赐教。

我的这本关于甲午海战的书能在这个甲午之年出版，要感谢那些给予我鼓励和指导的朋友们，也要感谢海风出版社社长傅国强、常务副社长胡国贤和责任编辑林巧玲女士、亓可佳女士的大力支持和辛勤付出。最后还需说明，本书附录的黄海海战示意图均为宋岩女士按原图绘制，在此向她衷心致谢。

苏小东

甲午年仲夏于烟台

设在山东威海卫刘公岛上的北洋海军提督衙门(即司令部)

目　录

目 录

目录

大洋沉思

Chapter One

第一章

甲午战争溯源

一　日本蓄谋“征韩”与侵华

日本于1894年挑起中日甲午战争并非偶然，而是蓄谋已久，并且进行了长时期的军事准备。

甲午战争爆发后，日本为适应战争宣传需要而创办的杂志《日清战争实记》，从第3编开始连载坪谷水哉的《丰公朝鲜军记》，着力鼓吹对外侵略扩张的历史人物丰臣秀吉。

丰臣秀吉出生于日本战国时期的1536年，原在日本中部尾张国织田信长部下为将，因屡立战功，渐受重用，于1573年被擢为大名（领主）。1582年织田信长被刺身亡，丰臣秀吉代之而起，于1585年任关白（摄政），1586年任太政大臣，掌握了日本政权。丰臣野心极大，曾向织田信长表示，待统一日本全国，即“率军进入朝鲜，席卷明朝四百余州，以为皇国之版图”。[1] 1590年丰臣秀吉统一全国后，从1592年起先后两次大规模派兵入侵朝鲜，企图占领朝鲜和中国，甚至还要奉日本天皇定都北京。日本的这次对外扩张战争前后历时近7年，最终在中朝两国军队的联合抗击下以失败告终，丰臣秀吉也忧病而亡。丰臣秀吉虽然在失败中死去，但其作为日本倡导海外扩张论的鼻祖，一直阴魂不散。

[1] 日本参谋本部编：《日本战史》，朝鲜战役，第11页，村田书店，1978。

丰臣秀吉死后，德川家康取得统治全国的地位，继续推行丰臣的对外扩张政策。1615年，德川幕府派兵征讨中国台湾，不料船队驶到琉球海面被暴风雨打散，不得不放弃进攻。与此同时，欧洲早期殖民势力通过海上新航路正不断涌入东亚，德川幕府由于害怕西方船炮和文化会危及其封建统治，乃于1633年颁布了“锁国令”。尽管如此，丰臣秀吉的海外扩张思想仍以各种不同的名目在“锁国”期间涌现出来，先有一些学者如熊泽蕃山、山鹿素行、本居宣长等，大力宣扬日本中心主义；后有一些学者如本利多明、佐藤信渊等，又提出建立“大日本帝国”的构想。其中最有代表性的人物是佐藤信渊。他于1823年撰写《宇内混同秘策》一书，宣称：“皇大御国乃天地间最初成立之国，为世界各国之根本”，所以“皇国”“合并世界各国”和“号令世界各国之天理”，是不言而喻的。[2]他还认为，“合并世界各国”要讲究方略，即“凡经略异邦之方法，应先自弱而易取之地始之。当今之世界万国中，皇国易取易攻之土地，无比中国之满洲为更易取者”。所以，“皇国日本之开辟异邦，必先肇始自吞并中国”，而征服中国，必先取满洲；征服满洲，“不仅在取得满洲，而在图谋朝鲜及中国”。[3]佐藤信渊的思想主张，后来成了日本军国主义海外扩张政策的思想和理论的基础。

1853年7月，美国东印度舰队司令佩里（M.C.Perry）海军准将率领4艘军舰驶入日本江户（今东京）湾的浦贺港，向德川幕府递交了一份美国总统要求日本开放门户的国书，并宣称明年来听取答复。沙俄闻讯，亦派海军中将璞查廷（E.V.Putyatin）率舰来日，要求划定

[2] 井上清：《日本帝国主义的形成》，第2页，人民出版社，1984年。

[3] 水野明：“日本侵略中国思想的检证”，戚其章、王如绘主编：《甲午战争与近代中国和世界》，第272页，人民出版社，1995。

国界并通商。翌年3月,日本与美国签订《神奈川条约》,12月与俄国签订《日俄亲善条约》。日本延续了200多年的锁国体制就此被打破。被迫开国后,幕末著名的思想家和教育家吉田松阴认为:“我与俄、美媾和,既成定局,不可由我方决然背约,以失信于夷狄。但必须严订章程,敦厚信义,在此期间养蓄国力,割据易取之朝鲜、满洲和中国,在贸易上失于俄、美者,应以土地由朝鲜和满洲补偿之。”因此“现在要加紧进行军备,一旦军舰大炮稍微充实,便可开拓虾夷(指北海道),封立诸侯,乘隙夺取堪察加、鄂霍次克海,晓谕琉球,使之会同朝觐,一如内地诸侯;且令朝鲜纳人质、进朝贡,一如古时强盛之时。北割满洲之地,南收台(湾)、吕宋诸岛,以示渐进之势。”[4]吉田松阴提出的目标直指朝鲜、中国及东南亚的侵略扩张路线,通过其弟子、也是倒幕维新的重要人物高杉晋作、久坂玄瑞、木户孝允,伊藤博文、井上馨、前原一诚、山县有朋等,直接影响了后来明治政府的对外扩张政策。

1868年,明治天皇在讨幕派的支持下宣布王政复古,史称“明治维新”。维新后的明治政府确立了“全面西化”的国家目标,即通过走资本主义的发展道路,使日本跻身于欧美强国之林,并迈入西方殖民扩张的行列。明治政府的这一基本国策,后来由日本近代思想家福泽谕吉概括为“脱亚入欧”,即日本“不应犹豫等待邻国之开明而共同振兴亚细亚,不如脱离其行列与西方文明之国共进退;对待支那、朝鲜之法,亦不能因其为邻国而给予特别关照,唯有按西洋人对待彼等之法处理之。”[5]日本统治集团妄图用以邻为壑的办法来改变和增强日本的国际地位,既是仿效“西洋人”之所为,更是日本由来已久的侵略

[4] 井上清:《日本军国主义》,第2册,第7页,商务印书馆,1985;信夫清三郎:《日本政治史》,第1卷,第230页,上海译文出版社,1982。

[5] 信夫清山郎:《日本政治史》,第3卷,第158页,上海译文出版社,1988。

扩张思想的集中体现。明治天皇登基不久，即在其发布的《安抚万民之亲笔诏书》中声称，要“继承列祖列宗的伟业”，“拓万里之波涛，布国威于四方”。[6]其扩张野心大有不可一世之概，而首要的侵略目标锁定的就是朝鲜和中国，并由此形成日本近代的“大陆政策”。

明治政府以海外扩张为最高国策，将军事发展置于优先地位，并首先确立其军事体制。1869年，日本制定政府机构，设7省，以兵部省统辖陆海军事务。

日本是一个岛国，其对外侵略扩张，海军是必不可少的重要工具。明治政府兵部省建立的当年，主管陆海军的军务官即在上天皇的奏折中提出：“耀皇威于海外，非海军莫属，当今应大兴海军。”天皇批示：“海军之事为当务之急，应从速奠定基础。”[7]但是，海军建设投入大、周期长，刚刚开始新旧转型的日本并没有“大兴海军”的经济条件，只能先从培养人才入手。1869年7月，明治政府在东京筑地设立海军训练所，命各藩选派“海军志愿者”前来学习，次年聘请英国海军军官进行炮术训练。同时扩建从幕府接收的横须贺造船厂，并附设技术学校，教授造船技术。与此同时，兵部大辅前原一诚提出一个庞大的海军发展计划，建议用20年时间建造大小军舰200艘，以7年为一期，共分三期实施。由于需费浩繁，政府财力难以承受，此计划未获通过。于是，海军建设又在培养人才方面加大力度，仅在1870、1871年两年就向英、美派出20名海军留学生。

1872年，日本撤销兵部省，分设陆军省和海军省，从而使陆、海军完全独立。同年，天皇睦仁颁布《征兵告谕》，在全国推行国民义务兵

[6] 井上清、铃木正四：《日本近代史》上册，第79页，商务印书馆，1959。

[7] 外山三郎：《日本海军史》，第13页，解放军出版社，1988。

役制。1873年，刚刚上任的海军卿胜海舟即提出一个18年造舰104艘的计划，但同样由于财政拮据而未获通过。

尽管军备未兴，但日本对外扩张的势头已然日渐高涨。

明治初年，日本国内局势尚未稳定，“征韩论”就已甚嚣尘上，被并称为“维新三杰”的木户孝允、西乡隆盛、大久保利通都是狂热的“征韩论”者。1868年12月14日，总裁局顾问木户孝允向副总裁岩仓具视进言：“迅速确定天下之方向，遣使朝鲜，质问彼之无礼，彼若不服，鸣罪声讨，并希大张神州之威。”[8]5天后，日本对马藩主即奉日本政府之命派差使樋口铁四郎前往朝鲜递交一封书信。因书信中有“奉敕”、“我皇”等只有中国皇帝才有资格使用的字样，所以朝鲜主管官员以书信格式违反前例为由，拒绝接受。这就是日本有意制造的朝鲜“无礼”。于是，日本政府采纳木户孝允的建议，派遣佐田白茅等3人赴朝调查，为武装侵略作准备。

佐田白茅等3人调查后回国，分别提出了对韩方策，都主张向朝鲜兴师问罪。1870年5月，日本外务省根据他们的报告，拟定了有关对朝政策的三种方案，上报太政大臣三条实美，以供采择。三条权衡各方面的情况，决定采取其中第三个方案，即鉴于中韩之间具有传统的宗藩关系，先派遣使臣与清政府订约，然后再征服朝鲜。

中国与朝鲜的宗藩关系是历史形成的，且已成为定制。所谓“宗藩关系”，本是中国与周边国家旧有的一种国家关系，起源于中国汉代，初行于内部封国，后延及少数周边国家。在这种关系中，中国被尊奉为“天朝上国”，藩属国要奉中国的“正朔”（即使用中国的年号和历

[8] 井上清：《日本军国主义》，第2册，第53页，商务印书馆，1985。

法），国王要接受中国皇帝的册封，并定期向中国朝贡；中国对藩属国的义务是当其遇有外患内乱而请援时，应邀助其御敌平乱。到清代时，与中国保持这种关系的国家还有10余个，朝鲜即是其中之一。如果说这种关系有其不平等的一面，也只是在名分上，与西方观念中的宗属关系即宗主国与殖民地的关系有着本质的不同。也就是说，中朝之间是一种东方式的封贡关系，并非毫无关系；但朝鲜内政外交皆由其自主，仍为自主之国。

日本政府决定先与清政府缔结修好条约，一厢情愿地认为只要建立与中国的平等关系，日本在名分上也就同中国一样位居朝鲜之"上国"。1871年6月，日本政府任命大藏卿伊达宗城为钦差全权大臣、外务大丞柳原前光为辅佐，前往中国谈判缔结条约。他们在天津与清政府全权代表直隶总督兼北洋大臣李鸿章经过反复谈判，于9月13日签订了《日清修好条约》。日本虽然实现了对华交涉的最初目的，但因在条约中没有获得预期的最惠国待遇和在中国内地通商权，所以引起政府内部的不满，批准条约问题也便搁置下来。

1873年，日本政府实行的废藩置县、整顿身份制等政策引起士族的强烈不满，国内矛盾日益尖锐。为了转移国内视线，参议西乡隆盛主动要求作为使节赴朝，以创造"征韩"之机。正在日本政府犹豫不决时，岩仓具视、木户孝允、大久保利通从欧洲考察回国，而此时他们在"征韩"策略上已有所变化，认为"征韩"的条件尚不成熟，主张"以治内为急务"。在这场冲突中，岩仓、木户、大久保等人的主张最终占了上风，并导致西乡隆盛等退出政府，引起了政治危机。其实，这只是日本政府内两股政治势力的“斗法”而已，他们在对外侵略扩张问题上并无实质性分歧。岩仓一派在政府内取得主导地位后，第二年春天便根据西乡一派早已计划好的以琉球船民在台湾被杀为借口，发兵侵略中国台湾。

琉球国也是中国的藩属国，从1372年（明洪武五年）到1866年，已有24个国王受中国皇帝册封。由于琉球国距离日本较近，所以早就成了日本的吞并对象。1609年，日本南部的萨摩藩出兵琉球，要求琉球国臣服，琉球国王被迫屈从。萨摩藩主为在琉球与中国的贸易中获得好处，允许琉球继续朝贡中国，并在中国使者来琉球主持册封典礼时不许琉球显露日本势力存在的痕迹。因此，清政府始终视琉球为自己的藩属，不清楚它的“两属”地位。

1871年秋，一艘从那霸开往宫古岛的琉球船“山原”号遇台风漂至台湾南部的北瑶湾触礁沉没，3人溺毙，凫水上岸的66人有54人被高士佛、牡丹两社土著人杀害，其余12人被营救至台湾府城，后与另一艘漂至台湾的琉球船“八重山”号获救船民一起被送至福州琉球馆，再转送回国。中国方面想不到日本会借此大做文章，更想不到日本政府于1872年竟将琉球国划为日本的琉球藩，迈出了吞并琉球的第一步。

1873年3月，日本政府派外务卿副岛种臣为特命全权大使率团来华，名为交换《日清修好条约》的批准书和庆贺同治皇帝亲政，实则还有更重要的使命，即试探清政府对台湾土著杀害琉球船民一事的态度。他们到达北京后的6月21日，副岛即派随来的外务大丞柳原前光到总理衙门问询此事。总署大臣毛昶熙回答，琉球是我藩属，琉球生还船民已由我政府救恤送还本国。至于台湾岛民，向有生熟两种，其已服我朝王化者为熟番，已置府县治之；其未服者谓生番，置之化外，尚未甚加治理。日本方面即抓住问答中的只言片语，作为侵台的借口。

1874年4月4日，日本正式成立侵台机构“台湾都督府”，以大藏卿大隈重信为“台湾番地事务局长官”，西乡隆盛之弟西乡从道中将为“台湾番地事务都督”。当时，日本现有海军装备主要是接收幕府的军舰和接受各藩上缴的军舰，其中较大而又可以使用的极少。在其出征台湾的部队编成中，只有“日进”、“孟长”、“有功”3艘军舰，陆军也不过3000余人。5月7日，西乡从道与大隈重信率军在台湾南部琅桥（今恒春）登陆，6月3日攻占牡丹社，并在龟山建立“都督府”，准备长期占领。

清政府获悉日本发兵侵台，立即向日本提出抗议，并及时做出了军事部署，意在迫使日本退兵。日本自知此时根本无力占据台湾，加之侵台部队死于疫病者已达500余人，也不得不考虑改用外交手段。是年8月，日本内务卿大久保利通以全权大使的身份来华，先后与总理衙门谈判八次，并经英、美、法三国调停，中日双方于10月31日签订了《北京专条》和《会议凭单》。《会议凭单》规定：“日本国从前被害难民之家”，中国给予抚恤银10万两；日军在12月20日全行退出台湾，其在台修路、建房等件，中国愿留自用，准给费40万两。[9]在《专条》中，第一条说日本此次出兵，“原为保民义举起见，中国不指以为不是”。此处所指之“民”，中方原意应为《凭单》中说的“日本国从前被害难民”，即1873年被台湾土著人劫杀的日本小田县船民，[10]并非指琉球船民。因为琉球乃中国藩属，琉球船民被杀一事与日本无关，所以《专条》中只字未

[9] “北京专条”附“会议凭单”（同治十三年九月二十二日），见王铁崖：《中外旧约章汇编》，第1辑，第343页，三联书店，1957。

[10] 1873年1月9日，日本小田县船户佐藤利八等4人乘小船前往纪州尾和濑贩盐，途遇台风，于3月8日漂至台湾凤山，上岸后被当地土著人劫杀。

提“琉球”。但日方却有意要将琉球船民被杀与小田县船民被杀两事混为一谈，由此做出清政府已默认琉球为日本属国的解释。

日本冒险发兵侵台未能达到预期目的，按其军国主义逻辑，自然认为这是军力不足所致。1878年12月，日本设立直属天皇的参谋本部。根据军政分离的原则，内阁无权干预参谋本部的军事计划和作战方略，这便为日后日本军部左右政局开辟了道路。日本参谋本部设立后，即着手全面引进德国陆军军制。军制改革的内容包括：改镇台编制为师团编制，师团由步兵、骑兵、炮兵、工兵、辎重兵等兵种组成，颁布师团、旅团、大队各级司令部条例；改组军事领导机构；改革兵役制度，“彻底实行严格的全民皆兵主义和普遍服役主义”。

在海军建设方面，日本自台湾撤军不久，海军省即第三次提出海军扩张计划，并获得通过。根据这一计划，日本海军向英国订购了“扶桑”（铁甲舰，排水量3777吨）、“金刚”、“比睿”（铁肋木壳，排水量均为2284吨）3艘军舰，又相继在本国横须贺船厂建造了木壳军舰“天城”号（911吨）和“磐城”号（650吨）。这是明治政府购造的第一批军舰。1881年底，海军省又提出一个为期20年的造舰计划，即从1882年起每年造舰3艘，共造60艘。但海军方面很快意识到这一造舰速度太慢，于是海军大臣川村纯义又重新提出一个为期8年的造舰计划，每年造舰6艘，共造48艘。按此计划，1883~1885年将购造军舰12艘，其中大型军舰3艘，中小型军舰8艘，鱼雷炮舰1艘。1882年，根据明治天皇的意旨，日本政府每年将拨出300万元作为造舰经费。

日本从此开始加紧扩军备战，蓄谋“征韩”与侵华，以实现其海外扩张的野心。

二　中国在军事自强中备御日本

中国受到西力东渐的冲击比日本更早,而且是被“坚船利炮”直接轰开了国门,因此所要防御的主要对象首先是西方列强。

1840年英国从海上以武力叩击中国门户时,中国没有如后来日本面对同样危机时所表现出的屈从,而是进行了奋力反抗。然而,中国的反抗却力不从心,因旧式水师船小炮少,且多窳败不堪,无法出海御敌,惟有退至海口乃至内河设防。英军则恃其船坚炮利,完全掌握了中国沿海的制海权,自广东一路无阻地北上直抵天津,甚至深入至内河长江,以迫使清政府签订第一个不平等条约——《南京条约》为标志,终于从海上敲开了中国封闭已久的国门。

面对空前严重的海防危机,清朝有识之士开始意识到,中国遇到了前所未有的海外强敌,而感受最深的便是英军的“坚船利炮”。前往广州查禁鸦片的钦差大臣林则徐和经世思想家魏源均认为,中英海军的巨大差距是导致反抗海上侵略失败的直接原因。鸦片战争结束后,魏源出版了他受林则徐委托编写的《海国图志》,提出了“师夷长技以制夷”的主张。在中国历史的转折关头,他们最先主动睁眼看世界,既难能可贵,却也视野有限,还不能真正看清正席卷而来的世界时代大潮的本质。他们直观地认识到中外军力的巨大差距,主张突破陈腐的“夷夏之防”,学习西方的军事长技,以抵御强敌的海上入侵。他们所看到的“夷之长技有三：一战舰，二火器，三养兵练兵之法”。[11]“师夷长技”，就必须学习制造西方的“坚船利炮”，进而用西法建设海军，加强海防。但是，他们的主张当时在国内并没有引起多少反响，人们普遍认为鸦片战争只是一次偶然事件，海上威胁既已解除，天下又复太平，于是文恬武嬉，大有雨过忘雷之意。

1856年10月，英法联军又发动侵略中国的第二次鸦片战争。恰在两次鸦片战争期间，西方国家在工业革命的推动下，初步完成了由古代海军向现代化海军的过渡，其重要标志就是蒸汽动力取代风帆、后装线膛炮取代前装滑膛炮、铁甲舰船取代木质战船。发动侵华战争的英法海军舰队即全部由中国人称之为“轮船”、“火轮船”的蒸汽舰组成，在中国沿海如入无人之境，不仅攻陷广州、天津，甚至攻进了大清帝国都城北京，直至迫使清政府签订如其所愿的条约后方才饱扬而去。战争结束后，已在中央和地方崛起的一批握有实权的开明官员，由于英法联军之役创巨痛深的刺激，决心将林则徐、魏源的“师夷长技”主张付诸实施。

随着“师夷长技”呼声的日益高涨，由恭亲王奕䜣领衔的总理各国事务衙门，于1864年6月2日向朝廷呈上一份要求学习西方先进军事技术以图自强的奏折。为了增加说服力，他们在奏折之后还附上了江苏巡抚李鸿章写给总理衙门的一封信。信中关键数语，确有中的之义：

鸿章窃以为天下事穷则变，变则通。中国士夫沉浸于章句小楷之积习，武夫悍卒又多粗蠢而不加细心，以致所用非所学，所学非所用，无事则嗤外国之利器为奇技淫巧，以为不必学，有事则惊外国之利器为

[11] 魏源：《海国图志》，上册，第26页，岳麓书社点校本，1998。

变怪神奇,以为不能学……鸿章以为中国欲自强,则莫如学习外国利器,欲学习外国利器,则莫如觅制器之器。[12]

李鸿章不仅提出了引进西方机器化生产以为军事自强之基的建议,而且还很快将之付诸行动。经朝廷谕准,李鸿章于1865年在上海创办了江南制造总局,既生产枪炮弹药,也兼造轮船。这是近代中国出现的第一个采用机器生产的大型军工企业。

第二年,热衷外洋事务的闽浙总督左宗棠也向清廷提出设厂造船的请求。他在奏折中指出,"自海上用兵以来,泰西各国火轮兵船直达天津,藩篱竟同虚设,星驰飙举,无足当之。"他从海洋和海防的角度,论证了设立船厂和培养人才的必要性:

欲防海之害而收其利,非整理水师不可;欲整理水师,非设局监造轮船不可。泰西巧而中国不必安于拙也,泰西有而中国不能傲以无也……彼此同一大海为利,彼有所挟,我独无之。譬如渡河,人操舟而我结筏;譬如使马,人跨骏而我骑驴,可乎?[13]

左宗棠在论证"非设局监造轮船不可"的同时,还以犀利的言辞阻击了保守派可能的非难,从而取得了朝廷的支持。他当年即在福州马尾创办了船政局,专门制造蒸汽舰船;并附设船政学堂,既培养造船人才,也培养海军人才。这是近代中国新兴海军海防事业的第一个造舰育才基地。

于是,在这些开明官员的推动下,军事自强事业自19世纪60年代中期勃然兴起。此后,一个又一个采用机器生产的军工企业建立起来,一所又一所培养新型军事人才的学校、尤其是水师学堂相继

[12] 李鸿章:"致总理衙门"(同治三年),顾廷龙、戴逸主编:《李鸿章全集》,第29册,第313页,安徽教育出版社,2008。

[13] 左宗棠:"拟购机器雇洋匠试造轮船先陈大概情形折"(同治五年五月十三日),《左宗棠全集》,第3册,第60~63页,岳麓书社,1987。

开办。同时，还直接向国外购买先进军舰等武器装备，并派遣幼童赴美留学和派遣海军留学生赴欧深造。从海防建设入手，渐次发展与其相关的电报、铁路等现代化的通讯、交通设施，进而向其他领域推进，形成了颇具声势的“洋务运动”。

洋务运动的指导思想，后由洋务派官员张之洞概括为“中学为体，西学为用”，即在捍卫和巩固中国传统文化和制度的前提下，通过学习和运用西方先进的军事技术来实现富国强兵。但洋务派官员没有也不可能认识到，资本主义“西学”与传统“中学”本是扞格不通的，两者很难真正融为一体。他们所引进的“西学”，在根基深厚、经久不衰的“中学”环境中，将不可避免地被同化成另一种模样。洋务运动以建设新式海防为切入点和核心内容，既是对外敌海上入侵的本能反应，也是在“坚船利炮”刺激下主动向西方学习的结果。正因为仅限于单纯的军事需要，甚至是一种企图重新关上国门的军事防御对策，在战略上也就不可避免地带有被动性和消极性。

在西力东渐的压力下，中国“中体西用”的洋务运动与日本“脱亚入欧”的明治维新几乎同时起步，走的却是完全不同的道路。对此，中国方面缺乏基本的认识，更不会想到日本已将进攻的目标锁定为中国，并于1874年就悍然发兵侵略台湾了。

清政府获悉日本出兵侵台，立即任命船政大臣沈葆桢为钦差办理台湾等处海防，指挥部署反制行动。沈葆桢在赶赴台湾的同时，调遣福州船政局自制的13艘蒸汽战船布防于台湾、澎湖、福州、厦门等地，并调集陆军13营6500人携洋炮20门进抵台湾。与侵台日军的3艘军舰和3000余名兵力相比，中国方面在实力上占有明显的优势，但清政府和钦差沈葆桢均无意以武力击退日军，只想不战而屈人之兵。中国不想打，日本不能打，于是便出现了中国付出50万两白银以换取日本撤军的结局。

日本侵台事件对中国朝野产生了极大的震动。1874年11月5日，即中日签订《北京专条》的第六天，恭亲王奕訢以总理衙门的名义上奏同治皇帝，说明此次事件明知日本理屈，苦于我之备虚，不得不慎于发端。“今日而始言备，诚病其已迟；今日而再不修备，则更不堪设想矣”。并说：

> 溯自庚申（1860年）之衅，创巨痛深。当时姑事羁縻，在我可亟图振作，人人有自强之心，亦人人为自强之言，而迄今仍并无自强之实，从前情事几于日久相忘。臣等承办各国事务，于练兵、裕饷、习机器、制轮船等议，屡经奏陈筹办，而歧于意见致多阻格者有之，绌于经费未能扩充者有之，初基已立而无以继起久持者有之。同心少，异议多，局中之委曲，局外未能周知。切要之经营，移时视为恒泛，以致敌警猝乘，仓皇无备。有鉴于前，不得不思毖于后……及今亟事绸缪，已属补苴之计，至此仍虚准备，更无求艾之期。惟有上下一心，内外一心，局中局外一心，自始至终，坚苦贞定；且历之永久一心，人人皆洞悉底蕴，力事讲求，为实在可以自立之计，为实在能御外患之计，庶几自强有实，而外侮潜消。[14]

恭亲王等因此提出练兵、简器、造船、筹饷、用人、持久6条紧要应办事宜，请求饬下南北洋大臣、滨海沿江各督抚、将军详细筹议，将逐

[14] “总理各国事务衙门奏”（同治十三年九月二十七日），《筹办夷务始末（同治朝）》，卷98，第19页，故宫博物院，1930。

条切实办法于一月内奏复，再由在廷王大臣详细谋议。经朝廷批准，这个奏折由军机大臣密寄给滨海沿江的15名地方大员，由此引发了近代中国历史上因海防问题而起的国防大讨论。

恰在此时，朝廷又收到广东巡抚张兆栋转呈的在籍守制养病的前江苏巡抚丁日昌所拟《海洋水师章程》。丁日昌在《章程》中对海防格局和海防建设提出了十分具体的设想。他建议将中国沿海划为北东南三区，北洋以山东益直隶建阃天津，东洋以浙江益江苏建阃吴淞，南洋以广东益福建建阃南澳；设立联为一气的三洋水师，每洋各配备大型战船6艘，炮艇10艘；三洋提督半年会哨一次，无事则以运漕，有事则以捕盗。[15]根据总理衙门建议，丁日昌的《海洋水师章程》也一并转交滨海沿江官员讨论。

在讨论中，由于参议官员立场不同、观察角度不同，因此所发议论和建议多有差异。在各种观点中，分歧的焦点主要集中于国家战略防御重心的重新确定，而最具代表性的就是“海防”与“塞防”之争。所谓“塞防”，是指中国西北边疆的防御。在日本侵台之前，中亚浩罕汗国军官阿古柏率兵入侵中国新疆，在其控制南疆后继续向北疆推进时，俄国军队进占伊犁，英国则以外交上承认阿古柏政权来抵制俄国在新疆的扩张企图。参加讨论的“塞防论”者认为，在国防全面危机中，东南“海疆之患不能无因而至，其视成败以为动静者，则惟西陲军务”，故应以西北“塞防”为国防重心。“海防论”的代表人物是直隶总督、北洋大臣李鸿章。其洋洋洒洒近万言的复奏，条分缕析，颇为切要。他认为，国防形势已发生前所未有的变化：

[15] “广东巡抚张兆栋转呈丁日昌拟海洋水师章程”（同治十三年十月十一日），《筹办夷务始末（同治朝）》，卷98，第23页。

历代备边多在西北，其强弱之势、客主之形皆适相埒，且犹有中外界限。今则东南海疆万余里，各国通商传教来往自如，麇集京师及各省腹地，阳托和好之名，阴怀吞噬之计，一国生事，诸国构煽，实为数千年来未有之变局。轮船电报之速，瞬息千里；军器机事之精，工力百倍。炮弹所到无坚不摧，水陆关隘不足限制，又为数千年来未有之强敌。

要应对这一新的"变局"和"强敌"，就要专注于东南海防，所以他同意丁日昌提出的三洋格局及各设大型战船6艘、炮艇10艘的建议，并提出三洋还应各配备2艘铁甲舰。他认为军事自强的关键在于海防实力，因为"洋人论势不论理，彼以兵势相压，我第欲以笔舌胜之，此必不得之数也"。[16]

1875年3月10日，清廷密谕征询在讨论之初"不在饬议之列"的陕甘总督左宗棠的意见。左宗棠在复奏中指出："今之论海防者，以目前不遑专顾西域，且宜严守边界，不必急图进取，请以停撤之饷匀济海防；论塞防者，以俄人狡焉思逞，宜以全力注重西征，西北无虞，东南自固。此皆人臣谋国之忠，不以一己之私见自封者也。"而他本人过去曾力主加强海防并创办福州船政局，如今又在主持朝廷极为重视的西北军务，所以折衷提出了"东则海防，西则塞防，二者并重"的主张。[17]

历经7个月的国防大讨论终于有了结果。1875年5月3日，清廷命陕甘总督左宗棠为钦差大臣督办新疆军务，5月30日又命两江总督兼南洋大臣沈葆桢、直隶总督兼北洋大臣李鸿章分别督办南北洋海防事宜。[18]

第一次国防大讨论的结果对晚清国防战略的调整产生了重要

[16] 李鸿章："筹议海防折"（同治十三年十一月初二日），顾廷龙、戴逸主编：《李鸿章全集》，第6册，第159～166页。

[17] 左宗棠："复陈海防塞防及关外剿抚粮运情形折"（光绪元年三月初七日），《左宗棠全集》，第6册，第188页。

[18] 《清德宗实录》，卷6，光绪元年三月乙丑；卷8，光绪元年四月壬辰，中华书局影印本，1987。

影响。尽管海陆并重的双重国防战略重心实际上很难兼顾，但作为海陆复合国家做出这样的战略抉择又是势所必然。左宗棠于1876年率军西征，先后收复新疆南北路，为迫使俄国交还伊犁创造了条件。海防问题也开始受到重视，并确立了在国防中的地位，海防建设由此迈上了新台阶。

国防大讨论的结果不仅确立了海防在国防中的地位，而且判明了海防的主要对象。透过日本侵台事件，清朝的洋务政治家们已经认识到，日本将成为中国最大的威胁。军机大臣文祥在讨论之初上奏强调海防的重要性，指出：

> 目前所难缓者，惟防日本为尤亟。以时局论之，日本与闽、浙一苇可杭，倭人习惯食言，此番退兵即无中变，不能保其必无后患。尤可虑者，彼国近年改变旧制，大失人心，叛藩乱民一旦崩溃，则我沿海各口岌岌堪虞，明之倭患可鉴前车。[19]

虽然文祥对日本明治维新的认识并不准确，但他对日本将成为中国最危险的敌人这一判断是很有远见的。

李鸿章认为，文祥所论"目前惟防日本为尤急，洵属老成远见"。但他对明治维新的认识较之文祥更为客观，即日本对中国的威胁并非源于其维新大失人心将酿成的内乱，而恰恰来自其维新所激发出的更大的扩张野心。他说：

> 该国近年改变旧制，藩民不服，访闻初颇小哄，久亦相安。其变衣冠、易正朔，每为识者所讥。然如改习西洋兵法，仿造铁路火车，添置电报、煤铁矿，自铸洋钱，于国计民生不无利益，并多派学生赴西洋学

[19] "大学士文祥奏"（同治十三年十月二十八日），《筹办夷务始末（同治朝）》，卷98，第40页。

习器艺，多借洋债，与英人暗结党援，其势日张，其志不小，故敢称雄东土，藐视中国，有窥犯台湾之举。泰西虽强，尚在七万里以外，日本则近在户闼，伺我虚实，诚为中国永远大患。今虽勉强就范，而其深心积虑，觊觎我物产人民之丰盛，冀幸我兵船利器之未齐，将来稍予间隙，恐仍狡焉思逞，是铁甲船、水炮台等项诚不可不赶紧筹备。[20]

基于对日本威胁的认识，晚清海防战略使命由泛对西方列强开始转变为以备御日本为主。

中国洋务运动的发端比日本明治维新略早，在军事自强中购造蒸汽舰船的时间也比日本要早。

当日本明治政府的扩张海军计划获得通过而首次开始购造军舰时，中国的江南制造局已建成“恬吉”（后改名“惠吉”，600吨）、“操江”（640吨）、“测海”（600吨）、“威靖”（1000吨）、“海安”（后改名“海晏”，2800吨）、“驭远”（2800吨）6艘轮船，福州船政局已建成“万年清”（1370吨）、“湄云”（515吨）、“福星”（同上）、“伏波”（1258吨）、“安澜”（同上）、“镇海”（572吨）、“扬武”（1560吨）、“飞云”（1258吨）、“靖远”（572吨）、“振威”（同上）、“济安”（1258吨）、“永保”（1358吨）、“海镜”（同上）、“琛航”（同上）、“大雅”（同上）15艘轮船。这是军事自强取得的重要成果，也是现代海军建设迈出的最初步伐，其意义不容低估。但另一方面，造船单位在旧体制下的管理水平较低，所制军舰的成本普遍高于国外同类舰船，性能却不先进。不仅如此，无论中央或地方，都不知道下一步该如何使用已经建成的舰船，以致仅有造船之资而无养船之费。为解决养船问题，清政府决定将舰船分拨沿海各

[20] 李鸿章：“筹办铁甲兼请遣使片”（同治十三年十一月初二日），顾廷龙、戴逸主编：《李鸿章全集》，第6册，第170页。

省，所需薪粮各费准令由各省就近动支。直到发生日本侵台事件，并由此引发了一场国防大讨论，海军建设才开始进入组建阶段。

清廷于1875年5月30日作出建设南北两洋海军的决策后，又于7月12日由总理衙门和户部奏准，在数省海关税和厘金项下提拨海防经费银400余万两，全部分解南北洋大臣兑收应用。[21]但决策中的“南洋”，并非是丁日昌所划的南洋，而是其三洋格局中的东、南两洋，即涵盖了东南沿海的苏、浙、闽、粤四省。

海军建设责成地方大员办理，其上并无中央领导机构进行统筹，势必会产生不良后果。沈葆桢奉旨督办南洋海防后，就因体制的窒碍而无法实施南洋海防建设。他的两江总督辖域为江苏、江西、安徽三省，其南洋通商事务大臣的辖域则包括东南沿海广东、福建、浙江、江苏4省及长江流域的所有省份。南洋通商大臣只有管辖沿海沿江各口岸通商事务之权限，与各省督抚并不构成隶属关系，因此沈葆桢只能以两江总督的职权实施江苏地区的海防建设，对于超出其职权范围的闽、粤等省海防则难免呼应不灵。后经总理衙门提议，朝廷又简派前福建巡抚丁日昌会筹督办南洋海防。[22]但丁日昌在复奏中指出，今督办之外复设会办，以南洋督办而论，既局外多一人掣肘，则局中必少一分主裁；以南洋四省而论，既一人之耳目难周，又主宾之权分不敌，临事呼应必不能灵。[23]他认为增设一会办并不能根本解决统筹南洋海防问题，且以才短病深坚辞不就，此一计划遂告搁浅。

原定的南洋海军建设始终未能按计划实施，虽仍有“南洋”之名，却只有江苏海防之实。闽、粤两省则在原有基础上各自独立建设

[21]“奕訢等奏请由洋税厘金项下拨南北洋海防经费折”，张侠等编：《清末海军史料》，第615～617页，海洋出版社，1982。

[22]“光绪五年闰三月二十二日总理各国事务衙门奕等奏折”，中国史学会主编：中国近代史资料丛刊《洋务运动》，第2册，第388～399页，上海人民出版社，1961；《清德宗实录》，卷92，光绪五年闰三月乙未。

[23]“光绪五年四月二十五日前福建巡抚丁日昌奏”，中国史学会主编：中国近代史资料丛刊《洋务运动》，第2册，389～391页。

海防。在这种情况下,经沈葆桢、李鸿章协商,决定海防经费先全部拨解北洋,直到3年后才开始分解南北洋。但此时各省关税项下应解南洋者只有原定十分之五,各省厘金项下解者寥寥,所以南洋水师主要靠调用国产舰船发展实力。1881年10月左宗棠补授两江总督后,曾向福州船政局订造5艘巡洋舰,其中第一艘2200吨的"开济"号于1883年10月建成交付南洋。这是江南地区拥有的第一艘巡洋舰。后左宗棠以5舰同时由闽厂制造,难以速观厥成,又改为向德国伏耳铿(Vulcan)厂订购2艘1905吨级巡洋舰"南琛"、"南瑞"号,并于1884年来华抵沪。到中法战争时,南洋共有军舰14艘,质量普遍不高,管理和训练也很不正规。福建、广东两省靠自己的力量发展海军,其水平更是等而下之。

李鸿章奉旨督办北洋海防后,很快便顺利地将北方沿海直隶(今河北)、山东、奉天(今辽宁)的海防建设统一起来。1875年春,李鸿章通过海关总税务司英人赫德(Sir P.Hart),在英国阿模士庄(Armstrong,又译阿姆斯特朗)厂订购了320吨的"龙骧"、"虎威"和440吨的"飞霆"、"策电"4艘炮船。该船吨位较小,只配置一门大炮,所以因其形又称"蚊子船"或"蚊炮船"。李鸿章对这4艘炮船虽然并不满意,但他很快又争取为南洋、广东、山东订购了共7艘440吨同型炮船。1879年11月,为南洋购买的"镇东"、"镇西"、"镇南"、"镇北"4艘炮船由英国驶抵大沽,李鸿章将其留下,而把已在北洋使用数年的"龙骧"、"虎威"、"飞霆"、"策电"划给南洋,后来为山东购买的"镇中"、"镇边"2艘也归入北洋。1879年底,李鸿章又通过赫德向英国阿模士庄厂订购2艘1350吨级的非装甲撞击巡洋舰(时译“碰快船”),1881年8月建成驶回中国。

李鸿章在订购“超勇”、“扬威”2舰时,已决定为北洋购买更先进的铁甲舰,并嘱出使德国大臣李凤苞和二等参赞徐建寅在欧洲了解铁甲舰的情况。经过反复考察,于1880年冬和1881年夏先后在德国伏耳铿厂订造了2艘7335吨级铁甲舰“定远”、“镇远”号,两年后又在该厂订造了2300吨级装甲甲板巡洋舰(又称“穹甲巡洋舰”)“济远”号。“定远”、“镇远”、“济远”3舰建成后,正值中法战争爆发,德国以保持中立为由拒绝交付,直到战争结束后才放行。

李鸿章在购置军舰的同时,还非常重视培养海军人才。1877年3月,在他和沈葆桢等人的努力下,26名船政学堂毕业生和4名艺徒被派往欧洲留学。其中12名在英国学习海军的留学生自1879年底相继学成归国后,有9人被李鸿章调到北洋任职。1880年,李鸿章还创办了天津水师学堂,专门为北洋培养海军人才。在他看来,舰艇军官无疑都应出自学堂,但学生官既没有经历过战阵也没有带兵经验,因此并不适合担任统领。1878年初,李鸿章的淮军旧将丁汝昌至天津谋职,随即被派上炮船熟悉海军业务,一年后被派任督操北洋水师炮船。经过考察,陆军出身的丁汝昌成为未来北洋水师统领的人选。1881年12月2日,李鸿章奏准委任丁汝昌统领北洋水师,令其督同员弁,切实讲求操练,以期渐成劲旅。[24]实际上,李鸿章选择丁汝昌这个外行统领,也是出于掌控北洋舰队的目的。

北洋海防建设虽然起步较晚,但在李鸿章的主持下,很快便呈

[24] 李鸿章:“丁汝昌统领海船片”(光绪七年十月十一日),顾廷龙、戴逸主编:《李鸿章全集》,第9册,第509页。

后来居上之势。而且，李鸿章明确表示，“今之所以谋创水师不遗余力者，大半为制驭日本起见。”[25]

三　中日海军实力的消长

19世纪80年代初，中国南方的藩属国越南发生了被法国侵略并吞的危机。清政府为遏制法国势力在越南的扩张，保卫中越两国的安宁，最后决定出兵边境，援越抗法。法国在越南的陆战中难以获胜，遂决定以海军直取中国福州和台湾作为“抵押品”，迫使清政府屈服。

1884年8月4日，法国的中国海域分舰队司令利士比(S.N.J.Lespes)海军少将率领2艘巡洋舰和1艘炮舰进抵台湾基隆，次日派兵登陆，但在向基隆市街进攻时被守军击退，又撤回舰上。8月23日，以游历为名进入福州闽江的11艘法国军舰和2艘鱼雷艇，在法国东京分舰队司令孤拔(A.A.P.Courbet)海军少将的指挥下，突然向马尾港内的福州船政局所属11艘军舰发起攻击。战斗仅持续了40余分钟，中国军舰除两艘负伤后向上游逃脱外，其余9艘全被击沉击毁。10月1日，孤拔率领他的分舰队再次进攻台湾基隆，随后宣布对台湾实施封锁。

为打破法舰对台湾的封锁，清廷严令南洋、北洋各调军舰增援福建。11月20日，南洋的“开济”、“南琛”、“南瑞”、“澄庆”、“威靖”(后改“驭远”)5舰和北洋的“超勇”、“扬威”2舰在上海会合。但尚未启程赴闽，朝鲜于12月4日发生“甲申政变”，李鸿章又请准将北洋2舰

[25] 李鸿章：“议复梅启照条陈折”(光绪六年十二月十一日)，顾廷龙、戴逸主编：《李鸿章全集》，第9册，第261页。

调回赶赴朝鲜。南洋5舰于1885年1月18日起航援闽，行至浙江洋面遭法舰拦截，遂一分为二避入港湾。入石浦港之“驭远”、“澄庆”2舰于2月15日凌晨受到法军汽艇袭击，乃相继打开底舱阀门自沉。“开济”、“南琛”、“南瑞”3舰避至宁波镇海口，直至战事结束。

中法战争结束后，清廷于1885年6月21日发布上谕：

> 自海上有事以来，法国恃其船坚炮利，横行无忌。我之筹划备御，亦尝开设船厂、创立水师，而造船不坚，制器不备，选将不精，筹费不广。上年法人寻衅，迭次开仗，陆路各军屡获大胜，尚能张我军威。如果水师得力，互相援应，何至处处牵制？当此事定之时，惩前毖后，自以大治水师为主。[26]

上谕要求北洋大臣李鸿章、钦差大臣督办福建军务左宗棠、兵部尚书彭玉麟、福州将军穆图善、南洋大臣曾国荃、两广总督张之洞、闽浙总督杨昌濬等就海防问题各抒所见，迅速具奏，由此发起了关于海防建设的第二次大讨论。讨论的内容主要有设立海军衙门、确定海军发展规划、落实海军建设经费、加强海军人才培养等，涉及问题较第一海防大筹议更为深入。

10月12日，清廷根据总理衙门归纳的海防大讨论意见，作出了两项重大决策：一是设立总理海军事务衙门，以醇亲王奕譞为总理海军事务大臣，所有沿海水师悉归节制调遣，并责成李鸿章先从北洋精练水师一支；[27]二是台湾地区升格为行省，任命刘铭传为首任台湾巡抚，以强化台湾在中国海防中的地位和作用。

10月24日，总理海军事务衙门正式成立，简称海军衙门。海军衙

[26]《清德宗实录》，卷207，光绪十一年五月丁未。

[27]《清德宗实录》，卷215，光绪十一年九月庚子。

门的设立，使中国终于有了中央海军领导机关，也标志着中国近代海军已成为一个独立军种。

在此之前的8月4日，清廷曾电令李鸿章按照“济远”舰式样再订购4艘巡洋舰，以备台湾、澎湖防务之用。李鸿章当即致电驻英公使曾纪泽和驻德公使许景澄，让他们在英、德两国各订购2艘装甲巡洋舰。[28]后因法舰解除了对台湾的封锁并从澎湖撤军，所以总理海军事务大臣醇亲王奕譞于10月15日表示，新订购的4艘巡洋舰将归北洋编伍。10月26日，朝廷即在谕旨中明确宣布：“此项船只造成，即应归入北洋操练。”[29]此后，北洋于1886年夏又在英国亚罗（Yarrow）船厂订购1艘90吨的鱼雷艇，命名为“左队一”号；次年另向德国伏耳铿厂订购5艘74吨级鱼雷艇，分别命名为“左队二”、“左队三”、“右队一”、“右队二”、“右队三”号。先从北洋精练水师一支的方针初步得到落实。

1886年5月，醇亲王奕譞至天津出海，在海军衙门会办大臣李鸿章和善庆陪同下巡阅北洋水陆各军。醇亲王奕譞是咸丰帝奕詝和恭亲王奕訢的弟弟，其嫡福晋叶赫那拉氏是慈禧太后的胞妹。自从他的第二个儿子载湉在1874年不满4岁时被姨母慈禧太后接进宫里成了光绪皇帝，他便辞去一切官职在家赋闲，惟恐遭到垂帘听政的慈禧太后的猜忌。直到中法战争中恭亲王失宠，他才又奉慈禧之命参预军国大事，并在一定程度上取代了恭亲王的地位。醇亲王既管海军又不懂海军，所以李鸿章要借此机会以海军建设的最新成果，来加深其对海军事业的印象。就在半年前，北洋在德国订购的“定远”、“镇远”、“济远”3舰终于驶回交付中国。李鸿章在亲赴大沽口验收时，望

[28] 李鸿章：“寄驻柏林许使”、“寄使英曾侯”（光绪十一年六月二十四日酉刻），顾廷龙、戴逸主编：《李鸿章全集》，第21册，第575页。

[29] 奕譞：“致军机处”，《清醇亲王信函选》，《历史档案》1982年第4期；《清德宗实录》，卷216，光绪十一年九月甲寅。

着“定远”、“镇远”两艘7000余吨的铁甲巨舰，不禁热血沸腾。他相信，醇亲王看到后，也一定会受到震撼。

醇亲王先在旅顺口检阅北洋“定远”、“镇远”、“济远”、“超勇”、“扬威”5舰和南洋“南琛”、“南瑞”、“开济”3舰演阵打靶以及海岸炮台的实弹射击，后至威海卫观看“镇东”等6艘炮船打靶。检阅中的所见所闻，令醇亲王眼界大开，对海军也有了较深入的了解。他在阅兵后给朝廷的奏折中，对海军未来发展和重点建设北洋海军提出了比较具体的想法。他说：“北洋现只‘定远’、‘镇远’、‘济远’三铁舰，‘超勇’、‘扬威’两快船可备海战之用……惟此数船，合尚嫌单，分则更少。俟明年英、德新订快船四只北来，合之北洋现有五船，自成一队，仍俟筹款有着，再行续商订购。”[30]李鸿章达到了预期的目的。

醇亲王巡阅北洋两个月后，李鸿章命令丁汝昌率舰前往朝鲜东海岸釜山、元山一带巡游，以作声势；然后赴海参崴接中国参加中俄勘界谈判的代表吴大澂，并前往日本长崎船坞油修铁甲舰。[31] 7月21日，丁汝昌率“定远”、“镇远”、“济远”、“威远”、“超勇”、“扬威”6舰抵达元山，31日由永兴湾转往海参崴。8月7日，丁汝昌留下“超勇”、“扬威”在海参崴候迎吴大澂，自率其余4舰驶往日本长崎。

当来自中国的铁甲巨舰出现在长崎时，引起了长期为朝野侵华叫嚣所蛊惑之长崎市民的普遍嫉恨，并最终酿成一场骚乱事件。8月13日，有部分中国水兵上岸，因故与日本警察发生冲突。15日是星期天，舰队放假，有数百名中国水兵上街观光。鉴于13日的冲突，丁汝昌严令水兵不得带械滋事。不料，当中国水兵游览各街时，早有预谋的数

[30] “奕譞奏查北洋炮台水陆操防机器武备水师学量情形折”，张侠等编：《清末海军史料》，第252页。

[31] 李鸿章：“烟台交丁琅提督”（光绪十二年六月十一日酉刻）、“寄译署转呈醇邸”（光绪十二年六月十三日辰刻），顾廷龙、戴逸主编：《李鸿章全集》，第22册，第69页。

百名日本警察突然将各街道两口堵住，然后挥刀追杀，当地居民则从楼上往下倒热水、投石块，甚至执刀棍参与混战。中国水兵猝不及防，手无寸铁，又散布各街，结果伤亡惨重，有5人被打死，6人重伤，38人轻伤，5人失踪。日本警察被打死1名，伤30名，另有多名市民受伤。事件发生后，李鸿章曾指出："长崎之哄，发端甚微。初因小争，而倭潜谋报复，我兵不备，致陷机牙。观其未晚闭市，海岸藏艇，巡捕带刀，皆非向日所有，谓为挟嫌寻衅，彼复何辞？"[32]但解决的办法，中日双方都选择了通过外交和司法途径，至1887年2月终于达成协议，各付对方死伤者抚恤款，不再追究责任和是非。[33]李鸿章把铁甲舰送到日本油修，其中本含有威慑的意图，没想到结果竟是适得其反。从此以后，"一定要打胜'定远'"成了日本海军官兵的一句口号，甚至连日本儿童也玩起了捕捉"定远"、"镇远"的战斗游戏。

日本即已锁定中国为侵略目标，海军又是其主要的侵略工具，必然会对其海军发展速度落后于中国而感到焦虑。就在北洋军舰访日的当年，日本海军大臣西乡从道提出建造54艘舰船的第一期军备扩充计划，获得政府批准。为保证计划的顺利实施，日本政府发行海军公债1700万元。1887年3月，日本天皇又发布敕令：由于国家财政难以拨出巨款迅速扩张海军，"故朕深感不安，兹决定从内库中提取30万日元，聊以资助，望诸大臣深明朕意。"总理大臣伊藤博文随即发表演说，呼吁一定要实现建设海国日本的理想，并要求有志之士为海军捐款。于是，全国华族和富豪竞相献金，半年之间捐款总额达103.8万元。[34]有了造舰经费，日本海军省决定首先制造一组用于对付中国铁甲舰的军舰，并特

[32] 李鸿章："复宁绍台道薛"（光绪十二年八月初六日），顾廷龙、戴逸主编：《李鸿章全集》，第34册，第71页。

[33] 详见王家俭："中日长崎事件之交涉（1886～1887）"，《中国近代海军史论集》，第147～188页，台北文史哲出版社，1984。

[34] 参见外山三郎：《日本海军史》，第27页，解放军出版社，1988；信夫清三郎：《日本外交史》，上册，第212页，商务印书馆，1992。

聘法国造船专家白劳易(Louis-Emile Bertin)来日本主持设计。在1886至1890年的4年里,白劳易共为日本海军设计出6艘军舰,其中以日本3个风景地命名的“严岛”、“松岛”、“桥立”3艘同型巡洋舰(日本称为海防舰),就是专为对付中国铁甲舰而设计的。此“三景舰”排水量均为4278吨,虽然不及中国“定远”、“镇远”的吨位大,但火力极强,除配备1门比“定”、“镇”305毫米口径主炮更大的320毫米口径巨炮,还配有11或12门先进的120毫米口径速射炮,航速也高出“定”、“镇”1.5节。其中“松岛”号后来成为日本海军的旗舰。

中国方面全然不知日本正在不遗余力地加速扩张海军,仍然沉浸在“精练北洋水师一支”的自信之中。

醇亲王奕譞巡阅海军后,就在考虑为北洋海军制定章程的问题。按照清朝军制规定,没有被朝廷批准营制、饷制和官制的军队,都不属于正规军队,也没有正式编制。要使军队长期存在,就必须以规章条令形式使其正规化。1887年底,在英、德两国订购并已建成的4艘巡洋舰,由北洋海军官兵接带回国。在英国制造的2艘同型穹甲巡洋舰排水量2300吨,命名为“致远”、“靖远”号;在德国制造的2艘同型装甲巡洋舰排水量2900吨,命名为“经远”、“来远”号。1888年5月,李鸿章出海验收“致远”等4艘新舰后,根据醇亲王的授意,即抽调有关文职官员和海军将领共同起草海军章程,很快即拟出底稿,并上报海军衙门。海军衙门审议后,又经反复讨论修改,最终形成《北洋海军章程》定稿。9月30日,海军衙门将审定后的《北洋海军章程》奏呈慈禧太后,10月3日获懿旨批准,正式颁布施行。《北洋海军章程》的颁布,标志着北洋海军正式成军，从此有了正规编制。此后，北洋舰队在正式文件中便再也不叫“北洋水师”，而只称“北洋海军”了。从水师到海军，不仅仅是名称的改变，更是中国海上武装力量脱胎换骨的进化。

李鸿章在主持制定《北洋海军章程》时指出：此次所拟章程，大半采用英国海军章程，部分参仿德国，或仍遵中国旧制。[35]从《章程》中的船制、官制、升擢、事故、考校、俸饷、恤赏、工需杂费、仪制、钤制、军规、简阅、武备、后路保障等14款内容可以看出，它是西方近代军队制度开始在中国推行，而传统的中国古代军队制度尚未退出历史舞台时，两种体制交替消长的产物。因此，它既具有明显的近代西方海军制度的色彩，也不可避免地保留下中国传统军队的痕迹。

北洋海军在编军舰共25艘，即“定远”、“镇远”号铁甲舰，“经远”、“来远”、“致远”、“靖远”、“济远”、“超勇”、“扬威”号巡洋舰，“镇东”、“镇西”、“镇南”、“镇北”、“镇中”、“镇边”号炮船，“左队一”、“左队二”、“左队三”、“右队一”、“右队二”、“右队三”号鱼雷艇，“威远”、“康济”、“敏捷”号练习舰，“利运”号运输舰。此外，还有“定远”、“镇远”、“济远”3舰所载小型鱼雷艇“定一”、“定二”、“镇一”、“镇二”、“中队甲”、“中队乙”6艘，未单独列编。

北洋海军共有在编军官315名，兵、匠2535名，官兵合计2850人。12月17日，朝廷明发上谕：以直隶天津镇总兵丁汝昌为北洋海军提督，记名提督林泰曾为北洋海军左翼总兵官，记名总兵刘步蟾为北洋海军右翼总兵官。[36]

北洋军舰最初以1880年春开始动工兴建的大沽船坞为维修基

[35] 李鸿章：“复醇邸：议拟海军章程奏底”（光绪十四年六月初七日），顾廷龙、戴逸主编：《李鸿章全集》，第34册，第386页。

36]《清德宗实录》，卷261，光绪十四年十一月壬戌。

地，但因该坞规模狭小，且深缩直隶湾内，故同年又在辽东半岛最南端的旅顺口兴建大型基地。旅顺基地于1890年建成，因其船坞可泊修巨舰，从此成为北洋海军的维修基地。在旅顺基地竣工之前，位于山东半岛北端的威海卫基地工程也在1887年全面展开，后来成为北洋舰队的驻泊基地。北洋海军包括基地在内的后路保障系统均未列编，因为中国海章初创，规模未遽扩充，实官未便多设，自应拣选熟悉情形人员分派供差。[37]北洋海军后路共设15个差缺，多由北洋大臣遴员札委。

特别值得一提的是因海军之需要而产生的中国国旗。早在1866年，总理衙门曾初定中国国旗为三角形黄底青龙旗，但并未确定为永久国旗。北洋海军成军后，需要经常与各国交往，自应确定国旗旗式，以崇体制。《北洋海军章程》正式确定军舰国旗为国际通行的长方形旗帜，仍用黄色，中画青色飞龙。因国旗是为了与各国交往而设，所以旗幅必须较大，方壮观瞻。为使国旗的尺寸与升挂之处合宜，天津军械局经仔细研究，确定了大小4号国旗，其中最大的1号旗横长15.6尺，直宽10.65尺。国旗用正黄色羽纱制造，旗中青色五爪飞龙用羽纱镶嵌，龙头向上。从此，长方形黄色飞龙旗既是北洋海军的军旗，又是大清帝国的国旗。此外，北洋海军还采用了完全与国际接轨的各种海军旗帜，如提督、总兵、副将、参将4个级别的将领旗，以及长旒旗、当值旗、食时旗等海军专用旗。

这支飘扬着龙旗的舰队，在当时的世界上从未有过所谓实力排位，但可以确定无疑的是，它在亚洲的确是首屈一指的。

[37] 《北洋海军章程·水师后路各局》，谢忠岳编：《北洋海军资料汇编》，下册，第1056页，中华全国图书馆文献缩微复制中心，1994。

1891年5月23日至6月9日，按照《北洋海军章程》的每逾三年校阅海军一次的规定，李鸿章与帮办海军大臣、山东巡抚张曜对北洋海军进行成军后的第一次校阅。接受检阅的除北洋海军外，还有南洋的“南琛”、“南瑞”、“寰泰”、“开济”、“镜清”、“保民”6舰。他们从大沽出发，前往旅顺、大连、威海、烟台、胶州湾等地，先后检阅了各舰演练分行布阵、鱼雷艇演习袭营阵法、各舰分别打靶以及铁甲舰、巡洋舰、鱼雷艇施放鱼雷等。在全军合操打靶时，万炮齐鸣，无稍参差，场面颇为壮观。李鸿章阅后自得意满地说：“综合海军战备，尚能日异月新，目前限于饷力，未能扩充，但就渤海门户而论，已有深固不摇之势。”[38]

校阅结束后，北洋海军提督丁汝昌即奉命率“定远”、“镇远”、“致远”、“靖远”、“经远”、“来远”6艘主力舰再次应邀访问日本。鉴于上一次的“长崎事件”，李鸿章特别叮嘱丁汝昌要严加管束部队。7月5日下午，北洋舰队从神户抵达横滨，并在此停留两个星期。表面上看，北洋海军6舰这次访日取得了圆满成功，日本报纸大多都是正面报道，日方的接待也极为热情。日本天皇还接见了丁汝昌和各舰管带，日本海军大臣桦山资纪也专门设宴款待北洋海军将领。然而，在这种不同寻常的客气应酬中，中日海军将领都对对方海军进行了观察。日本海军吴镇守府参谋长东乡平八郎登上“定远”舰后发现，大炮没有擦干净，由此认定这样的海军不可能有什么战斗力。[39]北洋海军右翼总兵刘步蟾则向丁汝昌报告，日本海军实力已呈后来居上之势，北洋海军添船换炮刻不容缓。

北洋海军军官对日本海军实力扩张的判断是准确的。1890年9

[38] 李鸿章：“巡阅海军竣事折”（光绪十七年五月初五日），顾廷龙、戴逸主编：《李鸿章全集》，第14册，第95页。

[39] 约翰·罗林森：《中国发展海军的奋斗，1839～1895》，第168页，海军军事学术研究所，1993。

月，桦山资纪就任日本政府海军大臣，开始实施设立海军镇守府的计划。日本海军自设立横须贺镇守府后，又开辟吴和佐世保为军港.其中吴港为海外作战的后方基地，佐世保为海军出师基地，以适应日后进行大陆作战的需要。桦山还认为，中国军舰总吨位已达6万余吨，而日本海军仅有5万吨，必须扩充到12万吨才能满足打败中国海军的需要，所以又向内阁提出造舰7万吨的计划。这一计划经内阁压缩后获得通过，改为购造军舰5艘，其中2艘为巡洋舰。日本天皇对此深感忧虑，于1893年2月10日将内阁成员、各枢密顾问官及贵众两院议长召到宫中，训示政府和议会要协调一致，并表示每年要从皇家内库拨出30万元，上述要员也要每月从薪俸中拿出1/10，以用作造舰经费。30万元相当于皇室经费的1/10以上，所以深受感动的议员也主动献出1/4薪俸。与此同时，日本海军新购造的排水量2439吨的“千代田”号、4160吨的“吉野”号、3172吨的“秋津洲”号巡洋舰及1584吨的“八重山”号通报舰也已先后建成服役。其中“吉野”购自英国，时速达23节，是当时世界上航速最快的巡洋舰。日本海军不仅在总体实力已迅速赶上了中国海军，而且由于其舰龄较短，在设计时吸收了当时世界科技的最新成果，因此在许多性能上也超过了中国军舰。

在日本海军扩张发力之际，正是中国海军发展陷入停滞之时。

自北洋海军成军后，中国的海军建设并没有实现平衡发展，其他地区的海军实力仍处在较低的水平上。

南洋水师由于没有受到足够重视，一直步履维艰。中法战争后，两江总督曾国荃曾计划“借洋债以购买兵轮”，但被朝廷否决。[40]

[40] 见“两江总督曾国荃遵旨筹议海防折”（光绪十一年六月初二日），张侠等编：《清末海军史料》，第42～45页。

后来，南洋水师仅接收了中法战前在福州船政局订造的2艘2200吨级巡洋舰“镜清”、“寰泰”号，另于1885年秋调来江南制造局新造的军舰“保民”号(1477吨)。南洋水师虽仍有15艘舰艇的规模，但大多苦窳不堪，仅有6艘较新较大的军舰尚可出海。1888年颁行的《北洋海军章程》规定，南洋军舰尚少，未定经制，亦未设有专管提督。每年节过春分以后，凡南洋军舰如“南琛”、“南瑞”、“开济”、“镜清”、“寰泰”、“保民”等能海战者，应由海军衙门调归北洋合操，即暂归北洋海军提督节制，逐日督同操练，视如北洋军舰一律办理，不得稍分畛域，并就近由北洋大臣随时阅操。节过秋分以后，南洋军舰仍回南省各岛巡练。[41]

广东水师始终靠地方自筹资金发展实力。在中法战争中出任两广总督的张之洞曾抱怨说：“南北洋岁有各省关协拨经费，或百余万，或数十万，用能宽裕经营，船械具备。而粤省无之，历年支持不暇，无从议及兵轮，仅有巡缉、供差轮船亦不甚大。”[42]张之洞后来采取邀集文武官绅分年捐资等办法，先后在广东黄埔船厂和福州船政局订制8艘舰艇，至1891年全部建成。其中，除由福州船政局协造之1296吨的“广甲”和1030吨的“广乙”、“广丙”3艘轻型巡洋舰尚堪出海作战，其余均为内河炮艇。

福州船政水师在中法战争中全军覆没后，从此一蹶不振。船政局也在战争中遭到严重破坏，后来逐步恢复了生产能力，便奏请朝廷同意试制新式军舰。1889年，建成2100吨的钢甲巡洋舰“龙威”号。该舰完成试航后，即被调入北洋海军，并改名为“平远”。船政局还曾向

[41] 《北洋海军章程·简阅》，谢忠岳编：《北洋海军资料汇编》，下册，第1042页。

[42] 张之洞：“续造兵轮折”(光绪十三年六月十四日)，《张之洞全集》，第1册，第577页，河北人民出版社，1998。

德国购买了一艘鱼雷艇“福龙”号,计划在研究该艇的基础上仿制鱼雷快艇,并制造鱼雷。旋因经费不足,计划落空,便以6万两白银的低价将“福龙”转让给北洋海军。

北洋海军成军时,实力虽堪称亚洲一流,但稍有所成便停步不前了。李鸿章在《北洋海军章程》原奏中本已说明:

> 海军一支,局势略具。然参稽欧洲各国水师之制,战舰尤嫌其少,运船太单,测量、探信各船皆未备,似尚未足云成军。目前库藏支绌,固难遽议添购,而规划远久,造端不可不宏。拟俟库款稍充,再添大快船一艘、浅水快船四艘、鱼雷快船二艘,庶战舰可敷用;另添鱼雷艇六艘、练船一艘、运船一艘、军火船一艘、测量船一艘、信船一艘。合之原有者,共得战舰十六艘、雷艇十二艘、守船六艘、练运等船八艘,共大小四十三艘。以之防守辽渤,救援他处,庶足以壮声威而资调遣。[43]

但这一扩充规划却如同石沉大海,并没有引起重视。李鸿章没有等到“库款稍充”,却于1891年6月1日等来了朝廷的明发上谕:准如户部所奏,因库款支绌,南北洋购买外洋枪炮、船只、机器暂停二年,将所省价银解部充饷。李鸿章抱怨说:“宋人有言,枢密方议增兵,三司已云节饷,军国大事岂真如此各行其是而不相谋!”[44]他就此上奏朝廷指出:“北洋现有新旧大小船舰共只二十五艘,奏定海军章程声明,俟库款稍充,仍当续购多只,乃能成队,而限于饷力,愿大难偿。”如今“方蒙激励之恩,忽有汰除之令,惧非圣朝慎重海防作兴士气之至意也。”但也只是发发牢骚而已,最后还是表示,“所有应购大宗船械,自宜照议暂停”[45]。实际上,早在1888年北洋海军成军时,其实力发展

[43] 《北洋海军章程·船制》,谢忠岳编:《北洋海军资料汇编》,下册,第746～747页。

[44] 李鸿章:“复云贵制台王”(光绪十七年五月二十一日),顾廷龙、戴逸主编:《李鸿章全集》,第35册,第211～212页。

[45] 李鸿章:“复奏停购船械裁减勇营折”(光绪十七年八月初八日),顾廷龙、戴逸主编:《李鸿章全集》,第14册,第155页。

就已经停止了，此后除从福建调入一舰一艇，未再外购一船一炮。

中国海军建设因无经费而停步不前，清廷却在耗费巨资、甚至动用海军经费为慈禧太后大修园林，这与日本天皇不断拨内帑带头资助海军扩张形成了鲜明对照。

就在清廷宣布北洋海军成军的那一年，还有几道重要的谕旨特别引人关注：一是宣布光绪皇帝将于明年正月大婚，并亲裁大政；二是宣布将京城西郊的清漪园改名颐和园，量加修缮，以备慈禧太后归政后在此颐养天年；三是宣布三海工程正式竣工，慈禧太后已前往巡幸。[46]这几件事似乎都象征着安定祥和，颇有王朝中兴的气象。但很少有人知道，这几件大事与海军建设是如此紧密地纠葛在一起，正在互为因果地酝酿着深刻的危机。

早在1873年，刚刚亲政的同治皇帝曾提出要修复第二次鸦片战争中被英法联军烧毁的圆明园，结果遭到主持军机处的恭亲王及众大臣的强烈反对。后来又提出修复工程量相对较小的三海，不料同治皇帝没过多久即暴病而亡，4岁的光绪帝载湉继位，慈禧太后再度垂帘听政，此项工程也就此作罢。到了1885年，因为光绪皇帝即将亲政，慈禧太后便下懿旨要重修三海，以作为她归政后颐养天年的地方。

上谕中提到的“三海”，并不是海，而是三个湖泊，位于紫禁城西侧。重修三海自1886年动工，整个工程历时3年多，共耗资600万两白银。当时国库空虚，往往难以随时满足工程需款。恰好在大修三海开工的这一年，海军衙门成立了。海军衙门的权限主要在军政方面，管辖范围除了全国海防建设，还涉及洋务活动的许多方面，筹划海军经费

[46] 《清德宗实录》，卷252，光绪十四年二月癸未；卷256，光绪十四年六月己亥。

则是其直接分管的重要事务。经户部奏定，从1886年起，原解南北洋的海防经费拨归海军衙门收放。于是，海军衙门就成了朝廷调用资金的一条重要渠道。醇亲王奕譞作为总理海军事务大臣，虽并不懂海军，但在海言海，逐渐也对海军事业产生了兴趣，北洋海军能够顺利成军，就是在他的推动下实现的。但对他来说，海军事业虽重，较之慈禧太后为轻，因为他和他儿子光绪皇帝的命运都掌握在慈禧手里。为了取悦慈禧，他同意挪借海军衙门经费用于三海工程，前后共计400多万两。

三海工程开工一年后，修复西郊清漪园又被提上议事日程。海军衙门会办大臣庆郡王奕劻看到这是向慈禧太后表忠心的机会，便与醇亲王交换意见，达成的共识就是"以昆明易渤海"。[47]所谓"昆明"，是指清漪园里的昆明湖，"以昆明易渤海"就是要以昆明湖替代海军建设。为掩人耳目，醇亲王提出要恢复当年乾隆皇帝的昆明湖水操旧制，也就是要在昆明湖里训练海军。因为要恭备太后阅操，所以要对清漪园加以修缮。不久，一所像模像样的昆明湖水操学堂就在清漪园里建成开学了，招收的60名学生都是满族子弟。就这样，比"三海"更大的园林修复工程打着海军的旗号堂而皇之地开工了，来自海军衙门的经费也由挪垫发展到挪用。到朝廷发布上谕将清漪园改名颐和园，这项工程终于正式公之于众。这项工程从一开始就由醇亲王和庆郡王主持，并负责筹措经费，甚至工地上张贴的告示也落款海军衙门。海军衙门似乎成了颐和园工程处。颐和园工程共计耗资约1000万两白银，其中以各种名目挪用的海军衙门经费，据估计至少不会低于总工程款的7成。[48]颐和园工程竣工了，海军建设因此受

[47] 陈义杰整理：《翁同龢日记》，第4册，第2060页，中华书局，1992。

[48] 详见姜鸣：《龙旗飘扬的舰队》，第232～233页，生活·读书·新知三联书店，2002。

到的严重影响却再也无法挽回了。

光绪皇帝的大婚庆典也在紧锣密鼓地准备，时间定在1889年2月26日（光绪十五年正月二十七日），皇后是慈禧之弟桂祥的女儿。整个婚礼共花费白银550万两，相当于3艘“定远”铁甲舰的钱。光绪皇帝的大婚在一片喜庆气氛中顺利完成，从此他也开始正式亲政。

朝廷一面挪用海防经费为慈禧太后大修园囿，并耗费巨资为皇帝大办婚庆，一面又以库款支绌为由停购海军武器装备。显然，这已不是单纯的经济因素使然了。

李鸿章的心腹幕僚周馥为此曾私下为其出谋划策。他说：

> 北洋用海军费已千余万，只购此数舰，军实不能再添。照外国海军例，不成一队也。倘一旦有事，安能与之敌？朝官皆书生出身，少见多怪，若请扩充海军，必谓劳费无功。迨至势穷力绌，必归过北洋，彼时有口难诉。不如趁此闲时，痛陈海军宜扩充，经费不可省，时事不可料，各国交谊不可恃，请饬部枢统筹速办。言之而行，此乃国家大计幸事也。万一不行，我亦可占地步，否则人反谓我误国事矣。

李鸿章无奈地说：“此大政，须朝廷决行，我力止此。今奏上，必交部议，仍不能行，奈何？”[49]在君主专制体制下，李鸿章不仅不敢拂逆上意，同样也要有所迎合。1888年10月底，即《北洋海军章程》奉懿旨颁行不久，醇亲王致函李鸿章，以颐和园万寿山工程用款不敷，嘱其与各地督抚设法集款200万两存储生息，以备分年修理。李鸿章明白这是慈禧的旨意，遂向各地督抚通报转达，很快便集款260万两。这笔款项后来以“海军经费”名义存储北洋，按年提息解京。[50]

[49]《周悫慎公全集·自订年谱》，卷上，第27～28页，秋浦周氏校刊本，1922。

[50] 参见李鸿章：“致两广制台张”（光绪十四年十月初一日）、“致两江制台曾”（光绪十四年十月初一日），顾廷龙、戴逸主编：《李鸿章全集》，第34册，第434～435页；“海军衙门奏为筹集巨款用备海军要需折”（光绪十四年十一月十五日），张侠等编：《清末海军史料》，第641～642页；“光绪十八年闰六月五日总理海军事务奕劻等奏”，中国史学会主编：中国近代史资料丛刊《洋务运动》，第3册，第167页。

皇家园林工程的浩繁费用可以有很多办法筹措，海军建设却已到了寸步难行的境地。1894年3月，北洋海军急需为“镇远”、“定远”、“济远”、“经远”、“来远”5舰添配120毫米口径速射炮共18门及“威远”舰105毫米口径后膛炮3门并弹药等件，需银仅61万余两，竟然难以筹措。李鸿章只好建议先购“镇远”、“定远”2舰所需6门速射炮，其余4舰应购各炮俟前项炮款付清之后，再设法筹款陆续添购。[51]

两个月后，又逢北洋海军三年大阅之期。5月7日至27日，李鸿章与帮办海军大臣定安奉旨前往旅顺口、大连湾、威海卫、胶州湾等地校阅。这是中国创办新式海军以来规模最大的一次检阅，参阅的舰艇部队除北洋的“定远”、“镇远”、“济远”、“致远”、“靖远”、“经远”、“来远”、“超勇”、“扬威”、“威远”、“康济”、“敏捷”等舰，还有南洋的“南瑞”、“南琛”、“镜清”、“寰泰”、“开济”、“保民”和广东的“广甲”、“广乙”、“广丙”，共计21艘。这几乎已是当时中国海军的全部主力。看着这些为数不多且日渐陈旧的军舰，再看到那些参观校阅的外国先进军舰，一向重视实力的李鸿章已经没有了前几次校阅时的自信和乐观。他在阅后写给朝廷的报告中忧心忡忡地说：

> 臣鸿章此次在烟台、大连湾亲诣英、法、俄各铁舰详加察看，规制均极精坚，而英尤胜。即日本蕞尔小邦，犹能节省经费，岁添巨舰。中国自十四年（1888年）北洋海军开办以后，迄今未添一船，仅能就现有大小二十余艘勤加训练，窃虑后难为继。[52]

李鸿章显然已经了解到日本不遗余力“岁添巨舰”的情况，也大体知道日本新增军舰在性能上超过了中国军舰，因而有了“后难为

[51] 李鸿章：“海军拟购新式快炮折”（光绪二十年二月二十五日），顾廷龙、戴逸主编：《李鸿章全集》，第15册，第304～305页。

[52] 李鸿章：“校阅海军竣事折”（光绪二十年四月二十五日），顾廷龙、戴逸主编：《李鸿章全集》，第15册，第335页。

继”的危机意识。但他或许并不完全清楚，日本海军此时不计在建者，已拥有军舰31艘，鱼雷艇24艘，总排水量6万余吨，在整体实力上也后来居上了。

更为严重的是，李鸿章即使寄希望于北洋海军就现有装备“勤加训练”，也很难如其所愿了。

其实，李鸿章早就体认到将海军这一新军种置于中国传统体制下会遇到很多水土不服的问题。而他所能做的，就是在创办北洋海军之初即开始聘用洋员担任高级顾问和舰队教习、战术技术军官等职，以帮助北洋海军进行正规化训练和管理。

在北洋海军的洋员中，高级顾问地位最高，作用也最大。而北洋海军聘用的高级顾问中，任职时间最长、表现最出色的是英国海军军官琅威理(W. M. Lang)。琅威理自英国皇家海军学校毕业后即进入英国海军服役，并曾于1877年和1879年先后两次参加护送中国购买的蚊子船来华，其业务能力和职业精神颇得李鸿章的赞赏。1882年秋，经过多方考察和征得英国政府同意，这位时任中校副舰长的英国海军军官被正式聘为副提督衔北洋海军总查，协助丁汝昌管理训练舰队。琅威理是职业海军军官，既精通海军业务，又有管理、训练舰队的经验。他上任后，因治军严格，训练有方，且能以身作则，很快为官佐所敬惮。据知情人说：“琅威理终日料理船事，刻不自暇自逸，尝在厕中犹命打旗语传令”。[53]琅威理自己也说过，有一次“深夜与其中军官猝鸣警号，诸将闻警无不披衣而起，各司所事，从容不迫，镇静无哗”。[54]他日夜操演，士卒欲求离船甚难，且无人敢出差错。在他

[53] 余思诒：《航海琐记》，见中国公共图书馆古籍文献珍本汇刊《瀛环志略·航海琐记》，第325页，中华全国图书馆文献缩微复制中心，2000。

[54] 林乐知口述、蔡尔康手书：“英琅威理军门语录”，上海广学会译著：《中东战纪本末》，卷7，第29页，图书集成局，光绪丁酉新春。

的主持下，北洋海军的训练水平有了显著提高。琅威理不仅认真按照英国海军条令训练舰队，还根据国际惯例为舰队制定了中外海军交往的礼节，扩大了中国海军的影响。

1884年中法战争爆发，琅威理因仍属英国海军现役军官，故以英国政府宣布局外中立而回避去职。丁汝昌后来评价说："洋员之在水师最得实益者，琅总查为第一……其人品亦以琅为最。平日认真训练，订定章程，与英国一例，曾无暇晷。即在吃饭之时，亦复心手互用，不肯少懈。"而且"琅亦深得各管驾弁兵之心，于今尚时有去后之思，可验诸口碑"。尤其让他感动的是，琅威理临别时还"贻示一书，略谓：水师已有一半功夫，未竟而去，耿耿此心有不能寝食者。若从此守住，则后来或可一线到底；若见异思迁，则前功尽弃。我深愿为中国出死力，奈国法不准。如中国能与我订立合同，常为中国水师之官弁，我所应得本国终身廉俸，中国亦能认给，则我亦不难舍英趋中，冲锋陷阵，惟命是听，盖我有妻子儿女，胥恃此也"。[55]

1886年初，已升任英国海军上校舰长的琅威理应邀重返中国，再次被聘为北洋海军总查。是年5月，醇亲王巡阅北洋海军，以琅威理训练有功，授予二等第三宝星，并赏给提督衔。第二年，琅威理又奉命带队前往英德接收"致远"等4舰。但是，琅威理第二次受聘后，一直抱怨没有得到足够的信任和授权，与北洋海军将领们的关系也发生了微妙的变化。尤其是他的严肃态度和严格要求，已让中国官兵越来越不能接受。1888年秋至1889年春，他以眼疾为理由请假回国治病。返回中国不到一年，便发生了"撤旗事件"。

[55] 丁汝昌："致袁（子久）观察书"（光绪十年），谢忠岳编：《北洋海军资料汇编·丁汝昌海军函稿》，上册，第56～57页。

1890年春，北洋海军按例南下操巡。舰队到达香港后，丁汝昌于2月24日率“致远”、“济远”、“经远”、“来远”4舰至南海一带巡练，留琅威理、林泰曾、刘步蟾统“定远”、“镇远”、“超勇”、“扬威”在香港维修。3月6日，右翼总兵、“定远”管带刘步蟾忽然降下提督旗，换升总兵旗，表明自己是统带在港各舰的最高长官。琅威理责问刘步蟾：“提督离职，有我副职在，为何撤提督旗？”刘答以按海军惯例如此。[56]丁汝昌离开旗舰10天后才降下提督旗，显然不是海军惯例如此，而是经过预谋后的寻衅发难。时人指出：“海军之建也，琅威理督操綦严，军官多闽人，颇恶之。右翼总兵刘步蟾与有违言，不相能，乃以计逐琅威理。”又有海军中人说：“众将怀安，进谗于李傅相（鸿章）而去之。”[57]琅威理以其威信和自尊受到挑战，立即致电李鸿章讨要说法。第二天，李鸿章给北洋海军第二号人物左翼总兵林泰曾回电，说“琅威理昨电请示应升何旗，《章程》内未载，似可酌制四色长方旗，与海军提督有别。”[58]北洋海军提督旗为黄灰黑蓝红五色，总兵旗为黑绿红三色，专为琅威理制作四色旗，表明他的地位在提督之下总兵之上。北洋舰队南巡结束后，琅威理随丁汝昌一同到天津与李鸿章面谈撤旗事件。李鸿章明确以刘步蟾为是，琅威理当场提出辞职，李鸿章接受了他的请求。

结果，北洋海军自琅威理去职后，军纪日益松懈，训练水平开始全面下滑。

管理上的最大弊端是有章不循，有法不依，导致纪律日渐松弛。北洋海军成军时，鉴于兵船将士终年涉历风涛，所以给予他们优厚的

[56] 李锡亭：《清末海军见闻录》，见戚其章主编：中国近代史资料丛刊续编《中日战争》，第6册，第23页，中华书局，1993。

[57] 姚锡光：《东方兵事纪略》，中国史学会主编：中国近代史资料丛刊《中日战争》，第1册，第63页，上海人民出版社，1957；卢毓英：《卢氏甲午前后杂记》（手稿影印件），第3页。

[58] 李鸿章：“香港交水师总兵林泰曾等”（光绪十六年二月十七日辰刻），顾廷龙、戴逸主编：《李鸿章全集》，第23册，第23页。

待遇，俸饷较之旧式军队官兵普遍高出二至三倍。然而，在腐败的环境中，高薪却激发出永无底止的私欲。《北洋海军章程》规定，除提督以外，总兵以下军官皆须终年住船，不建衙，不建公馆。但据“济远”管带方伯谦自订的《益堂年谱》记载，他在驻地及其附近的烟台、威海、刘公岛都建有私宅。[59]军官们无视规定，在驻地大建私宅，分别携妻带妾以金屋藏娇。不允许高级军官在驻地建私宅的规定是否合乎情理可另当别论，关键是他们破坏了军纪的严肃性，由此产生的后果极为严重。于是，自左右翼总兵以下，争挈眷陆居，军士去船以嬉。北洋海军军官自己也承认：“自琅（威理）去后，渐放渐松，将士纷纷移眷，晚间住岸者，一船有半。”[60]《北洋海军章程》还规定，各船依据大小每月有“行船公费银”数百两，用于保养水线以上船械，例由管带领银包办。结果也日久弊生，管带常私扣归己，致使保养不勤，零件损坏，大炮生锈。上有所好，下必甚焉，相习成风，视为故态。每当舰队于冬春季例巡南洋时，官兵相率淫赌于香港。北洋海军军官大多为福建人，都受过正规的专业培训，“提督丁汝昌本陆将，且淮人，孤寄群闽人之上，遂为闽党所制，威令不行。”[61]纪律的日趋败坏，又必然导致训练废弛。

训练中的最大弊端是弄虚作假，流于形式，缺乏实战性。北洋海军成军后，在训练上也曾有过很好的成绩，但随着纪律的逐渐松懈，原有的训练条令、科目均成了具文。北洋海军军官后来披露：“我军无事之秋多尚虚文，未尝讲求战事，在防操练不过故事虚行，故一旦军兴，同无把握。虽职事所司，未谙款窍，临敌贻误自多。”即如“平日操

[59] 方伯谦：《益堂年谱》（手稿影印件）。

[60] “张哲溁呈文”，陈旭麓等主编：盛宣怀档案资料选辑之三《甲午中日战争》，下册，第399页，上海人民出版社，1982。

[61] 姚锡光：《东方兵事纪略》，中国史学会主编：中国近代史资料丛刊《中日战争》，第1册，第63页。

演炮靶、雷靶，惟船动而靶不动"，而且"预量码数，设置浮标，遵标行驶。码数已知，放固易中，实属无益"。"徒求其演放整齐，所练仍属皮毛，毫无裨益"。至于编队训练，也是先期预定阵式，各舰"管驾只需默记应操数式，其余则可置之"。此种训练，几成戏文套路，中看不中用。海战时阵法号令至关重要，如果平时操练娴熟，临敌必然应付自如。然而北洋舰队平时训练中，发出旗号、灯号后，须催促再三，方能应命，用之已惯。[62]这样的舰队，其战斗力如何，已可想而知。

海军建设不仅仅是武器装备的扩充与更新，官兵综合素质对战斗力的影响更为重要。现代化海军对官兵的综合素质提出了很高的要求，必须培育强烈的爱国主义精神，施之以严格的管理和训练，才能生成并保持战斗力。李鸿章在创办北洋海军的过程中，只注重武器装备更新，对管理和训练却放任自流。《北洋海军章程》主稿者周馥曾指出：当初制定《海军章程》，赏罚各有条例，但将官多不遵行，而李鸿章"亦示宽大，谓此武夫，难拘绳墨"[63]。其结果，一支作风失范的海军，在和平年代的检阅中尽管场面壮观，也不过是一种摆设而已。当李鸿章意识到北洋海军已经"难以为继"时，主要比较的是中日之间海军武器装备的差距，显然并未注意到武器装备的驾驭者可能存在更大的问题。

四　寂静战场上的攻防较量

日本政府自1874年冒险发兵侵台铩羽而归后，一面加速扩充军

[62] "张哲溁呈文"、"沈寿堃呈文"、"高承锡呈文"，陈旭麓等主编：盛宣怀档案资料选辑之三《甲午中日战争》，下册，第398、399、403、407页。

[63] 《周悫慎公全集·自订年谱》，卷上，第27页。

备，一面不断迈出对外扩张的步伐。

日本首先将扩张目标指向已经染指并距其较近的中国属国琉球。1875年6月，日军进驻琉球，强迫琉球改奉日本年号，停止对中国的一切藩属关系。一年后，日本政府又接管了琉球的司法权和警察权。琉球政府立即向清政府驻日公使何如璋以及在东京的外交使团申诉，强烈要求维护琉球的独立性。日本政府惟恐其吞并琉球一事发展成国际问题，即于1879年1月派内务省大书记官松田道之前往琉球，传令琉球国王，限一周内宣誓遵奉日本国法，但遭到琉球国王尚泰的拒绝。松田遂于3月奉政府之命带兵占领琉球国王居住的首里城，并将国王尚泰押送至东京，宣布改琉球为冲绳县。当琉球官员向清政府总理衙门递禀泣援时，中国朝野一致反对日本吞并琉球，总理衙门与日本驻华公使宍户玑就琉球问题展开谈判。但当时清政府正与俄国就伊犁问题进行艰难的交涉，正全力防范俄国的武装威胁。因此，中日之间的谈判最终没有签署任何琉球问题的条约文件，中国也没有就琉球问题向日本采取进一步措施。一个独立的琉球国就这样被日本完全吞并了。

日本在吞并琉球期间，并没有停止向朝鲜扩张的脚步。日本政府在派兵进驻琉球的同时，即开始不断派军舰侵入到朝鲜东西海岸附近游弋，向朝鲜示威。1875年9月20日，日舰“云扬”号在舰长井上良馨海军少佐的指挥下，竟闯入朝鲜首都汉城附近的汉江河口。井上先是亲率20名水兵乘小艇向江华岛草芝镇炮台逼近，及见炮台守军发炮示警，即撤回舰上升起日旗，向炮台发起猛烈炮击。随后又炮击永宗岛，并在该岛登陆，洗劫之后付之一炬，造成“江华岛事件”。

“江华岛事件”发生后，日本当权者无不大喜过望。岩仓具视和大久保利通认为，这是“从天上掉下来的绝好的借口”。木户孝允则建议，先就此事件与中国进行交涉，“中国政府如能本其属邦之义，代我责罪，向我帝国道歉，讲求至当之措施，则我亦可适度而止。如中国政府不允居中代办，任我帝国自行处理，我始可举其事由，责询朝鲜，要求其妥善处分。彼若始终不肯，则我不得不问其罪。”[64]日本政府接受木户孝允的建议，于11月10日任命外务少辅森有礼为特命全权公使，前往中国试探清政府的态度。1876年1月，森有礼在北京向总理衙门提出交涉，声称日本政府已派军舰护送全权办理大臣前往朝鲜，如朝鲜不同意签订条约，日本便要用兵。总理衙门正告森有礼：“中国之于朝鲜，固不强预其政事，不能不切望其安全。”[65]意思是说，如果日本对朝动武，中国不能坐视。日本此次遣使来华交涉没有达到目的。

正当森有礼在中国无理纠缠之际，日本已派参议黑田清隆陆军中将和元老院议官井上馨作为政府特命全权办理大臣和副大臣，率兵800名乘坐4艘轮船，在3艘军舰的护卫下开抵朝鲜。2月11日，朝鲜政府被迫派代表与其谈判，又被迫于2月26日签下《朝日修好条规》，即通称之《江华条约》。8月24日，朝日双方又签订了《朝日修好条规附录》11款。条约规定：朝鲜除釜山外，另开元山、仁川两港，日本在汉城设立使馆，在各港口派遣领事并享有领事裁判权，允许日本在朝鲜沿海进行测量和绘制海图，等等。日本把当年美国强加于它的炮舰政策

[64] 东亚同文会编：《对支回顾录》上册，第185页，原书房刊，1936。

[65] “复日本国节略”，《清光绪朝中日交涉史料》(1)，卷1，第3页，故宫博物院铅印本，1932。

接过来又用在了对朝鲜的侵略扩张上。

朝鲜作为中国藩属,因闭关锁国而长期与外隔绝,故被称为“隐士之国”。日本吞并琉球后,中国有识之士已经看出,日本下一个吞并目标必将是朝鲜。1879年6月,福建巡抚兼总理各国事务大臣丁日昌提出:“朝鲜不得已而与日本立约,不如统与泰西各国立约。日本有吞噬朝鲜之心,泰西无灭绝人国之例。将来两国启衅,有约之国皆得起而议其非,日本不致无所忌惮。若泰西仍求与朝鲜通商,似可密劝勉从所请,并劝朝鲜派员分往有约之国,聘问不绝。”总理衙门赞成丁日昌的意见,并上报朝廷,认为“日本恃其诈力,雄视东隅,前岁台湾之役未受惩创,今年琉球之废益张气焰。臣等以事势测之,将来必有逞志朝鲜之一日,即西洋各国,亦必有群起而谋朝鲜之一日。中国将往助而心有未逮,将坐视而势有不能。”[66]在总理衙门的建议下,朝廷决定由北洋大臣李鸿章直接与朝鲜通递文函,相机开导。李鸿章早就主张以朝鲜向各国开放门户来“以夷制夷”,以避免朝鲜为某个列强所独占,尤其是避免朝鲜落入日本手中。1882年夏,李鸿章两次命统领北洋军舰的丁汝昌率舰护送道员马建忠前往朝鲜,协助朝鲜与美、英、德国分别签订通商条约。

朝鲜国王李熙,1863年以王族旁支即位,是为高宗。因其当时只有12岁,故由其父李昰应摄政,称为大院君。1873年大院君归政,但国王李熙性格庸懦,韩廷大权很快落入王妃闵氏及其外戚势力的手中。于是,朝鲜统治集团内部出现了分别以闵妃和大院君为首的两大势力,并在对外政策上以对外开放和闭关锁国形成对立。闵氏集团执掌

[66] “总理各国事务衙门奏拟劝朝鲜交聘各国片”,《清光绪朝中日交涉史料》(33),卷1,第32页。

朝政后，对能否依靠中国保护以对付日、俄等国的觊觎心存疑问，甚至在不少官员中出现了亲日的倾向。

日本自与朝鲜签订《江华条约》后，便根据条约所赋予的特权在朝鲜大肆进行经济掠夺，如将大批粮食运往日本，造成朝鲜国内严重缺粮，米价猛涨。此外，日本驻朝公使花房义质一面对朝鲜统治阶层进行拉拢渗透，培植亲日分子；一面怂恿朝鲜政府仿效日本方式改革军制，并赠送武器，帮助组建一支新式武装。1881年，这支称作“别枝军”的新式武装建立，聘日本陆军少尉堀本礼造为教官。“别枝军”与原朝军相比，不仅装备好，而且待遇优厚，自然引起后者的强烈不满。

1882年7月19日，朝鲜当局决定向已经13个月没有领到俸米的朝军发放一个月的俸米，但俸米竟是朽腐的陈粮，米中还掺有沙石，而且分量不足，因此士兵怒将仓吏殴打致伤。当局下令严惩为首者，诸营士兵闻讯更加愤怒，随即举行暴动，袭击闵党权臣住宅，并进攻别枝军，杀死日本教官堀本礼造。23日，暴动队伍围攻日本公使馆，呼喊“尽屠倭人”。日本公使花房义质夤夜逃往仁川，旋即搭乘英船回国。24日，兵变士兵攻入国王李熙居住的昌德宫，并杀闵党重臣数人。闵妃只身逃往忠州，与朝鲜派在中国的使节金允植联系，敦请清政府出兵。25日，大院君被暴动者迎入宫中，重新执掌朝政。这一事件，史称“壬午兵变”。

日本驻朝公使花房义质一回到日本，即向外务省报告朝鲜兵变经过，日本朝野为之愤激，“征韩”之声响彻全国。7月30日至31日，日本内阁连续两天召开会议，商讨对策。因事关重大，天皇睦仁也亲临旁听了31日的会议。内阁顾问黑田清隆等人主张迅速派“征韩”之师，立即宣战。外务卿井上馨主张先派舰队示威，在军事压力下进行谈判，如朝鲜不答应日方条件，再研究正式出兵问题。天皇赞同井上之议，阁议遂决，并将处置朝鲜之事皆委井上办理。

中国在朝鲜向不设官，兵变的消息至8月1日才从驻日公使黎庶昌的电报中得知。当时，李鸿章已回合肥奔丧，直隶总督兼北洋大臣由张树声署理。清政府担心日本借机介入，急令张树声派水陆两军迅赴朝鲜。张树声为进一步了解情况，特派人与朝鲜在华官员金允植、鱼允中联系。金、鱼都是反对大院君的闵党分子，一口咬定大院君为乱首。8月9日，北洋营务处道员马建忠、北洋水师统领丁汝昌奉命带领“威远”、“超勇”、“扬威”3舰从烟台启碇东渡，鱼允中搭“超勇”随行。10日，中国分舰队抵达仁川，而日本的“金钢”舰已先期到港。12日，丁汝昌乘“威远”舰回天津向张树声汇报局势。同一天，日本公使花房义质及陆军少将高岛鞆之助、海军少将仁礼景范乘“明治丸”，率“日进”、“比睿”、“清辉”等舰及步兵800余人到达仁川。16日，花房不顾朝鲜官员的多次劝阻，率军队进入汉城。20日，花房将日军布署在王宫前，以进行恫吓，然后入宫向国王面呈日本政府对兵变善后的要求书，限3天内答复。同日，丁汝昌和广东水师提督吴长庆率兵2000人乘船来到朝鲜南阳浦口，与已移泊此处的“超勇”、“扬威”两舰会合。中国方面根据金允植、鱼允中的说法，已将大院君视为祸首，故认为只要将其带走，即可平息事端。8月26日，马建忠、吴长庆、丁汝昌在汉城设计扣留大院君，于次日带上中国军舰“登瀛洲”号送至天津，后软禁于保定。

中国出兵朝鲜,目的是防止日本对朝鲜的干预介入,巩固藩屏。日本因军事实力所限,未敢轻举妄动,故中国的快速果断处置取得了战略上的主动。但在如此有利的情况下,中国方面竟默认了朝鲜政府于8月30日仓促与日本签订《济物浦条约》和《修好条规续约》,规定朝鲜赔偿日本水陆兵费55万元,允许日本在朝鲜驻兵。日本取得在朝鲜的驻兵权,为其进一步在朝鲜扩张创造了条件。

壬午兵变平息后,朝鲜内部逐渐形成了两股势力:一是被称为"事大党"的亲华派,一是被称为"开化党"的亲日派。亲日派是以金玉均、朴泳孝、洪英植为首的青年贵族知识分子和官吏,因看到清王朝日渐腐朽,要求朝鲜仿效资本主义国家,尤其是明治维新后的日本。日本则趁机大力扶植亲日势力,企图建立傀儡政权,将中国势力驱逐出朝鲜。但因中国吴长庆所部庆军平息兵变后留驻朝鲜,已成亲华派的闵妃集团掌权,亲日派始终不能得势。

1884年中法战争爆发后,日本政府见有机可乘,又在朝鲜蠢蠢欲动,企图策动亲日开化党人发动政变。日本驻朝公使竹添进一郎曾就此向宫内卿伊藤博文和外务卿井上馨请示:"我日本与中国政府因政治方向的不同,终不可寄望于敦睦。如果不与中国一战,除其虚傲心,难有真诚的交际。如有这府议,今日煽动日本党掀起朝鲜内乱,实为上策。"[67]12月4日,开化党人与日本公使竹添进一郎共同策划,由日人井上角五郎亲自指挥,在庆祝汉城邮政局成立的宴会上,刺杀刺伤亲华派主要官员闵台镐等多人,然后伪称清兵作乱,招日军保护,进而占领王宫,组成新政府,并宣布废除中朝宗藩关系。这就是"甲申政变"。

[67] 金正明编:《日韩外交资料集成》第3册,转引自林子候:《甲午战争前之中日韩关系》,第124页,嘉义玉山书局,1990。

12月6日,中国驻朝军队应朝鲜议政府右议政沈舜泽的请求,由驻朝防营总理营务处袁世凯统率开进王宫,逐走日军,救出国王。当晚,竹添进一郎率日军退回日本使馆。次日下午,竹添放火烧毁日本使馆,逃往仁川。11日,竹添乘"千岁丸"回国,开化党人金玉均、朴泳孝改着日装随船逃往日本。

清政府获悉朝鲜政变后,谕示李鸿章:"目前办法,总以定乱为主,切勿与倭人生衅。"[68]20日,丁汝昌奉命率北洋3舰"超勇"、"扬威"、"威远"及一营清军自旅顺赶赴朝鲜,但此时政变已经平息。

甲申政变的消息传到日本,日本国内的海外扩张论激进分子情绪激昂,大肆鼓噪,主张出兵朝鲜驱逐中国势力,甚至主张与法国联合进攻中国。一些团体在东京上野公园举行"膺惩清国大会",会后又游行示威,"征清论"高涨起来。明治维新的重要思想家福泽谕吉在报上发表文章,强烈要求"断然诉诸武力,迅速收拾局面",声称如果一举打败中国,就将"永被尊为东方之盟主"。改进党领导人藤田茂吉、尾崎行雄和犬养毅联名向参议兼宫内卿伊藤博文提出强硬的意见书,要求"干预朝鲜内政,并设法吞并之",即使因此引起对华战争,为国家计,也是我们"所最希望者"。[69]但日本政府认为,出兵干预会导致日本与中国在朝鲜发生战争,结果可能因日本在北方牵制住中国,而使日本垂涎已久的台湾落入法国手中,这与日本在南方的利益相冲突。此外,日本的战争准备尚未完成,与中国开战也没有把握。陆军大臣山县有朋即指出,对清作战不仅是轻率的,而且是不可能的,这只要比较一下两国的舰队的情况就可以知道。[70]因此,日本政府决定在谈判

[68] 《清德宗实录》,卷197,光绪十年十月己亥。

[69] 信夫清三郎:《日本外交史》上册,第203～204页。

[70] 藤村道生:《日清战争》,第16页,上海译文出版社,1981。

桌上迫使朝鲜和中国作出让步，为以后采取军事行动做好铺垫。

12月21日，日本特命全权大使、外务卿井上馨及陆军中将高岛鞆之助、海军少将桦山资纪等率7艘军舰、两大队陆军赴朝，30日到达仁川。1885年1月7日，日朝开始谈判，次日即签订了《汉城条约》。对朝鲜来说，这是一个非常屈辱的条约。日本干涉朝鲜内政，策动叛乱，杀戮大臣，以军队入主朝鲜王宫，帮助政变分子挟持国王，最后却要朝鲜向日本谢罪、赔偿、惩凶，并要求新建日本使馆和护卫兵营。关于日本在汉城驻兵，1882年《济物浦条约》之规定尚属临时性质，而《汉城条约》则使之变成永久性的了。日本方面处心积虑，运用狡诈的谈判策略，不仅逃避了罪责，而且反败为胜。

日本虽然强迫朝鲜签订了《汉城条约》，但并不以此为满足。因为在这次政变中，日本在军事上是居于下风的，何况在汉城还有清军驻扎，这必将成为日本日后向大陆扩张的障碍。不仅如此，《汉城条约》只是日朝之间的条约，对中国并无约束力，且亦不能改变中国对朝鲜拥有宗主权的现实，这又将限制日本今后对大陆的进一步侵略。因此，日本政府在暂时不能以武力解决的情况下，决定通过与清政府谈判为以后控制朝鲜铺平道路。1885年3月，日本政府参议兼宫内卿伊藤博文作为特派全权大使率随员来华，与李鸿章进行外交谈判。双方最后签订了《天津会议专条》，规定从朝鲜撤出中日双方的一切军队；劝促朝鲜建立自己的军队，中国人和日本人均不得担任教官；将来朝鲜有事，两国或一国要派军队，应先行知照对方，一俟事定，应立即撤回。[71]李鸿章以为照约双方撤兵，于全局有裨，却没料到又落入了日

[71] “天津会议专条”（1885年4月18日），见王铁崖：《中外旧约章汇编》，第1辑，第465页。

本设下的圈套。这一条约后来为中日甲午战争的爆发埋下了祸根。

中日谈判结束后，中方代表李鸿章在向总理衙门报告时指出：“大约十年内外，日本富强必有可观，此中土之远患而非目前之近忧，尚祈当轴诸公留意是幸”。[72]李鸿章的这一判断无疑是准确的。

日方代表伊藤博文也向本国政府报告了他对中国的评估：

> 中国以时文取文，以弓矢取武，所取非所用；稍为更变，则言官肆口参之。虽此时外面于水陆军俱似整顿，以我看来，皆是空言。缘现当法事甫定之后，似乎发奋有为，殊不知一二年后，则又因循苟安，诚如西洋人形容中国所说又“睡觉”矣。倘此时我与之战，是催其速强也。诸君不看中国自俄之役始设电线，自法之役始设海军。若平静一二年，言官必多参更变之事，谋国者又不敢举行矣。即中国执权大官，腹中经济，只有前数千年之书，据为治国要典。此时只宜与之和好，我国速节冗费，多建铁路，赶添海军。[73]

伊藤博文对中国的上述分析和判断，亦不幸而言中。

此后，日本在加速扩充军备的同时，制订具体的“征清”方案也提上了议事日程。早在1879年秋，参谋本部即派出10余名军官到中国调查军制、军备及地理情况，陆军中佐桂太郎回国后起草了《对清作战策》。这是近代日本制订的第一份“征清”方案。1880年，参谋本部又派管西局（1885年7月改称第二局）局长小川又次等10余人来华，在各地进行秘密调查。参谋本部根据小川又次等调查的材料，编纂了《邻邦兵备志》一书，以作为制订“征清”方案的依据和参考。1886年，小川又次再次到中国进行调查，归国后于1887年春写出了著名的《征

[72] 李鸿章：“致总署：密陈伊藤有治国之才”（光绪十一年三月初五日），顾廷龙、戴逸主编：《李鸿章全集》，第33册，第483页。

[73] “日人朝比奈密探各事清册”，中国史学会主编：中国近代史资料丛刊《中日战争》，第1册，第600～601页

讨清国策案》。

《征讨清国策案》对当时中国的军事实力、布防情况以及政治、经济、文化等各个方面都作了评估，并在分析对比两国形势后提出，自本年开始，以五年为期完成对华作战的准备，争取在中国尚弱之时加以攻击。具体作战计划是，届时将以海军击败中国海军，并由海军掩护陆军8个师团远征中国，其中6个师团在中国北方的直隶湾登陆，2个师团进入长江攻占沿岸要冲之地，最终达到攻陷北京、擒拿清帝、使中国乞降于阵前的目的。

《征讨清国策案》特别重视海军的作用，认为“与大国交战，攻陷其国都乃名誉之胜利，压制其海上为实效性胜利”。在作战顺序上，也是“压制其海上为第一步，攻陷其国都则在其次。”《清国征讨方略》对中国海军现状做了分析，指出中国本有北洋、南洋、福建和广东4支水师，但福建水师已在中法战争中遭到重创，广东水师虽有数十艘舰船，但基本上都是木造脆弱之军舰，其速度无有超过6海里者，所以中国现在尚可出海作战者惟有南北两洋之军舰。“加之，清国水师所辖不同，经常相互不能应援。”至于中国海军官兵，“从舰长至士官人员，概为乏于学术”；“而此辈之志操，即使谓为侠义，但内心也皆以利己为目的，一旦开战，又焉有为清国而敢死尽力者耶？”日本要在5年后进攻中国，自今日起，就要使用最大限度之财力扩充海军。一旦军力充实，刻日制胜，使之为城下之盟，达到我国目的，决非难事。该《策案》最后建议政府，对中国应采取先发制人的手段，切莫错过机会。[74]

小川又次的《征讨清国策案》完全符合日本参谋本部进行大陆作

[74] 小川又次：《征讨清国策案宗旨书》，米庆余译，见林伟功主编：《日藏甲午战争秘录》，第13～25页，澳门中华出版社，2007年。

战的基本思路，因此受到高度重视。鉴于进行大陆作战需要陆海军的协同，参谋本部又命海军部掌管海军出师的第二局和掌管外国谍报工作的第三局也就“征清”问题组织讨论。海军人员随即拟定了6份“征清”方案：

1.《征清方策》（参谋本部海军部第二局第一科代理科长、海军少佐樱井规矩之左右，1887年12月30日）；

2.《对策》（参谋本部海军部第二局第三科科长、海军少佐岛崎好忠，1887年12月）；

3.《对策》（参谋本部海军部第二科科员、海军大尉三浦重乡，无日期）；

4.（无题）（参谋本部海军部第三局第一科科员、海军大尉日高正雄，1887年12月30日）；

5.《陈述有关对策之意见》（参谋本部海军部第三局第一科科员、海军大尉佐佐木广胜，1887年12月28日）；

6.《对策》（“浪速”舰长、海军大佐矶边包义，1888年4月20日）。

日本海军人员拟定的6份“征清”方策，与小川又次的《清国征讨方略》一样，总的作战目标都是攻占北京，占领中国。在“征清”作战中，日本海军的主要作战任务有三：一是“与北洋舰队决斗，将其击溃”，以保证陆军在直隶湾登陆的安全；二是攻占旅顺和威海，以作为海军之前进根据地；三是选择进攻北京之登陆地点，掩护陆军渡海及登陆。[75]上述6份“征清”方策中，有5份是参谋本部海军机构内部人员拟制，再与小川又次的《清国征讨方略》相联系，“说明在1887

[75] 详见《日本预谋发动甲午战争的一组史料》，载《抗日战争研究》1997年第2期。

年，参谋本部预测到和中国的交战，并有组织地讨论过作战构想”。也就是说，“日中间的交战，至少从1887年开始，具体的作战计划就已经被构想出来了”。[76]

1890年3月，刚刚组阁不久的山县有朋将其起草的《外交政策论》交阁僚传阅，声称“国家独立自卫之长计”就在于“保卫主权线”和“防护利益线”。同年12月9日，山县在议会以首相身份发表施政演说，进一步鼓吹他的“两线”说，并说明：“‘主权线’者，国家之疆域是也；‘利益线’者，即与我主权线的安全紧密相关之区域是也。”[77]但问题是，日本的所谓“利益线”与欧美列强在远东的利益势必发生交集，尤其是对朝鲜和中国东北同样抱有野心的俄国，一旦其西伯利亚大铁路开通，日俄的正面冲突将不可避免。有鉴于此，日本惟有加快战争准备，以便抢占先机。就在这时，突然发生了日本警察行刺俄国皇储的“大津事件”。

1891年4月27日，俄国皇储尼古拉·亚历山德罗维奇·罗曼诺夫(Czar Nichlas Ⅱ)，即后来的沙皇尼古拉二世，在完成对中国的访问后来到日本。5月11日，尼古拉一行从京都乘人力车来到大津市，不料在市街观光时，突然遭到路旁担任警卫的一个名叫津田三藏的日本警察挥刀砍杀，头上顿时鲜血直流。随他一起出访的希腊王子用刚买的拐杖将刺客打倒在地，日本警察随后赶到，将刺客制服。尼古拉虽然挨了两刀，但只是轻伤，没有生命危险。津田三藏后来受审时申辩说，俄国要与日本争夺东亚利益，所以是日本的大敌，刺杀俄国皇储是爱国者之所为。此言虽然说出了日本人的普遍心声，但其莽撞行为却

[76] 中塚明：“日清战争前的日本对清战争准备”，《抗日战争研究》1997年第2期。

[77] 大山梓编：《山县有朋意见书》(明治百年史丛书)，第203页，原书房刊，1966。

让日本政府惊慌不已，因为日本既害怕因此遭到俄国的报复，也惟恐尚未在东亚抢先出手的情况下提前引爆与俄国的武装冲突。事件发生后，明治天皇即“紧急临幸”京都，慰问受伤的俄国皇储，并带着三位亲王到神户为其送行。由于日本方面的迅速处置和诚恳道歉，俄国也就不再追究了。

俄国皇储离开日本后，即前往海参崴主持西伯利亚铁路开工仪式，并宣布将加快建设海参崴军港。西伯利亚铁路一旦通车，俄国从欧洲调运陆军到东亚的速度就会大大加快；而修建海参崴军港，也将有利于俄国海军在东亚的兵力集结。而这也正是视东亚为禁脔的日本所担心的。

“大津事件”发生后不久，日本即主动向北洋海军发出了访日邀请，加之访问期间的融洽气氛，似乎给人以日本有意联合中国一同抗俄的印象。其实不然，日本早已将侵略朝鲜和中国东北作为其大陆政策的首要目标，无疑会与同样有此企图的俄国因利益交集而发生冲突，却无论如何也不可能会与其侵略对象中国携起手来。

1893年，时任枢密院议长的山县又抛出一份《军备意见书》。他认为，如果不出10年将对俄国进行一场战争的话，事先确保战略要地朝鲜，并尽快寻找机会对华作战，夺取东亚盟主的地位，这是绝对必要的前提。[78]《军备意见书》中的“意见”是建立在日本当时军备的基础上的，也就是说，已基本完成作战准备的日本即将对华开战，并且还预言了10年后的日俄战争。

日本战车已经进入战争轨道，剩下的就是寻找挑起战端的时机了。

[78] 藤村道生：《日清战争》，第45～46页。

大洋沉思

Chapter Two

第二章

海上偷袭拉开战幕

一　日本引燃战争导火索

就在日本已完成战争准备并等待开战时机之际，朝鲜爆发了东学党农民起义。日本外务大臣陆奥宗光认为这是确立日本在朝势力的难得良机，绝不能失之交臂，故多次密令日本驻朝代理公使杉村濬探听朝鲜政府是否已向中国求援，企图制造以中国出兵作为日本出兵的借口，然后伺机挑起衅端。

东学党又称东学道，19世纪60年代出现在朝鲜南部的教门组织，创始人崔济愚。他在民间信仰的基础上，融合儒、释、道三教，创立新说“东学道”，以“东学”排斥“西学”(基督教)。朝鲜政府视东学道为邪说，于1864年将崔济愚捕杀，但东学道在第二世教主崔时亨领导下继续活动。1893年3月，一些教众到汉城“伏阁上书”，要求为崔济愚伸冤，并在街头张贴“驱逐倭洋”的榜文。各国使节及侨民人心恐慌，通过清政府派驻朝鲜总理交涉通商事宜的袁世凯，请中国调派军舰到仁川，以防意外。李鸿章遂派北洋海军“靖远”、“来远”两舰驶赴仁川，相机巡防。不久两舰撤回，又先后派“操江”、“济远”、“经远”等舰赴仁川填防，并调北洋护军统领张文宣率兵120名随舰前往。[1]

[1] 李鸿章：“寄译署”(光绪十九年二月二十日辰刻)、“寄朝鲜袁道”(光绪十九年三月二十九日辰刻)、“寄袁道”(光绪十九年三月二十九日辰刻)，顾廷龙、戴逸主编：《李鸿章全集》，第23册，第345、358页，安徽教育出版社，2008。

1894年2月15日，朝鲜全罗道古阜郡农民在当过东学道接主的全琫准率领下，攻占古阜郡衙，举行反抗郡守赵秉甲的起义。在古阜郡农民起义影响下，其他地区的农民也纷纷起事。1894年5月4日，全琫准又率起义军袭占泰仁县，各地起义军陆续前来会师。起义军定名为湖南倡义军，打出"逐倭斥洋"、"除暴救民"的旗帜，推戴全琫准为大将。6月1日，起义军占领了朝鲜李氏王朝的老家全罗道首府全州。

消息传到汉城，朝鲜满廷震动，国王李熙决定向中国求援。但朝鲜大臣中有人担心，按照1885年中日签订的《天津条约》，中国如应朝鲜政府之请出兵，需先行文知照日本政府，那么日本很可能也会借口出兵。中国驻朝官员袁世凯认为，朝鲜是中国的藩属，其内乱不能自了，请求中国帮助平息，中国作为上国不便推辞。1885年《天津条约》规定中国派兵需行文知照日本，并没有中国派了日本也要派的文字。日本如多事，顶多是借保护使馆为名，调兵百余名到汉城而已。[2]

日本一直在密切注视事态的发展。5月9日，驻防仁川的中国军舰"平远"号运送朝鲜官军至群山浦，日本使馆立即派员前往朝鲜外务署询问："平远"舰前去为何？华兵是否下船？6月1日，日本驻朝鲜代理公使杉村濬探知朝鲜国王决定向中国借兵，急派书记生郑永邦往访袁世凯，询问"贵政府何不速代韩戡"，还表示"我政府必无他意"。6月3日，杉村为引诱中国尽快出兵又亲访袁世凯，进一步表示"盼华速代戡"。袁世凯丝毫没有意识到杉村濬居心叵测，还自认为"杉与凯旧好，察其语意，重在商民，似无他意"。同日，日本驻天津领事荒川已次奉外相陆奥宗光的训令会晤李鸿章，所谈与杉村濬"语意略同"。

[2] 李鸿章："寄译署"（光绪二十年四月二十八日酉刻），顾廷龙、戴逸主编：《李鸿章全集》，第24册，第41～42页。

李鸿章因此也完全相信了日本“必无他意”的保证，遂告知荒川：“韩请兵，势须准行，俟定议，当由汪使知照外部，事竣即撤回。”[3]当天夜间，朝鲜政府正式向中国发出乞援书。

6月4日，李鸿章电令丁汝昌，派海军“济远”、“扬威”两舰赴仁川护商；另调直隶提督叶志超、太原镇总兵聂士成率淮军2000余人，分乘招商局轮船前往朝鲜。依照《天津条约》，李鸿章致电驻日公使汪凤藻，要其将中国出兵朝鲜一事知照日本外务省。汪凤藻即行文照会日本外务省，告知中国政府应朝鲜政府之请，依据“我朝保护属邦旧例”，特派直隶提督叶志超“选带劲旅，星速驰往朝鲜全罗、忠清一带，相机堵剿，克期扑灭，务使属境乂安，各国在韩境通商者，皆得各安生业，一俟事竣，仍即撤回，不再留防”。日本外务省以照会中有“属邦”二字，要求“酌改”，汪凤藻“正词拒之”。李鸿章也认为在这一点上不能让步，故电示汪凤藻：“文内‘我朝保护属邦旧例’，前事历历可证，天下各国皆知。日本即不认朝鲜为中属，而我行我法，未便自乱其例，固不问日之认否，碍难酌改。”[4]日方就此大做文章，陆奥宗光即在复照中附加一语：“查来照中有‘保护属邦’一语，但帝国政府从未承认朝鲜为中国属邦。”[5]日本蓄意挑起冲突的阴谋已昭然若揭。

其实，日本政府在6月2日即已做出了出兵决定。在是日的内阁会议上，外相陆奥宗光提出：“如果中国确有向朝鲜派遣军队的事实，不问其用任何名义，我国也必须向朝鲜派遣相当的军队。”[6]陆奥的建议获得阁员一致通过后，内阁总理大臣伊藤博文即派人将参谋总长、陆军大将有栖川宫炽仁亲王及次长川上操六陆军中将请来参加

[3] 李鸿章：“寄译署”（光绪二十年五月初一日巳刻），顾廷龙、戴逸主编：《李鸿章全集》，第24册，第45页。

[4] 李鸿章：“寄译署并叶军门袁道”（光绪二十年五月初三日辰刻）、“寄译署并袁道”（光绪二十年五月初五日巳刻），顾廷龙、戴逸主编：《李鸿章全集》，第24册，第46、49页。

[5] 陆奥宗光：《蹇蹇录》，第16页，商务印书馆，1963。

[6] 陆奥宗光：《蹇蹇录》，第9页。

会议，随即做出出兵朝鲜的秘密决议。当天晚上，川上操六又到外务省与陆奥和外务次长林董讨论了出兵的具体方案。他们一致认为，日本出兵势必与清军发生对抗。估计中国所派军队不会超过5000人，而日本要居于必胜地位，需要派遣6000至7000人的兵力。因此，日本应首先派出一个混成旅团；如果中国进一步增加兵力，日本也要增派一个师团。据林董后来回忆，当时会议所讨论的“已不是如何用和平方式解决问题，而是如何发动战争，如何取得胜利”[7]。

6月4日，陆奥宗光命正在国内休假的驻朝公使大鸟圭介迅速返任，并赋予他紧急处置权。陆奥经与海军大臣西乡从道协商，决定派军舰载运大鸟及一支海军陆战队赴朝，并要求常备舰队司令伊东祐亨海军中将率“松岛”、“千代田”等舰开赴仁川。参谋本部则于当夜完成了混成旅团的编制方案，正在筹建的运输通信部决定从日本邮船会社借调10艘轮船来运送这支部队。

6月5日，日本成立战时最高指挥机构大本营，以参谋总长炽仁亲王为幕僚长，参谋次长川上操六为陆军参谋，海军军令部长中牟田仓之助海军中将为海军参谋，并设有侍从武官、军事内局员、兵站总监部、运输通信部、野战监督部、野战卫生部、管理部等职分和机构。按照战时大本营条例，军事动员计划、出兵数量以及运输计划等等，完全归军事统帅掌管，而由大本营决定。战时大本营的设立，足以说明日本此时已决心趁此机会将朝鲜问题引向对华开战。同一天，明治天皇批准向朝鲜派出一个混成旅团，参谋本部即向广岛第五师团下达了动员令。

[7]《林董回忆录》，转引自信夫清三郎：《日本外交史》，上册，第260页，商务印书馆，1992。

当天下午,日本驻朝公使大鸟圭介乘“八重山”舰自横须贺港起程返任,随行的有外务省参事官本野一郎、海军军令部第二局局员安原金次海军少佐及300名海军陆战队员和20名警察。行前,海军大臣西乡从道指示“八重山”舰长平山藤次郎海军大佐,要与公使共进退,并与停泊仁川之日本各舰舰长协商,务必使多数陆战队登陆。[8]当夜,陆奥电告杉村濬:“大鸟公使6月5日午后一时乘‘八重山’舰从横须贺起锚去仁川,有300名水兵和20名警察作为警卫随行。但水兵出发一事,在新的训令到达之前不得公开。”[9]第二天,杉村通知朝鲜外务督办赵秉稷和中国驻朝官员袁世凯,称大鸟公使已带20名护卫警察出发回任,但对陆战队同来一事秘而不宣。

6月7日,陆奥宗光电令日本驻中、朝两国使节宣布日本出兵朝鲜。在北京,日本临时代理公使小村寿太郎照会清政府总理衙门,声称因朝鲜现有变乱重大事件,日本政府决定出兵朝鲜,特行文大清国政府知照。9日,总理衙门复照指出:“中国因朝鲜之请派兵助剿,系保护属邦成例,且专剿内地土匪,事定即回”;日本派兵既为保护使署及商民,自无须多派,且非朝鲜所请,断不可进入朝鲜内地,致人惊疑。但小村接复照后经请示陆奥宗光,答称:日本政府并未认朝鲜为中国属邦,日本应派兵多少由日本政府自行定夺,应如何行动亦非所掣肘。在汉城,杉村濬于7日将日本出兵一事转达朝鲜外署,次日又面见朝鲜外务督办赵秉稷,正式通知日本向朝鲜派兵。赵秉稷强烈要求日本军队停止登陆。但杉村态度蛮横,答称:“贵督办虽千言万语,重复其不必要,而我政府既认定其为必要,则不能听从尊说。”[10]此后,朝鲜政

[8] 田保桥洁:《甲午战前日本挑战史》,第72页,南京书店,1932。

[9] 杉村濬:《明治二十七八年在韩苦心录》,见戚其章主编:中国近代史资料丛刊续编《中日战争》,第7册,第5页,中华书局,1996。

10] 以上详见《日本外交文书》第27卷,第525号、527号、529号附件一、545号附件一,见戚其章主编:中国近代史资料丛刊续编《中日战争》,第9册,第201、203、206、218页,中华书局,1994。

府多次与日本方面交涉，但均遭拒绝。

日本政府于6月2日决定出兵朝鲜后，海军大臣西乡从道立即着手战争准备。当时，日本海军舰艇均分属于横须贺、吴、佐世保海军镇守府，其中由“松岛”、“高千穗”、“千代田”、“高雄”、“大和”、“武藏”、“筑紫”、“赤城”8舰组成常备舰队，司令长官为伊东祐亨海军中将；“吉野”、“八重山”、“葛城”、“大岛”、“摩耶”、“天城”6舰为警备舰，“金刚”、“天龙”、“筑波”、“满珠”、“千珠”、“馆山”6舰为练习舰，“磐城”为测量舰，“鸟海”为预备舰；鱼雷艇第7号至第23号为常备艇，“小鹰”号及第1号至第6号为预备艇。此外，“严岛”、“桥立”、“扶桑”、“浪速”、“秋津洲”、“比睿”、“海门”、“爱宕”、“凤翔”等9舰因正在维修，没有编入现役。日本内阁会议做出向朝鲜派兵决议的当天，西乡从道即命令各镇守府抢修9艘非役舰，并电令在中国福州一带活动的伊东祐亨速率所带“松岛”、“千代田”、“高雄”3舰前往朝鲜釜山，令在中国山东烟台的“赤城”号侦察威海卫及仁川港。

日本派赴朝鲜的陆军于成立战时大本营的当天开始动员，由驻广岛的第五师团长野津道贯陆军中将负责，以其驻宇品附近所部步兵第九旅团编成混成旅团，包括步兵第十一、二十一两个联队及一个野炮大队（野炮12门）、一个骑兵中队等共7600余人，以陆军少将大岛义昌为旅团长。按照参谋本部的计划，混成旅团的动员于6月10日完成，分两次运往朝鲜。

6月6日晚，清军聂士成所部910人自天津大沽口乘“图南”号轮船，在北洋海军“超勇”舰的护卫下启航，于8日下午抵达朝鲜西海岸南端的牙山湾，9日登陆进驻牙山县。叶志超部1200人于8、9两日分乘"海晏"、"海定"2轮，在"操江"舰护卫下自大沽启航，分别于9、10两日抵牙山湾，12日全部登陆。

6月9日下午，日本驻朝公使大鸟圭介乘"八重山"舰驶入朝鲜仁川港，伊东祐亨亦率"松岛"、"千代田"2舰随后赶到。此时，在仁川港的日舰已有"松岛"、"千代田"、"八重山"、"筑紫"、"大和"、"赤城"6艘。伊东到仁川后，立即转登"八重山"舰会见大鸟圭介，商定在各舰抽调430余人编成联合陆战队，包括枪队两个中队和一个野炮队（携野炮4门），以"松岛"舰副长向山慎吉海军少佐为总指挥，随同大鸟赶赴汉城。次日凌晨，向山慎吉率陆战队的两个枪队中队护送大鸟冒雨徒步向汉城进发，野炮队则自仁川乘汽船溯汉江而上，先后于当晚到达汉城，并不顾朝方的劝阻和抗议进入城内。

日军大本营获悉第一批清军已于6日出发，惟恐中国军队占据先机，决定不等混成旅团编成，先派一个步兵大队作为先遣队提前出发赶往汉城。就在大鸟圭介公使抵达仁川港的同一天，第十一联队第一大队作为先遣队，由大队长一户兵卫少佐率领自宇品乘运输船出发，12日抵仁川登陆，13日徒步赶到汉城，接替向山慎吉指挥的海军陆战队。混成旅团主力于10日、11日分两批乘船出发，15日先后到达仁川港，16日全部登陆。

但日本方面没有料到，此时朝鲜的局势已经发生了重大的变化。朝鲜政府在得到日本出兵的消息后，立即调整对东学党农民起义军的策略，改"讨剿"为"宣抚"，以期尽早平息内乱，消除日本出兵的借口。6月10日,政府派员与义军首领进行议和谈判,并于次日签订了停战协议。因此,入朝清军未与起义军发生接触,暂驻牙山待命。

当大鸟圭介带兵到达仁川时,朝鲜政府为阻止日军进入汉城,立即派政府顾问美国人李仙得(C.W.Legendre)和外务参议闵商镐连夜赶往仁川。但当他们10日晨到达仁川时,大鸟及陆战队已经出发。朝鲜政府又派外务协办李容植迎阻于途中。李容植在龙山见到大鸟,告以京城平稳,不必率兵入城,但遭到大鸟的拒绝。朝鲜外署也多次与日本驻朝代理公使杉村濬交涉,认为"目前汉城甚为宁静,毫无担忧之气氛,且南道乱民早已平定……然而,贵国政府出于何种宗旨而派兵耶?若贵国派兵,俄、英等国亦仿效时,不仅使我有危险之感,而且实为不体面之至"。因此要求日本"停止兵员登陆,并迅速撤回"。[11]外务督办赵秉稷在致杉村濬的照会中还指出:"贵国兵丁当此甚安无警之时忽而调来护馆,讵非于已安之地而故扰之?于无警之际而故骚之?"[12]但朝鲜政府的劝阻和抗议均未奏效。

6月11日,东学党起义军与政府签订议和协议,并于第二天退出全州。一直深信日本"别无他意"的袁世凯,在听到日军大举入朝的消息后,十分震惊。他先是遣人向日本公使馆提出质问,大鸟圭介带兵到汉城后又于12日与其会晤,就撤军问题展开谈判。13日,朝鲜政府向中日两国提出要求共同撤兵的照会。李鸿章遂电令叶志超,将已进至公州的部队即速调回牙山,整饬归装,订期内渡,以便派船往接;并让袁世凯催日本同时撤兵,勿再观望迟疑为要。[13]

日本决心要挑起战争,当然不肯就此罢手,但东学党农民起义平

[11]《日本外交文书》第27卷,第527号,见戚其章主编:中国近代史资料丛刊续编《中日战争》,第9册,第203页。

[12]《日本外交文书》第27卷,第541号,附件二,见戚其章主编:中国近代史资料丛刊续编《中日战争》,第9册,第215页。

[13]李鸿章:"朝鲜汉城速寄叶军门"(光绪二十年五月初十日申刻),顾廷龙、戴逸主编:《李鸿章全集》,第24册,第58页。

息后，其以保护使馆为名出兵朝鲜进而寻衅中国的借口已不复存在。伊藤博文和陆奥宗光都感到："目前既无迫切的原因，又无表面上的适当借口，双方还不可能开战。因此，要想使这种内外形势发生变化，除去实施一种外交策略使局势改观以外，实在没有其它方法。"[14]所谓"外交策略"，就是伊藤博文在6月14日内阁会议上提出并获得通过的要求中国共同改革朝鲜内政方案。提出这一方案的目的在于，既使日军赖在朝鲜不走，还要拖住中国军队，以便为进一步扩大事态制造借口。陆奥宗光为此得意地说："现在我国的外交显然是百尺竿头更进一步了。今后的一线希望，只系于中国政府能否同意我国的提案。如果中国政府拒绝我国提案，不问其理由如何，我政府皆不能漠视，并由此可断定中日两国的冲突将不可避免，不得不实行最后之决心。这个决心，帝国政府在最初向朝鲜出兵时业已决定，事到今日就更无丝毫犹豫之理。"[15]

6月17日，陆奥宗光向中国驻日公使汪凤藻发出有关"共同改革朝鲜内政"的照会，内称：

兹因朝鲜有变，日清两国互相戮力以速戡定变乱。一经变乱平定后，为厘革朝鲜国内政，特由日清两国选派常设委员若干，令其查核以下所开各事：

一、查核财政。

二、淘汰京官及地方官吏。

三、使朝鲜政府设置所需兵备以保持国内安宁。[16]

同时，陆奥又电令日本驻华代理公使小村寿太郎和驻天津领事

[14] 陆奥宗光：《蹇蹇录》，第21页。

[15] 陆奥宗光：《蹇蹇录》，第23页。

[16] 《日本外交文书》第27卷，第557号，见戚其章主编：中国近代史资料丛刊续编《中日战争》，第9册，第238页。

荒村已次将此提案分别提交总理衙门和李鸿章，并要求尽快作出答复。李鸿章断定“日以重兵胁议，实欲干预韩内政，为侵夺之谋”。他在会晤荒川时当面驳斥了日方提案，并电告汪凤藻：“韩贼已平，我军不必进剿，倭军更无会剿之理。乙酉伊藤与我订约，事定撤回；又倭韩条约认韩自主，尤无干预内政之权，均难于约外另商办法，请直截回复。”[17]总理衙门大臣在会见小村时也明确表示：朝鲜乱民主力已散，已无需中国军队之应援，日本兵员进入汉城，徒使人心动摇，且不无激起事端之患。对改革朝鲜内政之说，中国政府断难表示同意。朝鲜虽为中国属邦，中国亦不得对其内政滥加干涉，何况日本仅有邻邦之谊？而且，对朝鲜内政的干涉还有激起国际纠纷之忧。

清政府的拒绝，早在日本政府的意料之中。6月22日，日本举行御前会议，决定撇开中国单独胁迫朝鲜“改革内政”，并向朝鲜继续派出第二批部队。会后，陆奥宗光即依照御前会议的决定照会汪凤藻，声称：“我政府之不肯轻容撤兵之议者，非止遵照天津约款之旨而然，亦系善后预防之计也。本大臣既经披沥意衷如是，设若有与贵政府所见相违，我政府断不能饬撤现驻朝鲜我国之兵也。”[18]日本政府意在与中国决裂，以挑起战端，故陆奥宗光称此照会是“对中国的第一次绝交书”。

当天，陆奥宗光即派外务书记官加藤增雄前往朝鲜，向驻朝公使大鸟圭介传达秘密指令。27日，加藤到达汉城，带给大鸟的陆奥密令之大意是：“如今的形势，从发展看，开战已不可避免。因此，只要在不负被人非难的责任这个前提下，可以采取任何手段，制造开战的口

[17] 李鸿章：“寄日本汪使”（光绪二十年五月十四日酉刻）、“寄译署”（光绪二十年五月十四日戌刻），顾廷龙、戴逸主编：《李鸿章全集》，第24册，第63、64页。

[18] 《日本外交文书》第27卷，第578号，见戚其章主编：中国近代史资料丛刊续编《中日战争》，第9册，第257～258页。

实。这样的事情，做为训令难以用书面指示，特派加藤前去。”[19]同一天，日军混成旅团的第二批部队抵达仁川。至此，新编成的日军混成旅团已全部进入朝鲜。既有陆奥密令，又有优势兵力为后盾，大鸟更加有恃无恐，即于28日照会朝鲜外务督办赵秉稷，以中国驻日公使汪凤藻在6月7日给日本外务大臣的照会中有“派兵援剿，乃我朝保护属邦旧例”一语，质问朝鲜政府“亦自认其为保护属邦与否”，并限期29日以前答复。朝鲜政府接此照会后不知所措，谋之于袁世凯，袁又致电李鸿章请示机宜。因电报线路不通，李鸿章复电不至，朝鲜政府乃于30日作出如下答复：

> 查丙子修好条规第一款内载“朝鲜自主之邦，保有与日本国平等之权”一节。本国自立约以来，所有两国交际交涉事件，均按自主平等之权办理。此次请援中国，亦系我国自由之权利也，与《朝日条约》毫无违碍。本国但知遵守朝日定立条约认真举行，且本国内治外交向由自主，亦为中国之所知。至中国汪大臣照会径庭与否，应与本国无涉。本国与贵国交际之道，只可认照两国条规办理为妥。[20]

大鸟对这一答复十分不满，于7月3日亲至朝鲜外务衙门，又提出改革朝鲜内政《五条纲领案》，包括改革官制、财政、法律、军事、教育等各个方面。同时，还要求先由朝鲜国王任命最信任大臣数名为委员，然后再由大鸟提出内政改革的细目。[21]

朝鲜政府对改革方案及大鸟的蛮横态度极为反感，大臣们纷纷表示不能接受日本的无理要求，认为是否实行内政改革是朝鲜政府的自由，决不允许外国在朝鲜为所欲为。但日军已兵临汉城，大鸟又严

[19] 杉村濬：《明治二十七八年在韩苦心录》，见戚其章主编：中国近代史资料丛刊续编《中日战争》，第7册，第15～16页。

[20] “北洋大臣李鸿章为送韩外署督办赵秉稷与日使大鸟往来照会文函及谈话记略等件咨”，附件八，见戚其章主编：中国近代史资料丛刊续编《中日战争》，第5册，第23页，中华书局，1993。

[21] 《日本外交文书》第27卷，第396号，附件一，见戚其章主编：中国近代史资料丛刊续编《中日战争》，第9册，第61页。

词催逼,限期执行,朝鲜政府只好采取拖延政策。朝鲜国王无奈先是任命3人为内政改革调查委员,并设立了内政改革的办事机构校正厅,后又被迫与日方商讨大鸟提出的内政改革细目。在会议期间,大鸟进而提出一个限期实行案,将改革方案各款细目后均注明施行期限,其中期限最短的竟"限三日内议妥,准于十日内拟定施行"。大鸟还威胁说:"若过十日,则恐有兴亡"。[22]朝鲜政府再一次被逼得无路可退。如果接受日本的改革方案,则无异于承认日本对朝鲜的全面控制。因此,朝方委员在会议上不得不再一次表明政府的态度:

> 十年来,朝鲜政府方面亦关心内政改革之必要。当逐渐着手改革尚未收到实效时,南道发生民乱,且其他地方亦屡兴骚动。故此时朝议决定,不可不坚决实行改革。为此,大君主陛下发出严格敕令,继而设立校正厅,任命各委员,一新之政指日可待。今大军屯驻,贵公使催促实行改革之事,略有干预内政之嫌,从而背离修好条约第一条之宗旨。考虑我政府如应允贵公使之请求,唯恐缔约各国援引利益均沾之例,纷纷恣意提出要求时,则有伤朝鲜自主之体面。加之,大军驻屯期间,如民心惊扰不靖,难以达到改革之目的。据此,请贵公使先撤出卫兵,并收回乙号案(即限期催促实行者)。[23]

7月16日,朝鲜外务督办赵秉稷又致函大鸟,表示只要日本"先撤留兵以表信睦",朝鲜政府对改革内政问题"自可尽心讲求,取次措办"。[24]也就是说,朝鲜拒绝接受日本的改革方案,并继续坚持要求日本撤兵。

朝鲜政府在与日方周旋时,一面拖延时间,一面暗中求助于中

[22] "北洋大臣李鸿章为送韩外署督办赵秉稷与日使大鸟往来照会文函及谈话记略等件咨",附件十一、十二,见戚其章主编:中国近代史资料丛刊续编《中日战争》,第5册,第26、28页。

[23] 《日本外交文书》第27卷,第412号,见戚其章主编:中国近代史资料丛刊续编《中日战争》,第9册,第74页。

[24] 《日本外交文书》第27卷,第412号,附件一,见戚其章主编:中国近代史资料丛刊续编《中日战争》,第9册,第75页。

国。中国朝野对日本的侵略野心早有警觉,并深知一旦邻邦朝鲜被日本武力控制将对中国安全构成严重威胁,而中朝之间长期形成的传统关系也使中国不能拒绝朝鲜的求助。但是,清政府不想与日本发生武装冲突,而是希望通过和平方式化解危机。尤其是李鸿章,从一开始就坚信"两国交涉全论理之曲直,非恃强所能了事"。为阻止日本在朝鲜的军事行动,李鸿章进行了大量的外交活动,重点是请求俄、英两国出面干预。他认为,日本大军入朝,俄国为近邻,岂能漠视。早在6月20日,他便面嘱俄国公使喀西尼(A.P.Cassini)致电俄国外交部,请转电驻日俄国公使希罗多沃(M.Hitrovo)切劝日本共同撤兵。俄国政府一开始接受了李鸿章的请求,训令希罗多沃向日本政府提出"劝告",但遭到日本方面的拒绝。李鸿章又向喀西尼建议,由中、日、俄三国共同改革朝鲜内政。俄国政府认为,过深地介入这场纠纷可能会导致卷入战争,而俄国在亚洲的军事力量不足,在外交上也有陷于孤立的危险。俄国最后表示爱莫能助。正如海关总税务司英人赫德(Sir. P.Hart)所说:"俄国人在天津挑逗了一番,过了两星期忽然又推卸了。李鸿章讨了老大一场无趣。"[25]

李鸿章在请求俄国出面干预的同时,也请求英国调停。英国是在看到俄国已有调停动作后,因担心中国会投入俄国怀抱,才对调停表现出兴趣。7月1日,英国驻天津领事宝士德(H.B.Bristow)面见李鸿章,带来英国驻华公使欧格讷(N.R.O,Conor)的关于英国调停结果的信函,内称:他已多次电请英国外交部与日本驻英公使交涉,又电英国驻日公使劝说日本政府,建议先撤兵再议善后,但日本不答应。宝

[25] "赫德致金登干函"(1894年7月15日北京去函字第622号),中国近代经济史资料丛刊编辑委员会主编:《中国海关与中日战争》,第49页,中华书局,1983。

士德问李鸿章，俄国有没有出面调停？李鸿章想利用英、俄矛盾促使英国加大调停力度，便答称俄国已出面调停，“但俄虽韩近邻，未能无故动陆兵。若英水师雄天下，如我前在烟台看大铁甲船，实为东海第一，应请欧使转电外部，速令水师提督带十余铁快舰径赴横滨，与驻使同赴倭外署，责其以重兵压韩，无礼扰乱东方商务，与英大有关系，勒令撤兵，再议善后，谅倭必遵。而英与中、倭交情尤显，此好机会，勿任俄著先鞭。”[26]宝士德答应将此意转告欧格讷。但如此天真的想法，想必宝士德一定会感到很可笑。

其实，日本早已开始了以英国为重点的外交工作，而且在利用英、俄对立方面取得了显著效果。由于英、俄两国在远东的利益之争日益突出，关系开始紧张，英国便想利用日本来牵制俄国。日本则趁此机会与英国靠近，一方面要英国放弃在日本已经取得的特权，一方面希望英国不要干涉日本在朝鲜的行动。经过外交努力和做出许多让步后，日本终于如愿以偿。7月16日，新修订的《日英通商航海条约》在日本发动战争前签字。英国外交大臣金伯利(J.W.Kimberly)在签约后的祝词中说：“此约之性质，对日本来说，远胜于打败清帝国之大军。”[27]

英国也曾试图促成中日双方的和平谈判。日本鉴于俄、英的劝告，不得不暂作周旋，而且有意要在谈判中制造决裂。所以欧格讷很快就发现，日本佯作同意谈判，实际上毫无诚意。小村寿太郎与总理衙门于7月7日和9日进行了两次会谈，尚未接触到实质性问题，小村就以需要将总理衙门的意见电告本国请训为名中止了谈判。然后日本却反诬中国对谈判没有诚意，于14日向中国发出“第二次绝交书”。英

[26] 李鸿章：“寄译署”（光绪二十年五月二十八日申刻），顾廷龙、戴逸主编：《李鸿章全集》，第24册，第96页。

[27] 信夫清三郎：《日本外交史》，上册，第267页，商务印书馆，1992。

国虽想继续调停,但见日本态度强硬,也就不再坚持。23日,英国照会日本,声称中国上海为英国利益之中心,此后中日两国开战,日本政府应保证不在上海及其附近作战。[28]这是在向日本暗示,只要不损害英国利益,英国不会干预日本的行动。

至此,尽管李鸿章仍未放弃外交努力,但以折冲樽俎保全和局的希望已十分渺茫。日本正在点燃战争的导火索。

二 中国的应敌兵力与部署

李鸿章原本以为,根据以往处理朝鲜问题的成功经验,如1882年的"壬午兵变"和1884年的"甲申政变",都是因为中国及时派军舰和陆军赴朝果断处置,即挫败了日本的干涉企图,这次也不应该出现意外。他无论如何也没有想到,这一次与10年前的形势完全不同了,日本为发动侵华战争已经做好了准备。由于对日本冒险发动战争估计过低,又对外交上的折冲樽俎抱有幻想,所以未及时进行必要的战争准备和军事部署。

日本发兵入朝并提出中日"共同改革朝鲜内政"时,驻日公使汪凤藻就已看出日本"狡谋欲逞",故于6月17日致电李鸿章,建议"厚集兵力,隐伐其谋"。[29]但李鸿章认为:"倭性浮动,若我再添兵厚集,适启其狡逞之谋,因疑必战,殊非伐谋上计。"[30]18日,袁世凯来电说,仁川日舰已增至7艘,中国军舰仅"操江"一船,"济远"、"平远"、"扬威"3舰已先后转赴牙山,应请电商丁汝昌加派数舰前来,壮我军

[28] 见《日本外交文书》第27卷,第734号,见戚其章主编:中国近代史资料丛刊续编《中日战争》,第9册,第381页。

[29] "汪使来电"(光绪二十年五月十四日戌刻到),顾廷龙、戴逸主编:《李鸿章全集》,第24册,第64页。

[30] 李鸿章:"寄译署"(光绪二十年五月十五日卯刻),顾廷龙、戴逸主编:《李鸿章全集》,第24册,第65页。

胆。鉴于军舰机动性强，李鸿章象征性地调动一下或有威慑之效，遂令丁汝昌在刘步蟾、林泰曾两总兵中酌派一人，统带数舰，速赴仁川防护。[31]丁汝昌即派左翼总兵林泰曾率“镇远”、“广丙”、“超勇”3舰赶赴仁川。

6月25日，林泰曾自仁川来电，说风闻有5000日军即将到达仁川，请后路速备海军大队，并请调南洋军舰来北洋。[32]丁汝昌本不赞成分散使用海军，故提出将“镇远”等舰调回威海基地，厚集兵力以图大举。但在李鸿章看来，他正在进行外交努力，朝廷却要求在朝鲜厚集兵力，而林泰曾乃至丁汝昌也不能理解他的意图。因此，他去电训示丁汝昌：“日虽添军，谣言四起，并未与我开衅，何必请战？林镇等胆怯张皇，应令静守，相机进止，岂可遽调回威示弱？”[33]不料，第二天林泰曾又来电说，军舰在仁川战守均不宜，拟留一二舰在仁川探信，余舰转赴牙山备战守，并请速派3艘鱼雷艇来牙山防护。[34]李鸿章调舰赴朝既是一种象征性的威慑行动，也有相机应变的考虑，但当他听到日本将派鱼雷艇攻击中国在朝军舰的传闻后，对军舰继续留驻仁川或移牙山是否妥当，也有些犹豫难断了，遂又转询丁汝昌意见。丁汝昌则坚持认为，北洋海军只有集中使用兵力，尚有与日本海军周旋或拼死一战的可能。因此，他复电李鸿章明确表示：

> “镇(远)”、“济(远)”等牢住牙山，纵备艇、雷，万一失和，日必要截，音信、煤粮中阻，必被所困，兵分力单，两难济事。前请调“镇(远)”、“济(远)”、“(广)丙”回防，奉谕恐示弱，故未敢渎请，只得照林(泰曾)议筹备。愚见水陆添兵必须大举，若零星调往，有损无益。现

[31] 李鸿章：“寄刘公岛丁军门”（光绪二十年五月十五日午刻），顾廷龙、戴逸主编：《李鸿章全集》，第24册，第66页。

[32] “林镇来电”（光绪二十年五月二十二日申刻到），顾廷龙、戴逸主编：《李鸿章全集》，第24册，第83页。

[33] 李鸿章：“复刘公岛丁军门”（光绪二十年五月二十二日戌刻到），顾廷龙、戴逸主编：《李鸿章全集》，第24册，第84页。

[34] 李鸿章：“寄刘公岛丁军门”（光绪二十年五月二十六日酉刻），顾廷龙、戴逸主编：《李鸿章全集》，第24册，第90页。

拟仍申前请，将三船调回，与在威（海）各舰齐作整备，候陆兵大队调齐，电到即率直往，并力拼战，决一雌雄。[35]

李鸿章终于同意调“镇远”、“济远”、“广丙”3舰暂回威海整备。

因电报不通，丁汝昌与在朝鲜的袁世凯和林泰曾都联系不上，遂派“康济”号练习舰于次日前往仁川，并带去他写给袁世凯的一封信。他在信中说：

韩事风波，半由未能慎始所致。然既势成骑虎，遏氛首重海军。能战之舰数本无多，若萃群力以待战命，临时齐申伐挞，庶有以展效用之微长。若以有限之精英，各踞一隅，一经事起，彼族必图要截。彼时外军不足为战，内军不足为援，两力均单，岂能济事？现奉相帅（李鸿章）电饬，将“镇”、“济”、“丙”暂调回防，齐作整缮，以备大举。留“超（勇）”、“扬（威）”、“平（远）”、“操（江）”分驻牙（山）、仁（川），似此彼族在仁水军既无可生心，转足以滋其后路之恐。[36]

丁汝昌在信中直接表露了他对局势的看法，认为当下在朝鲜问题上的骑虎之势乃是“未能慎始所致”。他没有点明何为“未能慎始”，又是何人“未能慎始”。但不管怎样，按照他的想法，“镇远”、“济远”、“广丙”随即返回威海基地，以“超勇”、“扬威”驻牙山，留“平远”、“操江”在仁川。

丁汝昌说朝鲜问题“未能慎始”无疑是意有所指，李鸿章虽同意调回“镇远”等舰，但在调动军舰的过程中，似乎对丁汝昌等海军将领的胆气产生了怀疑。丁汝昌为表示海军集中兵力会有所作为，于7月4

[35] “丁军门来电”（光绪二十年五月二十七日辰刻到），顾廷龙、戴逸主编：《李鸿章全集》，第24册，第92页。

[36] 丁汝昌：“致袁慰廷”（光绪二十年五月二十七日），谢忠岳编：《北洋海军资料汇编·丁汝昌海军函稿》，上册，第490～492页，中华全国图书馆文献缩微复制中心，1994。

日致电李鸿章，说拟于数日内率8艘主力舰和2艘鱼雷艇探巡朝鲜汉江、大同江一带，五六日返回基地。但在李鸿章看来，丁汝昌所谓集中使用海军兵力，也不过是胆怯的表现，故回电训斥说，你“带八船操巡汉江、大同江一带，五六日即回，此不过摆架子耳。诸船派仁（川）、牙（山）两旬，竟不敢分一船往大同……大同江是我将来进兵要口，既往巡，即须在彼妥酌布置，备护陆军，同去同回有何益处？人皆谓我海军弱，汝自问不弱否？”。[37]这里所说的“海军弱”，显然不完全是指海军装备弱，更主要的是指海军士气弱。李鸿章认为此时出动海军大队不但毫无必要，反倒会加剧紧张局势，所以没有批准丁汝昌提出的出巡计划。

丁汝昌认为北洋海军实力不敌日本海军，其实也是北洋海军内部的一个基本共识。“经远”舰驾驶二副陈京莹在战前写给父亲的信中说：“海战只操三成之权，盖日本战舰较多，中国只有北洋数舰可供海战，而南洋及各省差船不特无操练，且船如玻璃也。”正是基于这样的认识，军中“明知时势，且想马江前车，均战战兢兢”。[38]正因为对己方力量缺乏信心，丁汝昌与李鸿章一样认为应避免与日本发生军事冲突，不同的是他反对分散使用有限的海军兵力以应对日益恶化的局势。

战争已是一触即发，中国方面却限于落后的军事体制，既无法形成集中统一的指挥中心，也没有在比较中日军事实力的基础上制定出切实可行的作战计划。

在君主专制制度下建立的中国传统军事指挥体制中，军令权一

[37] 李鸿章：“复丁提督”（光绪二十年六月初二日申刻），顾廷龙、戴逸主编：《李鸿章全集》，第24册，第105页。

[38] 转引自王记华：“甲午英烈，家国情长——北洋海军‘经远’舰驾驶二副陈京莹及其甲午遗书所见”，《中国甲午战争博物馆馆刊》2002年第1期，第27页。陈京莹信中所言“马江前车”，指的是1884年8月23日福州船政水师与法国海军在福州马江之战中全军覆没。

向集中在皇帝一人手中。当朝皇帝光绪登基时年幼，由慈禧太后垂帘听政，直到1889年18岁时才开始亲政。慈禧虽从此撤帘归政，但其权威仍凌驾于皇帝之上，对权力的收放亦取决于其意志。1894年又值慈禧太后60大寿，她期待的是隆重的庆典，而不是战争。光绪帝虽已亲政6年，却一直无所施展，所以表现平平。面对日本的挑衅，这位24岁的年轻皇帝坚决主战，想在反侵略战争中有所作为，但知识和能力都十分有限，既不了解世界大势，也不懂近代军事。秉承皇帝旨意办理军机事务的中枢决策机构为军机处。军机大臣例由皇帝从满汉大学士、各部尚书、侍郎及京堂官员中特简，皆为兼职，无定员。到1894年时共有5位军机大臣，其中礼亲王世铎、武英殿大学士额勒和布、东阁大学士张之万、兵部尚书孙毓汶是10年前由慈禧太后选任的，1894年初补入军机的吏部左侍郎徐用仪也是慈禧的心腹。随着朝鲜局势的日趋紧张，光绪帝又指派户部尚书翁同龢、礼部尚书李鸿藻会同军机大臣、总署大臣办理朝鲜之事，意在集思广益。[39]这些入值军机者和参与军机者，他们的依靠及其对战争的态度姑置不论，仅就其身份而言，也均属文官，且老迈者如张之万已有83岁，对近代战争也都极为陌生，对现代化海军在战争中的运用更是一窍不通。因此，他们即使有心杀贼，亦无策典兵。

李鸿章实际上相当于战区指挥官，是中枢与作战部队之间的一个指挥环节。他是淮系集团领袖和洋务运动主将，一向为朝廷所倚重，多次参与主持对外交涉。惟在应对中外冲突时，李鸿章历来主张忍让，且善用外交手段“以夷制夷”，以避免战争的爆发或升级。其

[39]《清德宗实录》，卷343，光绪二十年六月戊午，中华书局影印本，1987。

实，李鸿章只有指挥镇压太平军和捻军的内战经历，在兴办洋务事业中虽对现代化武器装备有所了解，但指挥对外战争也是既少知识又无经验。另一方面，李鸿章既要坚持自以为正确的应对方略，又不能抗旨不遵，还要顾忌有权“风闻奏事”之言官以及其他置身事外者的放言高论。他就是在这种只有皇帝集权却无统帅机构的指挥体制下，力所不及地肩负起外交与军事、筹划与指挥等多种使命。不仅如此，作为地方大员，李鸿章能够直接调动的部队仅限于他所节制的驻防环渤海地区的淮军和北洋海军。

清廷中枢最初对李鸿章的应对策略没有异议，但强调不可对列强调停和中日谈判寄予过高的期望，必须早做军事准备。至于如何准备，光绪帝和军机大臣们既不知己也不知彼，没有也不可能拿出具体计划，只是提出宏观的应对原则交由李鸿章去落实。早在6月25日，军机大臣即传谕李鸿章：“据现在情形看去，口舌争辩已属无济于事。前李鸿章不欲多派兵队，原虑衅自我开，难于收束，现倭已多兵赴汉（城），势甚危迫，设胁议已成，权归于彼，再图挽救，更落后着。此时事机吃紧，应如何及时措置，李鸿章身膺重任，熟悉倭韩情势，着即妥筹办法，迅速具奏。”[40]

6月30日，李鸿章复奏指出，北洋海军可备海战的铁甲舰、巡洋舰只有8艘，其余船只仅供运输、练习之用，近数年因部议停购船械未能续添，而日本每年必新添铁甲舰、巡洋舰一二艘，故海上交锋恐非胜算；北洋沿海陆军各部合计亦仅2万人，分布直隶、山东、奉天三省海口扼守炮台，兵力本不为厚，若令出境援韩击倭，一经抽调则处处

[40]《清德宗实录》，卷341，光绪二十年五月戊戌。

空虚，转虑为敌所乘，有妨大局。[41]李鸿章的复奏是要说明，以北洋现有海陆军兵力并不足以抗衡日本，还特别指出北洋海军实力不敌日本海军是1891年朝廷谕准户部停购船械之议所致。不过，他在向朝廷说明现有海军实力时，并没有提及广东的3艘军舰。

当5月举行海军校阅时，朝鲜尚无警信，故校阅结束后，参阅的南洋6艘军舰返航江苏，广东的“广甲”号奉命回粤“遵例解送荔枝进御”。“广乙”、“广丙”2舰仍留北洋，或许是为了等“广甲”解送荔枝后再一同返回广东。不料，朝鲜局势骤然紧张，广东3舰获准留在北洋备战。“广甲”舰于6月19日解送荔枝抵天津，由李鸿章安排将贡物转解入京进御。10天后，“广甲”驶至威海卫基地，当时“广乙”、“广丙”已经参与北洋海军的布防行动。[42]广东3舰最终能留在北洋参战，显然与两广总督李瀚章是李鸿章之兄不无关系。

7月1日，清廷尚未收到李鸿章的复奏，遂又下一道谕旨追问：

> 前经叠谕李鸿章酌量添调兵丁，并妥筹办法，均未复奏。现在倭焰愈炽，朝鲜受其迫胁，势甚岌岌。他国劝阻，亦徒托空言，将有决裂之势。李鸿章督练海军业已有年，审量倭韩情势，应如何先事图维，熟筹措置。倘韩竟被逼携贰，自不得不声罪致讨，彼时倭兵起而相抗，亦在意计之中。我战守之兵及粮饷军火，必须事事筹备，确有把握，方不致临时诸形掣肘，贻误事机。李鸿章老于兵事，久著勋劳，着即详细筹画，迅速复奏，以慰廑系。[43]

次日，光绪皇帝终于看到李鸿章的复奏，随即由军机大臣密寄李鸿章谕旨，对其所奏只强调北洋海陆军兵力不足而未提出具体的军

[41] 李鸿章：“酌度倭韩情势豫筹办理折”（光绪二十年五月二十七日），顾廷龙、戴逸主编：《李鸿章全集》，第15册，第371页。

[42] 卢毓英：《卢氏甲午前后杂记》（手稿影印件），第19～20页。

[43] 《清德宗实录》，卷341，光绪二十年五月甲辰。

事部署极为惊诧，特别是对其将海军兵力不足的原因指向1891年朝廷谕准户部停购船械大为不满。谕旨反问李鸿章：前不久还"奏陈校阅操练情形，俱臻精密，自已足备缓急"，现在却又奏称"北洋铁、快各舰勘备海战者只有八艘"。"究竟海军所练之兵共有若干，此外北洋分扎沿海防军若干，及直隶绿营兵丁可备战守者若干，着即一一详细复奏。"[44]李鸿章于是再上奏折详细说明北洋海陆军兵力情况。关于海军兵力，他说：

> 北洋现有"定远"、"镇远"铁甲二艘，"济远"、"致远"、"靖远"、"经远"、"来远"快船五艘，均系购自外洋，"平远"快船一艘造自闽厂，前奏所云战舰即指此八艘而言。此外"超勇"、"扬威"二船均系旧式，四"镇"蚊炮船仅备守口，"威远"、"康济"、"敏捷"三船专备教练学生，"利运"一船专备转运粮械。各战舰所配员弁，机轮、枪炮各有专司，历考西洋海军规制，但以船之新旧、炮之大小、迟速分强弱，不以人数多寡为较量。自光绪十四年后并未添购一船，操演虽勤，战舰过少，臣前奏定海军章程及两次校阅疏内迭经陈明在案。

关于陆军兵力，除上次复奏中提到的分布直隶、山东、奉天三省海口扼守炮台的2万人，还有驻天津青县、军粮城、芦台之20营淮军（约万人）填扎后路，以备畿辅游击策应之师。至于绿营兵丁，疲弱已久；直隶创办之练军虽渐收实用，但经年扼要巡防，备多力分，断难抽调远役。他最后表示："现就北洋防务而论，各口频年布置，形势完密，各将领久经战阵，固属缓急可恃，即甫经创办之海军，就现有铁、快各艘助以蚊、雷船艇，与炮台相依辅，似渤海门户坚固，敌尚未敢轻窥，即

[44]《清德宗实录》，卷341，光绪二十年五月乙巳。

不增一兵不加一饷，臣亦差可自信断不致稍有疏虞，上劳宵旰。”[45]李鸿章前后两份奏折，通过对北洋现有陆海军实力情况的分析，得出的结论是：驻防北洋各口的淮军难以大批抽调赴朝，海军与敌交锋海上亦无胜算，惟以舰艇依辅炮台守护渤海门户尚有把握。

正因为李鸿章对北洋海陆军实力没有信心，所以才坚持只要还有一线希望，就应力争以和平手段解决朝鲜危机。在此期间，为避免给日本开启战端提供口实，他不主张大举军事部署，而是随机调动部分海军舰艇赴朝以显示前沿存在，意在配合外交行动。至于最为重要的抗日作战方针和具体计划，清中枢没有，李鸿章也没有，依然是走一步看一步地被动应付。

清廷在7月1日上谕中还提到其他沿海地区的防务问题，认为南洋各海口均关紧要，台湾孤悬海外，尤为日本所垂涎，故密电“各督抚不动声色，预为筹备，勿稍大意”。[46]要求加强沿海地区警备固然不错，但各督抚以此为借口，不分轻重缓急，或要求调入军舰，或拒绝调出军舰，都会对海军兵力的有效运用造成不良影响。7月7日，台湾巡抚邵友濂奏请调派南洋军舰三四艘赴台协防，清廷即令两江总督兼南洋大臣刘坤一酌派。[47]但刘坤一复奏称，南洋军舰不敷分拨，拟调“南琛”号巡洋舰和“威靖”号运输船前往台防，恐难得力，请于北洋、广东再调数舰赴台。清廷据此电谕李鸿章，令其与两广总督李瀚章酌量派拨军舰赴台。[48]北洋地处前敌，海军实力尚形单薄，广东3艘勘备海战之军舰亦已留归北洋，所以李鸿章在转商李瀚章的电报中抱怨说：“中国新式得力兵轮实不如日本之多，临事再东抽西拨，必如往

[45] 李鸿章：“复陈陆海兵数请为倭事筹备的饷折”（光绪二十年六月初二日），顾廷龙、戴逸主编：《李鸿章全集》，第15册，第373页。

[46]《清德宗实录》，卷341，光绪二十年五月甲辰。

[47]《清德宗实录》，卷342，光绪二十年六月庚戌。

[48]《清德宗实录》，卷342，光绪二十年六月癸丑。

年法越故事，徒滋贻误。”他明确表示，北洋军舰未便远调台湾，请广东视情办理。[49]此事后来遂不了了之。

随着局势的进一步恶化，清廷的主战态度也日趋强烈。7月14日，即日本向中国发出“第二次绝交书”的同日，光绪帝谕令李鸿章速筹战备，先派一军由陆路前往中朝边境驻扎，以待进发。两天后又谕：“现在倭韩情事已将决裂，如势不可挽，朝廷一意主战。李鸿章身膺重寄，熟谙兵事，断不可意存畏葸，着懔遵前旨，将布置进兵一切事宜迅筹覆奏。若顾虑不前，徒事延宕，驯致贻误事机，定惟该大臣是问。”[50]此时，李鸿章已得到俄国无意出面干涉日本的确信，意识到调停已无望，加之朝廷一意主战，遂终于决定调派大军入朝。当天，李鸿章向朝廷上报进兵计划：调派陆军1.2万人由海路运抵大同江口和中朝边境大东沟，登陆后分别进驻平壤和义州；牙山叶志超一军亦由海路移扎平壤，由丁汝昌酌带海军能战之舰前往护运。

由于日本不断向朝鲜增兵，叶志超所部孤悬牙山的问题早已成为关注的焦点。叶志超曾提出三策：速派水陆大军由北而来，叶部由牙山前进，择要扼扎，此为上策；派轮船来牙山将我军撤回，并知照日本同撤，彼若不依，秋初再图大举，此为中策；守此不动，徒见韩人受困于日，绝望于我，此为下策。李鸿章认为上策似须缓办，中策尚可行。[51]但朝廷在7月14日的谕旨中不同意将叶军撤回，认为日军屯兵不动，我先行撤退，既嫌示弱，且将来进剿徒劳往返，殊属非计。故令李鸿章体察情形，如牙山地势不宜，即传谕叶志超先移扎进退两便之地，并须有继进之军以资接应。[52]两天后李鸿章将进兵部署电

[49] 李鸿章：“寄粤督李”，顾廷龙、戴逸主编：《李鸿章全集》，第24册，第119页。

[50] 《清德宗实录》，卷343，光绪二十年六月丁巳、己未。

[51] 李鸿章：“寄译署”（光绪二十年六月初十日午刻），顾廷龙、戴逸主编：《李鸿章全集》，第24册，第123页。

[52] 《清德宗实录》，卷342，光绪二十年六月丁巳。

告朝廷：派总兵卫汝贵统盛军马、步队6000人进平壤，提督马玉崑统毅军2000人进义州，均雇用招商局轮船运至中朝边境大东沟登陆，再节节前进；另电商盛京将军裕禄，调派记名提督总兵左宝贵统奉军马、步队8营由黄海直赴平壤，会合各军，图援汉城；牙山叶志超一军，准备令其乘船由海路移扎平壤，届时派丁汝昌酌带海军能战之舰往朝鲜海面巡护游弋，以资策应。[53]

7月15日，李鸿章通知丁汝昌，准备派5艘军舰前往牙山护送叶军移扎平壤，然后即留此5舰驻守大同江口，以便盛军续往。[54]16日又电告叶志超，将派轮船至牙山接运其部，对外声言撤退，至洋面大青岛一带再折向大同江口登陆。叶志超回电称，由轮船转运至平壤确是稳着，但必须由海军护送才能保证安全，否则所部陆军登上轮船，用武无地，不敢担责。李鸿章遂又电令丁汝昌："汝必须统海军大队在牙山海口护叶军出口，一路同行，送入大同江口，担保必无他虞，我与叶始敢放胆为之。若但以游弋护迎为词，致有意外疏失，定惟水师是问。即速核复，转电叶知照。"[55]叶志超还是认为乘船转移平壤太危险，不如仍由陆路扼要移扎，稍有把握。李鸿章考虑再三，同意叶志超从陆路转移，但鉴于叶军太单，决定派记名提督江自康率兵2000人乘船前往牙山增援。

7月20日，大鸟圭介向朝鲜政府发出两份最后通牒性质的照会，要求驱逐在牙山的清军，废除中朝间一切条约章程，限于22日答复。叶志超是日发来急电，称日军备战"益急益密"，请飞饬各军加紧前进。李鸿章却很沉着，他指示叶志超："日虽竭力预备战守，我不先与

[53] 李鸿章："寄译署"（光绪二十年六月十四日巳刻），顾廷龙、戴逸主编：《李鸿章全集》，第24册，第133～134页。

[54] 李鸿章："寄刘公岛丁提督"（光绪二十年六月十三日巳刻），顾廷龙、戴逸主编：《李鸿章全集》，第24册，第130页。

[55] 李鸿章："递朝鲜成欢叶军门"（光绪二十年六月十四日午刻）、"寄刘公岛丁提督"（光绪二十年六月十四日酉刻），顾廷龙、戴逸主编：《李鸿章全集》，第24册，第135、137页。

开仗,彼谅不动手,此万国公例,谁先开战即谁理诎,切记勿忘,汝勿性急。顷奉寄谕,亦密属此节。”[56]相信日本会遵守“万国公例”,这是李鸿章的又一天真之处。结果仅过了3天,日本军队便挟持了朝鲜国王,另组亲日傀儡政权,随即又向中国军队发动了突然袭击。

三　不宣而战的海上袭击

日本发动战争的最后决定是在7月17日召开的第一次大本营御前会议上做出的。

当时,日本陆军能够出国作战的机动兵力已有7个野战师团12万多人,战时还将以两个师团为一军组成总兵力3万人以上的战役兵团,其近代化的编制体制也为统一指挥提供了基本保证。大本营在制定作战计划时,对其陆军实力可谓信心十足,但对其海军能否战胜中国海军并掌握制海权却没有绝对的把握。为此,日军大本营根据其海军与中国海军争夺制海权可能出现的三种结果制订了三套作战方案:

> 第一,若海战获胜,取得黄海制海权,陆军即长驱入直隶,直取北京;
>
> 第二,若海战胜负未决,陆军则固守平壤,以舰队维护朝鲜海峡的制海权,并运送部队;
>
> 第三,若海军大败,则陆军全部从朝鲜撤退,海军也退守本土沿海。[57]

夺取制海权只有通过海上决战才能实现,日本为此进行了一系

[56] 李鸿章:“复叶提督”(光绪二十年六月十八日巳刻),顾廷龙、戴逸主编:《李鸿章全集》,第24册,第148页。

[57] 参见藤村道生:《日清战争》,第78页,上海译文出版社,1981;外山三郎:《日本海军史》,第42～45页,解放军出版社,1988。

列战前准备。在第一次大本营御前会议作出开战决定的同一天，根据天皇特旨，恢复枢密顾问官预备役海军中将桦山资纪子爵的现役，接替主张海军取守势运动的中牟田仓之助出任海军军令部长。桦山是一个激烈的主战论者，主张将日本海军力量全部集中起来，组成强大的舰队，采取攻势方针，通过决战消灭中国海军的有生力量，夺取制海权。

日本海军为了适应战争的需要，早在6月24日即由伊东祐亨率常备舰队在佐世保军港外开始战斗演练，进行模拟攻击，研究阵形的变化及其利弊。6月27日，日本海军又根据新的舰队条例，任命海军少将坪井航三为常备舰队司令官。7月10日，日本海军进行第一次改编，除常备舰队外，增设警备舰队，以海军少将相浦纪道为司令官。19日进行第二次改编，将警备舰队改称西海舰队，并将常备舰队和西海舰队组成联合舰队，由伊东祐亨担任联合舰队司令长官。联合舰队的序列为：第一游击队"吉野"、"秋津洲"、"浪速"；本队第一小队"松岛"、"千代田"、"高千穗"；本队第二小队"桥立"、"筑紫"、"严岛"；第二游击队"葛城"、"天龙"、"高雄"、"大和"；鱼雷艇母舰"比睿"；护卫舰"爱宕"、"摩耶"。[58]20日，新任海军军令部长桦山资纪从横须贺来到佐世保，命令联合舰队于23日出发前往朝鲜。

7月23上午11时，联合舰队的第一游击队3舰首先驶出佐世保港，本队和第二游击队的9艘军舰("筑紫"、"赤城"2舰已于22日先期出发前往朝鲜忠清道西岸的舰队根据地浅水湾进行测量)、鱼雷艇母舰"比睿"及6艘鱼雷艇、运输船"门司丸"随后相继出港。桦山资纪乘

[58] 日本海军军令部编纂:《二十七八年海战史》，下卷，第73～75页，日本春阳堂，1905。

坐“高砂丸”号为舰队送行，船桅上高高悬挂着信号：“发扬帝国海军的荣誉!”下午4时20分，舰队全部离港。整个舰队排成单纵队，直向朝鲜西海岸驶去。

中国方面此时虽然仍未意识到大战已迫在眉睫，但李鸿章奉旨调派的赴朝援军终于分南北两路开始启程。日军有备而来，中国却只能仓促应战。在此之前，时寓李鸿章督署参与幕事的张佩纶在7月9日的日记中写道：“然陆军无帅，海军诸将无才，殊可虑也。”[59]

7月19日，李鸿章电告丁汝昌：增援牙山的南路部队租用英国商船“爱仁”、“高升”、“飞鲸”运送，无须军舰护航，但届时需派数舰往牙山海口外游巡，候各船人马下清后再巡洋而回。[60]因运兵船抵牙山湾后，需换乘小民船行70里才能靠岸，而叶志超只有30艘民船，每船仅载30人，3艘运兵船同到不能同卸，还可能遭到日军袭击，故为安全起见，决定分三次发船。21日下午6时，“爱仁”号载江自康部驶离天津大沽。22日下午5时30分，“飞鲸”号载兵700人自大沽起航。23日上午，“高升”号载淮军仁字军1100余人最后自大沽出发。

李鸿章为确保这次运兵的安全，可谓煞费苦心。不料，中国的运兵情况已完全为日本间谍所掌握，并已传回日军大本营。

日本自明治政府将中国作为主要侵略目标后，即不断向中国派遣各类间谍，并在中国建立了诸如东洋学馆、日清贸易研究所等间谍机构。这些日本间谍既有陆海军现役军官，也有退役军官和浪人。他们穿着中国服装，说着一口流利的华语，扮成各种身份的中国人，如洋行职员、游学者、商贩、僧人、农民、渔民、船夫、工役、乞丐等等，潜入各

[59] 张佩纶：《涧于日记》，光绪二十年六月初七日，见戚其章主编：中国近代史资料丛刊续编《中日战争》，第6册，第482页，中华书局，1993。

[60] 李鸿章：“寄丁军门”(光绪二十年六月十七日巳刻)，顾廷龙、戴逸主编：《李鸿章全集》，第24册，第145页。

地进行侦察，搜集情报的范围从政治、军事、经济、文化到山川形势和风土人情，几乎无所不包。但是，他们的间谍活动都围绕着一个中心目的，那就是为发动大规模侵华战争做准备。

日本政府决定利用朝鲜事件对华开战后，在华日本间谍的活动更加猖獗。尤其是在北洋地区，日本间谍潜伏于威海、烟台、塘沽、大连、旅顺等各海军基地和重要港口，专门搜集军事情报。就连李鸿章都已注意到了日本间谍的活动。他在发给朝廷的密电中说：近来驻天津日本领事及武官每天派奸细二三十人分赴各营各处侦探，并有改装剃发者，狡猾可恶。[61]在天津总理电报及后路转运事宜的津海关道盛宣怀在致总理衙门的密电中也说："倭人狡谲，各口有人改装侦探，用洋文密码通电，大碍军情。"[62]当中国调兵渡海增援牙山时，奉李鸿章委派乘"爱仁"轮赴牙山的德商信义洋行经理满德向李鸿章报告：他在前往塘沽的火车上遇见一个日本人，在交谈中发现此人对运兵船"爱仁"、"飞鲸"、"高升"的发船时间、载兵多少、前往口岸等掌握得一清二楚[63]。可见，中国的军事活动已完全处于日本间谍的监控之下了。

7月22日上午9时，丁汝昌根据李鸿章的指令，派"济远"管带方伯谦统带"济远"、"广乙"、"威远"3舰自威海前往牙山。几乎在"济远"等舰出发的同时，李鸿章收到一个情报，说佐世保的11艘日舰20日出港，去向不明。其实这个情报并不准确，但李鸿章却信以为真，当即电令丁汝昌带海军大队前往牙山一带巡护，以保障运兵船的安全。他还叮嘱丁汝昌："如倭先开炮，我不得不应，祈相机酌办。"[64]当晚，丁汝

[61] "收北洋大臣电"（光绪二十年六月二十八日），中国第一历史档案馆编：《清代军机处电报档汇编》，第9册，第279页，中国人民大学出版社，2005。

[62] "收津海关道电"（光绪二十年六月二十六日），中国第一历史档案馆编：《清代军机处电报档汇编》，第9册，第257页。

[63] "满德致李鸿章函"（光绪二十年六月二十九日到），陈旭麓等主编：盛宣怀档案资料选辑之三《甲午中日战争》，下册，第103页，上海人民出版社，1982。

[64] 李鸿章："寄刘公岛丁军门"（光绪二十年六月二十日午刻），顾廷龙、戴逸主编：《李鸿章全集》，第24册，第153页。

昌回电称:拟率“定远”、“镇远”、“致远”、“靖远”、“经远”、“来远”、“超勇”、“广甲”、“广丙”9舰及2艘鱼雷艇赴牙山巡护,“惟船少力单,彼先开炮,必致吃亏,昌惟有相机而行。倘倭船来势凶猛,即行痛击而已”。并说:“牙山在汉江内口,无可游巡。大队到彼,倭必开仗,白日惟有力拼,倘夜间暗算,猝不及防,只听天意,希速训示。汤气备便,候电即开。”[65]李鸿章看了这封电报后非常生气,因为丁汝昌表示如日舰来势凶猛便将抢先发起攻击,完全违背了他的遭到日舰攻击后才能还击的指示精神,而且他在丁汝昌不计后果决一死战的言辞背后看出的是胆怯。

恰在这一天,俄国驻华公使曾派参赞巴布罗福(A.L.Pavlov,又译巴福禄)面见李鸿章,说已电请俄政府派兵驱逐在朝日军。李鸿章问俄国海军现驻摩阔崴军舰有多少?巴布罗福说有大舰10艘,调往仁川甚便。李鸿章说,贵国如派军舰,我海军提督亦可派往会办。巴布罗福表示,一俟接到本国回电即通知中方。[66]李鸿章感到俄国似“真动公愤”,以为形势又有了新的转机,因此于次日上午去电训斥丁汝昌:

> 牙山并不在汉江内口,汝地图未看明。大队到彼,倭未必即开仗,夜间若不酣睡,彼未必即能暗算,所谓“人有七分怕鬼”也。叶号电,尚能自固,暂用不着汝大队去。将来俄拟派兵船,届时或令汝随同观战,稍壮胆气。[67]

就这样,北洋海军主力前往牙山巡护的计划取消了。而正是在这一天,日本联合舰队才真的离开佐世保港,踏上了寻找北洋海军决战

[65] “丁提督来电”(光绪二十年六月二十日亥刻到),顾廷龙、戴逸主编:《李鸿章全集》,第24册,第157页。

[66] 李鸿章:“寄译署”(光绪二十年六月二十日酉刻),顾廷龙、戴逸主编:《李鸿章全集》,第24册,第155页。

[67] 李鸿章:“复丁提督”(光绪二十年六月二十一日巳刻),顾廷龙、戴逸主编:《李鸿章全集》,第24册,第158页。

的征途。

丁汝昌发出的请示电报的确令人费解。一是他的话既可以理解为请战，也可以如李鸿章一样从中感觉到畏战，即以孤注一掷的决战态度，来迫使力主保全和局、保全战舰的李鸿章放弃这次出海行动。二是丁汝昌以前曾多次率舰队巡游朝鲜西海岸，此次接到出巡牙山的命令后还要查看地图进行部署，却竟然出现了“牙山在汉江内口”这样的低级错误。尤为奇怪的是，李鸿章在回电中已将取消海军主力出海计划的原因说得清清楚楚，而丁汝昌似乎还不明就里。他在当天写给旅顺水陆营务处道员龚照玙的信中抱怨说：“海军进止，帅(李鸿章)意日一变迁，殊令在下莫计所从也。昨者之电，意在令昌亲带大队赴牙；今日之电，复又径庭。只有将应需所未备逐事通筹至足，以待调遣之明命耳。”[68]

正因为丁汝昌在电报中所说“牙山在汉江内口”一句错得离谱，故有后世论者试图通过对电文重新断句作出新的解读，并以此另立新说。的确，当时没有标点符号，句读是阅读的入门基本功。但问题是，李鸿章乃进士出身，又是直接掌管军事部署的官员，当丁汝昌上报军事行动方案时，他竟会将电文断错句而误读，这种可能性几乎是不存在的。后世之人或可评说李鸿章的军事指挥能力，但实在不应肆意质疑他的阅读能力。

关于北洋海军大队出巡牙山，当时的海军中人后来有这样的记述：“念二(二十二)日下午三点钟，大队在威海已升火将启行矣。丁提督电爵相(李鸿章)告行期，右翼总兵刘步蟾惮行，揣时方议和，当轴

[68] 丁汝昌：“致龚鲁卿”(光绪二十年六月二十一日)，谢忠岳编：《北洋海军资料汇编·丁汝昌海军函稿》，上册，第528页。

必不轻启衅，竟将丁电私加‘遇倭必战’四字。爵相得电，果为所悚，复电令缓行，是以船已起锚，忽然不开。后爵相电丁，有云‘我用汝不着，候日俄启衅，令汝观战，以长胆识’等语，盖旋觉其怯也。丁不知刘私添电文，接电竟不解其何意。”[69]此说大意与前述李、丁往来电文及其反应基本吻合，惟丁电中虽有遇倭必战之意，却并无“遇倭必战”四字，也看不出有另外加字以改变原意的痕迹。

李鸿章取消了海军大队出巡牙山的计划，启程前往牙山的3艘军舰及运兵船已是凶多吉少。

7月23日凌晨，在日本驻朝公使大鸟圭介的策划下，日军混成旅团占领朝鲜王宫，随即建立了一个名义上以大院君为首的傀儡政权。

同一天，方伯谦率“济远”等3舰抵达牙山。24日凌晨4时，“爱仁”号运兵船驶入牙山湾。6时，驳船到，开始换乘驳运上岸，“济远”等舰也各派小火轮帮助起卸，仅一个小时即登陆完毕。8时，“爱仁”出牙山口返航。下午2时，“飞鲸”来到。“飞鲸”虽载兵较少，但军需等杂项较多，卸载颇费时间。下午5时半，前往仁川发送电报的“威远”舰回到牙山。管带林颖启说，仁川至国内的电报已断，并获悉日军已于昨日攻占朝鲜王宫，日舰大队将于明日开到。方伯谦见情况紧急，立即命令官兵继续抓紧帮助“飞鲸”卸船，并令弱舰“威远”当晚先行返航。25日凌晨4时，“飞鲸”已卸载大半，方伯谦不敢久留，即率“济远”、“广乙”两舰起锚驶出牙山口。5时半，两舰发现南方的地平线上出现几缕黑烟。7时，他们清楚地辨认出迎面驶来的是日本军舰“吉野”、“秋津洲”、“浪速”。

[69]《冤海述闻》，中国史学会主编:中国近代史资料丛刊《中日战争》，第6册，第85页，上海人民出版社，1957。

日本联合舰队驶离佐世保后，首先出发的第一游击队一直在前面负责侦察。24日上午，第一游击队航至朝鲜全罗道南岸的长直路，没有发现异常。第一游击队在向伊东祐亨报告后，又离开本队，继续前往朝鲜西海岸侦察。25日凌晨4时30分，第一游击队到达忠清道西岸浅水湾安眠岛西方的瓮岛附近，随即将航速提高到12节，以单纵队向丰岛一带搜寻。6时30分，他们遥见丰岛附近有两艘船冒着黑烟正在向南疾驶。第一游击队司令官坪井航三海军少将立即命令各舰戒备，以15节航速前进。逼近至5000米时，辨认出是中国军舰"济远"和"广乙"号。第一游击队在头一天下午离开本队前，伊东祐亨曾有训令：在牙山湾附近如遇到弱小的中国舰队，不必发动攻击；如遇到强大的中国舰队，立即发动攻击并将其击败。显然，日本海军当局是想通过决战一举消灭中国海军主力。但常备舰队参谋釜谷忠道大尉此时认为："究竟是强是弱，都必须通过战争来判断。总之，无论如何也要攻击。"[70]于是，坪井决定向两艘中国军舰发动攻击。

日舰此时正处在丰岛附近狭窄水道，不利于作战机动，便向右转向180度，驶入宽阔水域，再左转180度，迎击中国军舰。7时22分，坪井下达战斗命令。43分30秒，"吉野"发一空炮。45分，"吉野"首先向中国军舰开火。52分，"济远"发炮还击。55分和56分，"秋津洲"、"浪速"也先后以左舷炮攻击"济远"。日本海军以突然袭击不宣而战，挑起了丰岛海战。

从双方实力对比来看，日舰比中国军舰多一艘，总排水量多7000余吨，火炮多50余门，航速也高出许多，占有绝对优势。但中国军舰一

[70] 倍夫清三郎：《甲午日本外交内幕》，第345页，中国国际广播出版社，1994；藤村道生：《日清战争》，第89页。

开始还是进行了勇敢的反击。行驶在前的“济远”首先受到日舰的攻击，官兵们沉着应战，发出的炮弹在“浪速”舰首20米处爆炸，弹片将其信号索截断。同时，机关炮发出的炮弹不断从“吉野”桅顶掠过。不久，“济远”指挥台附近中弹，大副沈寿堃头部被弹片击中阵亡。又有一枚炮弹击中“济远”前炮台，枪炮二副柯建章被弹片击穿胸部，壮烈牺牲。天津水师学堂毕业后正在舰上实习的练习生黄承勋奋然登上炮台，继续指挥炮手射击，很快也被弹片击断手臂，不及救治而气绝身亡，年仅21岁。水兵王锡山、刘鹍等也中弹牺牲。

“广乙”投入战斗时，“吉野”见其来势凶猛，担心遭到鱼雷攻击和撞击，立即向左闪开，在海上划出一个大的圆弧。“广乙”向“秋津洲”和“浪速”之间疾驶。7时58分，“广乙”逼近至“秋津洲”舰尾600米处，正欲攻击，忽被炮弹击中桅杆，桅炮炮手坠落下来。这时战场上已是硝烟弥漫，几乎难以分辨敌我军舰。在烟雾迷离之间，“浪速”猛然发现“广乙”已逼近至舰尾三四百米处，立即向左转舵，并用左舷炮和机关炮猛击“广乙”。“广乙”发出的炮弹击中“浪速”左舷，从后部钢甲板穿出，击毁小锚及摇臂。但“广乙”中弹更多，其中一枚炮弹在舰桥附近爆炸，轮机被破坏，航速下降，遂右转舵向朝鲜西海岸方向撤退，在十八岛附近搁浅。管带林国祥下令焚舰后，率幸存官兵登岸寻找叶志超部队，但叶军已转移。他们在朝鲜辗转多时，直到8月上旬，先后有63名“广乙”官兵乘朝鲜民船回到山东荣成成山，林国祥等18人搭英舰回到烟台已是9月初。

海战场上的烟雾慢慢散去，“吉野”在左舷前方发现“济远”，两舰又展开激战。8时12分，“济远”150毫米口径后主炮发射的一枚炮弹穿过“吉野”右舷，落入轮机舱，击毁发电机一部，可惜炮弹没有爆炸。“济远”趁机向西撤退。日本3舰一起追赶“济远”。这时，忽见西面又有两道黑烟，但无法分辨是哪国舰船。坪井航三下令各舰自由运动。于是“秋津洲”调转航向前去追击东撤的“广乙”，“吉野”、“浪速”仍继续追击“济远”。“吉野”担心在“济远”尾后追击不安全，所以连续向右作两次180度的回旋，并向“浪速”、“秋津洲”发出“沿旗舰航迹前进”的信号。在“吉野”回旋时，“浪速”已航行到前面。这时，“浪速”看清驶来的两船是中国军舰“操江”号和英国商船“高升”号。不久，“操江”忽然掉头向西返航，只有“高升”继续前行。“浪速”继续追击“济远”。8时53分，“济远”升起一面白旗，但仍向前疾驶。“浪速”追至距3000米时，以舰首炮猛击“济远”，“济远”突然在桅杆上一上一下挂出一面日本海军旗和一面白旗。“浪速”向“济远”发出“立即停轮，否则炮击”的信号，“济远”随即停驶，这时两舰相距2700—2800米。“浪速”即向旗舰“吉野”报告：敌舰已降服，已命其停轮。

当“浪速”准备接近“济远”时，“高升”迎面从其右舷驶过。“浪速”怀疑船上有中国军队，便用旗语打出“立即停轮”的信号，并连放两次空炮，“高升”被迫停了下来。“济远”趁机又全速西撤。“浪速”准备再次追击“济远”时，“吉野”发出令“浪速”、“秋津洲”归队的信号。“浪速”问如何处置“高升”号，坪井航三发信号命令将其俘获，带回向司令长官报告。此前，“秋津洲”追击“广乙”，发现“广乙”已停在距海岸不远处，正准备接近查看，接到旗舰发来的归队信号，遂掉头回驶。9时50分，“吉野”、“秋津洲”一同前去追击“济远”和“操江”，而这时距“济远”已有7海里远了。“吉野”加速疾驶，追至距航速较慢的“操江”号2500米时，见“操江”降下国旗，便未加理睬，继续追击“济远”。

12时38分，“吉野”追至距“济远”2500米时，开始炮击，以左舷炮连发6炮。“济远”亦发炮回击。[71]据中方记载，“济远”水手王国成、李仕茂用后主炮连发4炮：第一发击中“吉野”桅楼，第二发也命中，第三发打偏，第四发击中要害，“吉野”舰首立时低俯，不敢再战。[72]但据日方记载，当“吉野”炮击时，“济远”也发射两三炮，然后急向右转舵向附近的三寻堆方向走避。坪井航三认为继续穷追已没有必要，遂于12时43分停止炮击，转舵回驶。[73]“济远”舰于26日清晨返回威海基地。

“操江”是北洋舰队的运输舰，24日下午2时由威海出发，前往牙山运送叶志超等部陆军饷银，并向“济远”等舰传递丁汝昌密令。25日上午快到牙山时，“操江”才看到前面的“高升”号，但很快又发现日舰正在追击中国军舰，便立即转舵西驶。尽管“操江”距日舰较远，但因其航速只有9节，不久即被日舰“秋津洲”追上。11时40分，“秋津洲”向“操江”发出停轮信号，并放一空炮。“操江”仍继续西行。“秋津洲”加速追击，在4000米距离时，向“操江”发出一炮。没有战斗力的“操江”立即挂出白旗表示投降。天津电报局的丹麦籍洋匠弥伦斯(H.L.Mihlensteth)因奉派接管汉城电报局，搭“操江”前往朝鲜，此

[71] 以上海战经过见日本海军军令部编纂：《二十七八年海战史》，上卷，第85～95页。

[72] 参见姚锡光：《东方兵事纪略》，中国史学会主编：中国近代史资料丛刊《中日战争》，第1册，第65页；“丁提督来电”（光绪二十年六月二十八日午刻到），顾廷龙、戴逸主编：《李鸿章全集》，第24册，第179页。

[73] 日本海军军令部编纂：《二十七八年海战史》，上卷，第95页。

时见势不妙，即将随身携带的密码本毁弃，并劝"操江"管带王永发将丁汝昌托带的文书销毁，把饷银投入海中。但王永发仓促间未来得及烧毁全部文书，饷银也尚未投海，"秋津洲"派出的吉井幸藏海军大尉等28名官兵已登上"操江"。[74]"操江"被日舰俘获后，管带王永发等所有83名船员于7月28日清晨被日舰"八重山"押送至日本佐世保，直到战争结束后才被释放回国。

"高升"号的遭遇更加惨烈，竟被日舰一举击沉，一时成为举世瞩目的国际重大事件。

在日本海军的丰岛偷袭中，中国方面损失惨重，"广乙"舰被毁，官兵伤亡30余人；"济远"带伤撤回，官兵亦有13人阵亡、27人受伤；运兵船"高升"号被击沉，船上1100余名官兵有870余人葬身海底，进而导致牙山叶志超军失去了近半援军；"操江"号连同83名船员被俘。日本海军付出的代价则极小，"吉野"仅受轻伤，即在8时12分"济远"150毫米口径后主炮发射的一枚炮弹落于其右舷海面反弹穿透甲板室，进入轮机舱，破坏发电机一部，其他无损害；"浪速"在开战之初被弹片截断信号索，后又被"广乙"发出的炮弹落在附近海面反弹击中左舷，均为轻微伤；"秋津洲"无伤。日本海军的人员损失未见统计[75]。

从军事角度看，这是一场力量悬殊的海战，中国军舰不支而退固无可厚非。但需要指出的是，"济远"撤退时恰与迎面驶来的"高升"、"操江"相遇，作为战舰本应竭尽全力保护这两艘毫无抵抗能力的运输船，而它为了保全自己竟然没有为解救两船做出任何努力。

[74] 日本海军军令部编纂：《二十七八年海战史》，上卷，第95～96页；"弥伦斯致博来函"（光绪二十年七月十四日），陈旭麓等主编：盛宣怀档案资料选辑之三《甲午中日战争》，下册，第145～149页，上海人民出版，1982。按：弥伦斯称下午1时50分日舰"秋津洲"追上"操江"，"操江"即降下国旗并停轮。但按两舰航速及时间推算，"操江"被俘时间似应早于弥伦斯所回忆的下午1时50分，故此处采用日方记载。

[75] 日本海军在丰岛海战中的损失情况见日本海军军令部编纂：《二十七八年海战史》上卷，第103～104页。

"济远"回到威海基地后,丁汝昌未及详询丰岛海战情况,即奉命匆促率舰出巡朝鲜汉江洋面,方伯谦遂直接致电李鸿章报告战况。他说:

> 二十一二日(23、24日),英轮"爱仁"、"飞鲸"装兵抵牙,均陆续上岸。二十三日(25日)辰,突有日兵船多只在牙口外拦截我兵船,彼先开炮聚攻,"济远"等竭力拒敌,鏖战四点钟之久。"济远"中弹三四百个,多打在望台、烟筒、舵机、铁桅等处,致弁兵阵亡十三,受伤二十七;幸水线边穹甲上有钢甲遮护,只一处中弹,机器未损。日船伤亡亦多。午时,我船整理炮台损处,日舰紧迫,我连开后炮,中伤其望台、船头、船腰,彼即转舵逃去。但见"广乙"交战中敌两炮,船已歪侧,未知能保否。又,运送军械之"操江"差船适抵牙口,被日船击拿。英轮"高升"装兵续至,在近牙小岛西南亦被日船击中三炮,遂停车而沉。[76]

这个报告显然有所瞒报和谎报,如"济远"仅与日舰交战约30分钟即向西撤走,4个小时后被日舰追上再次短暂交火,这不能算是鏖战4个小时之久,而且只字未提曾挂白旗和日本海军旗一事;报告中提到"操江"被俘和"高升"被击沉,却没有说明当时"济远"在什么位置,又做了什么。

丁汝昌出巡回来,在分别询问方伯谦等"济远"官兵后,于29日又向李鸿章发出关于丰岛海战的正式报告。其中完全不提"高升"、"操江"两船,新补充的内容也是真真假假,虚虚实实。如说"济远"以一门150毫米口径后主炮击退两艘日舰,又说"济远"曾停炮诈敌。而却

[76] 李鸿章:"寄译署"(光绪二十年六月二十五日辰刻),顾廷龙、戴逸主编:《李鸿章全集》,第24册,第168页。

敌保船，全靠“济远”后主炮，“水手李仕茂、王国成为功魁，余帮带放送药送弹之人亦称奋勇”，已传令李仕茂、王国成赏银1000两，余众共赏1000两，以资鼓励。还说，风闻日本海军提督阵亡，“吉野”伤重沉没，“如果属实，查确后尚当照前定赏额划清补给，以昭信赏”[77]。李鸿章此时已从驻日公使汪凤藻的来电中了解到日本海军的损失情况，并无提督亡、“吉野”沉的消息，故回电责问丁汝昌：“济远”一炮如此得力，如果各船大炮齐发，日虽有快船快炮，其何能敌？“如无确实证据，岂能滥赏？”同时命令丁汝昌，海军在威海严加戒备，各舰保持常火，官弁夜晚住船，不准回家。[78]

李鸿章没有被海军颇多水分的报告所蒙蔽，也十分清楚中国方面所受的严重损失，但他不想也无意深究此事。在他看来，此时更重要的是争取外交上的主动，因为日本违反国际公法不宣而战，各国必动公愤，尤其是日军竟敢击沉英国商船“高升”号，英国政府必不答应。

四　丰岛海战中的“高升”号事件

“高升”号是伦敦印度支那轮船航海公司（Indo-Chinese Steamship Navigation Co.）所属的一艘1355吨货轮，其代理商为上海贾丁——马西森公司（Jardine,Matheson and Co.），即中国名之怡和洋行。7月17日，由李鸿章的属下、总办北洋水师营务处道员罗丰禄经手，中方与怡和洋行签订《租船合同》，租用“高升”用于运兵。该船共有79名船员，其中船长高惠悌（Thomas Ryder

[77] “丁提督来电”（光绪二十年六月二十八日午刻到），顾廷龙、戴逸主编：《李鸿章全集》，第24册，第179页。

[78] 李鸿章：“复丁提督”（光绪二十年六月二十八日酉刻），顾廷龙、戴逸主编：《李鸿章全集》。第24册，第182页。

Galsworthy)、大副田泼林(Lewis Henry Tamplin)等7名高级船员皆为英国人,4名舵手为菲律宾人,其余68名则为中国广东、福建、浙江籍人。"高升"号于7月23日早晨从塘沽起航时,装有北塘防军(淮军仁字军)2营共1100余人,营务处帮办为高善继,营官分别为骆佩德和吴炳文。随船同行的还有德国退役军官汉纳根(Lieutenant von Hanneken),以前曾为中国设计、督建旅顺、威海海岸防御炮台,此番是自告奋勇要去朝鲜观察形势。

当7月25日上午9时15分日舰"浪速"向"高升"发出"立即停轮"的信号时,此时两船相距四分之一英里。"浪速"见这艘悬挂英国国旗的船上载有清军,不知应如何处置,便驶向旗舰"吉野"请示办法。"高升"见状挂出信号,询问能否继续前进。"浪速"回答:"抛锚,否则承担一切后果!""吉野"则指示"浪速",把捕获的船只带回群山冲锚地,向联合舰队司令长官伊东祐亨汇报。于是,"浪速"掉转船头,驶到距离"高升"约400米处停下。

10时左右,"浪速"放下一只汽艇,向"高升"开来。"高升"号上的中国军官看到事态紧急,明确表示他们宁死不当俘虏。汉纳根把这个意思转告给船长高惠悌,并且约好,必须坚持让"高升"返回始发港塘沽。因为轮船出发时,中日两国并未宣战。日军汽艇上有数名海军军官,为首的是人见善五郎。他们登上"高升"轮,检查了商船执照等有关文件。高惠悌船长提醒人见善五郎,这是一艘英国商船。人见不予理睬,只是问道:"高升"是否跟着"浪速"走?高惠悌说:"如果你命令,我没有别的选择余地。但是我抗议。"人见返回"浪速"后,舰长东乡平八郎向“高升”发出立即起锚的命令。

“高升”号上的中国官兵听到这一消息，立即激动起来，再次表示坚决拒绝“高升”跟着“浪速”走。汉纳根劝高惠悌再与日舰联系谈判一次。“高升”遂再发信号，说有紧急事件，请“浪速”再派小艇前来。这次日军没有登船，由汉纳根在舷梯上与汽艇上的人见善五郎谈判。汉纳根说：“船主已失去自由，不能服从你们的命令。船上的士兵不许他这么做。军官和士兵都坚持让他们回到原出发港口去。船长和我都认为，即使已经宣战，这也是一个公平合理的要求，因为我们出发时还处在和平的时期。”人见未置可否即返回“浪速”。

“浪速”舰长东乡平八郎得悉“高升”号的要求，即令发出信号，通知“高升”号上的欧洲人立即离船。由于此时中国士兵已控制了船上的所有小艇，高惠悌又发信号：“我们无法离船”。这时，“浪速”向“高升”驶来，在相距150米处船头悬起一面红旗，随即发射一枚鱼雷。接着，“浪速”的5门右舷炮同时轰鸣，向“高升”进行了5次齐射。“高升”号锅炉被击中爆炸，船体激烈地震动着，迅速开始下沉。此时为下午1时左右。[79]

在“高升”倾斜下沉的过程中，许多人落入海中，一时尚未落入海中的士兵则站在船的高处愤怒地用步枪射击日舰。是日上午10时离开牙山返航的“飞鲸”号，在丰岛海面上目睹了“高升”沉没的惨剧：当时船头朝下，船尾向上，忽然翻转45度，然后全船下沉。至下午1时30分，整个船体没入水中，只有桅杆露出水面。[80]“浪速”击沉“高升”后，即派出小艇前去搭救落水的欧洲人，船长高惠悌和大副田泼林被

[79] 关于“高升”与日舰“浪速”之交涉及被其击沉经过据Mr. von Hanneken's Report;Captain Calsworthy's Report. Vladimir:The China-Japan War. pp.355-357;366-368.“高惠悌声明”、“田泼林的声明”、“高惠悌、田泼林在‘浪速’号上的问答记录”，戚其章主编：中国近代史资料丛刊续编《中日战争》，第11册，第351～358页，中华书局，1996;日本海军军令部编纂：《廿七八年海战史》，上卷，第97～98页。

[80] “瓦连航海日记摘抄”，陈旭麓等主编：盛宣怀档案资料选辑之三《甲午中日战争》，下册，第82页。

救起。但对水中已失去抵抗能力的中国士兵,日军非但不去搭救,反而毫无人道地开枪射击。后来英国驻日本长崎领事奎因(Quin)从"高升"号大副田波林那里了解到:"第一次舷炮齐射后,日舰顶部猛烈的机枪射击至少持续半小时,……当'高升'号的救生艇在100码开外时,遭到救大副那只日本小船的射击。救生艇上挤满了中国人,还有一些人抓住船边的救生索。开枪的日本军人数约8—10人。大副不知道艇上人的最终命运。当他最后一次望这艘小船时,它已沉没。"[81]"高升"号的其他获救船员也证实:船被击中后"灌满了水。能跳水的都跳了水,但大多数人随船下沉了。许多人被热水烫死"。跳水的人又遭到日军的射击,"机枪雨点一样向我们打来"。"日本人从响第一声炮起到1时30分船沉,一直开机关枪射击。船沉后他们继续开火,甚至向游上海滩的人开了枪"[82]。

事后,法舰"利安门"号从"高升"桅杆上救出43人,又从水中捞起2人;汉纳根等112人游至海岛,被德舰"伊力达斯"号运回;英舰"播布斯"号运回87人。其余中国官兵870余人,以及"高升"二副威尔士(Joseph Welsh)、三副维克(Nathaniel Wake)、大伡戈尔顿(William Gardon)、二伡哈雷(W.L.Halley)、三伡普利罗斯(J.Primrose)等5名英国船员,菲律宾籍舵手格雷戈里奥(Gregerio)和56名中国船员,皆葬身海底[83]。

7月26日中午,李鸿章获悉日军包围朝鲜王宫发动政变,并电告朝廷。当天下午,军机处派章京舒文、俞钟颖前往英国公使馆,向仍在担任所谓调停的英国驻华公使欧格讷表示,日本如此举动,无理已极,

[81]"奎因致巴健特函",戚其章主编:中国近代史资料丛刊续编《中日战争》,第11册,第349页。

[82]"里尔德证词"、"钟阿诚(Chung A Cheng)证词"、"李安(Li An)证词",戚其章主编:中国近代史资料丛刊续编《中日战争》,第11册,第263～264页。

[83]戚其章:《国际法视角下的甲午战争》,第291页,人民出版社,2001。

中国政府拟即以开衅失和论布告各国。欧格讷答复说："尚未闻有拘韩王之说，似与北洋大臣所报情形较轻。中国若即照会各国，未免可惜。我意可稍缓数日，即此数日内中国亦可妥速布置。我今日尚与各国大臣商量，拟请华兵退至平壤，日本兵退至釜山。日本如不听话，各国均不能答应。"[84]当时李鸿章尚未得到日本海军在丰岛不宣而战的确切消息，故未立即做出反应。

7月27日晨，李鸿章接到方伯谦的电报，终于得知丰岛海战及"高升"号被击沉的确凿消息。他当即将有关情况电告总理衙门，认为"华、日现未宣战，日船大队遽来攻扑我巡护之船，彼先开炮，实违公法……至'高升'系怡和商船，租与我用，上挂英旗，日敢无故击沉，英人必不答应。"并电告驻英公使龚照瑗："所租怡和'高升'装兵船被日击沉，有英旗，未宣战而敢击，亦藐视公法矣！"[85]当天夜里，李鸿章接到总理衙门来电，内称："倭先开衅，并击毁英船，事已决裂。英使已电本国。"并问驻日公使汪凤藻应否立即撤回，抑俟布告各国之后撤回。至于布告各国照会，总理衙门正在拟稿，询问李鸿章应如何措词[86]。第二天一早，李鸿章复电总理衙门："日先开战，自应布告各国，俾众皆知衅非自我开。"他建议，汪凤藻应即撤回，日本驻京公使及驻各地领事应讽令自去[87]。

李鸿章认为，公理在中国方面，希望借列强之力得到伸张，尤其希望由此引起英国政府的干预。

一开始，英国方面确实做出了强烈的反应。"高升"号被日舰击沉的消息传到英国，立即引起英国人的愤怒，纷纷声讨日本违反国际公

[84] "军机处奏录呈章京舒文等与英欧格讷问答片"附件一，《清光绪朝中日交涉史料》(1234)，卷15，第25页，故宫博物院铅印本，1932。

[85] 李鸿章："寄译署"（光绪二十年六月二十五日辰刻）、"复伦敦龚使"（光绪二十年六月二十五日午刻），顾廷龙、戴逸主编：《李鸿章全集》，第24册，第168、169页。

[86] "译署来电"（光绪二十年六月二十五日亥刻到），顾廷龙、戴逸主编：《李鸿章全集》，第24册，第171页。

[87] 李鸿章："复译署"（光绪二十年六月二十六日辰刻），顾廷龙、戴逸主编：《李鸿章全集》，第24册，第172页。

法的罪行。舆论普遍认为，日本海军的行为是在战争开始之前，乃是和平时期的暴行；日本海军侮辱了英国国旗，必须向英国道歉；日本政府须向沉没英轮的船主以及因此次事件而遭受生命财产的英国臣民进行赔偿[88]。

英国驻远东地区的一些外交官员和军官也很快做出反应。英国驻朝鲜仁川副领事务谨顺最先从“高升”号幸存者那里了解到事件的经过，并于7月28日致函英驻华公使欧格讷，认为“‘高升’号提出返回起锚地的要求是完全正当的。鉴于日本并没有向中国宣战和发出任何照会，即使该船当时悬挂的是中国而非英国国旗，要求返回中国仍然是正当的。……谈到汉纳根上校的发誓陈述，我只能表示我对中国士兵的钦佩，他们宁死也不屈辱地为他们卑怯的攻击者俘虏。另外应注意的是，炮击无防卫能力的抛锚商船，向在水中挣扎求生的人射击，日本人的残忍真难以想象”[89]。英国驻朝鲜牙山副领事威金森（Wilkinsen）曾向日本提出抗议，认为当时中日尚未宣战，“高升”号挂有英国国旗，自有航行自由，而根据有关条约规定中国亦有权向朝鲜运兵，故日军击沉“高升”号实属违法。7月30日，英国驻上海总领事韩能（Nicholas John Hannen）亲自到日本总领事馆，谴责日本的暴行，并提出抗议。英国远东舰队司令海军中将斐利曼特尔（E.Freemantle）获悉“高升”号事件后，即派英舰“射手”号（Archer）送信给日本联合舰队司令长官伊东祐亨，向其指出：“‘高升’号是在船长未获得宣战消息，并未接到不得从事此项任务的任何命令的情况下，于法律上正常地从事于运送清国官兵的英国轮

[88] 高桥作卫：《英船高升号之击沉》，第66～67页，东京秀英舍，1903。

[89] “务谨顺致欧格讷函”，戚其章主编：中国近代史资料丛刊续编《中日战争》，第11册，第390～391页。

船。”并质问：“‘浪速’舰的行为是否奉司令官之命，还是征得司令官之同意？”[90]同时致电日本海军省，要求就此事件作出说明，即：

中日倘有战争之事，则当预先照会各国，然后各国按照万国公法，不使轮船载运中国兵马。今日本并无照会至英国，则英国之高升轮船自应载运中国兵马，并无一毫背理之处。日兵无端燃炮轰击，以致全船覆没，船中司事均遭惨毙，是何理耶？明明见有英国旗号，而肆无忌惮一至如此！将与中国为难耶？抑与英国为难耶？请明以告我。[91]

他还致电英国海军部，根据“高升”号船长、大副及汉纳根的证词说明事件的真相：“高升”号“在丰岛附近抛锚后，中国士兵拒绝让船长起锚跟日舰走，但同意如果日舰允许可返回大沽口。但‘浪速’号却蓄意向其发射了白头鱼雷，并用重炮猛射，将其击沉。船沉时还继续向落水的中国人开火，但救起了欧洲人。”鉴于“英国商船在合法地运送中国军队时被日本军舰击沉”，他建议要求日本立即罢免并拘捕“浪速”号舰长和那些卷入这一事件的高级官员。“若不遵从，我应被授权实行报复。最重要的是，应当做些事情以弥补大英旗帜所遭受的侮辱。考虑到此种野蛮屠杀，还应敦促交战国在战争中信守人道。”[92]

作为“高升”轮的拥有者，印度支那轮船公司对这一事件当然更不会保持沉默，一得到消息，其董事长马堪助（J.MaCandrew）即于7月30日直接致函英国外交大臣金伯利。他说：

作为英国运输船“高升”号的船主，谨向您报告：我们今天收到了公司代理人贾丁、马西森先生及上海殖民部来电，说“高升”号被中

[90] 高桥作卫：《英船高升号之击沉》，第58～60页。

[91] 《中倭战争始末记》，卷1，第6页，1895刊本。

[92] “斐利曼特致海军部电”，戚其章主编：中国近代史资料丛刊续编《中日战争》，第11册，第131～132页。

国租用,向朝鲜运送军队,在朝鲜沿海被日本鱼雷击沉。……我们所以抗议日本当局不友善的行径,并请求您出面干预,迅速采取措施,是因为一艘悬挂英国国旗的船只(对此我们尚无确切的情报),在交战双方未经宣战,局势仍然和平的情况下,未接到投降警告就遭袭击致毁,这是令人无法容忍的。……我们向您请求,一旦掌握了更为确切的情况,立即通报日本政府这一严重的、不可原谅的粗暴行径,要求他们对人员伤亡和财产损失负责。[93]

第二天,上海英商怡和公司作为直接受害的一方也致函英国驻华公使欧格讷,内称:

我们不得不十分痛心地就"高升"号轮船被一艘日本军舰击沉一事给您写信。当时,该轮船悬挂有英国国旗,日本人在该船沉没时曾残忍地向在水中挣扎的外国人和中国人开枪射击。我们觉得有责任让您了解下述全部事实:"高升"号系为印度支那轮船公司所有。我们作为该公司的总代理,已经将该船租给李鸿章阁下运送军队。……该船是在和平时期被日本军舰拦击的,英国国旗被炮击,船只沉没,1100多人被极其残暴地杀害,其中有10名外国人(7名英国人和3名德国人)。我们认为,这是在公海上发生的一种海盗行为,请您以英国公使的身份将这起对英国国旗犯下的暴行报告政府,相信他们在获悉事实后定会立即要求赔偿。[94]

其实,在此之前,即7月27日,欧格讷早已就此事连续致电致函外交大臣金伯利。他在信函中又进一步说明:"我个人认为,日本的行为是完全非法、无理的,因为'高升'号毫无防卫能力,又载有

[93] "印度支那轮船公司致金伯利函",戚其章主编:中国近代史资料丛刊续编《中日战争》,第11册,第95～96页。

[94] "贾丁—马西森公司致欧格讷函",戚其章主编:中国近代史资料丛刊续编《中日战争》,第11册,第392～393页。

1000人,日本将其击沉,无论怎么说都是一种蛮横、残暴和无耻的行径。”[95]

英国政府通过各种渠道获悉此事后,外交部即于7月31日致函司法局,咨询英国政府是否有权向日本索取赔偿,希望他们从国际法的角度提出意见。司法局的答复是:“我们认为,英国政府有权要求日本政府对沉船及由此带来的英国公民的生命财产损失提供全部赔偿。”[96]

此时,日本方面担心的不仅仅是赔偿损失的问题,外务大臣陆奥宗光更害怕“日英两国间或将因此意外事件而引起一场重大纷争”。他在写给首相伊藤博文的信中说:“此事关系实为重大,其结果几乎难以估量,不堪忧虑。”[97]日本当局策划了丰岛海上袭击,却没有料到会发生击沉英国商船“高升”号事件。为了变被动为主动,日本政府绞尽脑汁研究对策,并采取了一系列应对措施。先是陆奥宗光会见英国驻日本临时代理公使巴健特(R.S.Paget),告知日本将详细调查“高升”号事件,保证“如果日本军舰错打了英国船,日本将赔偿全部损失”;[98]并将日本政府的这一态度电告驻英公使青木周藏,要他按此精神通知英国政府。这样做的目的,既及时地安抚了英国政府,同时又以“如果日本军舰错打了英国船”一语为日后推卸罪责埋下了伏笔。

早在7月26日,即“高升”号事件发生的第二天,“浪速”号舰长东乡平八郎即向日本联合舰队司令长官伊东祐亨报告了击沉“高升”号的经过。但因这份报告所述基本属实,并不符合日本当局的需要,所

[95] “欧格讷致金伯利电”、“欧格讷致金伯利函”,戚其章主编:中国近代史资料丛刊续编《中日战争》,第11册,第93、308页。

[96] “外交部致司法局”、“司法局致金伯利”,戚其章主编:中国近代史资料丛刊续编《中日战争》,第11册,第101～102、110页。

[97] 陆奥宗光:《蹇蹇录》,第70—71页;藤村道生:《日清战争》,第90页。

[98] “巴健特致金伯利电”,戚其章主编:中国近代史资料丛刊续编《中日战争》,第11册,第99页。

以必须重新编造一份报告用于混淆视听。7月29日,“八重山”号舰长平山藤次郎致函海军大臣西乡从道,就其事后得自传闻的情况报告了所谓“仅供参考”的“高升”号事件经过。这份报告终于接近了日本当局的要求,于是由海军省主事山本权兵卫在此基础上进一步修改加工,主要在三个方面进行了作伪处理:一是诬称中国军舰首先发起攻击,二是谎称事后才知道击沉的运输船是英国商船“高升”号,三是把丰岛之战与击沉“高升”号混为一谈。

经过加工处理的平山报告出笼后,立即遭到英国驻日公使巴健特和驻长崎领事奎因的批评和质疑。巴健特于8月11日致函金伯利,称其已收到奎因寄来的“高升”号船长高惠悌和大副田泼林的证词,经与平山报告对比,发现“有两个主要异点:第一,高惠悌船长宣称,‘高升’号是单独航行,并无中国军舰相随,而日本方面则说,它由‘操江’号护航。‘高升’只是在日本军舰出现前才见到一艘中国船。第二,日本方面明确宣称,当‘浪速’接近‘高升’并与它交换信号时,中国军舰‘经(济)远’号开过来,在300公尺处从舰尾向日舰发射一枚鱼雷,因此‘浪速’才向‘经(济)远’开火。‘高升’号船长在其证词中全然没有提及这一事实,很难想象是被忽视了”。[99]可见日本当局的作伪手法并不高明,不过是贼喊捉贼罢了。

在炮制虚假报告的同时,陆奥宗光又指示日本法制局局长末松谦澄对“高升”号事件进行调查。8月10日,末松将调查结果上报陆奥,其结论是:“关于此事,依据国际公法,我浪速舰的行为是否得当,不需下官论述。但根据上述事实,凡持公正态度的评论家,将会毫不

[99] “巴健特致金伯利函”,戚其章主编:中国近代史资料丛刊续编《中日战争》,第11册,第345～346页。

怀疑地认为，其行为无不当之处。”根据末松的调查报告，陆奥正式表明日本政府对“高升”号事件不承担法律责任的态度[100]。

在日本当局采取的应对措施中，还有更卑劣的做法，即金钱收买，并很快就产生了效果。从8月初开始，英国的舆论突然发生转向，由声讨日本转而为日本辩护。8月4日，青木周藏在给陆奥宗光的电报中说出了其中的原因：“《每日电讯报》、友好的《泰晤士报》和其他主要报纸，由于审慎地雇用，均就上述消息改变了腔调。除路透社外，几家主要报纸和电讯报社都保证了合作。英国权威人士威斯特莱克（Westlake）公开表示，根据国际法‘浪速’是对的。在德国，《科隆报》的政治通讯员、友好的《大陆报》也因此而受到影响。你要提供我约1000英镑做特工经费。”[101]继剑桥大学教授维斯特莱克博士8月3日在《泰晤士报》撰文为日本辩护后，另一位英国法学专家、牛津大学教授胡兰德（T.E.Holland）博士也于8月6日致《泰晤士报》编辑一封公开信，说日舰击沉“高升”号在国际法上是合法的。他们的公开表态因其地位和影响而起了舆论导向作用，英国国内的愤怒情绪逐渐平息下来。

青木还专门派公使馆德籍雇员西博尔德男爵（Baron Von Siebold）私下做英国外交部的工作。西博尔德于8月7日会见英国副外交大臣柏提（Bertie）时，两人就“高升”号事件展开了较长时间的辩论。西博尔德鼓起如簧之舌，信口雌黄，东拉西扯，毫无根据地试图“从军事观点、特别从国际法的观点”说明日舰击沉“高升”号是完全正确的。但柏提最后仍表示：“我可以私下告诉你，击沉英船不仅

[100] 末松谦澄：“‘高升’号事件调查始末书”，戚其章主编：中国近代史资料丛刊续编《中日战争》，第8册，第11页，中华书局，1994；陆奥宗光：《蹇蹇录》，第73页。

[101] “驻英国青木公使致陆奥外务大臣电”，戚其章主编：中国近代史资料丛刊续编《中日战争》，第9册，第357页。

是个很坏的事,而且是个很愚蠢的事。”西博尔德说:“我也与你同样感到遗憾。为了争论,即使承认我所争论的问题远了,但我仍然坚持那是对的。如果英国政府由于某个军官之行为而改变其对日本之友好态度,那就更令人遗憾了。”[102]这是在暗示英国政府不要小题大做,为了区区小事而忘了联日防俄的战略。

西博尔德最后的一番话的确说中了英国政府处理“高升”号事件的要害。英国政府既已确定联日防俄的外交战略,当然不会为一艘商船被击沉而改变其既定方针。英国外交部权衡利害之后,认可了日本的说法,认定日舰击沉“高升”号并不违反国际法准则,因此“高升”号所遭受的损失应由中国赔偿;进而表示支持印度支那轮船公司向中国政府提出赔偿要求,或是通过英国驻华公使馆提出此类要求。皇家法院的法官们也改变了原来的态度,认为对于“高升”号沉没给英国带来的生命、财产损失,中国应负赔偿责任[103]。事态发展到这一步,已无公理可言,完全成了一场交易。

李鸿章原指望“高升”号事件中同为受害者的英国出面干涉,从而使中国也能得以伸冤。在英日交涉的最初阶段,他听说英国已向日本提出索赔要求,而日本也表示一旦证明日本海军违法,将对英国所遭受的生命、财产损失给予赔偿,便天真地以为中国受害最重,理所当然也应列入索赔一方。因此,他曾于8月6日电示驻英公使龚照瑗:

日兵船击沉“高升”一案,闻日向英谢罪,议赔船货。惟华人搭船者,原赖有英国旗保护,乃日于未宣战之先忽轰此船,致毙千余人性命并器物等件,死者家属冤苦,应请英向日索赔抚恤。汉纳根亲供,

[102]“驻英国青木公使致陆奥外务大臣电”,附件三,戚其章主编:中国近代史资料丛刊续编《中日战争》,第9册,第364页。

[103] 英国外交部“备忘录”、“外交部致印度支那轮船公司”,戚其章主编:中国近代史资料丛刊续编《中日战争》,第11册,第10~12、544~545页。

明日电呈,凶惨如绘。望与(马)格里商聘著名状师询此案。中国照理照例应索赔,即交其核办,再与(英)外部商订。名虽向英索,仍应由英向日索。趁彼议赔未定时,可将此款列入,缓则无及。

第二天又致电总理衙门,除通报上述情况外,还提出:如英国公使欧格讷询商此事,“乞钧署与辩勿松劲,恐欧或袒倭”。[104]李鸿章没有认清英日之间的战略关系,却担心欧格讷个人会“袒倭”,未免太糊涂了。结果,没过多久,英日便已沆瀣一气,他依靠强国出面主持公道的打算彻底落空。

最后,英国不但没有与中国携手主张正义,反而不论理之曲直,向同样是受害者的中国强索其所遭受的生命、财产损失。迫于强权,清政府赔付英金33411镑,合银312922两,始将此案了结。

由此可见,在强权时代,国际法不过是强国手中的工具。

[104] 李鸿章:“寄伦敦龚使”(光绪二十年七月初六日亥刻)、“寄译署”(光绪二十年七月初七日午刻),顾廷龙、戴逸主编:《李鸿章全集》,第208、209页。

大洋沉思

Chapter Three

第三章

鸭绿江口外的黄海大战

一　中日正式宣战

日本方面自7月17日第一次大本营御前会议作出开战决定后，便开始按原定计划一步步展开占领朝鲜和进攻中国的具体行动。

7月23日凌晨，在日本驻朝公使大鸟圭介的策划下，日军混成旅团长大岛义昌率部攻占朝鲜王宫，拘禁国王李熙，并包围了大院君府。是日上午，大鸟圭介胁迫大院君进入王宫，建立了傀儡政权。7月25日，处于兵威之下的大院君按照大鸟圭介的指令，命外务督办赵秉稷照会清政府驻朝官员唐绍仪，废除中朝商约；并交给大鸟一份委托书，授权日本驱逐中国军队。在此之前，日军混成旅团长大岛义昌已接到大本营发来的进攻牙山清军的电令，不久又获清军增援牙山的情报，所以在尚未拿到朝鲜傀儡政府委托书的25日凌晨，即率混成旅团主力4000余人由汉城杀向牙山。

牙山清军原有2000余人，7月24日“爱仁”、“飞鲸”两船运送的增援部队得以登陆，总兵力达到3800余人。7月26日，总兵聂士成经提督叶志超同意，率部由牙山移扎成欢驿。由于清军的情报极不准确，以为前来进攻的日军有二三万人，故聂士成向叶志超提出：“海道已梗，援军断难飞渡，牙山绝地不可守。”他建议叶志超率部进据背山面江的形胜之地公州，他本人率部据守成欢驿。“战而胜，公为后援；不胜，犹可绕道而出。”[1]叶志超同意这一撤军绕道北上的方案，但决定仍留一营驻守牙山，使本就不多的兵力更加分散。

7月29日凌晨，日军右翼部队强行通过安城渡，随即与大岛义昌率领的主力部队协同进攻成欢驿。由于聂士成所部清军寡不敌众，阵地接连失守，被迫突围而出。聂士成率军退至天安与叶志超会合，并请叶率部驰往公州，自为断后。但叶认为“公州不可守，不如绕道至平壤，会合大军，再图进取”。[2]于是，叶率部先行，聂率部随后，艰苦跋涉2000余里，先后于8月21日和28日抵达平壤。

日军攻陷成欢之后，又直趋牙山，击溃在此驻守的一营清军，缴获大炮8门、大米500包及大量弹药。此战，日军伤亡87人，清军伤亡百余人。

日本继海军在丰岛偷袭得逞，陆军又在成欢击溃清军，不仅在军事上赢得了先发制人的头彩，而且在外交上也以高压手段实现了变被动为主动。日本外交大臣陆奥宗光得意地说：“牙山战捷的结果，汉城附近已无中国军队的踪影，朝鲜政府完全在我帝国掌握之中等喜讯，立时传遍全国；即欧美列强在今日中日之间已经实行交战，也无轻易置喙干涉的余地，惟有暂时立于旁观地位。故从前那些应否以强硬手段迫使朝鲜改革，以及商谈我军先攻中国军队的得失等议论，已被全国城乡到处飘扬的太阳旗和庆祝帝国胜利的沸腾的欢呼声所淹没，那些人也都抛开了愁绪，不再忧心忡忡了。”[3]7月31日，陆奥宗光

[1] 聂士成：《东征日记》，见中国史学会主编：中国近代史资料丛刊《中日战争》，第6册，第9页，上海人民出版社，1957。

[2] 聂士成：《东征日记》，见中国史学会主编：中国近代史资料丛刊《中日战争》，第6册，第10页。

[3] 陆奥宗光：《蹇蹇录》，第70页，商务印书馆，1963。

即照会驻日各国代表:日本与中国现已进入战争状态。[4]

8月1日,日本明治天皇发出宣战诏书:

为保全天佑万世一系之皇祚,大日本帝国皇帝示尔忠实勇武之有众:朕兹对清国宣战,望文武百官仰体朕意,于陆海从事对清交战,以期努力实现国家之目的。苟限于不违国际法,各应职能,尽一切手段,必期周全。惟朕即位以来,于兹二十余年,坚信为求文明之化,和平之治而决不干涉外国,故使文武常努力于友邦之笃谊,幸与列国之交往逐年亲密。孰料清国之于朝鲜事件,对我有节节破坏邻交、丧失信义之举。朝鲜乃最初受帝国之启导与列国为伍,成为独立之国。然而,清国每每自称朝鲜为其属邦,或明或暗干涉其内政。当其内乱之时,借口拯难于属邦,出兵朝鲜。朕依明治十五年条约出兵防变,更为使朝鲜永免祸乱,保持将来治安,以维护东亚全局之和平,首先劝告清国协同从事,清国反设词相拒。于是帝国劝说朝鲜改革弊政,内固治安之基,外保独立之权,朝鲜遂允诺之。但清国始终暗施百计妨碍其目的,左右托词延缓时机以整其水陆兵备。一旦告成,即以其力达其所欲,以大军派往韩土,击我舰于韩海;明则转嫁于朝鲜国治安之责。如是,则帝国率先使之与诸独立国为伍之朝鲜地位,同为此表示之条约,均将因之而蒙晦,帝国之权利将为之损伤,东亚之和平将为之难保长久。就其所为,深揣其计谋之所在,实不得不谓自始以牺牲和平而遂其奢望者。事已至此,朕与和平相始终,宣扬帝国荣誉于中外,不得不公开宣战。赖尔忠实勇武之有众,迅速恢复永久和平,以全帝国之荣誉。[5]

[4] 《日本外交文书》第27卷,第687号,见戚其章主编:中国近代史资料丛刊续编《中日战争》,第9册,第331页,中华书局,1994。

[5] 《日本外交文书》第27卷,第610号,见戚其章主编:中国近代史资料丛刊续编《中日战争》,第9册,第283～284页。

此宣战诏书堪称奇文，对外侵略扩张竟然被诡辩成了正义之举，如此厚颜无耻地颠倒黑白，恐怕只有用本性使然才能解释。

同一天，清政府也向日本正式宣战。清政府选在这一天宣战，并非是对日本宣战的被动反应，而是在数日前就已经有了预案。

在清政府看来，日本海军在丰岛偷袭中国军舰和运兵船，已是不宣而战了。李鸿章于7月27日晨接到方伯谦关于丰岛海战及“高升”号被击沉的报告后，当即将有关情况电告总理衙门，并指出：“华、日现未宣战，日船大队遽来攻扑我巡护之船，彼先开炮，实违公法”。此电转至军机处，军机大臣会商后上奏皇帝，认为日本袭击中国军舰并击沉英国商船，“狂悖已极，万难姑容，且衅自彼开，各国共晓，从此决战尤属理直气壮。现拟先将汪凤藻撤令回国，再以日本种种无理情状布告各国，然后请明发谕旨，宣示一切”[6]。

当天夜里，李鸿章接到总理衙门来电，内称：“倭先开衅，并击毁英船，事已决裂。英使已电本国，并云论中倭国势，久持倭必不支，惟初截宜慎。彼意在毁我兵船，必须聚泊严备，不可单船散泊，致堕狡计。”总理衙门还向李鸿章征求对布告各国照会拟稿的意见，并问驻日公使汪凤藻应否立即撤回，抑俟布告各国之后撤回？[7]第二天一早，李鸿章复电总理衙门：“日先开战，自应布告各国，俾众皆知衅非自我开。似宜将此案先后详细情节据实声叙，钧署拟稿必臻周妥。”他还建议，汪凤藻应即撤回，日本驻京公使及驻各地领事应讽令自去。“日土货多赖华销，应檄行各关暂停日本通商。”[8]

7月29日，光绪皇帝降旨：“日本击我兵轮，业已绝好开衅，出使日

[6] 李鸿章：“寄译署”（光绪二十年六月二十五日辰刻），顾廷龙、戴逸主编：《李鸿章全集》，第24册，第168页，安徽教育出版社，2008；“军机处奏会拟次第办理对日各事片”（光绪二十年六月二十五日），《清光绪朝中日交涉史料》（1235），卷15，第25页，故宫博物院，1932。

[7] “译署来电”（光绪二十年六月二十五日亥刻到），顾廷龙、戴逸主编：《李鸿章全集》，第24册，第171页。

[8] 李鸿章：“复译署”（光绪二十年六月二十六日辰刻），顾廷龙、戴逸主编：《李鸿章全集》，第24册，第172页。

本大臣汪凤藻应即撤令回国。”[9]30日，总理衙门向各国发出照会，揭露并谴责日本挑起战争。照会最后指出：“此则衅由彼启，公论难容，中国虽笃念邦交，再难曲为迁就，不得不另筹决意办法，想各国政府闻此变异之意，亦莫不共相骇诧，以为责有专归矣。”[10]31日，总理衙门照会日本代理公使小村寿太郎：日本首先开衅，致废修好之约，此后与之无可商之事，深为可惜。“此即讽之使去之意”。[11]

8月1日，光绪皇帝发布宣战谕旨：

朝鲜为我大清藩属二百余年，岁修职贡，为中外所共知。近十数年来，该国时多内乱，朝廷字小为怀，叠次派兵前往戡定，并派员驻扎该国都城，随时保护。本年四月间，朝鲜又有土匪变乱，该国请兵援剿，情词迫切，当即谕令李鸿章拨兵赴援，甫抵牙山，匪徒星散。乃倭人无故派兵突入汉城，嗣又增兵万余，迫令朝鲜更改国政，种种要挟，难以理喻。我朝抚绥藩服，其国内政事向令自理，日本与朝鲜立约，系属与国，更无以重兵欺压、强令革政之理。各国公论，皆以日本师出无名，不合情理，劝令撤兵，和平商办，乃竟悍然不顾，迄无成说，反更陆续添兵，朝鲜百姓及中国商民日加惊扰，是以添兵前往保护。讵行至中途，突有倭船多只，乘我不备，在牙山口外海面开炮轰击，伤我运船。变诈情形，殊非意料所及！该国不遵条约，不守公法，任意鸱张，专行诡计，衅开自彼，公论昭然。用特布告天下，俾晓然于朝廷办理此事，实已仁至义尽，而倭人渝盟肇衅，无理已极，势难再予姑容。着李鸿章严饬派出各军，迅速进剿，厚集雄师，陆续进发，以拯韩民于涂炭；并着沿江沿海各将军督抚及统兵大臣整饬戎行，遇有倭人轮船驶

[9]《清德宗实录》，卷344，光绪二十年六月壬申，中华书局影印本，1987。

[10]“总理各国事务衙门致各国公使照会”（光绪二十年六月二十八日），《清光绪朝中日交涉史料》（1262），卷15，第34页。

[11]“译署来电”（光绪二十年六月二十九日未刻到），顾廷龙、戴逸主编：《李鸿章全集》，第24册，第185页。

入各口,即行迎头痛击,悉数歼除,毋得稍有退缩,致干罪戾。将此通谕知之。[12]

宣战的号令已由光绪皇帝发出,但具体的作战计划依然付诸阙如,从中枢到李鸿章,均是想当然地盲目指挥。宣战谕旨提出的作战原则是一攻一防:即在朝作战取攻势,由先后赴朝各军将日军逐出朝鲜半岛;中国本土作战取守势,沿江沿海加强戒备以防日军袭扰。但问题是,光绪皇帝和中枢大臣们既不知己也不知敌,更没有在此基础上制定出切实可行的作战计划,仅凭发号施令提出的作战要求也就成了正确的空话。负责落实朝廷谕令的李鸿章,在军事指挥上也无全盘考虑,只是走一步看一步地随机应对。不仅如此,由于坐镇天津的李鸿章并不能及时全面准确地掌握战场情况,也给指挥作战带来极为不利的影响。

宣战谕旨中提到的派出各军,共有开赴朝鲜的南北两路部队。南路除先期赴朝的叶志超军,还有后来海运登陆牙山的增援部队,合计3800余人。北路部队有原驻天津小站的记名提督宁夏镇总兵卫汝贵所部淮系盛军、总兵马玉崑所部毅军、高州镇总兵左宝贵统领的奉军、副都统丰升阿统带的奉天练军盛字营和吉林练军,共四大军13000余人,均于7月下旬分批起程,或走水路入鸭绿江口起旱,或由陆路过鸭绿江进入朝鲜,最终集结兵力于平壤。谕旨要求李鸿章严饬上述派出各军迅速进剿,却不论朝鲜境内的敌我兵力对比;又要求厚集雄师陆续进发,也不论哪里还有所谓“雄师”可集。

在8月1日清廷宣战的那一天,李鸿章终于间接得到了已中断电

[12] 《清德宗实录》,卷344,光绪二十年七月乙亥。

报联系多日的牙山叶志超军消息。据仁川英国领事函称，7月27、28日，“叶军屡胜，倭死二千余人，叶兵死二百余人。叶军现离汉城八十余里，汉城倭兵皆往敌，只留守王宫之兵。”[13]如前所述，叶军聂士成所部与日军交战成欢驿是在7月29日，且并无打死日军2000余人之事。一个未经核实的虚假消息，竟让李鸿章和朝廷都信以为真了。2日，朝廷电寄李鸿章谕旨：“该提督偏师深入，以少击众，克挫凶锋，深堪嘉悦。惟倭调汉城之兵悉往迎敌，叶军势孤可虑。卫汝贵、马玉崑、左宝贵各军日内行抵何处，着李鸿章迅速电催，星夜前进，直抵汉城，与叶志超合力夹击，以期迅奏肤功，勿得稍涉迁延，致滋贻误。”3日又谕：“所有北路各军，计现在均由平壤进发，叶志超以孤军当巨寇，釜山又有续到倭兵，待援万分吃紧。着加电迅催，但有一军先到汉城，与叶军声息相通，已足以壮军威而寒贼胆。一俟诸军齐到，即可合力驱逐倭寇，以解汉城之围。”[14]至此，清中枢建立在主观想定和虚假信息之上的作战指导，已由宣战谕旨中的“严饬派出各军迅速进剿”，进一步具体为南北两路大军夹击汉城以实现合力驱逐在朝日军。

总之，在光绪皇帝和中枢大臣们看来，叶志超军能够以少击众取得“毙倭贼二千余人”的战绩，一旦北路大军出击，取得在朝陆战胜利已是指日可待；而北洋海军如果也能放胆出击，亦可一举荡平日本海军。

二　争夺制海权与保船制敌

[13] 李鸿章：“寄译署并丁提督”（光绪二十年七月初一日午刻），顾廷龙、戴逸主编：《李鸿章全集》，第24册，第189页。

[14] 《清德宗实录》，卷344，光绪二十年七月丙子、丁丑。

日本的作战对象是中国,作战计划的核心是争夺制海权,故在正式向中国宣战的第二天,日本大本营即向联合舰队下达了“歼灭敌舰队,控制敌海面”的命令。[15]

在此之前的7月27日,日本联合舰队根据“先谋前进根据地”的原则,即将在朝鲜西海岸的临时根据地确定在距全罗道海岸10余海里的隔音岛。31日,联合舰队又调整编制序列,将3个编队改为4个编队,即本队:“松岛”(旗舰)、“严岛”、“桥立”、“千代田”、“筑紫”、“扶桑”;第一游击队:“吉野”(旗舰)、“高千穗”、“秋津洲”、“浪速”;第二游击队:“比睿”(旗舰)、“葛城”、“大和”、“武藏”、“高雄”、“赤城”;第三游击队:“天龙”(旗舰)、“大岛”、“摩耶”、“爱宕”、“鸟海”。此次改编的目的主要有二:一是将游击队由原来的2个扩编为3个,这样既有利于临时根据地的守卫,又可张扬声势,以牵制北洋舰队;二是将主力舰只完全集中于本队和第一游击队,以适应与北洋舰队进行决战的需要。

自丰岛海战后,日本舰队一直没有发现北洋海军的行踪,联合舰队司令长官伊东祐亨判断北洋海军主力一定在威海卫港内。8月6日,伊东电告大本营,将率舰队攻击威海卫。为稳妥起见,联合舰队先分头在朝鲜西海岸进行了严密的搜索,仍未发现北洋海军的踪影。8月8日晚,伊东向各舰艇长发出进攻威海卫的训令。

8月9日上午,联合舰队的6艘鱼雷艇(第七、第十二、第十三、第二十二、第二十三号及“小鹰”号)与母舰“山城丸”首先自大东河口出发,潜往威海卫实施偷袭。本队及第一、第二、第三游击队随后自隔音

[15] 外山三郎:《日本海军史》,第47页,解放军出版社,1988。

岛根据地出发，企图在鱼雷艇偷袭成功后继续围攻威海卫港，一举消灭北洋海军。当天晚上，鱼雷艇队航抵山东半岛成山头，即乘夜色向威海卫港东口潜航。10日凌晨2时35分，鱼雷艇队潜至距日岛约1500米处时被守军发现，顿时枪炮齐鸣。鱼雷艇队见偷袭不成，遂按出发前的训令退回海上，与“山城丸”会合后返航根据地。是日天明后，联合舰队到达威海卫海面，第一游击队和本队进抵威海卫港西口，第二、第三游击队驶向东口。上午7时许，威海卫北帮(北岸)炮台和刘公岛炮台向日舰发起炮击。第一游击队一度脱离本队抵近西口海岸炮台，因未发现港内有北洋海军主力，随即调转船头撤离。本队各舰则齐向炮台开火，惟因距离太远，毫无效果，遂于7时41分停止炮击。驶向东口的第二、第三游击队于8时许向南岸的百尺崖所附近炮台实施炮击，一小时后接到旗舰“松岛”发出的“归队”信号，亦停止炮击返回本队。此时，伊东祐亨已确认北洋海军主力不在港内，即率舰队返回隔音岛锚地。

8月12日，伊东祐亨鉴于隔音岛锚地水道狭窄，夜间防御不便，并且怀疑北洋海军已发现这里是日舰的根据地，故决定将根据地移至长直路。舰队的转移至14日下午完成，同时又将忠清道西岸浅水湾作为舰队集合地，由第三游击队和鱼雷艇队前往驻泊。

8月15日，日军大本营海军参谋官、海军军令部长桦山资纪海军中将给伊东祐亨发来电报，指出：

> 目前陆军大规模进军直隶湾为时已晚，故决定陆军继续向朝鲜半岛进兵，以击退在朝敌军。但若海战对我有利的话，陆海军协同攻

占辽东半岛仍有可能，望贵官尽可能斟酌这一作战计划。[16]

桦山的这一训示实际上是在向海军贯彻大本营的战略意图。大本营认为，陆军在直隶湾大举登陆的时机已晚，直隶决战应等到明春冰雪融化后进行。因此，决定将作战计划调整为首先发动平壤战役，占领朝鲜全境，然后以朝鲜作为进攻中国本土的桥头堡。根据这一变化，联合舰队需承担直接掩护陆军增兵朝鲜的任务，但同时仍继续寻机与北洋海军决战，以便为下一步入侵中国本土创造条件。

8月16日，联合舰队再次改编。新的编队序列为本队："松岛"(旗舰)、"严岛"、"桥立"、"千代田"、"扶桑"、"比睿"；第一游击队："吉野"(旗舰)、"秋津洲"、"高千穗"、"浪速"；第二游击队："金刚"(旗舰)、"葛城"、"大和"、"武藏"、"高雄"、"天龙"；第三游击队："筑紫"、"爱宕"、"赤城"、"鸟海"、"大岛"；本队附属舰："八重山"、"磐城"、"天城"、"近江丸"；鱼雷艇母舰："山城丸"。

丰岛海战后，日本先后向朝鲜运兵11112人，马498匹，分别在釜山、元山登陆。由于当时联合舰队完全控制了朝鲜海峡，并正寻机与北洋海军决战，故没有为运兵船护航。此时，日本为发动平壤战役，继续向朝鲜增兵。陆军第五师团长野津道贯中将率部航渡至釜山港后，决定由他率一部在此上岸经陆路赴汉城，其余部队由步兵第十旅团长立见尚文少将率领经海路转往朝鲜西海岸的仁川登陆，并要求海军保证运兵船的安全。因此，伊东祐亨在接到桦山资纪训示的同一天，又接到了大本营命联合舰队保护运兵船的指令。

伊东祐亨立即做出部署，派第二游击队前往釜山迎护运兵船至

[16] 日本海军军令部编纂：《二十七八年海战史》，上卷，第126页，日本春阳堂，1905。

长直路，然后由本队和第一、第二游击队共同护送运兵船至仁川，另派驻泊浅水湾的“山城丸”率3艘鱼雷艇前往仁川侦察。8月17日，大本营又传来命令：这批陆军的登陆地点改在马山浦。伊东遂又急命第三游击队4舰(“赤城”号因清理锅炉留在长直路)赶赴马山浦侦察当地情况。19日上午8时，第二游击队护送11艘运兵船由釜山到达长直路。下午3时，伊东率本队和第一游击队护送运兵船前往马山浦。21日晨，船队行至忠清道西岸的瓮岛附近与“八重山”舰相遇，伊东从该舰长处获悉，马山浦尚未为陆军登陆做好准备，已抵达汉城的第五师团长野津道贯请求让运兵船仍在仁川登陆。于是，伊东在与第一旅团长立见尚文商议后，即将登陆地点变更为仁川，并调派“八重山”等舰引导和护送运兵船，舰队主力仍在瓮岛附近警戒。24日上午，伊东接到陆军登陆全部结束的报告，即传令常备舰队司令官兼第一游击队司令官坪井航三海军少将统率第一、第三游击队及鱼雷艇队，暂以牙山为临时根据地，他本人则率本队返航长直路。

当时，陆军第五师团正在策划发动平壤战役，并于8月27日向联合舰队提出如下协同作战的请求：

> 第一，请于下月5、6日派遣炮舰、鱼雷艇至大同江，收集铁岛下游的渡船，并将其集中于铁岛附近。
>
> 第二，护卫仁川至大同江的运粮船。
>
> 第三，下月12、13日左右向平壤发起总攻时，请给予必要帮助。
>
> 第四，我军进攻平壤，向北追击敌人时，请派炮舰至鸭绿江下游切断敌军的退路。[17]

[17] 日本海军军令部编纂：《二十七八年海战史》，上卷，第127页。

伊东祐亨认为，联合舰队只能接受第一、第二两项请求，后两项则难以办到。为此，他于29日传令驻牙山湾的坪井航三：即派第三游击队的先任舰长赴仁川，与第五师团司令部协商后，视情派遣第三游击队6舰和二三艘鱼雷艇到大同江协助陆军。但此项命令尚未执行，伊东即接到海军军令部长桦山资纪的电报，谓向朝鲜运送陆军第三师团的30艘运输船将于9月10日左右到达长直路，然后由联合舰队护送至仁川登陆。伊东认为在此情况下不宜再将第三游击队派往遥远的大同江，遂立即传令坪井航三取消前项命令，并分别电告第五师团司令部及大本营。

9月6日，桦山资纪乘"八重山"舰从日本来到长直路，并带来大本营给伊东祐亨的命令。大本营的命令与此前桦山电告伊东的内容基本相同，即输送第一军司令部及第三师团第三批部队的运兵船30艘将于10日午前到达长直路，要求联合舰队护送运兵船由长直路到仁川或其附近。

桦山在会见并慰问舰队舰长以上军官后，授意伊东要"断然宜断退婴念，决进取之策"。他说："凡为日本男儿，所恃之勇，而不在利器。我将卒苟激忠义，发挥固有胆勇以临敌，则敌之雄舰大舰何有哉？万一军不利，炮猝弹竭，为敌所围，决不可屈挠。事或至此，惟为国奋进一死而已，然则如我海军之战，白旗固无用长物耳！"[18]显然，主张海军采取攻势方针的桦山对联合舰队迟迟未能与北洋海军决战感到失望，故以豪言壮语激励伊东，期望联合舰队在完成护航仁川的任务后，抱必死之决心，寻机与北洋海军决战。伊东自然领会其意，即

[18] 桥本海关：《清日战争实记》，卷7，第248～249页，刊行年月不详。

直卷白旗投于海中,以示决心之坚。

日本海军在寻找北洋海军决战,北洋海军却以实力不敌而极力回避主力交锋。

早在6月30日朝鲜形势吃紧时,清政府驻英法公使龚照瑗即曾致电李鸿章,认为"若有战事,必先在海面。我胜则不患倭不退,否则运兵饷必阻截。如真开战,度倭力势不能遍扰南洋各口,乘战事未定,将南洋得力各兵轮酌调北听差,以壮声势。"[19]淮军将领刘盛休也指出:北洋舰队太单,在海上四面受敌,应调南洋兵轮北来,以厚兵力。"若水师在两处,皆单不能冲锋对敌。以兵轮防守口岸实属可惜"[20]。英国驻华公使欧格讷则评论说:"中国能在海上获得成功的惟一机会,似乎在于集中所有军舰,以数量优势与日本舰队对垒。"[21]

当时,南洋拥有2000吨级军舰"南深"、"南瑞"、"开济"、"寰泰"、"镜清"等5艘和1000吨级军舰"保民"、"登瀛洲"、"威靖"等3艘,舰龄均在10年甚至20年以上。单就军舰而言,经过简单维修,其中有五六艘至少不比北洋的"超勇"、"扬威"差。但因南洋水师迄未成军,缺乏正规管理和训练,官兵素质普遍较差。李鸿章认为:"南省兵轮不中用,岂能吓日?"[22]因此,他当时没有也无意请求朝廷谕调南洋军舰到北洋参战。

李鸿章虽然认为北洋海军无法与日本海军抗衡,但坚信其实力尚可"吓日"。他指导北洋海军作战的方针是,避免与日本海军进行主力决战,通过保存实力对日军构成持续的威慑。丰岛海战后,李鸿章即以此为海军兵力运用原则,要求北洋海军定期整队出海巡弋,在确

[19] 清驻英法使馆:《龚照瑗往来官电(选录)》,戚其章主编:中国近代史资料丛刊续编《中日战争》,第6册,第565页,中华书局,1993。

[20] "刘盛休致盛宣怀电"(光绪二十年六月二十六日),陈旭麓等主编:盛宣怀档案资料选辑之三《甲午中日战争》,上册,第36页,上海人民出版社,1980。

[21] 《英国外交文件·欧格讷致金伯利函》,戚其章主编:中国近代史资料丛刊续编《中日战争》,第11册,第289页,中华书局,1996。

[22] 李鸿章:"复伦敦龚使"(光绪二十年六月二十五日午刻),顾廷龙、戴逸主编:《李鸿章全集》,第24册,第169页。

保渤海门户安全的前提下，兼顾通向朝鲜大同江口的海上航线。

丰岛海战后第二天，李鸿章即令丁汝昌率北洋海军9舰前往汉江洋面游巡迎剿，但强调“须相机进退，能保全坚船为妥，仍盼速回”。[23]7月27日，丁汝昌率舰出巡至汉江口外，未遇日本军舰和运兵船，于29日折回威海。是日，总理衙门根据叶志超军歼敌2000余的假消息，认为日本必增兵朝鲜，所以要求北洋海军前往仁川附近截击其运兵船。李鸿章据此于8月1日宣战当天致电丁汝昌，令其率舰速往仁川截击日本运兵船，并再次强调“速去速回，保全坚船为要”[24]。2日，丁汝昌率6舰第二次巡弋朝鲜大同江洋面。

对于海军这种来去匆匆的游巡，朝廷颇不以为然。在丁汝昌率舰第二次出巡的当天，总理衙门电询李鸿章；丁汝昌前报往返汉江口，未遇日舰即折回威海，不知做何进止？叶志超军急需接济，倘令丁汝昌率舰护运至牙山、水原海口，能否胜任？[25]李鸿章次日复电称：叶军接济，曾多次与丁汝昌商酌用海军护运，但丁认为，“我军无侦探快船为前驱，日于汉江各口内布置已久，倘我深入，彼暗投碰雷，猝出鱼雷艇四面抄袭，我少快炮，船行较迟，恐堕奸计。若驰逐大洋，彼以船快炮速，我以炮大甲坚，明战可冀获胜，入内口则非稳着。我军精锐只‘定’(远)、‘镇’(远)、‘致’(远)、‘靖’(远)、‘经’(远)、‘来’(远)、‘济’(远)七舰，不可稍有疏失，轻于一掷，大局所关。昌惟随时亲率七舰远巡大同冰洋，遇敌痛剿，近顾北洋门户，往来梭查，使彼诡计猝无所施”。李鸿章表示，丁汝昌所论“似系老成之见”，故接济叶军拟“另设他法”；并报称丁已带队赴朝鲜洋面，发现日本运兵船即行截击。[26]

[23] 李鸿章：“寄丁提督”（光绪二十年六月二十四日申刻），顾廷龙、戴逸主编：《李鸿章全集》，第24册，第166页。

[24] 李鸿章：“寄刘公岛丁军门”（光绪二十年七月初一日午刻），顾廷龙、戴逸主编：《李鸿章全集》，第24册，第189～190页。

[25] “译署来电”（光绪二十年七月初二日亥刻），顾廷龙、戴逸主编：《李鸿章全集》，第24册，第195页。

[26] 李鸿章：“复译署”（光绪二十年七月初三日辰刻），顾廷龙、戴逸主编：《李鸿章全集》，第24册，第196页。

朝廷对李鸿章的解释并不满意。光绪皇帝同日寄谕李鸿章指出：由于海军护运不能得力，以致叶军后路久断接济。“前据电称，丁汝昌寻倭船不遇，折回威海，布置防务。威海僻处东境，并非敌锋所指，究竟有何布置，抑借此为藏身之固？丁汝昌屡被参劾，前寄谕令李鸿章察看有无畏葸纵寇情事，着即日据实复奏，毋得稍涉瞻徇，致误戎机。如必须更换，并将接统之员妥筹具奏”。[27]当皇帝获悉李鸿章已向总理衙门报称丁汝昌率舰再次远巡朝鲜洋面，5日又追下一道措词更为严厉的谕旨：“丁汝昌前称追倭船不遇，今又称带船出洋，倘日久无功，安知不仍以未遇敌船为诿卸地步？近日奏劾该提督巽懦规避、偷生纵寇者，几于异口同声。若众论属实，该大臣不行参办，则贻误军机，该大臣身当其咎矣。着接奉此旨后，即日据实电复，不得有片词粉饰。”[28]显然，皇帝已迁怒于李鸿章，认为是他在袒护丁汝昌。

在君主专制体制下，为君者虽独断乾纲，惟其决策意志往往会受到很多因素的影响。光绪皇帝在执掌对日作战最高指挥权的过程中，对其有直接影响者当属军机大臣，有间接影响者则包括所有有奏事权的官员，尤其是可以“风闻奏事”之言官。所谓“言官”，即中央监察机构都察院科道官员的统称，包括6科职官给事中和各道职官监察御史。他们以整饬纲纪为职，掌纠察内外百司之邪正，即所奏涉虚，亦不坐罪。随着中日冲突的不断升级，这些远离第一线的言官们便开始活跃起来，与其他主战派官员相互配合，以正统士大夫面目上奏发表意见，形成了不可小觑的舆论影响。而他们集中点评和纠劾的目标之一就是北洋海军，并直指提督丁汝昌，甚至是李鸿章。

[27]《清德宗实录》，卷344，光绪二十年七月丁丑。

[28]《清德宗实录》，卷344，光绪二十年七月己卯。

北洋海军是洋务运动的最大成果,也是中日隔海交战的重要战力,所以必然会成为朝野高度关注的对象。早在丰岛海战前的7月24日,翰林院修撰张謇就在写给参与军机决策的户部尚书翁同龢的密信中说:"丁(汝昌)常与将士共博,士卒习玩之,亦不能进退一士卒",故"丁须即拔"。[29]张謇在1882年参与处理朝鲜壬午事变时曾与北洋海军有过较密切的接触,故不能断言其对丁汝昌的评价毫无根据,但他此时建议"拔丁",显然也有派系斗争的意图。由于时机过早,战前的这次关于撤换北洋海军提督的密议,很难立即付诸行动。

丰岛海战后,由于北洋海军一直未能如朝野预期的那样有所建树,使得激进的士大夫大为不满。他们纷纷上奏弹劾,历数丁汝昌的种种"罪状",力主将其撤换并治罪。清议汹涌,反映了当时人们的普遍情绪。但文人之放言高论,过于庞杂纷纭,既不切实际,又多不实之词。如礼部右侍郎志锐在弹奏中即以道听途说之传言为据,谓丁汝昌"带船出洋,以未遇敌舟无以接仗,退守威海,借口固防,并欲告病求退,李鸿章亦未参奏。幸有统带'济远'快船之方伯谦,尚顾大局,船被重伤,犹复指挥兵士轰坏敌船,使海军之气不馁,较之丁汝昌之退缩何啻霄壤?"因此他建议"方伯谦即令其接统丁汝昌之船,如其能立奇功,即擢升其职,借此番振作整顿,海军必无萎靡不振之弊。至丁汝昌等罪状得实,则竟治以军法,亦杀一儆百之意也"[30]。在此类参劾的影响下,丁汝昌遂成众矢之的。

面对皇帝的严谕和参者的局外之论,李鸿章为丁汝昌也为他自己进行了申辩。他说:"西人佥谓,我军只八舰为可用,北洋千里全资

[29] 《张謇致翁同龢密信》,戚其章主编:中国近代史资料丛刊续编《中日战争》,第6册,第449~450页。

[30] "礼部侍郎志锐奏请将丁汝昌等拿交刑部审明正法片"(光绪二十年七月初三日),戚其章主编:中国近代史资料丛刊续编《中日战争》,第1册,第44~45页,中华书局,1989。

屏蔽,实未敢轻于一掷,致近畿门户洞开。牙山军复,何堪海军复被摧折?臣与丁汝昌不敢不加意慎重。局外责备,恐未深知局中苦心。海军全仿西法,事理精奥,绝非未学者所可胜任;且临敌易将,古人所忌,似宜随时训励,责令丁汝昌振刷精神,竭力防剿。"[31]

随后,李鸿章又向第二次率舰出巡返回威海的丁汝昌连发数电,除转告皇帝有关察看他有无畏葸纵寇情事的谕旨,并希望他"振刷精神,训励将士,放胆出力"。同时还指出了对他的两点不满:一是治军不严,"如林泰曾前在仁川畏日遁走,方伯谦牙山之役敌炮开时躲入舱内,仅大、二副在天桥上站立,请令开炮,尚迟不发,此间中西人传为笑谈,流言布满都下。汝一味颟顸袒庇,不加觉察,不肯纠参,祸将不测,吾为汝危之"。二是"此行何以不至大同江口?途间何以未遇倭船?岂真避敌而行?实不可解"。[32]李鸿章的上述指责,丁汝昌对前者似亦无话可说,但对后者就未必接受,因为海军出巡完全是按李鸿章的指示精神行事,即并非是前往朝鲜西海岸搜索日舰寻战,而是目的地明确的速去速回,谈不上"避敌而行"。

丁汝昌在给龚照玙的信中说,言官交弹,谕旨严究,他早料到会有此一段公案。其实在作战方略上,丁汝昌一开始就有自己的想法。丰岛海战前,他即多次向李鸿章建议在朝鲜西海岸大同江口"预筹水陆进踞协守",以便"水军中途有所驻足,陆军后路恃以疏通,并足以杜穷寇西窥之路",但李鸿章当时答称此事不急。丁汝昌却"未尝搁歇此志","而防守该口之具必须悉臻严固,实非咄可立办,遂从此四处函索电搜"。结果,他筹措近一个月,防口必备的水雷及挡雷链、木

[31] 李鸿章:"寄译署"(光绪二十年七月初五日酉刻),顾廷龙、戴逸主编:《李鸿章全集》,第24册,第206页。

[32] 李鸿章:"寄丁提督"(光绪二十年七月初六日巳刻)、"寄丁提督"(光绪二十年七月初六日午刻),顾廷龙、戴逸主编:《李鸿章全集》,第24册,第207页。

桩等项，亦不过聊敷威海基地西口布防之用，大同江口需用水雷尚不知从何而出；“此外，如协守之陆队，防口之台炮，漫无筹议。”[33]在日军已占据汉江口附近的仁川后，中国方面由于未能及时在大同江口建立根据地，致使陆海军在朝鲜战场和朝鲜海域的军事行动均受到严重制约，从而完全陷入被动地位。

就海军而言，舰队出巡需要各种保障，其中燃料的保障直接关乎续航时间的长短，故尤为重要。丁汝昌即曾指出：军舰“一船舱储之煤亦仅资船之用，此外无复余地推广装存。有时度路远不敷，则用麻袋积舱面，为数亦甚有限，而操作一切便形阻碍矣”[34]。因未在大同江口建立根据地，北洋海军出巡朝鲜西海岸期间无处加煤，客观上也只能速去速回。

8月6日，朝廷电谕李鸿章：“平壤后路必须陆续添兵援应，饷需军火尤须源源接济，毋致缺乏。大同江口为平壤运路，关系紧要，应令海军各舰梭巡固守，遇有倭船前来，即行奋击，不得稍有疏失。”[35]丁汝昌也于7日复电李鸿章，再次请求速在大同江口设防。8日，李鸿章给丁汝昌连发三电，先是训斥他“虞电筹守大同江繁难”，诸如抽调水雷营前去布雷、另派陆队驻扎防守等均办不到，而仅留一二艘军舰协防又必蹈丰岛海战覆辙。“汝为提督，于此等筹议，强人所难，不明大局。鄙意应统大队由威径赴大同江口一带游巡，于口内外相机击逐倭轮及运兵船，并就近赴鸭绿江口巡查，俾倭船不敢肆行窜扰”；并命令他一个月必须带队往返威海与大同江口两次。李鸿章认为无法在大同江设防，却又要求丁汝昌“勿得以煤水将罄，多方推托，致干重咎”。还说，“学生胆怯，汝亦随之”。此处所谓“学生”，当指舰队中毕业于水师学堂的学生官们。

[33] 丁汝昌：“复（龚）鲁卿”（光绪二十年七月初七日），谢忠岳编：《北洋海军资料汇编·丁汝昌海军函稿》，上册，第540～541页，中华全国图书馆文献缩微复制中心，1994。

[34] 丁汝昌：“复华（花）农黄道”（光绪二十年五月二十九日），谢忠岳编：《北洋海军资料汇编·丁汝昌海军函稿》，上册，第497页。

[35] 《清德宗实录》，卷344，光绪二十年七月庚辰。

他指示丁汝昌:“兵船赴大同江,遇敌船势将接仗,无论胜负,不必再往鸭绿江口,恐日本大队船尾追入北洋。”[36]

8月9日,丁汝昌率10舰第三次出洋,先至大同江口椎岛,再至海洋岛,于13日清晨返回威海。在此期间,日本联合舰队于10日直扑威海卫港寻战,丁汝昌此次率队出巡自然依旧是未遇日舰。李鸿章接到日本舰队进攻威海卫的报告,当天即致电平壤,要求转告正率舰队巡弋大同江口的丁汝昌“速带全队回防,迎头痛剿”。[37]第二天,军机大臣电寄李鸿章谕旨:“李鸿章已电饬丁汝昌回防迎剿,威海为南北要冲、津沽门户,应责成该提督实力严防。其余北洋沿海各口,亦应往来梭巡,遇敌即击。至敌情变诈百出,飘忽靡定,着李鸿章随时相机调度,朝廷不为遥制。”[38]其实,日本舰队在威海未发现北洋海军主力,当天即已返航临时根据地。但中国方面不明日方意图,又不掌握日本舰队行踪,结果是北洋全线高度紧张,草木皆兵。丁汝昌率队尚未返抵威海,李鸿章又发出电令:日舰往来威海、旅顺肆扰,并有赴山海关、秦皇岛截夺铁路之谣。“此正海军将士拼命出头之日,务即跟踪,尽力剿洗,肃清洋面为要,不可偷懒畏葸干咎”[39]。

军机大臣们会商御敌之策,根据日舰近日进窥北洋门户之动向,且据英国驻华公使欧格讷和海关总税务司英人赫德(Sir P.Hart)的判断,认为倭情叵测,恐日军将于山海关、营口等处图谋登陆,故请旨饬李鸿章速令丁汝昌率舰队即赴山海关等处截击。[40]光绪皇帝似乎忘了刚刚说过“朝廷不为遥制”的话,又连降谕旨,责问丁汝昌所带兵舰现在何处,“着李鸿章严饬令速赴山海关一带,遇贼截击,若能毁其数船,亦足

[36] 李鸿章:“寄刘公岛丁提督”(光绪二十年七月初八日卯刻)、“复丁提督”(光绪二十年七月初八日申刻)、“寄刘公岛丁提督”(光绪二十年七月初八日酉刻),顾廷龙、戴逸主编:《李鸿章全集》,第24册,第210、212～213、213页。

[37] 李鸿章:“寄译署”(光绪二十年七月初十日巳刻),顾廷龙、戴逸主编:《李鸿章全集》,第24册,第217～218页。

[38] 《清德宗实录》,卷344,光绪二十年七月乙酉。

[39] 李鸿章:“寄刘公岛丁提督”(光绪二十年七月十二日未刻),顾廷龙、戴逸主编:《李鸿章全集》,第24册,第227页。

[40] “军机处奏会商征倭事宜片”(光绪二十年七月十三日),《清光绪朝中日交涉史料》(1376),卷16,第27页。

以逭前愆”。并警告说:“该提督此次统带兵船出洋,未见寸功,若再迟迴观望,致令敌船肆扰畿疆,定必重治其罪。”[41]于是,丁汝昌13日晨率舰回到威海后,即赶添煤、水,次日又匆匆带队出巡渤海,经庙岛、山海关、秦皇岛、洋河口到大沽,旋回旅顺基地上煤,22日晚返航威海。

8月23日,李鸿章特聘德国人汉纳根为北洋海军总查兼副提督,襄助海军防剿事宜。这是琅威理辞职4年后北洋舰队聘任的又一位外籍高级顾问。汉纳根原为德国陆军尉官,1879年退役后来华,一直受聘于李鸿章,曾负责设计、修建旅顺、大连湾、威海等处炮台,1891年回国。1894年再次来华,旋搭乘“高升”轮前往朝鲜,途中船被日舰击沉,汉纳根泅水得以生还,仍留中国工作。他既未学过海军,也未在海军中工作过,李鸿章此时聘其为海军总查,显然不是出于加强海军技战术的考虑。汉纳根到任与丁汝昌相商后,认为无快船可以飞驶查看敌舰动向,且敌舰不免还要前来窥伺,所以“水师现在不能甚做大事”[42]。

由于日本舰队的这次直叩北洋门户,朝廷已不敢再让北洋海军出海寻战。光绪皇帝于22日谕示李鸿章:“旅(顺)、威(海)两口对峙,为北洋吃紧门户,倘遇倭船临近,务须迎头奋击,勿令阑入一步,是为至要。”次日又直接电寄丁汝昌谕旨,明确指出:“威海、大连湾、烟台、旅顺等处为北洋要隘、大沽门户,海军各舰应在此数处来往梭巡,严行扼守,不得远离,勿令一船阑入。倘有疏虞,定将丁汝昌从严治罪。”[43]由此可见,朝廷对于海军的使用,也同样是以确保北洋门户安全为基本原则。但与李鸿章不同的是,在皇帝和中枢大臣们看来,

[41]《清德宗实录》,卷344,光绪二十年七月丙戌、丁亥。

[42] 李鸿章:“寄译署”(光绪二十年七月二十四日戌刻),顾廷龙、戴逸主编:《李鸿章全集》,第24册,第267页。

43]《清德宗实录》,卷345,光绪二十年七月丙申、丁酉。

北洋海军只要有足够的勇气，即可出海一举消灭日本海军。而北洋海军此前多次出巡都无功而返，显然是提督丁汝昌胆怯无能。

战局日益紧张，纠劾丁汝昌的势头亦趋高涨。中枢大臣在讨论有关弹劾丁汝昌的折片后认为，“不治此人罪，公论未孚”[44]。26日，光绪皇帝明发上谕：“海军提督丁汝昌着即行革职，仍责令戴罪自效，以赎前愆。倘再不知奋勉，定当按律严惩，决不宽贷。”又谕李鸿章：“海军提督一缺，关系紧要，着李鸿章于诸将领中悉心遴选，择堪以胜任者酌保数员，候旨简放。”朝廷为表明撤换丁汝昌的决心，第二天特再严谕李鸿章：“迅即于海军将领中遴选可胜统领之员，于日内复奏。丁汝昌庸懦至此，万不可用，该督不得再以临敌易将及接替无人等词曲为迴护，致误大局。”[45]

李鸿章虽然也对丁汝昌有所不满，但他不能接受朝中主战官员和皇帝对丁汝昌的指责，因为北洋海军的避战，实际上执行的正是李鸿章的旨意。而李鸿章的避战，既有保存实力的私心，也有对海军战略的错误认识。

早在鸦片战争时，在广东领导抗英斗争的林则徐鉴于英军“船坚炮利”而清军水师装备落后，无法在正面海域同侵略者进行大规模的主力决战，遂采取了在海口、内河及陆上实施抵御的权宜之计。但在抗英的实践中以及随着战争形势的发展，他的海防思想逐步发生了变化，不久即提出了建立船炮水军与敌交锋海上的海防长久之策。可惜他的这一海防战略思想大多阐述于写给朋僚的信中，少有人知，未能在社会上产生应有的影响。而他在海防斗争中采取的权宜之计，由魏源在其所

[44] 参见“军机处奏商阅发下折片电报等件拟缮电旨呈片”（光绪二十年七月二十五日），《清光绪朝中日交涉史料》(1461)，卷17，第43页；陈义杰点校：《翁同龢日记》，第5册，第2722页，中华书局，1997。

[45] 《清德宗实录》，卷345，光绪二十年七月庚子、辛丑。

编《海国图志》一书中总结为“守外洋不如守海口，守海口不如守内河”的海防策略，竟对后来中国近代海军战略的形成产生了消极影响。

中国在建设现代化海防之初，还有选择地吸收了一些西方的海防理论。1873年，在江南制造总局任职的美国人傅兰雅(John Fryer)和中国科学家华蘅芳联合译出了曾经参加过美国南北战争的普鲁士军官希理哈(Viktor Ernst Kral Pudolf von Scheliha)的著作《防海新论》。书中介绍了两种海防作战样式：一是以舰队封锁敌国之海岸海口，是为上策；一是在本国海港冲要实施专守防御，是为下策。[46]此上下两策，实际上就是所谓“积极防御”和“消极防御”。李鸿章读过此书后颇受启发，但他认为“中国兵船甚少，岂能往堵敌国海口？上策固办不到，欲求自守，亦非易言。自奉天至广东，沿海延袤万里，口岸林立，若必处处宿以重兵，所费浩繁，力既不给，势必大溃。惟有分别缓急，择尤为紧要之处，如直隶之大沽、北塘、山海关一带，系京畿门户，是为最要；江苏吴淞至江阴一带，系长江门户，是为次要。盖京畿为天下根本，长江为财赋奥区，但能守此最要、次要地方，其余各省海口边境，略为布置，即有挫失，于大局尚无甚碍”。[47]这种海口防御战略是典型的消极防御。

晚清中国虽然学习西方建立了现代化海军，却没有认识到西方海上强国经过几个世纪的海洋争霸，海权思想已日趋成熟。到19世纪90年代初，美国海军学院院长马汉(Alfred Thayer Mahan)连续发表了《海权对历史的影响(1660－1783)》和《海权对法国革命和法兰西帝国的影响(1793－1812)》两部著作，首次将海洋和海军的地位作

[46] 希理哈：《防海新论》，卷1，第10页，江南机器制造局同治十三年刊。

[47] 李鸿章：“筹议海防折”（同治十三年十一月初二日），顾廷龙、戴逸主编：《李鸿章全集》，第6册，第162页。

用提到国家战略的高度加以认识，从而提出了著名的海权理论。马汉及其海权论迅即风靡世界，日本也很快出版译本并用作军事学院的教科书，惟有中国对此一无所知。

李鸿章是中国海防现代化建设的积极倡导者，并亲手创建了当时中国惟一成军的北洋海军。但他曾经说过："我之造船，本无驰骋域外之意，不过以守疆土保和局而已。"[48]既然无意驰骋域外，并明确以海口防御为海军战略，北洋海军为何还要购置7000吨级铁甲舰？表面上看，这似乎是矛盾的。其实不然。在李鸿章的海军战略中，还有一个人们历来极少论及的重要内容，这就是海军威慑思想。[49]他认为："中国即不为穷兵海外之计，但期战守可恃，藩篱可固，亦必有铁甲船数只游弋大洋，始足以遮护南北各口，而建威销萌，为国家立不拔之基。"[50]事实上，拥有铁甲舰和巡洋舰等主力战舰的北洋海军在1888年成军前后，确曾对一直图谋侵略中国的日本产生了一定的威慑作用。在发展海军实力的同时，李鸿章还不失时机地向潜在敌国显示实力，如多次派北洋海军主力出访日本，无疑都含有威慑的意图。但是，要达到威慑目的，除了要有相应的实力并使对手知道和确信这种实力，还必须具有必要时使用实力的决心和意志，而后者恰恰是李鸿章所缺乏的。战争爆发后，他对北洋海军的作战指导即以海口防御为核心而展开实力威慑，故既要海军时常出海以虚张声势，又要海军避战以保存实力。

朝廷执意要撤换丁汝昌，李鸿章似乎已无回旋余地。然恰在此时，他获悉鸭绿江大东沟附近有日军鱼雷艇窥探，遂即电饬丁汝昌带

[48] 李鸿章："筹议制造轮船未可裁撤折"（同治十一年五月十五日），顾廷龙、戴逸主编：《李鸿章全集》，第5册，第108页。

[49] 详见苏小东："李鸿章对日海军威慑战略与甲午海战"，《近代史研究》1994年第5期。

[50] 李鸿章："筹议购船选将折"（光绪五年十月二十八日），顾廷龙、戴逸主编：《李鸿章全集》，第8册，第511页。

队前往巡查，以确保旅顺至大东沟这一仅存的通往朝鲜的海上补给线的安全。因此前有旨，海军各舰不得远离北洋海口，李鸿章特将此情上报朝廷，同时也含有提示丁汝昌正在积极进取之意。8月29日，丁汝昌率8舰第五次出巡，自威海经海洋岛巡至大鹿岛、光禄岛，然后折向三山岛、大连湾、旅顺，4天后回到威海。在丁汝昌率舰出巡的当天，李鸿章就谕令撤换丁汝昌一事复奏朝廷，并详细阐述了他的"保船制敌"方略。他在奏折中写道：

北洋海军是臣专责，提督丁汝昌叠被弹劾，屡蒙谕旨垂询。当此军事紧急之时，果有迁延避敌情事，亟应随时严参，断不敢稍涉徇护。惟现在密筹彼此情势，海军战守得失，不得不求保船制敌之方，敬为我皇上详晰陈之。查北洋海军可用者，只"镇远"、"定远"铁甲船二艘为倭船所不及，然质重行缓，吃水过深，不能入海汊内港。次则"济远"、"经远"、"来远"三船，有水线甲、穹甲，而行驶不速；"致远"、"靖远"二船，前定造时号称一点钟十八海里，近因行用日久，仅十五六海里；此外各船，愈旧愈缓。海上交战能否趋避，应以船行之迟速为准。速率快者，胜则易于追逐，败亦便于引避。若迟速悬殊，则利钝立判。西洋各大国讲求船政以铁甲为主，必以极快船只为辅，胥是道也。详考各国刊行海军册籍，内载日本新旧快船，推为可用者共二十一艘，中有九艘自光绪十五年后分年购造，最快者每点钟行二十三海里，次亦二十海里上下。我船订购在先，当时西人船机之学尚未精造至此，仅每点钟行十五至十八海里已为极速，今则至二十余海里矣。近年部议停购船械，自光绪十四年后，我军未增一船。丁汝昌及各将领屡求添购新式快船,臣仰体时艰款绌,未敢奏咨渎请,臣当躬任其咎。倭人心计谲深,乘我力难添购之际,逐年增益。臣前于预筹战备折内奏称,海上交锋,恐非胜算,即因快船不敌而言。倘与驰逐大洋,胜负实未可知,万一挫失,即赶紧设法添购,亦不济急。惟不必定与拼击,但令游弋渤海内外,作猛虎在山之势,倭尚畏我铁舰,不敢轻与争锋,不特北洋门户恃以无虞,且威海、仁川一水相望,令彼时有防我海军东渡袭其陆兵后路之虑,则倭船不敢全离仁川来犯中国各口。彼之防护仁川各海口,与我之防护北洋各口,情事相同。观于前次我海军大队游巡大同江口,彼即乘虚来窥威海、旅顺,迨我海军回防,则倭船即日引去,敌情大概可知。伏读叠次电旨,令海军严防旅顺、威海,勿令阑入一步,又令在威海、大连湾、烟台、旅顺各处梭巡扼守,不得远离等因,圣明指示,洞烛机宜,至今恪遵办理,北洋门户庶无窜扰之虞。盖今日海军力量,以之攻人则不足,以之自守尚有余。用兵之道,贵于知己知彼,舍短用长,此臣所为兢兢焉以保船制敌为要,不敢轻于一掷,以求谅于局外者也。至论海军功罪,应以各口能否防护、有无疏失为断,似不应以不量力而轻进转相苛责。丁汝昌从前剿办粤捻,曾经大敌,迭著战功,留直后即令统带水师,屡至西洋,藉资阅历。创办海军,特蒙简授提督,情形熟悉,目前海军将才,尚无出其右者。各将领中如总兵刘步蟾、林泰曾等,阶资较崇,惟系学生出身,西法尚能讲求,平日操练是其所长,而未经战阵,难遽胜统率全军之任。且全队并出,功罪相同,若提督以罪去官,而总兵以无功超擢,亦无以服众心。若另调他省水师人员,于海军机轮理法全未娴习,情形又生,更虑偾事贻误,臣所不敢出也。自来用兵谤书盈箧而卒能收功者，比比皆是，伏恳圣明体察行间情事，主持定断，臣不胜迫切悚惧之至。[51]

这篇奏折对海军的战略运用和不宜撤换丁汝昌的理由条分缕析，滴水不漏，且指出朝廷同样是以海军守护北洋门户为重，加之慈禧太后已表态不同意立即撤换丁汝昌，皇帝也无话可说。31日，皇帝有旨："朝廷赏功罚罪，一秉大公。丁汝昌统率全军战舰，未能奋勉图功，以致众口交腾。当此军情紧急之时，不得不严行查究，免致贻害将来。既据该大臣密筹海军彼此情势、战守得失，详晰复奏，自系实在情形。丁汝昌暂免处分，着李鸿章严切诫饬，嗣后务须仰体朝廷曲予保全之意，振刷精神，尽心防剿。倘遇敌船猝至，有畏缩退避情事，定按军法从事，决不姑宽。"[52]这样，光绪皇帝似乎认可了李鸿章的"保船制敌"之策，撤换丁汝昌一事也就此打住。

三　中日海军狭路相逢

中国向日本宣战后，清廷即令李鸿章严饬在朝各军迅速进剿，但由北路入朝的部队8月9日才全部开抵平壤，且已劳顿不堪，只好在此扎营休整。朝廷当时最担心的是在朝鲜半岛南部的"叶志超以孤军当巨寇"，殊不知叶军正翻山越岭，绕道奔波千里，历尽周折，于8月21日也北撤到了平壤。清廷曾提出的入朝部队南北夹击汉城、驱逐在朝日军的设想，与实际情况相去甚远，最终归于破灭。李鸿章对朝廷的想法一开始就信心不足，但他认为入朝各军在平壤完成兵力集结后，在

[51] 李鸿章："复奏海军统将折"（光绪二十年七月二十九日），顾廷龙、戴逸主编：《李鸿章全集》，第15册，第405～406页。

[52] 《清德宗实录》，卷346，光绪二十年八月乙巳。

此建立一道阻击日军继续向北推进的防线以确保中国本土安全,不仅势在必行,而且也是有可能的。

叶志超率部撤至平壤后,因其此前屡获胜仗的"战绩"尚未捅破,旋被朝廷委为"钦派总统诸军",节制平壤各军。但他此时既不敢说出所谓"战绩"真相,又对继续与日军作战心存畏惧,故以有病为由恳请开缺就医,并请朝廷收回令其总统各军之成命。朝廷又传谕旨加以安抚:"叶志超孤军御敌,冒险出围,督率有方,堪胜总统之任。现虽暂时患病,着毋庸开缺,在营安心调理,一俟痊愈,即统率全军合力进剿,毋许固辞。"[53]

9月初,叶志超获悉日军援兵已陆续由元山登陆,并正向平壤进逼,即电请李鸿章尽快调兵增援,另饬北洋海军派舰赴安州、义州一带助战。增兵一事,李鸿章在奏报朝廷后即着手进行安排。但对叶志超的派舰请求,他却既未上报朝廷,亦未下达丁汝昌,即于9月3日电告叶志超:"海军仅七八船可用,现奉旨专防北洋旅、威各口,安州、义州港汊水浅,断难分驻水师,只可另筹防兵。"[54]朝廷接到李鸿章电告叶志超的增兵请求后,终于对叶的能力产生了疑虑。光绪皇帝遂发谕旨:"马玉崑等前电称须三万余人方可成功,今叶志超又称必四万余人始敷分布,览奏殊深疑闷。叶志超前在牙山兵少敌众,而词气颇壮,今归大军后,一切进止反似有窒碍为难之象"。中枢担心叶志超与平壤各军平日不相统属,今其身膺总统,一切调度必难自如,故要求李鸿章根据前敌诸将性情才略再做调遣,不可以全军重任付之叶志超一人。[55]李鸿章此时筹划继续增兵已成当务之急,无暇也无法对

[53] 《清德宗实录》,卷345,光绪二十年七月壬寅。

[54] 李鸿章:"寄平壤叶总统"(光绪二十年八月初四日辰刻),顾廷龙、戴逸主编:《李鸿章全集》,第24册,第298~299页。

[55] 《清德宗实录》,卷346,光绪二十年八月己酉。

前敌统帅和将领进行必要的调整。

自9月7日起，李鸿章开始不断接到平壤的告急电报，说日本大军正向平壤逼近，请速派援军。李鸿章感到事态严重，于10日上报朝廷，拟由丁汝昌率海军大队护送淮系铭军4000人乘船前往大东沟，登陆后直趋平壤后路之义州、安州，以援应前敌[56]。朝廷就北洋海军护航问题进一步指示：铭军登岸后，丁汝昌即率舰队驶回威海、旅顺，巡防各海口，遇敌即击，不得稍有延误[57]。

此时，日军进攻平壤的准备已进入到最后阶段。9月7日，桦山资纪率随员转乘新服役的代用巡洋舰"西京丸"。也是在这一天，他接到大本营和大本营陆军参谋官川上操六分别发来的电报，要求联合舰队在陆军发动平壤战役时尽可能予以援助。桦山随即召集联合舰队司令长官伊东祐亨、常备舰队司令官坪井航三和西海舰队司令官相浦纪道海军少将商讨援助陆军事宜，最后决定，仍按伊东原定计划，派部分军舰将陆军运粮船由仁川护送到大同江，并在大同江尽可能协同陆军进攻平壤。

9月10日，日本第一军司令官山县有朋大将和第三师团长桂太郎中将率领的20余艘运兵船陆续抵达长直路。当天，山县有朋、桂太郎即率幕僚到"西京丸"拜访桦山资纪和伊东祐亨，研究海军护送运兵船至仁川登陆事宜。当天下午4时，联合舰队和运兵船自长直路起锚，向仁川进发。12日黎明，船队到达瓮岛附近，伊东率本队停止前进，其他舰艇负责巡弋警戒，由"八重山"舰引导运兵船至仁川。

9月13日下午，第一军参谋长小川又次少将奉山县有朋之命，搭

[56] 李鸿章："寄译署"（光绪二十年八月十一日申刻），顾廷龙、戴逸主编：《李鸿章全集》，第24册，第319页。

[57] 《清德宗实录》，卷347，光绪二十年八月壬戌。

乘“海门”号来到联合舰队临时锚地，与桦山资纪和伊东祐亨研究海军如何应援陆军进攻平壤的问题。桦山认为，仁川当时断无被袭的危险，应援陆军攻击平壤诚为当务之急，然北洋海军有可能出现在大同江，不可不防。因此，联合舰队在协同陆军进攻平壤的同时，必须做好与北洋海军决战的准备。当天午夜，桦山又派员至“松岛”号旗舰，征求伊东祐亨对联合舰队巡航大同江的意见。伊东认为，为配合陆军进攻平壤，发挥海军的牵制作用，联合舰队有必要将临时根据地北移。于是，决定以大同江口南侧的渔隐洞为临时根据地。

9月14日上午，“吉野”、“高千穗”2舰由威海卫侦察回来报告：威海港无北洋海军主力，惟东口有炮舰3艘、运输舰1艘，西口泊有“康济”等2舰。随后，“海门”号从仁川回来，“秋津洲”从蔚岛巡逻地返航，均报未发现异常情况。午后4时，伊东祐亨命第二游击队及“八重山”舰仍泊仁川，待掩护陆军登陆后立即前往大同江临时根据地；他本人亲率本队和第一、第三游击队向大同江进发。15日，联合舰队主力驶至黄海道大东河口附近的大青岛。伊东祐亨命“吉野”、“高千穗”2舰到大东河口侦察，“浪速”、“秋津洲”2舰到大同江口附近的椒岛侦察；命第三游击队及特务舰“天城”、“磐城”溯大同江而上，进抵铁岛，以支援陆军作战。下午1时20分，伊东率本队到达黄海道最西端的小乳纛角停轮下锚。不久，“吉野”等4舰回报，未发现北洋舰队踪迹。

由于日舰在威海卫和朝鲜西海岸的侦察均未发现北洋海军主力，急于决战的桦山资纪认为联合舰队已没有必要停泊在小乳纛角锚地，故派伊集院海军少佐来到旗舰“松岛”号，商议舰队下一步的行动。此时,伊东也在苦于没有与北洋海军决战的机会,正准备率本队和第一游击队去大同江,等第二游击队完成掩护陆军登陆任务后,再一起出动,寻机与北洋海军决战。伊集院少佐的到来,促使伊东下定决心:不等第二游击队,提前出航,如果不能很快在黄海寻找到战机,便进入渤海湾,一定与北洋海军决一雌雄。然而,他无论如何也没有想到,不到两天的时间,决战的战机便突然出现了。

9月15日拂晓,日军第五师团和第三师团一部共16000余人四路围攻平壤。驻守平壤的约13000名清军与日军激战一天,奉军将领左宝贵力战捐躯。总统叶志超见力不能敌,于当晚下令各军弃城,溃奔鸭绿江边。由于通往平壤的电报线路13日就已中断,李鸿章对前敌形势不明,仍按原计划派兵入朝增援。

就在日军向平壤发起总攻同一天,北洋海军到达大连湾,刘盛休部铭军4000人已在此分登招商局"新裕"、"图南"、"镇东"、"利运"、"海定"5艘轮船,至午夜装载完毕。9月16日凌晨,丁汝昌率"定远"、"镇远"、"济远"、"致远"、"靖远"、"经远"、"来远"、"平远"、"超勇"、"扬威"、"广甲"、"广丙"、"镇南"、"镇中"14舰及"福龙"、"左队一"、"右队二"、"右队三"4鱼雷艇驶离大连湾,运输船一小时后启航,循护航舰队航迹前进,一同驶向中朝边界大东沟。

当天下午,北洋海军和运输船队抵达大东沟。丁汝昌命"镇南"、"镇中"及鱼雷艇护卫运输船进入江口上溯15海里处卸载,"平远"、"广丙"两舰泊于口门外,他自率"定远"、"镇远"、"致远"、"靖远"、"来远"、"经远"、"济远"、"广甲"、"超勇"、"扬威"10舰在距口外12

海里处下锚。清廷和李鸿章并不知道，这天平壤已经陷落；北洋海军也没有想到，日本舰队正在向大东沟方向扑来。

9月17日上午9时，北洋海军的10艘战舰在锚地按惯例进行了一个小时的常操。10时许，“镇远”舰上的瞭望哨发现西南方向海面上出现黑烟一簇。不久，他发现有8艘日本军舰正向这个方向驶来，于是发出战斗警报。11时许，丁汝昌在旗舰“定远”舰桥上下令“立即起锚”，10艘战舰即以5节航速向南驶去。各舰起锚后排成五叠小队：“定远”、“镇远”为第一小队；“致远”、“靖远”为第二小队；“来远”、“经远”为第三小队；“济远”、“广甲”为第四小队；“超勇”、“扬威”为第五小队。每小队的两艘军舰前后错开，远远望去，全队呈梯队状的双纵队。

关于北洋舰队起锚后排出的阵形，丁汝昌和汉纳根后来在海战报告中均未提及，惟据有的参战军官回忆和事后调查，都说是以两舰为一队做犄角鱼贯阵。[58]查当时中国海军用于舰队布阵的教本《船阵图说》，其中规定：“凡犄角阵皆三船为一队，每队第二船各列第一船后成锐角四十五度，相距四百码；第三船各列第一船后成锐角七十八度，相距七百码，而居第二船左后成锐角四十五度，相距六百码。”全队排成犄角鱼贯阵后，远看如同相互交错的三路纵队。而夹缝阵虽然也以三船为一队，但三船始终保持在一条直线上，故全队不论排成横阵还是纵阵，最终都是双队。如列成夹缝鱼贯阵，每船前后间距533码，两队斜距400码并成锐角45度。[59]北洋舰队的每小队两船以45度角前后错开，五叠小队纵向排列即成双纵队，所以更像是夹缝鱼贯阵。

[58] 姚锡光：《东方兵事纪略》，中国史学会主编：中国近代史资料丛刊《中日战争》，第1册，第67页；《冤海述闻》，中国史学会主编：中国近代史资料丛刊《中日战争》，第6册，第87页。

[59] 《船阵图说》，下册，天津机器局刊印，光绪十年。

鉴于日舰距离尚远，丁汝昌传令各舰抓紧午餐。不久，瞭望哨准确辨认出迎面驶来的日舰共12艘。

这12艘日舰正是日本联合舰队司令长官伊东祐亨率领的本队6舰、第一游击队4舰、第三游击队的炮舰“赤城”号及海军军令部长桦山资纪乘坐的代用巡洋舰“西京丸”号。

9月16日，在桦山资纪的督促下，伊东祐亨决定不等在仁川掩护陆军登陆的第二游击队前来会合，立即出航寻找北洋海军决战。桦山早已接到关于北洋海军主力将护送陆军及辎重前往鸭绿江口的情报，14日又侦知北洋海军主力不在威海卫港内(北洋海军主力恰于12日晚离威海赴旅顺，旋赴大连湾为铭军护航)，大同江口也未发现中国舰队的踪迹。因此，日本舰队决定先至黄海北部的海洋岛，再向鸭绿江口搜寻。当天下午5时，伊东率舰队自小乳纛角锚地出发，航行序列为：第一游击队为先导，本队随后，“赤城”、“西京丸”位于本队右侧。

9月17日黎明，第一游击队和本队相继到达海洋岛附近，因未发现中国舰队，即向大洋河口附近的大鹿岛海域进发。上午10时23分，在前航行的第一游击队旗舰“吉野”观察到右舷方向极远处的海平线上有黑烟出现，随即发信号报告本队。不久，远处的黑烟由一缕变成数缕，“吉野”判定迎面驶来的正是北洋舰队，遂又向本队发出信号：“在东方发现敌舰3艘以上。”[60]11时30分，伊东祐亨下令，第一游击队和本队成单纵队迎战，“西京丸”和“赤城”两舰转移到本队左侧，以保护两艘弱舰及“西京丸”上海军军令部长桦山资纪的安全。前面第一游击队4舰依次为“吉野”、“高千穗”、“秋津洲”、“浪

[60] 日本海军军令部编纂：《二十七八年海战史》，上卷，第163～164页。

速”,后面本队6舰依次为“松岛”、“千代田”、“严岛”、“桥立”、“比睿”、“扶桑”。

海上交战,机动能力至关重要。一般来说,海军编队的最高航速是以队内航速最低军舰的最高航速来确定的。在12艘日舰中,航速最高的“吉野”达23节,航速最低的“赤城”仅为10节,相差极为悬殊。但因分成第一游击队和本队两个战术群,作战中可分可合,故能充分发挥第一游击队的快速机动作用。

丁汝昌见日本舰队以单纵队驶来,即令舰队变换阵形迎敌,并将航速提高至7节。

北洋舰队的此次变阵,据有关这场海战的中文记述,是由犄角鱼贯阵改为犄角雁行阵。而参战军官将所改阵形只简称为雁行阵,如“定远”舰枪炮大副沈寿堃说:“敌以鱼贯来,我以雁行御之”;该舰枪炮二副高承锡说:“彼鱼贯,我雁行”。[61]由此可见,北洋舰队所变阵形为雁行是毫无疑问的。但如前所述,根据犄角阵的特点,北洋舰队最初排出的不是犄角鱼贯阵,显然也就不会改为犄角雁行阵。变阵命令是由丁汝昌下达的,而他在战后的一份报告中称:“我军以夹缝雁行阵向前急驶”[62]。由此可以进一步确定,丁汝昌下令变换的是夹缝雁行阵。所谓“雁行”,即横队。丁汝昌下令变换的夹缝雁行阵,即各小队两舰前后交错配置不变,以第一小队居中,第二、第四小队依次向左翼展开,第三、第五小队依次向右翼展开,最终达到5个小队平行,呈左右交错的双横队。

北洋舰队以双横队迎战单纵队,据说是根据琅威理在舰队时所

[61] “沈寿堃呈文”、“高承锡呈文”,陈旭麓等主编:盛宣怀档案资料选辑之三《甲午中日战争》,下册,第403、407页,上海人民出版社,1982。

[62] 李鸿章:“大东沟战状折”,顾廷龙、戴逸主编:《李鸿章全集》,第15册,第449页。

推荐。英国远东舰队司令斐里曼特尔(E.Freemantle)说:“传闻似此阵法系受自我英琅军门,固属甚妙,然非实在深谙海战之学者,不能成此阵,亦不能行此计。”[63]丁汝昌固然不是“深谙海战之学者”,但尚未等到接战以证明这一点,变换中的阵形就已经出了问题。由于变阵时间仓促和临战慌乱,两翼各舰大多没能及时到达指定位置,最后形成的竟是一个散漫的楔形编队,又似倒“V”字形或“人”字形,日本舰队从正面看到的则是“凸悌阵”和“成钝角的横阵”[64]。

对于北洋舰队最后形成的楔形队形,美国军事历史学家杜普伊(T.N.Dupuy)评论说:“丁将军似乎也受到了利萨之战中特格特霍夫将军的影响,或者无意识地追随了影响过特格特霍夫的某种战术理论。”[65]利萨海战发生于1866年7月20日,奥地利海军少将特格特霍夫(Wilhelm von Tegetthoff)将8艘战舰和若干木壳船排成前后3个楔形队,在利萨岛海域迎战意大利海军上将佩桑诺(T.D.Persano)指挥的由11艘铁甲舰和22艘木壳船编成的单纵队,最终取得了胜利。利萨海战是甲午战前世界上首次也是惟一的一次蒸汽装甲舰船之间的海战,故其作战模式只能算是近代海军战术的一种尝试。至于丁汝昌是否知道利萨海战并受其影响,已经无从考证,问题是楔形队形并不是他的本意。

北洋舰队最后形成的楔形队形虽属意外,但各舰的排列顺序应与夹缝雁行阵完全相同,即从左到右依次为“济远”、“广甲”、“致远”、“靖远”、“定远”、“镇远”、“来远”、“经远”、“超勇”、“扬威”。至于实际的排列情况,目击者有不同的说法。日本联合舰队在海战后

[63] 林乐知译、蔡尔康札:“英斐利曼特而水师提督语录”,上海广学会译著:《中东战纪本末》,卷7,第49页,图书集成局,光绪丁酉新春。

[64] “常备舰队司令官海军少将坪井航乡报告”,日本海军军令部编《二十七八年海战史》,上卷,第244页。

[65] T.N.杜普伊:《武器和战争的演变》,第253页,军事科学出版社,1985。

所绘本队航迹图和第一游击队航迹图中，关于北洋舰队各舰排序就有两种：第一种序列从左到右为“济远”、“广甲”、“致远”、“来远”、“定远”、“镇远”、“经远”、“靖远”、“超勇”、“扬威”，第二种序列从左到右为“广甲”、“济远”、“靖远”、“来远”、“定远”、“镇远”、“经远”、“致远”、“超勇”、“扬威”。[66]随舰观战的日本记者又记述了第三种序列，即从左到右的排序为“济远”、“广甲”、“致远”、“经远”、“定远”、“镇远”、“来远”、“靖远”、“超勇”、“扬威”[67]。“镇远”舰美籍帮带马吉芬(Philo Norton McGiffin)在其回忆录中说：“当时我舰队共有10舰：‘定远’(旗舰)、‘致远’、‘济远’、‘广甲’4舰为左翼，‘镇远’、‘来远’、‘经远’、‘靖远’、‘超勇’、‘扬威’6舰为右翼。”在其文中所附12时30分的交战图中，各舰从左到右的排序为“济远”、“广甲”、“致远”、“定远”、“镇远”、“来远”、“经远”、“广丙”、“靖远”、“超勇”、“扬威”，竟然又多出“广丙”而使总数变成了11艘[68]。此外，还有一位观战的目击者斐利曼特尔在其回忆录中也附有开战之际北洋舰队的排列队形图，其排序为“济远”、“广甲”、“致远”、“定远”、“镇远”、“来远”、“经远”、“靖远”、“超勇”、“扬威”[69]。

伊东祐亨在有关此次海战的战况报告中特别说明：所附各图均为战斗结束后参战人员根据战场形势所绘，因有近三十艘战舰处于不断的运动中，而且目击地点和时间不同，出现误差在所难免，因此各图肯定是不精确的[70]。日本舰队是交战的另一方，尚且不能确定北洋舰队各舰在接战时的排序，其他目击者的说法就更不可能准确无误。惟综合上述各种说法，至少有6舰的位置可以确认，即“定远”、

[66] “联合舰队司令长官海军中将伊东祐亨报告”，日本海军军令部编纂：《二十七八年海战史》，上卷，第232～233、240～241页。

[67] 《日方记载的中日战史(选译)》，中国史学会主编：中国近代史资料丛刊《中日战争》，第1册，第240页。

[68] Philo N. McGiffin, The Battle of the Yalu: Personal Recollections bythe Commander of the Chinese Ironclad Chen-yuen, Century Magazine, 50:4(Aug. 1895). 此处转引自郑天杰、赵梅卿：《中日甲午海战与李鸿章》(台北华欣文化事业中心1979年版)一书中的译文，见该书第99页；马吉芬所绘交战图见日本海军军令部编纂：《二十七八年海战史》，别卷，第572页。

[69] “斐利曼特尔海军中将评中日海战”，日本海军军令部编纂：《二十七八年海战史》，别卷，第42～43页。

[70] “联合舰队司令长官海军中将伊东祐亨报告”，日本海军军令部编纂：《二十七八年海战史》，上卷，第240页。

"镇远"居中,"济远"、"广甲"在最左翼,"超勇"、"扬威"在最右翼。而其余4舰的位置则众说不一,因为"致远"、"靖远"和"来远"、"经远"是两对外形相同的姊妹舰,在海战中极有可能被对方或观战者所混淆;其中"靖远"、"经远"又发音相近,用英文表述很难区分。如果不考虑这些因素,再进一步分析,上述五种排序中有四种分别将"致远"、"靖远"排在左起第三号和第八号,他们的位置似乎亦可依此确认。此外,马吉芬当时在"镇远"舰任职,他说"来远"傍"镇远"之右也应该是可信的。至于"经远",其位置有三种说法,但有四种排序将其排在了右翼。总之,综合目击者的各种说法后排出的北洋舰队序列,与应该形成的序列基本相符,惟有"靖远"作为"致远"的姊妹舰,为何违反战斗中姊妹舰在一起的训令而一开始就跑到右翼去,目前尚难解释清楚。

从双方的实力对比看,日本参战的军舰为12艘,北洋海军最初参战的军舰为10艘;日本12舰总排水量为40880吨,北洋海军10舰总排水量为29970吨;日本12舰平均航速为15.4节,其中第一游击队4舰平均航速达19.4节,北洋海军10舰平均航速为15.2节;日本12舰共有120毫米口径以上大炮105门,其中多半(68门)为速射炮,而北洋海军10舰共有120毫米口径以上大炮42门,速射炮只有开战前夕才从胶州湾拨来10门53毫米口径格鲁申炮[71];日本12舰定员为3532人,北洋海军10舰定员为2100人。相比之下,日本舰队显然在整体实力上占有明显的优势。但海战既是海军武器装备数量和质量的对抗,也是海军官兵素质的较量,而后者尤其是指挥员的战术水平和指挥能力往往

[71] 参见"盛宣怀致丁汝昌电"(光绪二十年六月十五日)、"盛宣怀致章高元电"(光绪二十年六月十五日),陈旭麓等主编:盛宣怀档案资料选辑之三《甲午中日战争》,上册,第1页;丁汝昌:"致章鼎臣"(光绪二十年六月十五日)、"致(盛)杏荪、(张)楚宝"(光绪二十年六月二十日),谢忠岳编:《北洋海军资料汇编·丁汝昌海军函稿》,上册,第517～518、527页。

更具有决定性的意义。战前，丁汝昌曾向各舰下达三条训令：(1)各小队两舰需协同动作，互相援助；(2)以保持舰首向敌为基本的战术原则；(3)所有各舰必须尽可能随同旗舰运动[72]。训令的核心内容就是强调10舰以横队集中作战，始终保持舰首向敌以最大限度地发扬前主炮的威力。

12时50分，双方舰队接近至5300米，北洋舰队旗舰"定远"号右主炮塔305毫米口径巨炮首先发出了第一炮，由此揭开了黄海海战的序幕。

四　黄海大海战

日本舰队此次是有备而来，必欲与北洋海军一决胜负。第一游击队司令官坪井航三预计17日中午可到达大孤山海域，为准备届时可能发生的海战，在早餐时即传令所属各舰，午餐提前一小时。恰在第一游击队结束午餐时，迎面驶来的北洋舰队10艘军舰已清晰可辨，遂立即以旗号报告本队。为缩短与本队的距离，第一游击队仅以6节的航速在前行驶，一直到本队跟近后才又恢复到8节，航路为东北偏东。

日本舰队自出征开始，即已决定采用单纵阵对付中国舰队，所以在侦查巡航时就一直注意这方面的演练，各舰长还经常就此进行探讨研究，认为以单纵阵作战关键是要保持好速度和距离。中午12时5分，坪井航三根据联合舰队司令长官伊东祐亨的指示，传令各舰"达到适当距离时开炮"。12时18分，伊东又向第一游击队发出命令："攻

[72] W. L. Clowes: The Naval War Between China and Japan, The NavaL Annual, 1895, pp. 110；日本海军军令部编纂：《二十七八年海战史》，上卷，第186～187页。不知为什么，丁汝昌本人及其他北洋海军军官战后均未提及此3条训令，上述两书所引丁汝昌的训令都是来自汉纳根的海战报告。据李鸿章说，汉纳根在黄海海战后曾提交一份详细报告，名曰《战状纪实》。见李鸿章："寄译署"（光绪二十年八月二十八日午刻），顾廷龙、戴逸主编：《李鸿章全集》，第24册，第383页。但笔者至今没有见到这份报告，亦未见有中国学者引用。

击右翼敌舰。”12时30分，坪井下令将航速提高至10节，并令各舰“注意距离、注意速度”。此时，坪井观察到的北洋舰队的队形是“最坚固的两铁甲舰‘定远’、‘镇远’位于中央突出点的凸梯阵，几乎是成钝角的横阵”[73]。于是，第一游击队直指“定远”、“镇远”，佯作攻击北洋舰队中坚之势。当双方接近至12000米时，第一游击队将航路稍向左转，按照伊东祐亨的命令首先进攻北洋舰队右翼。

12时50分，北洋舰队旗舰“定远”首先发炮后，伊东祐亨再次命令各舰：“到达适当距离时开炮。”行驶在前的第一游击队认为距离太远，炮击效果不佳，故未发炮。此刻，在微弱的东风吹拂下，硝烟遮蔽了北洋舰队的左翼。坪井航三命令各舰将航速提高到14节，冒着弹雨继续向北洋舰队的右翼疾驶。

12时52分，日本联合舰队的旗舰“松岛”号在距中国军舰3500米处首先开炮迎击。55分，第一游击队旗舰“吉野”在距北洋舰队右翼军舰3000米处开始炮击。紧接着，本队和第一游击队的后续各舰也相继发炮，炮击距离均在3000—4000米之间[74]。

北洋舰队抢先发炮后，第一波炮击几乎无一命中目标。虽然当时火炮技术尚不发达，一般采用3发试射以修正定位，但射击距离过远也是命中率低的一个重要原因。据帮办“定远”副管驾英人戴乐尔(W.F.Tyler)说，开战的第一炮是刘步蟾下令发射的[75]。那么，刘步蟾为何在如此远的距离即下令攻击？人们普遍认为，这是北洋舰队利用重炮射程远的特点，先发制人，力争战场主动。此论看似颇有道理，其实不然。首先，海战场上只有最高指挥官才有权发出舰队开战

[73] “常备舰队司令官海军少将坪井航三的报告”，日本海军军令部编纂：《二十七八年海战史》，上卷，第243～244页。

[74] 日本海军军令部编纂：《二十七八年海战史》，上卷，第171～177页。

[75] 戴乐尔：《我在中国海军三十年》，第43页，文汇出版社，2011。

的指令，旗舰管带未经许可亦无此权限。刘步蟾既没有接到丁汝昌的命令，又未向其请示，便擅自下令开炮，这是违反战场纪律的行为。其次，先发制人也是有条件的，只有能够达到“制人”目的时，“先发”才有意义，才能真正争得战场主动。刘步蟾是受过专业训练的军官，似不应如此鲁莽。或如参战者言：“初经战阵，心慌意乱耳。”[76]

日本舰队的抵近攻击十分奏效。开战不久，“定远”即被日炮击中，在舰桥上督战的丁汝昌被震落至甲板负伤[77]。更为严重的是，“定远”的信号装置亦同时被日炮摧毁，从而丧失了旗舰与其他军舰的联络手段。由于丁汝昌战前没有指定自己的代理人和代理旗舰，其他各舰又无一主动接替旗舰，因此北洋舰队从一开始便失去了统一指挥。各舰虽谨遵战前发布的三条训令，但在日舰两支编队的冲击下，事实上已不可能保持队形和协调行动。

“定远”发射第一炮时，日舰第一游击队已从北洋舰队阵前掠过，直扑右翼的“超勇”、“扬威”两舰。北洋舰队集中攻击后面的日舰本队。12时55分，“松岛”320毫米口径炮炮塔上部被“定远”150毫米口径炮击中，两名炮手负伤。不久，“松岛”第七号炮位中炮被毁，1名炮手和1名信号兵伤亡。下午1时许，日舰本队的3号舰“严岛”右舷被1发210毫米炮弹击中，受损严重，并有11名水兵受伤。接着，又有1发150毫米炮弹穿透其右舷，在后部轮机室爆炸，少轮机士松泽敬让及5名士兵受伤。1时10分，本队第4号舰“桥立”的320毫米口径炮炮塔被击中，分队长高桥义笃、炮术长獭之口觉四郎大尉和二等兵曹广重源槌被炸死，另有7名水兵负伤。此时，日舰本队的5号舰“比睿”与4号舰

[76] 卢毓英：《卢氏甲午前后杂记》（手稿影印件），第26页。

[77] 关于丁汝昌负伤一事有两种说法：一说是日炮所致，如丁于战后自称是日舰排炮将“定远”望台打坏，他左脚夹在铁木中，身不能动，被火烧伤（见李鸿章：“寄译署”（光绪二十年八月二十一日戌刻），顾廷龙、戴逸主编：《李鸿章全集》，第24册，第352页）；“广甲”舰管轮卢毓英说是敌军开炮，“丁提督立于‘定远’将台之上，为炮震落台下，伤足不能起立”（见《卢氏甲午前后杂记》，第26页）。一说是“定远”发第一炮的后坐力所致，如戴乐尔说“定远”发出的第一炮将炮塔上方的舰桥震坍，丁汝昌跌落负伤（见戴乐尔：《我在中国海军三十年》，第43、44页）；《冤海述闻》又称：“丁提督在望台下，初次排炮时，因放炮震跌。”（见中国史学会主编：中国近代史资料丛刊《中日战争》，第6册，第88页）。此处采用第一种说法。

“桥立”的距离已拉开至1300米，而北洋舰队的V形编队顶部正向这两舰之间楔入。“比睿”追赶前舰不及，慌不择路，急向右转舵企图从“定远”左舷1000米处穿过北洋舰队阵列[78]。中国军舰数艘一齐向其攻击，顿时将其舰体、帆樯、索具打得体无完肤，军舰旗被打飞。“比睿”试图与本队会合，但被“定远”、“镇远”等舰紧紧咬住，无法脱身。“定远”发出的一枚305毫米炮弹穿透其右舷，在后桅处爆炸，并燃起大火，整个后甲板被彻底破坏了。激战中，“比睿”大军医三宅贞造、大主计石塚铸太、少军医村越千代吉等17人丧生，分队长高岛万太郎大尉等32人负伤。但不可思议的是，“比睿”这艘弱舰在北洋舰队数艘战舰的打击下居然没有沉没，竟拖着浓烟烈火逃出了重围。

在北洋舰队集中攻击日舰本队殿后弱舰的同时，右翼薄弱的“超勇”、“扬威”两舰也正遭到日舰第一游击队的包抄攻击。“吉野”驶近“超勇”、“扬威”开始攻击后，后续之“高千穗”、“秋津洲”、“浪速”3舰仍处于北洋舰队的正面，遂边航行边向“定远”、“镇远”等舰发炮。中国军舰也向这4艘日舰猛烈攻击。1时8分，“吉野”后甲板被击中，引起堆积在那里的炮弹、火药的连续爆炸，浅尾重行少尉和一名水兵被炸死，另有9人受伤。与此同时，后续3舰也均被击中：“高千穗”右舷后部水线之上被击穿3个孔，伤亡官兵2名；“秋津洲”第5号炮位的炮盾中弹，永田廉平大尉等5名官兵被炸死，9人受伤；“浪速”1号炮台下的水线部分被炮弹穿透，引起海水灌入。

第一游击队向右调转航向，航迹成半月形，很快绕过北洋舰队右翼末端。“超勇”、“扬威”均为旧式巡洋舰，不仅航速慢、火力弱，而

[78] 日本海军军令部编《二十七八年海战史》根据伊东祐亨9月21日海战报告附图中的北洋舰队编队序列，称“比睿”从“定远”和“来远”之间穿过（上卷，第179页）；Vladimir: The China Japan War（1896年出版）称从“定远”和“经远”之间穿过（p. 172），而《日清战争实记》中日本随舰记者描述的北洋舰队编队序列，“定远”左邻即为“经远”。

且防护力也很差，结果在4艘日舰的猛烈攻击下，终于燃起熊熊大火。“超勇”舰体渐渐向右舷倾斜，依然发炮不止，至1时30分沉没。[79]管带黄建勋落水后，“左一”鱼雷艇恰自大东沟赶到此处，即抛长绳相救，他不就而亡，时年42岁。黄建勋，字菊人，福建永福人，15岁考入福州船政学堂第一期驾驶班，毕业后留闽补用，先后任“扬武”、“福星”兵船正教习，荐保千总。1877年春，作为第一届海军留学生赴英国深造，3年学成归国，任船政学堂驾驶教习。旋奉调北洋，历任“镇西”号炮船、“超勇”号巡洋舰管带，后实授北洋海军左翼右营参将。

“扬威”虽然没有立即沉没，但也开始倾斜，而且火势难以控制，首尾两炮间已不能通行。因无力再战，遂向北面大鹿岛方向撤退，后搁浅于近岸海边，水兵纷纷跳水逃生，管带林履中愤然蹈海自尽，时年42岁。林履中，字少谷，福建侯官人，1871年考入福州船政学堂第三期驾驶班，毕业后先后任福建“伏波”号兵船大副和北洋海军“威远”号练习舰大副。1882年奉派赴德国验收“定远”舰鱼雷、炮械，并赴英国学习海军技术，回国后先充“定远”大副，后调任“扬威”管带，实授北洋海军右翼右营参将。

北洋舰队主力与日舰本队的激战仍在继续。当日舰“比睿”冲入北洋舰队阵中时，其后的“扶桑”在距“定远”700米处急忙向左转向驶避，但还是被炮弹击中了右舷，导致后甲板起火，少尉丸桥彦三郎和内崎德负伤。在本队后部左侧的“赤城”、“西京丸”航速更慢，已被本队远远地抛在了后面。“比睿”突围后，中国军舰又集中火力猛攻“赤城”。在相距800米处，“赤城”分队长佐佐木广胜大尉被中方炮

[79] 日本海军军令部编纂：《二十七八年海战史》，上卷，第188页。

火击伤，海军少尉候补生桥口户次郎被击毙。1时25分，“赤城”舰桥被击中，正在舰桥上观看海图的舰长坂元八郎太少佐和1号速射炮的两名炮手当场毙命。接着，“赤城”又连中数弹，伤亡官兵8名，蒸汽管被炸裂，航速下降，弹药供应也中断了。“赤城”一面施救，一面向南撤退。2时15分，“来远”在“赤城”后方200米处发炮再次击中其舰桥，将代理舰长指挥的航海长佐藤铁太郎大尉炸伤。2时20分，“赤城”施放尾炮击中“来远”前甲板，遂乘机逃脱。

桦山资纪乘坐的“西京丸”于1时9分也曾向相距3000米左右的中国军舰发炮攻击，但5分钟后即被“定远”、“镇远”发出的炮弹穿透了上甲板。此后，“西京丸”看到“比睿”于2时发出“本舰火灾，退出战列”的信号，又见“赤城”陷于合围之中，即于2时15分挂出“‘比睿’、‘赤城’危险”的旗号。“定远”、“镇远”等4艘中国军舰随即集中火力攻击“西京丸”。一时间，4枚305毫米炮弹、1枚210毫米炮弹、2枚150毫米炮弹、4枚120毫米炮弹先后呼啸而至，在两舷、上甲板、轮机室爆炸，蒸汽管被炸坏，蒸汽舵顿时失去作用。“西京丸”立即挂出“我舰故障”的信号。但很快又一发150毫米炮弹和数发速射炮弹飞落后甲板爆炸，舵机和信号装置被摧毁；另一发150毫米炮弹从舰尾穿过轮机室在上甲板爆炸，摧毁5个舱室，并燃起大火。“西京丸”只能用手工操舵，艰难地调转航向。2时40分，企图驶向第一游击队和本队的“西京丸”与赶来参战的中国军舰“平远”、“广丙”和鱼雷艇“福龙”正面相遇，再次遭到猛烈攻击。“福龙”先以艇首鱼雷管向“西京丸”发射2枚鱼雷，均在其左舷近处通过；再抵近至40米处从回旋发射管发射1枚鱼雷，竟又从其舰底穿过而未中。“西京丸”侥幸逃离战场，单独返回临时锚地。

日舰第一游击队在打击了北洋舰队右翼“超勇”、“扬威”两舰之后，即向左转向180度进行回旋，航速降至12节。1时30分左右，旗舰“松岛”发出“第一游击队回航”的信号。第一游击队遂再向左转向180度，航速增至15节，准备与本队并行。但本队继续向右转，企图包抄北洋舰队后路，这样一来第一游击队已不可能做到与本队并行，便又将航速降至10节，意在尾随本队之后航进。2时15分，第一游击队逐渐追上本队殿舰“扶桑”时，突然发现“西京丸”发出的“‘比睿’、‘赤城’危险”信号，便立即左转180度，加大航速向“赤城”与中国军舰之间驶去。于是，第一游击队与本队由此形成了对北洋舰队的夹击态势。

此时，北洋舰队虽已损失“超勇”、“扬威”两舰，但“平远”、“广丙”两舰和“左一”、“福龙”等鱼雷艇前来参战，大中型军舰仍有10艘。而日舰“比睿”、“赤城”、“西京丸”先后退出战场，仅剩9舰继续作战。然而，战场形势并没有向有利于北洋舰队的方向转变。由于缺乏统一指挥，北洋舰队的阵形早已零乱不整，除“定远”、“镇远”两铁甲舰还保持协调行动，其余诸舰均各自为战，伴随敌舰之回旋而运动，完全处于被动防御态势。不仅如此，各舰主炮炮弹也已消耗大半，不得不放慢发射速度，多以小炮抵御攻击。而日本舰队减去了弱舰，反而丢掉了包袱，更加便于机动。第一游击队和本队两个单纵队，利用速射炮的优势，前后环击，完全掌握了战场主动权。

日舰本队在北洋舰队右翼完成回旋后，再次向中国军舰发起攻击。2时26分，"松岛"发射320毫米口径巨炮，击中"镇远"前部。2时34分，从右方驶向"松岛"前面的"平远"突发一枚260毫米炮弹，击中"松岛"左舷士官次室，穿过鱼雷长室和左舷鱼雷发射管下面，在320毫米炮炮台爆炸，4名左舷鱼雷发射员被炸死。3时10分，又一发47毫米炮弹击中"松岛"左舷中央鱼雷室上部，炸死鱼雷发射员2人。日舰本队拼命回击，致使"来远"、"平远"、"广丙"相继起火。

日舰第一游击队于2时54分先向左转向180度回旋，航速减至14节；接着又向右转向90度，航速再减至12节，与本队航路呈直角，构成十字炮火。在日舰的两面夹击下，"致远"骤受重伤，海水涌入舱内，随时有沉没的危险。在此紧要关头，管带邓世昌决定孤注一掷，以舰撞击从其前面掠过的"吉野"。他说："倭舰专恃吉野，苟沉是船，则我军可以集事！"[80]官兵闻言，秩序略乱。邓世昌在指挥台上大声喝道："吾辈从公卫国，早置生死于度外，今日之事，有死而已！奚纷纷为？"[81]在他的激励下，全舰官兵肃然从命，遂开足马力，直向日舰冲去。日舰见状，一面驶避，一面连连发炮攻击。3时30分，"致远"右舷倾斜，舰首先行下沉，转瞬间即没于海中，邓世昌等200余名官兵亦沉海同殉。

邓世昌，原名水昌，字正卿，广东番禺人，福州船政学堂第一期驾驶班毕业，后留闽历任"深航"大副及"海东云"、"振威"、"扬武"管带等职。1879年调入北洋，先后任"飞霆"、"镇南"炮船管带。1880年奉派赴英国参加接带"超勇"、"扬威"两舰，回国后任"扬威"管带。

[80] 姚锡光：《东方兵事纪略》，中国史学会主编：中国近代史资料丛刊《中日战争》，第1册，第67页。

[81] 池仲祐：《海军实纪·邓壮节公事略》，谢忠岳编：《北洋海军资料汇编》，下册，第1247页。

1887年出洋参加接带“致远”等4艘巡洋舰，回国后任“致远”管带，借补北洋海军中军中营副将。按照夏历，邓世昌壮烈殉国这一天恰是他45岁生日。

“致远”沉没后，“济远”首先退出战场，向旅顺口方向逸去。“广甲”紧随其后，沿海岸浅水处向大连湾方向撤走。当时，“靖远”、“来远”、“经远”已中弹累累，火势蔓延，亦相继驶往大小鹿岛。4时16分，“平远”、“广丙”也因负伤，与鱼雷艇一起退出战场，向北方驶去。日舰第一游击队4舰未等整理好队形，即随后追击退出战场的中国军舰。

此时，北洋舰队在作战海域仅余“定远”、“镇远”两舰，继续凭借坚固装甲与日舰本队5舰周旋激战。丁汝昌自负伤后，一直坐在甲板上，鼓舞官兵杀敌。“定远”官兵同仇敌忾，顽强奋战。其前部于3时10分中炮起火后，甲板上各种设施全部毁坏，但无一人畏缩不前。“镇远”在战前即已卸除舰上的舢板，以示“舰存与存，舰亡与亡”。副管驾杨用霖表现尤为突出。他激励将士说：“时至矣，吾将以死报国，愿从者从，不愿从者吾弗强也。”众皆感动而泣曰：“杨公死，吾辈何以生为？赴汤蹈火，惟公所命！”[82]于是在他的指挥下，官兵们奋力鏖战，面对弹火飞腾、血肉狼藉，神色不动，而攻御愈力。当“定远”中弹起火后，“镇远”即趋前掩护，奋力抵御日舰的炮火。当时日方观察到：“‘镇远’前甲板殆乎形成绝命大火，将领集合士兵救火，虽弹丸如雨，仍欣然从事，在九死一生中毅然将火扑灭，终于避免了一场危难。”“‘镇远’与‘定远’配置及间隔，始终不变位置.用巧妙的航行和射击，时时掩护‘定远’，奋勇当我诸舰，援助‘定远’且战且进”[83]。

[82] 池仲祐：《海军实纪·杨镇军雨臣事略》，谢忠岳编：《北洋海军资料汇编》，下册，第1326～1327页。

[83] 川崎三郎：《日清战史》，第7编（上），第3章，第70、71页，东京博文馆，1897。

"定远"、"镇远"两舰相互配合,"誓死抵御,不稍退避,敌弹霰集,每船致伤千余处,火焚数次,一面救火,一面抵敌"[84]。3时30分,"定远"、"镇远"两舰齐发305毫米口径巨炮,其中一弹命中"松岛"4号炮位,引起堆积在甲板的弹药大爆炸,顿时发出惊天动地的巨响,如同雷电崩裂。"松岛"上空白烟翻腾,海面上形成一个大火海,舰体也开始倾斜。在爆炸中,海军大尉志摩清直等28人丧命,68人负伤。舰上大部分火炮被毁,仅有6门炮尚可使用,但炮手伤亡殆尽,只得调军乐队员充数,已基本上失去了作战能力。4时10分,"松岛"挂起不管旗,命令各舰自由行动。

据"镇远"舰洋员马吉芬回忆:"松岛"遭重创后,即与本队其他4舰"向东南引退,我两铁甲舰即尾击之。至相距约二三海里,彼本队复回头应战。炮战之猛烈,当以此时为最。然而,'镇远'射出六寸弹百四十八发,弹药告竭;仅余十二寸炮钢铁弹二十五发,而榴弹已无一弹矣。'定远'亦陷于同一困境"[85]。而且"巨炮均经受伤,'定远'只有三炮、'镇远'只有两炮尚能施放"[86]。但"定远"、"镇远"配合默契,英勇奋战,终于顶住了日舰本队5舰的猛烈进攻,一直坚持战斗到最后。日舰"松岛"、"严岛"、"桥立"3舰专为对付"定远"、"镇远"而设计,装备有320毫米口径巨炮,认为可以击穿30英寸厚的装甲。然而,在"定远"、"镇远"的装甲及炮塔护甲上,被日舰炮弹击出的弹坑虽密如蜂巢,其深度却没有超过4英寸以上的。英国斐利曼特尔海军中将评价说:日本舰队之所以"不能全扫乎华军者,则以有巍巍铁甲舰两大艘也"[87]。

[84] 李鸿章:"大东沟战状折",顾廷龙、戴逸主编:《李鸿章全集》,第15册,第449页。

[85] 《中日海战评论撮要·美国海军少校马格奋躬历是役之述评》,《海事》,第10卷,第3期,第41页。

[86] 李鸿章:"大东沟战状折",顾廷龙、戴逸主编:《李鸿章全集》,第15册,第449页。

[87] 林乐知译、蔡尔康札:"英斐利曼特而水师提督语录",上海广学会译著:《中东战纪本末》,卷7,第50页。

日舰第一游击队前去追击撤离战场的中国军舰，目标是受伤最重、航速减缓而落在后面的“经远”、“来远”、“靖远”3舰。“经远”已中弹百余发，不仅火灾严重，而且舱内进水甚多。“来远”也已中弹两百余发，后部燃起大火，为防止通气管把甲板上的烈火引入机舱，水手们把风斗拆除，而舱内人员在华氏200度的高温下仍在继续工作。“经远”此前也经历过恶战，管带林永升临危不惧，指挥全舰官兵奋力抵抗，发炮以攻敌，激水以救火，井井有条。激战中，林永升亦被弹片击中头部而亡，时年41岁[88]。林永升，又名翼升，字钟卿，福建侯官人。1867年考入福州船政学堂第一期驾驶班，1877年入选第一届海军留学生赴英国深造，1881年调入北洋，历任“镇中”炮船和“康济”练习舰管带。1887年奉派赴欧洲参加接带在英、德订购的4艘巡洋舰，回国后任“经远”管带，升署北洋海军左翼左营副将。林永升阵亡后，“经远”帮带大副陈荣、二副陈京莹接替指挥，也先后壮烈牺牲。“经远”撤离战场后，成为第一游击队首先追击的目标。下午4时48分，疾驶在前的“吉野”在追至距“经远”约2500米处开始炮击，进而逼近至1800米进行猛烈攻击。5时5分，“经远”摇摇晃晃地向东驶去，“吉野’继续追击。这时，“高千穗”、“秋津洲”、“浪速”3舰也赶了上来，遂与“吉野”一起向“经远”发射排炮，使其火势越烧越大。至5时30分，“经远”从左舷舰首翻倒海中，旋即沉没。[89]

由于“经远”牵制了第一游击队4舰，“靖远”、“来远”得以驶至大鹿岛附近，从而扑灭大火，堵塞漏洞，施行各种损管措施。第一游击队在击沉“经远”后，于5时45分转向大鹿岛海面，准备前去攻击

[88] 据丁汝昌海战报告称：“闻自该管带（林永升）等中炮阵亡，船方离队，如仍紧随不散，火亦可救。”见李鸿章：“寄译署”（光绪二十年八月二十三日酉刻），顾廷龙、戴逸主编：《李鸿章全集》，第24册，第360页。

[89] 日本海军军令部编纂：《二十七八年海战史》，上卷，第216～217页。

“靖远”、“来远”两舰。恰在这时，第一游击队发现本队发出“返回”的信号，便立即掉头向本队驶去。原来，伊东祐亨见暮色将临，继续作战不利于保持队形，又怕遭到北洋舰队鱼雷艇的袭击，故决定结束战斗。他向第一游击队发出“返回”信号后，未等其前来会合，即先率本队5舰向南撤走。直到6时，第一游击队才从后面赶了上来。晚8时，伊东率慕僚将旗舰移至“桥立”，命“松岛”立即返回日本吴港修理。

“靖远”、“来远”见日舰第一游击队退走，便向“定远”、“镇远”两舰的方向驶去。这时，“靖远”管带叶祖珪在帮带大副刘冠雄的建议下，代旗舰升起督旗，召集其他军舰集中。“定远”、“镇远”、“靖远”、“来远”、“平远”、“广丙”6舰往日本舰队撤退方向航行了一段距离，见日舰已走远，便转舵返航旅顺口。

持续了5个小时的黄海大海战至此结束。

五　黄海海战评析

黄海海战是中日双方海军的主力决战，其结果对此后战局发展影响之大，堪称甲午战争的转折点。在这次海战中，双方参战的军舰均为12艘，但中国方面投入的几乎是北洋海军的全部实力，日本方面投入的只是联合舰队的主力。结果，北洋舰队有4艘军舰被击沉击毁，日本舰队则一舰未沉。黄海海战的过程及其结局，充分反映出中日海军的战斗力存在着较大的差距，从军事角度分析，至少有以下几个方面：

一是战术运用。海军战术是随着海军武器装备的发展而发展的。自海军舰船广泛配置火炮并规范化以后，海军战术的发展大致经历了三个阶段。16世纪，由于侧舷炮的出现，舰队在作战时列成纵队实施舷炮攻击，以充分发挥火力，形成了舷炮战术。18世纪，舷炮战术又发展成比较稳定的战列线战术：舰队仍列成单纵队，先抢占上风位置，再接敌至舰炮射程以内，采取与敌方航向平行运动，各舰对指定的敌舰实施炮击，直至决出胜负或一方撤退为止。18世纪末19世纪初，海战中又出现了机动战术，也称"打破敌方战线的战术"。其要点是：舰队在作战时编成数个可独立行动的战术群，以纵列战斗队形穿插分割敌方舰队战斗队形，钳制其一部，包围其另一部，集中火力打击被包围和孤立的敌舰，并倾全力攻击敌方指挥舰，使敌舰队指挥瘫痪，再将其各个歼灭。1805年，英国舰队在特拉法尔加角海战中击败法西联合舰队，就是运用机动战术取得成功的著名战例。上述三种海军战术均采用纵队队形作战，是因为这样既可充分发挥火力(当时军舰上普遍配置大量舷炮)，又便于机动。

19世纪中叶进入蒸汽舰时代以后，除1866年的利萨海战外，在相当长的时间里世界上未曾发生大的海上冲突，因此到甲午战争时还没有新的经过海战实践检验的水面舰艇战术产生。但蒸汽舰的基本作战样式仍是炮战，同样以炮战为主的帆船时代的海战战术并没有完全过时，而且核心问题还是舰队的正确机动与火力相结合。

日本舰队在黄海海战中采用的就是典型的机动战术。早在海战之前，日本海军编组联合舰队即将兵力划分为本队和第一、第二游击队等数个可分可合的战术单位，并决定不论北洋舰队采用什么阵形，都要以单纵队进行攻击，为此还进行了有针对性的演练。参加黄海海战的第一游击队和本队是日本海军的主力，其军舰普遍舰龄较短，不仅航速快，而且舷侧配置了大量新式速射炮，具有实施纵队作战的各种有利条件。尤其是第一游击队4艘巡洋舰，仅120毫米口径以上速射炮即达34门，平均航速更是高出北洋舰队4节以上，具有极强的机动能力和攻击能力。在海战中，日本舰队的两个战术群始终保持纵列战斗队形，以本队牵制北洋舰队主力，以第一游击队进行穿插分割，重点攻击北洋舰队翼端弱舰和离队各舰，牢牢地掌握了战场的主动权。

相比之下，北洋舰队由于占有一定数量优势的大口径重炮均为前主炮，而舷侧大炮和速射炮较少，所以选择了以横阵迎击日本舰队的纵队。但仔细研究就会发现，北洋舰队采用横队意在所谓充分发挥火力，完全是一个似是而非的想法。其实道理很简单，北洋舰队最初参战的10艘军舰共有120—305毫米口径炮42门，其中23门前主炮(包括首炮)和7门后主炮(包括尾炮)不论是单炮还是双联装炮，均可作左右旋转射击("定远"、"镇远'两舰各有两座双联装前主炮，可分别向左右旋转射击)。采取横队以舰首对敌，全部23门前主炮均可射击，其中305毫米炮8门、250毫米炮2门、210毫米炮10门、150毫米3门；若取纵队以舷侧对敌，则有大部分前主炮(包括首炮)、一侧舷炮、全部后主炮(包括尾炮)共32门可以齐射，其中305毫米炮4门、250毫米炮4门、210毫米炮12门、150毫米炮10门、120毫米炮2门。[90]两

[90] 北洋海军10艘参战军舰的火炮(机关炮和小口径炮不计)配置分别为："定远"前部有2座双联装305毫米口径炮，舰首尾各有1门150毫米口径炮；"镇远"与"定远"相同；"致远"前部有1座双联装210毫米口径炮，舰尾有1门210毫米口径炮，两舷各有1门150毫米口径炮；"靖远"与"致远"相同；"经远"前部有1座双联装210毫米口径炮，两舷各有1门150毫米口径炮；"来远"与"经远"相同；"济远"前部有1座双联装210毫米口径炮，舰尾有1门150毫米口径炮；"超勇"前后各有1门250毫米口径炮；"扬威"与"超勇"相同；"广甲"前部有1门150毫米口径炮，另有4门120毫米口径炮的位置不详(按配置原则似应在两舷，故侧舷交战时至少有2门可用)。当舰队以纵队作侧舷交战时，各舰之前后主炮不论是双联装还是单炮，除"定远"、"镇远"两舰前主炮有半数不能发挥作用，其余均可转向一侧射击。

相比较，横队可发挥的火力较纵队虽多出4门305毫米炮，但少了2门250毫米炮、2门210毫米炮、7门150毫米炮和2门120毫米炮，孰优孰劣已不言自明。然而，北洋舰队为了并不存在的火力优势而以横队迎敌，竟付出了丧失自由机动的沉重代价。

横队不仅保持队形难，做整体的转向更难，远不如纵队机动灵活。不仅如此，北洋舰队在变阵时还出现了另外一个严重问题："勇者过勇，不待号令而争先；怯者过怯，不守号令而退后，此阵之所以不齐、队之所以不振也。"[91]结果，最后形成的不是预定的夹缝雁行阵，而是一个散漫的单横编队。当然就横队而言，单横队与双横队并无本质的区别，同样都难以持续保持。因此，当日舰第一游击队和本队相继以纵队在北洋舰队阵前由左向右快速机动时，以舰首对敌的横队只不过是接敌之初形成的短暂态势。此时，日本舰队右舷一侧完全暴露在北洋舰队的重炮炮口之下，所以美国海军理论家马汉认为，日本舰队如此行动是极其危险之举[92]。北洋舰队也确实抓住了这一时机，拦截并重创了日舰本队落在后面的"比睿"、"赤城"、"西京丸"3舰。但当日本舰队完成第一次机动攻击后，北洋舰队以舰首对敌的态势即已不复存在，横阵又难以随着日舰的运动进行全队转向机动，很快便阵形大乱，完全陷入被动之中。

如果说丁汝昌不懂海军战术，那么其他海军将领对海军战术也同样缺乏正确认识。"定远"舰大副沈寿堃直到战后仍然认为："初见阵时，敌以鱼贯来，我以雁行御之，是也。"但他接着又说："嗣敌左右包抄，我未尝开队分击，致遭其所困。此皆平时操演未经讲求，所以临

[91] "沈寿堃呈文"，陈旭麓等主编：盛宣怀档案资料选辑之三《甲午中日战争》，下册，第403页。

[92] 见马汉："评鸭绿江口外的海战"，日本海军军令部编纂：《二十七八年海战史》，别卷，第554～555页。

时胸无把握耳。”[93]这一反思又涉及另一个战术问题，即集中与分散的关系。但问题是，丁汝昌临战前除下令以横队迎敌，还特别强调要集中作战。他曾“屡次传令，谆谆告诫，谓日人船炮皆快，我军必须整队攻击，万不可离，免被敌人所算”[94]。由于丁汝昌的海军战术运用出现严重失误，未能处理好火力与机动、集中与分散的关系，从而导致北洋舰队在海战中的一系列被动。

二是战场指挥。在战场指挥上，中日双方也形成了鲜明的对照。日本舰队虽然分成两个战术群，但相互之间的配合在统一指挥下非常流畅，确保了战术意图的贯彻实施。接战前，伊东祐亨为协调两队的行动并保持单纵队进行抵近攻击，连续发出了各舰“注意距离”、第一游击队“攻击右翼敌舰”、“达到适当距离开炮”等一系列指令。在战斗过程中，本队始终钳制北洋舰队主力，第一游击队则高速机动，先攻击北洋舰队右翼，再与本队夹击北洋舰队，最后追击退出战场的中国军舰，配合十分默契。在海战的最后阶段，旗舰“松岛”因受重创而传令各舰自由行动，但并未完全放弃指挥。伊东祐亨决定天黑前结束战斗，即发出旗号招第一游击队归队，然后率本队撤离战场。总之，日本舰队的统一指挥和两个战术群各自的指挥贯穿于海战的始终，从而控制了战场形势。

相反，北洋舰队在开战不久就中断了统一指挥。前已指出，北洋舰队在海战中按预定战术方案摆出了难以灵活机动的横阵，以致陷入被动防御的不利境地。那么，根据战场形势的变化，是否还有可能在阵形上做必要的调整呢？答案显然是否定的。且不说丁

[93] “沈寿堃呈文”，陈旭麓等主编：盛宣怀档案资料选辑之三《甲午中日战争》，下册，第403页。

[94] 李鸿章：“寄译署”（光绪二十年八月二十三日酉刻），顾廷龙、戴逸主编：《李鸿章全集》，第24册，第360页。

汝昌并无此种考虑，即便他有随机应变的战术意识，由于指挥的中断也无法实施了。

毫无疑问，北洋舰队在海战中出现指挥中断，责任主要在丁汝昌。丁汝昌本不是海军统帅的合适人选。他以陆军将领转而统率海军时已经43岁，这个年龄对于没有受过专业基础培训的人来说，要在实践中精通近代海军这个技术性很高的专业军种显然是极为困难的。但因此就认定他始终是一个外行海军提督，也未免有失公允。丁汝昌虽行伍出身，仅读过三年私塾，却晓畅文墨，能自己起草文函。细读其公私信函电稿，就会发现，他对舰队的日常管理、训练以及协调维修保障等海军业务已相当熟悉，且无不亲力亲为。而且他为人随和，不拘形迹，故与部下的关系较为融洽。惟因受自身条件所限，丁汝昌没有也不可能精通海军业务，对海军战略战术更是无从窥其堂奥。但在这个方面，那些受过多年专门培训并曾赴欧洲留学海军的管带们也并不比丁汝昌高明多少。[95]在海战前，北洋海军将领从未就可能与日本海军发生的海上交锋以及如何夺取海战胜利进行过集体讨论或私下交流，就足以说明问题。

开战不久，丁汝昌意外负伤，旗舰“定远”的信号装置亦被日炮击毁。由于丁汝昌事先没有指定自己的代理人和代理旗舰，北洋舰队失去了统一指挥，从而陷入各自为战的混乱状态。出现如此严重的后果，固然说明丁汝昌确实不懂海战指挥，但也说明各舰管带的军事素质同样存在缺陷。在海战中，当旗舰指挥信号中断后，由其他军舰主动接替指挥本是基本常识，然而，舰队失去统一指挥后各自为战近

[95] 详见苏小东：“北洋海军管带群体与甲午海战”，《近代史研究》1999年第2期。

5个小时，竟然没有一个管带及时接替指挥。直到海战接近尾声时，“靖远”管带叶祖珪才代升督旗收队，但对指挥作战已毫无意义了。丁汝昌在战后呈请奖恤的报告中曾说，他负伤后，“总兵刘步蟾代为督战，指挥进退，时刻变换，敌炮不能取准”[96]。此话说得颇为模糊，也极易给人造成错觉。所谓“代为督战”，是督一舰还是督全队？如指督“定远”一舰，这是管带分内之事，谈不上代督；如指督全队，旗舰信号装置已被击毁，他根本无法指挥其他各舰。

单横编队的机动本来就对指挥水平要求极高，而当彻底失去了统一指挥之后，全队更加无法协调行动，其后果也就可想而知了。

三是战场纪律。按照海上战场纪律的基本要求，军舰受重伤而无法继续作战时，或退出战场施救，或直接撤回基地，都必须以旗号告知旗舰，因此其他继续作战的军舰也应该是知情的。而中途退出战场，尤其是直接撤回基地的军舰，其伤情如何，战后查验和维修还将得到证实。如果无此纪律要求，各舰不论伤势轻重，均可擅自撤离战场，势必会瓦解全军的整体实力和士气，后果是不言而喻的。

在海战中，日本舰队本队殿后弱舰遭到北洋舰队主力的集中打击，有3艘中途退出战场。其中，“比睿”为已经服役16年的2000吨级旧式巡洋舰，“赤城”是一艘仅600余吨的炮舰；而“西京丸”则是商船改装的代用巡洋舰，由海军军令部长桦山资纪乘坐观战。下午2时，“比睿”发出“我舰火灾，退出队列”的信号。2时15分，“西京丸”发出“‘比睿’、‘赤城’危险”的信号。不久，“西京丸”又发出“我舰机器损坏”信号，后侥幸逃离战场，直接返回临时锚地。[97]“赤城”退出战场后，即

[96] 李鸿章：“大东沟战状折”，顾廷龙、戴逸主编：《李鸿章全集》，第15册，第449页。

[97] 日本海军军令部编纂：《二十七八年海战史》，上卷，第190～195页。

放慢航速，立即采取损管措施，将蒸汽管修复，于海战结束前又返回战场加入本队。“比睿”撤离战场约七八海里，将大火扑灭，基本恢复战斗力后也向战场驶去。但当其驶近战场时已是黄昏，难以辨认彼此军舰，加之舰上军医和护理员或死或伤，无法救治伤员，遂调转航向驶回临时锚地。海战后，此3舰因伤势过重均回日本大修，少则一个月，多则近两个月，才得以修复归队。

日本舰队在3舰退出战场后，仅剩9舰继续作战。北洋舰队当时虽损失“超勇”、“扬威”两舰，但“平远”、“广丙”两舰和两艘鱼雷艇已赶来参战，战舰总数仍为10艘。然而，双方舰艇数量对比发生的变化并未改变战场形势，北洋舰队由于缺乏统一指挥，仍处于内线防御态势。尤其是下午3时30分“致远”沉没后，混乱的局面更加恶化，“济远”、“广甲”、“靖远”、“经远”、“来远”、“平远”、“广丙”未发出任何信号即纷纷退出战场，只剩“定远”、“镇远”两舰仍在坚持与日舰搏战。退出战场的军舰不仅数量多，且均为可对海战结局构成影响的主力战舰。其撤离顺序和方向为：“济远”、“广甲”首先向西北偏西的大连湾方向撤走，“靖远”、“经远”、“来远”紧随其后，“平远”、“广丙”及鱼雷艇向北方退去；4时16分，日舰发现“靖远”发出一信号，火势凶猛且舰体已向右方倾斜的“来远”即随“靖远”转向小鹿岛驶去。日舰第一游击队开始追击时，已与这些撤走的军舰拉开了一段距离，直到4时48分，航速最快的“吉野”才追至距3000米左右猛攻“经远”。十几分钟后，第一游击队的其他3舰赶来助战，终于将“经远”击沉。在这个过程中，“广甲”、“靖远”、“来远”、“平远”、“广丙”（“济远”已撤至远处)各求自保，坐视“经远”被击沉，竟无一舰施以援手。海战后，经旅顺船坞查验和维修伤舰可知，中途退出战场的7艘军舰，除“经远”被击沉外，“来远”伤势最重，其余5舰均属轻伤(其中“广甲”搁浅自毁)。日方统计的北洋舰队各舰中弹情况也证实了这一点：“来远”中225弹(超过“镇远”所中220弹和“定远”所中159弹)，“靖远”中110弹，“平远”中24弹，“济远”中15弹，“广甲”、“广丙”两舰不详(从其作战表现和战后状况看，中弹数似亦不会太多)[98]。这说明，北洋舰队大部分军舰在“致远”被击沉后相继退出战场，主要原因并非因伤不堪再战，而是军心动摇的连锁反应。

四是后勤保障。当时，对海军战斗力影响最大的后勤技术保障内容主要有燃料补给、弹药供应及装备维修。

日本联合舰队远离本土，将临时根据地前置于朝鲜西海岸，在后勤技术保障方面做了相当充分的准备。因此，日本舰队能够在海战中高速机动和不间断地持续射击，一举击沉击毁中国4艘军舰。而海战结束后，日本舰队没有立即返航，直到第三天(19日)凌晨才回到临时锚地，说明舰上的弹药和燃料仍可供其继续作战。战后在临时锚地的补给和维修也效率极高，仅休整5天时间，便又重新恢复了战斗力。

相比之下，北洋舰队在后勤技术保障方面却存在很多问题，严重地影响了战斗力的发挥。即如舰队用煤一项，向由开平矿务局供给并运至旅顺、威海交付，煤之种类有五槽、老峒、新峒等名目。据丁汝昌说，海军大队出巡一次，需耗煤约两千吨，且对质量要求较高。矿务局平时供煤质量即无保证，战时用量大增，竟以碎煤充数。为此，丁汝

[98] 日本海军军令部编纂：《二十七八年海战史》，上卷，第258页。

昌多次与开平矿务局总办张翼交涉，甚至到了要撕破脸面的程度。丰岛海战后的7月30日，丁汝昌曾致函张翼指出：“煤屑散碎，烟重灰多，难壮汽力，兼碍锅炉，虽在常时以供兵轮且不堪用，况行军备战之时乎？曩次‘利运’装来碎煤，曾勉卸之，其半另供岸厂之用。其不肯骤为已甚者，无非从权顾交谊也。乃昨者所有运到包煤，方之‘利运’所解者尤多不及。不料既经谆托，转不如不托之良也。系台从未及招呼，抑经管人专留此种塞责海军乎？包煤专备行军之需，若尽罗尖亦数，实难为恃，关系之重，岂复堪思！自兹续运，再为散碎，一面仍遣运回，一面电请相帅(李鸿章)核办，幸勿怪言之不先也。”话已说到这个地步，不料得到的答复却是要求海军在运去的散碎煤中自己筛捡块煤，并且还给海军出了个难题，即以安全为由要求为运煤船护航。丁汝昌于8月24日去函质问张翼：“新峒质既难齐，前属在威筛检，何不可于出矿时另将整块筛捡，单存一处？”“若每次运煤必须船护，数少则非徒无益，若护以全队，则一次所运之煤仅足供一次护行之用，其与不运何殊也？”然而，直到黄海海战前5天，丁汝昌还在就煤的质量问题与张翼进行交涉。他在信中指责说：“迩来续运之煤仍多散碎，实非真正五槽。”并再次表示：“俟后若仍依旧塞责，定以原船装回，次始得分明，届时幸勿责置交谊于不问也。”[99]北洋舰队最终就是用这样的散碎之煤驶向了与日本舰队决战的战场。在蒸汽舰时代，军舰以蒸汽为动力，而航速是舰艇战术技术性能要素之一。北洋舰队的航速本已逊于日本舰队，又因用煤散碎导致“汽力”不足，从而进一步拉大了与日本舰队的航速差距。

[99] 丁汝昌：“致张燕谋”(光绪二十年六月二十八日)、“复张燕谋”(光绪二十年七月二十四日)、“致张燕谋”(光绪二十年八月十三日)，谢忠岳编：《北洋海军资料汇编·丁汝昌海军函稿》，上册，第533～534、544～545、551～552页。

在海战中，北洋舰队的弹药数量和质量也暴露出严重问题。由于弹药数量不足，激战中竟不得不减少大口径火炮的发射，而以小炮抵御日舰的攻击。据“镇远”舰洋员马吉芬回忆，到战斗结束前半小时，“镇远”305毫米口径前主炮的开花弹(爆破弹)已全部打光，仅剩25枚钢弹(穿甲弹)，150毫米口径后主炮的炮弹则全部打完。“定远”的情况也是如此。“再过半小时，我们将一无所有，而听任敌人为所欲为了”。“定远”舰洋员戴乐尔的回忆也证实了这一点。他们一致认为，弹药不足的责任在天津方面，是兵工厂总办等岸上官吏的贪污与卖国行为所致。[100]其实，在海战前半个月，赫德就曾在一封信中透露：北洋舰队“克虏伯炮有药无弹，阿姆斯特朗炮有弹无药！汉纳根已受命办理北洋防务催办弹药，天津兵工厂于十日前就已收到他所发的赶造子弹命令，但迄今仍一无举动！他想要凑集够打几个钟头的炮弹，以备作一次海战，在海上拼一下，迄今无法到手。最糟的是恐怕他永远没有到手的希望了！”[101]

北洋舰队所需弹药主要由天津机器局生产，由天津军械局负责调拨；国内无法生产的弹药，如“平远”260毫米口径炮弹，由军械局负责向国外订购。当时，担任天津军械局总办的张士珩是李鸿章的外甥，此种关系在战局不利时自然会因各种传言和联想而使其成为千夫所指的罪魁祸首。但细核档案中有关北洋海军弹药调拨统计资料和近年来新发现的史料，上述指责显然缺乏根据。当年12月上旬，直隶候补道徐建寅曾奉旨到威海查验北洋海军弹药情况，据统计，舰上和库存的主副炮炮弹数量分别为：305毫米口径炮开花弹293枚、钢

[100] Philo N. McGiffin, The Battle of the Yalu: Personal Recollections bvthe Commander of the Chinese Ironclad Chen-yuen. 转引自郑天杰、赵梅卿：《中日甲午海战与李鸿章》，第99、102页；戴乐尔：《我在中国海军三十年》，第43页。

[101] “赫德致金登干”(1894年9月2日北京去函Z字第630号)，《中国海关与中日战争》，第55页，中华书局，1983。

弹244枚，260毫米口径炮钢弹35枚，210毫米口径炮开花弹952枚、钢弹163枚，150毫米口径炮开花弹1714枚、钢弹225枚，120毫米口径炮开花弹362枚、钢弹38枚。扣除黄海海战后至徐建寅查验弹药时为止运解威海的305毫米开花弹160枚和210毫米、150毫米开花弹各100枚，其余均为海战结束时剩余的炮弹。[102]一方面是海战中炮弹匮乏，一方面是海战后还有剩余炮弹，说明北洋舰队在黄海海战前的作战准备极不充分，出海护航竟然没有带足弹药，丁汝昌对此难辞其咎。

如果说没有证据表明北洋舰队在黄海海战中弹药匮乏是弹药供应不足所致，那么弹药质量出现的问题则毫无疑问是天津厂局的责任。在海战中，弹药质量存在问题，其后果十分严重，海军军官战后总结教训时即对此颇多责难。“定远”枪炮二副高承锡认为：“枪炮子药乃军务极要之件，制造之时须较以规矩，求其性力，认真试妥，然后取用，方无妨害。”倘若“不论合膛与否、炸力大小、能否及远，塞责成工，不但战时用之有害，即平时用之也受害不浅”。该舰枪炮大副沈寿堃指出：“中国所制之弹，有大小不合炮膛者；有铁质不佳，弹面皆孔，难保其未出口不先炸者。即引信拉火，亦多有不过引者。临阵之时，一遇此等军火，则为害实非浅鲜。”“来远”帮带大副张哲溁也说：“所领子药，多不合适，亦不切备。东沟之役，有因弹子将罄而炮故缓施者，有因子不合膛而临时减药者。”弹药存在上述质量问题，在海战中不论是弃置不用还是临时应急处理后勉强使用，都会造成极其严重的后果——或使弹药更加匮乏，或使发射速度大为降低，或使炮

[102] 徐建寅：“上督办军务处查验北洋海军禀”及附件“北洋海军各船大炮及存船各种弹子数目清折”、“北洋海军存库备用各种大炮弹子数目清折”（手稿）；“顾元爵、盛宣怀致丁汝昌电”（光绪二十年九月初四日）、“盛宣怀致丁汝昌电”（光绪二十年九月初八日），陈旭麓等主编：盛宣怀档案资料选辑之三《甲午中日战争》，下册，第565、570页；“北洋大臣李鸿章咨送奉旨交查之天津军械总局存发枪炮清册”（光绪二十年十月初四日），戚其章主编：中国近代史资料丛刊续编《中日战争》，第5册，第137～138页，中华书局，1993。按：徐建寅在查验报告中特别指出“靖远”副炮口径为6英寸而非150毫米，鉴于两者尺寸基本相同，此处将徐所记“靖远”用6英寸炮弹一并归入150毫米炮弹统计。

火威力减弱。

在装备维修保养方面，平时得过且过，舰船应修而不修，部件该换而不换。及至战事吃紧，临时已无暇亦无所需料件可供整修，只好择要简单修补。黄海海战前，各舰多因船底秽重而行缓，仓促间却只来得及将“定远”、“经远”、“来远”送入旅顺船坞洗刮船底并涂刷快干油，其余军舰和其他工程一概作罢。结果一经战阵，各种弊端便暴露无遗，其中最严重的是各种配件“坏无以换，缺无以添”。由于“配炮零件所备不足，一旦急需，非购自外洋不可得。临阵施放，难保无伤。东沟之役，因零件损伤，炮即停放者不少”。尤其是“致远”、“靖远”两舰水密门橡胶封条年久破烂，战前请换而未换，导致“致远”“中炮不多时，立即沉没”[103]。激战之际，舰炮因零件损伤而无法使用的后果难以估量，而“致远”因水密门橡胶封条失修以致中炮后迅速沉没却实属损失惨重。平时不重视装备的维修保养，战时必然要付出沉重的代价。

五是武器装备。北洋海军参加黄海海战的军舰总数不论是按10艘计还是按12艘计，与日本舰队的12艘军舰相比，均属基本相当。但在总吨位上，北洋舰队即使按12艘计，也只有约34600吨，比日本舰队的40880吨少6280吨。北洋舰队虽拥有两艘7000余吨的铁甲舰，但其余军舰均在1000余吨至2000余吨之间，所以平均吨位仅为2883吨。而日本舰队除一艘炮舰为600余吨，其余军舰都在3000余吨至4000余吨之间，故平均达3407吨。也就是说，双方尽管军舰总数基本相当，但北洋舰队的军舰却普遍小于日舰。这也是海军实力对比的一个

[103] 以上见“张哲溁呈文”、“沈寿堃呈文”、“曹嘉祥、饶鸣衢呈文”、“高承锡呈文”，陈旭麓等主编：盛宣怀档案资料选辑之三《甲午中日战争》，下册，第398、401、404、407页。

重要内容。

然而，武器装备的质量显然比数量更为重要。从中日参战军舰的舰龄来看，北洋舰队的主力战舰都是19世纪80年代服役的，日本舰队的主力战舰则大多为19世纪90年代服役的。当时，海军武器装备的发展日新月异，相差几年就可能成为两代产品。此外，军舰服役时间越长，其各项性能指标下降的就越多。即如航速，北洋舰队的旧舰较之日本舰队的新舰本来在设计时速上就存在差距，而舰龄的长短不同又进一步扩大了这一差距。再如舰炮，日本舰队拥有大量先进的速射炮，北洋舰队主要还是旧式后膛炮，速射炮却寥寥无几。北洋舰队自1888年成军后，除增加了1艘国产巡洋舰“平远”号，再未向国外订购一船一炮。舰炮较之军舰本身更易于更新，本可随时弥补，北洋海军于甲午战前曾计划为“定远”、“镇远”、“济远”、“经远”、“来远”增配120毫米口径速射炮共18门，却因经费难以筹措而未能实现。[104]

中日海军在军舰航速和火炮射速上的差距，在黄海海战中形成了鲜明对比，北洋舰队参战军官对此深有感触。他们总结说：“战船贵快，快则变阵容易，易于取胜”；“船不快，阵难开合，亦无可探敌情。”日本舰队虽然有航速仅10节的“赤城”号炮舰，但绝大多数军舰航速都在15节以上；尤其是将航速最快的4艘巡洋舰独立编组为第一游击队，平均航速即达19.4节。北洋舰队航速最快的巡洋舰为设计时速18节的“致远”和“靖远”，但服役6年后只有15节左右了。因此，“大东沟之役，敌变动至灵，转瞬一阵，我军变换阵势尚未完竣，已被其所困。虽有夺天之巧，亦难插翅而飞也”。当“敌受伤退，我船不能

[104] 李鸿章：“海军拟购新式快炮折”（光绪二十年二月二十五日），顾廷龙、戴逸主编：《李鸿章全集》，第15册，第304～305页。

追。是两军相对，而彼得进退自如”。日本舰队在海战中分作两队，“顷刻列成左右夹攻。我船迟缓，变化艰难，所以受敌致败”。

在火炮方面，北洋舰队12艘参战军舰共有100毫米以上口径炮45门，日本舰队则有100毫米以上口径炮105门，是北洋舰队的一倍多，而且其中多数是速射炮。海战中，北洋舰队“定远”、“镇远”两舰的8门305毫米口径主炮大显威力，日本舰队“松岛”、“严岛”、“桥立”3舰的3门320毫米口径巨炮却没有发挥预期的作用(整个战斗中仅发射13次，即“严岛”5发、“松岛”和“桥立”各4发)。但这3艘日舰还各有120毫米口径速射炮11~12门，其他如“吉野”、“秋津洲”、“千代田”等舰也各有120毫米、150毫米口径速射炮8~12门，较之北洋舰队占有绝对的优势。根据当时的统计，120毫米口径速射炮每分钟可发射8~10发炮弹，150毫米口径速射炮每分钟可发射5~6发炮弹，而相同口径的旧式火炮每分钟仅能发射1发炮弹。所以海战场上才出现了张哲溁所说的“我开巨炮一，敌可施快炮五；如不命中，受敌已多，我又无快炮以抵”的不利情况。不仅如此，炮之快慢与命中率也大有关系：“炮快则易于命中，盖离敌之远近易试也”；“炮不快，远近难测，故命中亦难”。总之，“此次大东沟之役，彼炮快船快击我炮钝船缓”，机动与火力均处劣势而为敌所制[105]。

六是官兵素质。战斗力的基本要素除武器装备，还有官兵素质，而后者往往具有决定性的作用。官兵素质高，可在一定程度上弥补武器装备数量和质量之不足；官兵素质低，即使拥有优势的武器装备也会打败仗。北洋舰队经过黄海大海战的检验，表明不仅武器装备落

[105] 以上见“张哲溁呈文”、“曹嘉祥、饶鸣衢呈文”、“沈寿堃呈文”、“吴应科呈文”、“高承锡呈文”、“李鼎新呈文”，陈旭麓等主编：盛宣怀档案资料选辑之三《甲午中日战争》，下册，第398、401、404、406、407、410页。

后，官兵素质也存在严重问题。对此，北洋海军军官战后总结教训时也有深刻的反省。

海军官兵素质是平时通过舰队管理和训练养成的。由于管理失范造成的官兵素质低下及其表现，亲历者“来远”帮带大副张哲溁作过全面评述，主要有七个方面：

(一)辅佐乏才。军兴以来，未闻有上制胜之谋者。提督与诸将画策，有口是而心非者，有唯唯而退者。员弁有言，多因避嫌不敢上达。至临敌之际，各自取巧为己，不顾大局。

(二)纪律不严。海军将士难无贤劣之别。不肖者，碍情不加处治，故众多效尤。上有所好，下必有甚，相习成风，视为故态。下属不敢发上司之非，上司亦能隐下属之过，甚至临阵退缩、畏葸不前者，不加查察。而功罪倒置，物议沸腾。

(三)将就任使。军中员弁，有才力不胜者，有学问不及者，有毫无所知其所司之职者，滥厕其间。或碍于情面，或善于逢迎，或忠于节费，擅一艺微长，洵足因循过日。至临敌将就为用，不顾贻误于全船。

(四)军心不固。兵士之定乱，视将领之才能。我军将领，有临时确操把握者，兵士自以为可靠，固亦不少。其有军务吃紧，遇事张皇，而神形变色者，兵士见之难免生惶恐之心。一船如此，告知他船亦然。

(五)将士耽安。前琅威理在军中时，日夜操练，士卒欲求离船甚难。是琅之精神所及，人无敢差错者。自琅去后，渐放渐松，将士纷纷移眷，晚间住岸者，一船有半。日间虽照章操作，未必认真，至有事之秋，安耐劳苦。

(六)情面太重。学生、练勇为海军之根本,老少强弱,敏钝不齐,难免无得情荐手之弊。在军中资格较深、才力较胜者,久任不得升,而投效之人,入军便膺其上。

(七)赏罚不明。海军经仗之后,无论胜败,其各船中奋勇者有之,退缩者有之,使能分别赏罚,庶足以鼓人心。我军仗后,从无查察,其畏葸避匿者,自幸未尝冒险;其冲锋救火奋勇放炮者,尚悔不学彼等之黠能。[106]

关于舰队训练,张哲溁等军官也披露了许多鲜为人知的内幕,概括而言就是流于形式,弄虚作假。打靶时固定靶位和距离,演阵时预定阵式,一切直同儿戏。大阅之年,为了应付上级的检阅,也不过是多排练几遍,使场面更好看。如此训练,平时可以日复一日地敷衍过去,战时必然要原形毕露,具体表现就是舰队在接敌前变换阵形失败且不能随机应变,射击的命中率也明显低于日本舰队。在这场近5个小时的海上决战中,北洋舰队没能击沉一艘敌舰,"福龙"号鱼雷艇在400米到40米的距离向"西京丸"连发3枚鱼雷,竟然无一命中目标。事实证明,平时管理混乱,军纪涣散,士气低落,训练不实,绝不可能在战场上克敌制胜。

通过比较可以看出,北洋舰队在上述7个方面均与日本海军存在明显差距,因此在海战中失败也就毫不奇怪了。但需要指出的是,北洋舰队暴露出来的各种缺陷,并不完全是其本身的问题,根源还在于腐败落后的社会制度、军事体制以及指导海军建设与作战的海防战略的制约。换言之,在陈腐的君主专制社会土壤中,外部环境早已改

[106] "张哲溁呈文",陈旭麓等主编:盛宣怀档案资料选辑之三《甲午中日战争》,下册,第398~399页。

变了北洋海军的现代化内在品质，黄海海战就是最有说服力的检验。其结果，不仅仅是黄海一战的严重失利，而且还将导致北洋海军遭此重创之后的一蹶不振。

大洋沉思

Chapter Four

第四章

辽东半岛之战中的中日海军

一　海战报告与奖惩

黄海海战是中日海军的主力决战，其结果将直接关系到以后战局的发展。然而，中国方面就连北洋海军的将领们对这场海战的经过及结局都是模糊不清，甚至对其护送的运兵船是否已安全卸载也不知道，最高当局更是无从掌握真实情况。

9月18日丑时（凌晨1时至3时），"济远"舰首先回到旅顺。管带方伯谦报称：昨日我舰队在大东沟外与日本舰队开战，但见击沉日舰4艘，"济远"阵亡7人，伤处甚多，船头裂漏水，炮均不能施放，驶回修理，余船仍在交战。旅顺船坞总办龚照玙立即将此情况电告李鸿章。[1]

是日晨6时许，丁汝昌率舰队回到旅顺基地。上午，李鸿章因未得到旅顺续报而心急如焚，致电龚照玙询问："济远"伤势如何？续报如何？并令其速派"金龙"拖船往探海军及运输船下落。就在李鸿章发出这封电报的同时，丁汝昌给李鸿章的电报也已发出。丁的报告很简单，只说：

> 昨日在大东沟外，十二点与倭船开仗，五点半停战。我军"致远"沉，"经远"火，或"超勇"或"扬威"一火一驶山边，烟雾中望不分明。刻督"定远"、"镇远"、"靖远"、"来远"、"平远"、"广甲"、"广丙"、"镇

[1] 李鸿章："寄译署"（光绪二十年八月十九日辰刻），顾廷龙、戴逸主编：《李鸿章全集》，第24册，第342页，安徽教育出版社，2008。

中"、"镇南"并两雷艇回旅,尚有两艇未回。"济远"亦回旅。当战时,我军先十船,因"平"、"丙"、"中"、"南"四船在港护运,未赶上,后该船均到助战。倭军十一船,各员均见击沉彼三船。倭船快,炮亦快且多,对阵时,彼或夹攻,或围绕,其失火被沉者,皆由敌炮轰毁。我军各船伤亡并各船受伤轻重速查再电禀。[2]

当天,汉纳根另电李鸿章报告战况,也说我军失船4艘,击沉日舰3艘。并说:"日船究不能犯我运兵之船,得以渡兵上岸。"其实,不论是丁汝昌还是汉纳根,他们都并不清楚运兵船上的陆军是否已在大东沟安全登陆。好在刘盛休及时来电报告:"闻海军在鹿岛与日船接仗,我军弁勇赶紧下民船登岸,商轮明日开回,只'利运'兵驳装满军火,明日趁潮亦可卸清。"[3]李鸿章这才稍感心安。

在丁汝昌的电报中还有一个明显的错误,即返回旅顺的军舰中并无"广甲"。该舰自战场撤走后,当天夜里驶至大连湾外三山岛时,因慌不择路而触礁搁浅。此外,他说"超勇"、"扬威"两舰中有一艘驶至山边,但究竟是哪一艘烟雾中未看清楚。既然如此,战斗结束后为何没有率舰队或派舰立即前去探明?也就是说,在不知那艘舰是否还能救护的情况下就将其弃之不顾了,事后亦未采取任何措施。结果,海战次日,日本舰队又来到作战海域,在大鹿岛附近发现搁浅的"扬威",随即由"千代田"用水雷将其轰散。19日,丁汝昌派"济远"前往三山岛去拖搁浅的"广甲",未获成功。管带方伯谦见远处有日舰驶来,而本舰炮械全坏,已失去作战能力,便避入大连湾。后来又派"金龙"拖船去拖,也未成功,于是就地将军舰炸毁了。

[2] 李鸿章:"寄译署"(光绪二十年八月十九日申刻),顾廷龙、戴逸主编:《李鸿章全集》,第24册,第344页。

[3] 李鸿章:"寄译署"(光绪二十年八月十九日戌刻),顾廷龙、戴逸主编:《李鸿章全集》,第24册,第345页。按:英人詹姆斯·艾伦(James Allan)在其回忆录《在龙旗下—— 甲午战争亲历记》(译文载《近代史资料》,总57号)中说其所乘美国货轮"哥伦比亚"号也参加了此次运送铭军的行动,又说运兵船于9月17日晨7时全部卸载完毕,并接到各船自行返回港口的指令。有论者据此认为,黄海海战前,北洋舰队护送的运兵船已完成了登陆行动。但艾伦的说法并不足信,首先装运铭军的5船中没有"哥伦比亚"号,其次在没有无线电报设备的舰船上根本无法传达指令。实际情况是,海战时运兵船仍在卸载,直到9月20日才登陆完毕,其中有4船于21日晨返回旅顺,而"利运"尚搁浅在赵氏沟。见"盛宣怀致刘自含芳电"(光绪二十年八月二十一日)、"盛宣怀致刘盛休电"(光绪二十年八月二十三日),陈旭麓主编:盛宣怀档案资料选辑之三《甲午中日战争》,上册,第161、168页,上海人民出版社,1980;"张翼致盛宣怀函(二)"(光绪二十年八月二十三日),陈旭麓主编:盛宣怀档案资料选辑之三《甲午中日战争》,下册,第220页,上海人民出版社,1982。

丁汝昌回到旅顺后，他的伤势似乎日渐恶化。18日龚照玙在给李鸿章的电报中还说："顷晤丁提督，见其右臂半边被药烧烂，左臂为弹炸望台木板击伤，幸不甚重。"[4]两天后竟至头脚皆肿，皮肉发黑，两耳流血水，眼不能睁，口流黄水，各伤处疼痛异常，言语稍多，便感心悸，不能自持。因此，丁汝昌请李鸿章在左右翼总兵中择一人暂代提督职务。21日，经李鸿章奏请，朝廷有旨："丁汝昌现患伤病，海军提督着刘步蟾暂行代理。丁汝昌赶紧调治，俟稍痊，仍行接统。"[5]

在此之前，李鸿章曾致电丁汝昌追问："此战甚恶，何以方伯谦先回？"[6]这本是很正常地了解情况，却又很容易让人解读出其他含义来。就当时的官场风气而言，方伯谦一事可大可小，关键就看丁汝昌如何汇报了。22日，李鸿章电告丁汝昌关于命刘步蟾暂行代理提督的谕旨，同时也接到了北洋海军的第二个海战报告。电报称：

> 十八日与倭开战，尔时炮烟弥漫，各船难以分清，现逐细查明：当酣战时，自"致远"冲锋击沉后，"济远"管带方伯谦首先逃回，各船观望星散。倭船分队追赶"济远"不及，折回将"经远"拦截击沉，余船复回归队。"超勇"舱内被敌炮击入火起，驶至浅处焚没。"扬威"舱内火起，又为"济远"拦腰碰坏，亦驶至浅处焚没。查战时"定远"、"镇远"舱内亦为敌弹炸烧，一面救火，一面抵敌，皆无失事。"超(远)"、"扬(威)"若不驶至浅处，火即可救。"经远"同"致远"一样奋勇摧敌，闻自该管带等中炮阵亡，船方离队，如仍紧随不散，火亦可救。"广甲"管带吴敬荣随"济远"逃至三山岛东搁礁，连日派船往拖，难以出险，现用驳船先取炮位，再不浮起，只得用药轰毁。窃自倭寇起衅

[4] 李鸿章："寄译署"（光绪二十年八月十九日亥刻），顾廷龙、戴逸主编：《李鸿章全集》，第24册，第345页。

[5] 李鸿章："寄旅顺丁提督"（光绪二十年八月二十三日巳刻），顾廷龙、戴逸主编：《李鸿章全集》，第24册，第357页。

[6] 李鸿章："寄旅顺丁提督"（光绪二十年八月十九日申刻），顾廷龙、戴逸主编：《李鸿章全集》，第24册，第344页。

以来，昌屡次传令，谆谆告诫，谓倭人船炮皆快，我军必须整队攻击，万不可离，免被敌人所算。此次"来远"、"靖远"如不归队，"定(远)"、"镇(远)"亦难保全。乃"济远"首先退避，将队伍牵乱，"广甲"随逃，若不严行参办，将来无以警效尤而期振作。余船请暂免参。"定远"、"镇远"异常苦战，自昌受伤后，刘镇步蟾尤为出力。所有员弁兵勇及各船阵亡受伤者，容查明禀请奏加奖恤，先此电禀。[7]

第二份报告的内容不仅仍很简单，而且所述战况的时间顺序、各舰位置及战场指挥等均极为混乱，并没有全面真实地反映海战的实际情况。

李鸿章接电当天，即请旨将方伯谦即行正法，而对同样临阵脱逃且损毁一艘战舰的"广甲"管带吴敬荣，却以其"人尚明白可造"，建议革职留营，以观后效。吴敬荣乃安徽人，是李鸿章、丁汝昌的同乡，又是广东水师军官，而李鸿章之兄李瀚章当时正任两广总督。这一切不能不让人产生其他的联想。朝廷没有也不会理会这其中的微妙，遂于23日降旨，准如李鸿章所奏[8]。值得注意的是，李鸿章曾就此先后两次致电李瀚章，通报其对吴敬荣的处罚意见和朝廷的批复。

24日清晨，方伯谦被押至旅顺黄金山下大船坞西面的刑场上斩首。方伯谦临阵脱逃，固然罪无可逭。但即使是按陈旧的传统军法，阵前正法与战后正法也是有着完全不同的处理原则，何况牵涉的是现代化海军这一新的军种。战后治罪，理应对指控的罪名进行必要的核查，并从专业的角度用事实作为定罪的依据。而指控方伯谦临阵脱逃，却没有对"济远"的伤势进行必要的检验，因为这毕竟也是对

[7] 李鸿章："寄译署"(光绪二十年八月二十三日酉刻)，顾廷龙、戴逸主编：《李鸿章全集》，第2册，第360页。

[8] 李鸿章："寄译署"(光绪二十年八月二十三日酉刻)，《顾廷龙、戴逸主编：李鸿章全集》，第24册，第360页；《清德宗实录》，卷347，光绪二十年八月戊辰，中华书局影印本，1987。

其量刑轻重的要件。指控“济远”撞坏“扬威”，虽然战时军舰始终处于运动之中，两舰相撞的可能性在理论上不能完全排除；但“济远”、“扬威”分别位于舰队的左右两翼，而且后者是搁浅于战场北方的大鹿岛一带，前者则是往西撤回旅顺，因此也有必要说明前者是在何时何地如何撞上后者的。正因为处决方伯谦过于仓促草率，当时即引起了北洋海军部分官兵、尤其是“济远”官兵的反弹，有人甚至作《冤海述闻》为方伯谦鸣冤叫屈[9]。后世论者也一直为方伯谦被杀的冤与不冤争执不休。

当时，朝廷及李鸿章不仅不了解黄海海战的实情，就是对已发生近两个月的丰岛海战也仍然不明真相，各种未经证实的传闻依旧还在左右着当局的决策。9月19日，翰林院侍读学士文廷式奏称：丰岛海战中，“‘济远’既伤，‘操江’被掳，独‘广乙’兵船管带林国祥奋不顾身，与之鏖战，倭三舰皆受伤。及船身被炮将沉，犹能激励士卒，开足机力，突撞倭‘松岛’铁舰之腰，与之俱没”。因此，特请旨将林国祥“超擢任用，以为忠勇敢战者劝”[10]。这种黑白颠倒的不实传闻，朝廷居然十分重视，第二天即电谕李鸿章核查，“该管带如果奋勇得力，即行破格擢用，以昭激劝”[11]。李鸿章的复奏同样以“外国众论咸称林国祥勇敢出众”等传闻为依据，说林在丰岛海战中“以孤船当劲敌，战阵颇勇，虽力竭船沉，功不掩过”，应请委令接署“济远”管带[12]。就这样，在丰岛海战中比方伯谦更早率舰离开战场的林国祥，便颇具讽刺意味地接替了因在黄海海战中临阵脱逃而被正法的方伯谦的遗缺。

[9] 据戚其章先生考证，《冤海述闻》作者为“济远”舰帮带大副何广成。

[10] “文廷式奏请擢用奋战之管带林国祥片”（光绪二十年八月二十日），《清光绪朝中日交涉史料》(1608)，卷20，第14～15页。

[11] 《清德宗实录》，卷347，光绪二十年八月乙丑。

[12] 见李鸿章：“寄旅顺丁提督”（光绪二十年八月二十三日亥刻）、“复丁军门”（光绪二十年八月二十五日辰刻）、“复译署”（光绪二十年八月二十八日巳刻），顾廷龙、戴逸主编：《李鸿章全集》，第24册，第362、369、382页。

有惩罚当然也要有奖叙赏恤。李鸿章于战后第二天即电询丁汝昌:伤亡弁兵若干?朝廷对此也很关注,命李鸿章尽快查明,并请旨赏恤。但北洋海军的伤亡情况也是一笔糊涂账,迄未做出全面准确的统计。这里既有舰队管理上的问题,也有战时的客观困难。即如被击沉击毁的4艘军舰,舰上官兵与舰俱沉者甚多,当时的确无法判定其或生或亡,而生还者何时归队或是否归队也不得而知,所以要统计出精确的数字来几乎是不可能的。但即便如此,将无法确认生死的官兵按失踪处理,仍然可以做出相对准确的统计,因为这不仅是对此前作战损失的评估,还牵涉到今后继续作战的战斗力问题。

后来李鸿章在10月5日和12月25日两次请恤,上报了80名阵亡将弁名单。经朝廷批准,"致远"管带邓世昌、"经远"管带林永升照提督例从优议恤,"致远"大副陈金揆照总兵例从优议恤,"超勇"管带黄建勋、"扬威"管带林履中照原官升衔从优议恤,其余阵亡将弁或照原官升衔议恤,或照原衔议恤。其中邓世昌因"殊功奇烈,尤与寻常死事不同",还被特赐"壮节"谥号[13]。同时,丁汝昌又请立《海军惩劝章程》,援引邓世昌船沉不愿独存之例,建议今后凡"前敌冲锋尽力攻击者,或被敌轰沉,或机器损坏,或子弹罄尽,或伤焚太甚无可挽救,虽军舰沉焚,而船中将士遇救得生,准免治罪,仍予论功";而遇敌退缩者,即以军法从事。李鸿章认为,此为爱惜人才、整肃军纪起见,自应准如所拟办理[14]。

上述获准议恤者主要是"致远"、"经远"、"超勇"3舰的将弁,至于其他各舰的阵亡将弁以及全部兵勇,因未见有另行请恤的档案

[13] 李鸿章:"大东沟战状折"(光绪二十年九月初七日)、"续行查明阵亡员弁请恤片、清单"(光绪二十年十一月二十九日),顾廷龙、戴逸主编:《李鸿章全集》,第15册,第450、555~557页;《清德宗实录》,卷348,光绪二十年九月壬午。

[14] 李鸿章:"海军惩劝章程片"(光绪二十年九月初七日),顾廷龙、戴逸主编:《李鸿章全集》,第15册,第451页。

资料，详细情况已不得而知。在相关的私家著述中，一说“致远”、“经远”、“超勇”、“扬威”4舰官兵俱殉，“定远”阵亡17人，“镇远”阵亡15人，“来远”阵亡10余人，“济远”阵亡7人，“靖远”阵亡5人，合计共阵亡官兵90余人、溺毙600余人；一说“致远”、“超勇”2舰官兵俱殉，“扬威”生还65人，“经远”生还16人，共亡官弁87人、水手1000余人，伤400余人[15]。另据日方综合各种资料和情报后统计：“经远”生还18人，“致远”生还4人，“扬威”生还83人，“超勇”生还15人；“定远”阵亡16人，“镇远”阵亡11人，“来远”阵亡17人，“济远”阵亡5人，“靖远”阵亡2人，合计共战死、溺毙600余人，伤200余人[16]。上述记载均非第一手资料，其统计数字不可能准确无误。但综合以上各种统计，或可推算出一个大致相近的数字：“致远”、“经远”的编制员额均为202人，“超勇”、“扬威”的编制员额均为137人，4舰共计678人，减去4舰生还者100~120人，阵亡者应为558~578人，再加上“定远”、“镇远”、“来远”、“济远”、“靖远”5舰阵亡的51~61人，阵亡总数为609~639人，或约作600余人[17]。

[15] 池仲祐：《海军实纪·述战篇下》，谢忠岳编：《北洋海军资料汇编》，下册，第1196～1200页，中华全国图书馆文献缩微复制中心，1994；姚锡光：《东方兵事纪略》，中国史学会主编：中国近代史资料丛刊《中日战争》，第1册，第67～68页，上海人民出版社，1957。

[16] 日本海军军令部编纂《二十七八年海战史》，上卷，第278～280页，日本春阳堂，1905。

[17] “平远”、“广甲”、“广丙”3舰未见阵亡记载。“致远”、“经远”、“超勇”、“扬威”等舰编制员额见《北洋海军章程·船制》，谢忠岳编：《北洋海军资料汇编》，下册，第767、785、799、805页。

为死者议恤，还要为生者奖叙，以作士气。李鸿章以“镇远”、“定远”战最力，功较多，即在两舰中择优酌保10人，请旨奖叙。10月23日，朝廷颁谕：提督丁汝昌着交部议叙；右翼总兵“定远”管带刘步蟾以提督记名简放，并赏换“格洪额巴图鲁”名号；提督衔左翼总兵“镇远”管带林泰曾赏换“霍伽助巴图鲁”名号；左翼中营游击“镇远”副管驾杨用霖免补参将，以副将尽先补用，并赏给“捷勇巴图鲁”名号；右翼中营游击“定远”副管驾李鼎新以参将尽先补用，并赏给“振勇巴图鲁”名号；

北洋海军提标都司吴应科免补游击,以参将尽先补用,并赏给"杨勇巴图鲁"名号;右翼中营守备"定远"鱼雷大副徐振鹏、枪炮大副沈寿堃和左翼中营守备"镇远"枪炮大副曹嘉祥均免补都司,以游击尽先补用,并赏加副将衔;左翼中营守备"镇远"枪炮二副沈叔龄和右翼中营守备"定远"枪炮二副高承锡均以都司尽先补用,并赏戴花翎[18]。

此外,对军中洋员也有奖恤。10月9日,清廷以汉纳根在海战中"奋勇效力",加恩赏给二等第一宝星。参加海战的洋员还有8人,其中阵亡2人,受伤4人。经李鸿章奏请,清廷在奖叙"定远"、"镇远"两舰军官的谕旨中,亦对伤亡洋员予以奖恤:汉纳根再赏提督衔;阵亡之"定远"管炮英员尼格路士(T.Nicholls)、余锡尔(A.Purvis,应为"致远"总管轮)给予2年薪俸;受伤之德籍总管"镇远"炮务哈卜们(Heckman)以水师参将用,受伤之英籍帮办"定远"副管驾戴乐尔(W.F.Tyler)、德籍帮办"定远"总管轮阿壁成(J.Albrecht)、美籍帮办"镇远"管带马吉芬(P.N.MaGiffin)均以水师游击用,并赏戴花翎,给予三等第一宝星[19]。

汉纳根在获赏宝星后并不满足,又要求派他以提督衔任海军副提督,赏穿黄马褂,才能继续留在北洋海军服务。李鸿章以刚赏其宝星,不便再奏请赏穿黄马褂,拒绝了他的要求[20]。但清廷似乎有意要重用汉纳根,于10月19日传谕李鸿章:"该洋员在北洋当差有年,若令统领师船出洋攻剿,是否相宜,并应如何重其职任、授以实官之处,着李鸿章妥筹具奏。"李鸿章复奏说:"汉纳根受伤尚未痊愈,目下海军战舰力量过单,势难遽令出洋攻剿。该员已蒙赏给宝星,并加提

[18] 李鸿章:"海战请奖折"(光绪二十年九月二十三日),顾廷龙、戴逸主编:《李鸿章全集》,第15册,第466~46715页;朱寿朋编:《光绪朝东华录》,第3册,第3479页,中华书局,1958。

[19] "译署来电"(光绪二十年九月十一日未刻到),顾廷龙、戴逸主编:《李鸿章全集》,第25册,第33~34页;李鸿章:"海战请奖恤西员片"(光绪二十年九月二十三日),顾廷龙、戴逸主编:《李鸿章全集》,第15册,第467~468页;朱寿朋编:《光绪朝东华录》,第3册,第3480页。

[20] 李鸿章:"寄旅顺丁提督"(光绪二十年九月十五日辰刻),顾廷龙、戴逸主编:《李鸿章全集》,第25册,第42页。

督衔，足资鼓励，似毋庸遽授实职。”[21]其实，李鸿章已决定放弃汉纳根，并开始为北洋海军另外物色外籍顾问。海关总税务司英人赫德希望琅威理能回到中国再次担任这一职务，而中国方面也认为他是事实已经证明了的最合适人选。11月13日，清廷又谕：

> 琅威理前在北洋训练海军，颇著成效。自该员请假回国后，渐就废弛，以致本年战事未能得力，亟应力加整顿。着总税务司赫德传谕琅威理迅即来华，以备任使；此外堪胜管带驾驶各洋员，并着琅威理悉心选募，酌带前来，切勿迟缓。[22]

清廷似乎并不明白，琅威理作为英国海军的现役军官，不可能由中国政府随意调遣，何况还牵涉到中日交战期间英国的所谓中立地位。清廷似乎更不清楚，琅威理当初是如何离开北洋海军的，他岂能尽弃前嫌来华任使。果然，琅威理表示，即使他同意接受中国的聘用，也要等到战争结束之后，并且还提出了许多苛刻条件，如必须由皇帝正式颁给海军最高职衔等等[23]。实际上，以李鸿章的性格，他也根本不想再聘琅威理。而且在此期间，已经有一个人选进入了他的视线，此人便是“金龙”号拖船船长英人马格禄(J.Mclure)。11月15日，李鸿章电告丁汝昌，已札派马格禄帮办北洋海军提督，即传谕各管驾以下员弁，谨受指挥[24]。马格禄并非海军出身，甚至没有军旅经历，洋员戴乐尔的评价是：“他已人过中年，而且还曾有酗酒的名声。这个老冒险家一定会全力以赴地向这个千载难逢的机会奋力一跳。但把他置于这样一个地位实在是一件残酷且愚蠢的事情，特别是对丁

[21] 《清德宗实录》，卷350，光绪二十年九月甲午。

[22] 《清德宗实录》，卷352，光绪二十年十月己未。

[23] “金登干致赫德”(1894年11月17日伦敦来电新字第779号、11月17日伦敦来函Z字第907号、11月18日伦敦来电新字第778号)，《中国海关与中日战争》，第98～100页，中华书局，1983。

[24] 李鸿章：“寄丁提督”(光绪二十年十月十八日未刻)，顾廷龙、戴逸主编：《李鸿章全集》，第25册，第156页。

(汝昌)来说。”[25]后来的事实证明,马格禄的任职确无可取之处。

本来,就中日双方海军的损失情况来看,北洋海军无疑是海战的失败者,但一开始中国方面并没有认识到这一点。北洋海军虽然损失4艘军舰(不包括自毁的“广甲”),但丁汝昌、汉纳根等均报称也击沉日舰3艘。又“据外人云,海军一战,中日船伤人毙,彼此相敌”[26]。龚照玙甚至认为:此次海战“虽互有损失,而倭船伤重先退,我军可谓小捷,若后队不散,当获全胜”[27]。对此,中方朝野均信以为真,舆论随即停止了对丁汝昌的抨击。李鸿章为鼓励丁汝昌,还专门去电告知:“有此恶战,中外咸知,前此谤议顿消。”[28]朝廷在战前一直坚持要撤换丁汝昌,而战后当丁因伤请假时,却要求他伤愈仍行接统,其态度的变化就很说明问题。

中国方面之所以误判击沉3艘日舰,显然与日舰“比睿”、“赤城”、“西京丸”在遭受重创后退出战场有关。其实,“赤城”在修好蒸汽管后,于海战接近尾声时又返回了本队;“比睿”和“西京丸”则分别直接驶回小乳蠹角临时锚地。伊东祐亨当时无法确定后两艘舰的下落,所以在撤离战场后,并未直接返回临时锚地。他先命已受重伤的“松岛”返回日本修理,后又让伤势较重的“赤城”先行返航大同江,然后即率其余7舰寻找“比睿”和“西京丸”。第二天下午,他们又来到头一天的海战场,仍然没有发现“比睿”和“西京丸”,伊东即令“千代田”将搁浅在大鹿岛附近的中国军舰“扬威”炸毁,并于当晚6时返航大同江。9月19日晨,伊东率舰队回到小乳蠹角锚地,得知“比睿”、“西京丸”已安全到达。

[25] 戴乐尔:《我在中国海军三十年》,第51页,文汇出版社,2011。

[26] 李鸿章:“寄译署”(光绪二十年八月十九日申刻)、“寄译署”(光绪二十年八月十九日戌刻)、“寄译署”(光绪二十年八月二十三日亥刻),顾廷龙、戴逸主编:《李鸿章全集》,第24册,第344、345、361页。

[27] 李鸿章:“寄译署”(光绪二十年八月二十八日午刻),顾廷龙、戴逸主编:《李鸿章全集》,第24册,第383页。

[28] 李鸿章:“寄旅顺丁提督并刘镇”(光绪二十年八月二十九日辰刻),顾廷龙、戴逸主编:《李鸿章全集》,第24册,第387页。

日舰“西京丸”于18日晨最先回到临时锚地。上午11时40分，在“西京丸”上的桦山资纪接到通信船“最上丸”发出的信号：“昨日海战我军胜利。”下午4时30分，桦山派“最上丸”去仁川将其拟定的电报发回大本营，报告海战已获胜利。这是日本海军发回国内的第一个海战报告。9月20日，日本天皇向联合舰队发来敕语，祝贺取得“黄海大捷”，并嘉奖全体官兵。随后，皇后和皇太子也先后来电慰问。28日，天皇又派侍从武官海军少佐齐藤实作为敕使，携天皇赐物来到舰队慰问。日本国内更是举国欢腾，为联合舰队的获胜而欣喜若狂。日方当然有理由庆祝胜利，因为日本舰队在海战中没有一舰沉毁，却眼看着击沉击毁了中国4艘军舰，胜负已是显而易见。

日本舰队的损失情况很快即被核实统计出来：军舰受伤情况，“松岛”最重，“赤城”、“比睿”、“西京丸”次之，其余各舰虽有不同程度的轻伤，但不影响战斗力；人员伤亡情况，共阵亡官兵121人，伤177人。9月19中午，维修船“元山丸”从大同江口的渔隐洞来到临时锚地，在检查各舰伤情后，即开始应急修理轻伤各舰，至22日夜抢修完毕。同时，运输船“千代丸”、“土洋丸”向各舰补充弹药，“玄海丸”则运送63名重伤员回日本佐世保军港治疗。“比睿”、“赤城”、“西京丸”因伤势较重，继“松岛”之后也驶回日本大修。很快，“西京丸”于10月19日、“赤城”于10月25日、“松岛”于11月5日、“比睿”于11月14日先后修复归队。

9月21日，伊东祐亨对舰队进行改编，将第一游击队并入本队，内分第一、第二小队，每小队两个分队。新的编制序列为本队：第一小队第一分队“桥立”、“扶桑”和第二分队“浪速”、“吉野”，第二小队第三分队“严岛”、“千代田”和第四分队“高千穗”、“秋津”；第二游击队：“金刚”、“葛城”、“武藏”、“大和”、“高雄”、“天龙”；第三游击队：“筑紫”、“大岛”、“摩耶”、“爱宕”、“鸟海”；附属舰：“天城”、“磐城”、“八重山”、“海门”、“相模丸”；鱼雷艇：第七号、第十二号、第十三号、第二十二号、第二十三号、“小鹰”号[29]。

9月22日下午，伊东派“浪速”、“秋津洲”前往威海、烟台、大连湾一带侦察。23日下午5时，伊东率本队、第二游击队及部分附属舰和鱼雷艇出发，分两路向大鹿岛南方和鸭绿江口巡弋。至此，日本联合舰队仅用5天时间即休整完毕，又重新恢复了战斗力，并已开始为下一步入侵辽东半岛进行准备。

二　一蹶不振的战后休整

黄海海战后不久，清廷即要求北洋海军赶紧修复受伤各舰，以备再战。李鸿章则希望丁汝昌在养伤期间仍能继续过问舰队事务，督催修理各舰早竣，以后专在北洋各要口巡击，使日军的海路入侵有所忌惮。

9月23日晨，日舰“浪速”、“秋津洲”驶至威海附近侦察，旋即退去。李鸿章闻报，即电旅顺基地，指示丁汝昌“须设法预备支持，即不能远出，须傍口外游巡，使彼知我非束手也”[30]。次日，日舰又窜至大连湾、旅顺一带。李鸿章再电丁汝昌、龚照玙，明确要求务必于10日内修好伤势较轻的“平远”、“广丙”、“济远”、“靖远”4舰，在威海、旅顺附近游巡，无伤之4艘炮船同大鱼雷艇在口外附近巡探，略壮声

[29] 日本海军军令部编纂《二十七八年海战史》，上卷，第287～288页。

[30] 李鸿章：“寄旅顺丁提督龚道”（光绪二十年八月二十四日午刻），顾廷龙、戴逸主编：《李鸿章全集》，第24册，第363页。

势。“不然，日知我无船，随意派数船深入，到处窥伺，若再护运兵船长驱直入，大局遂不可问。”[31]但丁汝昌认为，北洋海军的整体实力本较日本舰队相差悬殊，经黄海一战又折损近半，现伤舰尚未修竣，全队出动固不可能，即部分舰艇出巡亦属冒险。但不知出于何种考虑，他没有直接向李鸿章说明自己的想法，而是致函负责后路转运事宜的盛宣怀，请其转达解释。他在信中说：

查此四舰，固在日夜赶修，但“靖(远)”、“济(远)”两艘备炮钢底钢圈皆已破损，无能复用，“平远”请领之炸弹迄未接到，“广丙”速射炮弹现在只有六十发。钳制敌军，本为吾侪素责，倘遭遇敌队，速力难及，不惟夺我士气，抑且增彼声威，殊非计之得也。军器不完不备，岂可滥事交绥哉？我海军力原较敌方单薄，鹿岛(黄海)之役复失四舰、废一舰，现在勉强差堪战斗者，仅“定(远)”、“镇(远)”、“济(远)”、“靖(远)”、“来(远)”、“平(远)”六艘而已。“平远”速力迟钝，修理工程非至十月(西历十一月)中旬不能完竣，各舰炮身多被破损，军器弹药何时可到尚不能预知，心中焦灼之至。苟以补充不足，再失一二舰，不其更损国威耶！再四思维，拟俟全舰修理完成之后，无论舰数多寡，强弱如何，一举力战，以身许国，至舰人俱亡，昌尽其责而后已。此昌之决心也。[32]

两天后，即9月27日，李鸿章又电丁汝昌、龚照玙，严令立即报闻轻伤4舰何日修好，并说局势日紧，皇帝催修甚急，切勿任员匠疲玩[33]。从这一电令看，李鸿章并不知道丁汝昌所致盛宣怀函及其内容。

按规定，北洋海军的伤舰应由旅顺船坞总办龚照玙负责主持修

[31] 李鸿章：“寄旅顺丁提督并龚道”（光绪二十年八月二十五日巳刻），顾廷龙、戴逸主编：《李鸿章全集》，第24册，第370页。

[32] 转引自日本海军军令部编纂《二十七八年海战史》，上卷，第346～347页；归与：《中日威海战役纪略》，《海事》第10卷第9期（1937年3月）。在国内已出版的相关资料中，《丁汝昌海军函稿》无此函，盛宣怀档案资料选辑之三《甲午中日战争》中亦未见收录。

[33] 李鸿章：“复旅顺丁提督并龚道”（光绪二十年八月二十八日未刻），顾廷龙、戴逸主编：《李鸿章全集》，第24册，第384页。

理，海军则有督修之责。在此之前，龚照玙鉴于伤舰较多，船坞工匠人手不足，曾向李鸿章提出，“事机在急，必得添匠齐同赶修”[34]。而据汉纳根估计，旅顺船坞须添工匠200名方可敷用。盛宣怀即向大沽船坞及唐山矿务、铁路两局选调工匠，先后选出锅炉匠、铜匠、机匠等数十名。但因工匠要求增加薪水，又因搭乘的船只变化不定，他们直到9月底才陆续到达旅顺，且不数日即纷纷辞去。

丁汝昌和龚照玙原来估计，伤舰“必须九月(西历10月)中下旬始能修齐”。朝廷认为“为期太迟，着饬催加工赶办”[35]。但因缺少修船工匠，又督修不力，不要说提前修竣，就是按原定之期亦很难完成。丁汝昌甚至认为，要完全修好受伤最重的“来远”舰，时间还须推迟一个月。此外，丁汝昌请领之“靖远”、“济远”两舰大炮钢底钢圈及“平远”舰所需260毫米口径炮弹国内均不能生产，需向国外订购，何时乃至能否买到还是未知数；“广丙”舰原属广东，其速射炮所需炮弹经李鸿章电询粤省有无存储，久无回信[36]。

9月29日，李鸿章获悉日本将派大队北犯旅顺，当即电令丁汝昌，将可用之舰经常派出口外，在近岸处巡查，略张声势。朝廷担心威海、旅顺各口安全，谕令海军修补之舰亦“须赶紧准备护口迎敌”[37]。日军从海上入侵的消息不断传来，北洋海军依然毫无动静，李鸿章越来越怀疑是刘步蟾等人在消极抵制。他在10月2日致电丁汝昌指出：汉纳根等洋员都说“定远”、“镇远”择要修理，数日内便能出海。此二舰如往来威海、旅顺之间，日本运兵船必不敢深入，关系北洋全局甚大。并警告说：“若刘步蟾等借修理为宕缓，误我大计，定行严参。禹廷(丁

[34] 李鸿章：“寄译署”（光绪二十年八月二十日辰刻），顾廷龙、戴逸主编：《李鸿章全集》，第24册，第347页。

[35] 李鸿章：“寄译署”（光绪二十年八月二十五日巳刻），顾廷龙、戴逸主编：《李鸿章全集》，第24册，第370页；《清德宗实录》，卷347，光绪二十年八月庚午。

[36] 李鸿章：“寄旅顺丁提督龚道”（光绪二十年九月初六日巳刻），顾廷龙、戴逸主编：《李鸿章全集》，第25册，第17页。

[37] 李鸿章：“寄旅顺黄张姜程各统领并丁提督”（光绪二十年九月初一日巳刻），顾廷龙、戴逸主编：《李鸿章全集》，第25册，第3～4页；《清德宗实录》，卷348，光绪二十年九月甲戌。

汝昌字)虽病,当认真督催,勿为若辈把持摇惑。”[38]

在李鸿章的严令下,丁汝昌终于复电表示,海军各舰10月中旬即可出海。还说:刘步蟾在舰日夜督催工程,他并无专擅之权,何敢托故迁延时日?所可虑者,大炮钢底钢圈及开花弹皆不敷用,“似此出海遇敌,将如之何,不胜忧闷之至”[39]。丁汝昌在极力为刘步蟾辩解,同时也隐瞒了北洋海军士气低落的实情。调赴旅顺船坞的工匠回去后说:“船坞修工均不上紧,非得傅相(李鸿章)严行派人督催,海军不能订日出海。”[40]又据当时在“定远”舰差遣的原“广甲”管轮卢毓英记述,北洋海军在旅顺基地修舰期间,“诸君皆以虎口余生,每以公余日驰逐于酒阵歌场,红飞绿舞,虽陶情荡魄,亦触目惊心。谁无父母,孰无妻子,寄身炮弹之中,判生死于呼吸,人孰无情,谁能遣此?所以作醉生梦死之态者,亦知身非金石,何可日困愁城?不得不假借外物,庶有以遏制此方寸地也”[41]。如此醉生梦死的放纵,正是悲观绝望的表现。

李鸿章虽不知道北洋海军的士气究竟低落到了什么程度,却已明显感觉到海军将领们比黄海海战前更加畏敌惧战。但他并未要求北洋海军出海寻战,只是希望舰队能以象征性的行动来实现他的威慑意图。10月4日他又向丁汝昌通报敌情,说日本26艘运兵船即将内犯,不日直奉必有大警,因此在修的6艘主力舰必须漏夜修竣,早日出海游弋。他怕丁汝昌不明白,又进一步说明:出海游弋只是略张声势,“使彼知我船尚能行驶,其运兵船或不敢放胆横行,不必与彼寻战,彼亦虑我蹑其后。现船全数伏匿,将欲何为?用兵虚虚实实,汝等当善体此意”[42]。

[38] 李鸿章:“寄旅顺丁提督龚道”(光绪二十年九月初四日午刻),顾廷龙、戴逸主编:《李鸿章全集》,第25册,第11页。

[39] 转引自日本海军军令部编纂《二十七八年海战史》,上卷,第350~351页;归与:《中日威海战役纪略》,《海事》第10卷第9期(1937年3月)。此电《李鸿章全集》之电稿中未见收录。

[40] “张翼致盛宣怀函(二)”(光绪二十年九月初八日),陈旭麓等主编:盛宣怀档案资料选辑之三《甲午中日战争》,下册,第262页。

[41] 卢毓英:《卢氏甲午前后杂记》(手稿复印件),第32页。

[42] 李鸿章:“寄旅顺丁提督龚道”(光绪二十年九月初六日巳刻),顾廷龙、戴逸主编:《李鸿章全集》,第25册,第17页。

丁汝昌不可能体会不到李鸿章的意图，只是在他看来，现在伤舰尚未完全修复，武器弹药也不完备，士气又已低落至谷底，以这样一只残破不全的舰队出海游巡，一旦遭遇日本舰队，后果将不堪设想。尤其是舰队士气不振，他比李鸿章更清楚这才是影响下一步行动的关键。刘步蟾代理提督后，朝廷和李鸿章不断催促尽快修舰和早日出海，舰队却连一艘舰艇也未能派出去。尽管他也曾为此进行辩解，但内心深知，整个舰队已完全丧失了继续作战的信心。他在写给朋僚的信中说："或搜或剿，非身亲督队，别无作气之术。"[43]悲观之情已是溢于言表。

就在这时，北洋海军在黄海海战中的"战绩"终于真相大白，所谓击沉日舰3艘原来是子虚乌有。前已无功，后又不振，丁汝昌遂再次成为众矢之的。有人奏称：丁汝昌在黄海海战中"臂受板伤，因流黄水，并非伤重难期速痊者比，而请假调理，竟可置身事外，请旨饬查"。10月9日光绪皇帝有旨："着吴大澂确切查明，据实具奏，毋稍徇隐。"[44]

在强大的压力下，丁汝昌表示要力疾上舰，订期出海。李鸿章当即去电温词慰勉，告之"近日尚无日船内驶，我海军出巡威(海)、(大连)湾、旅(顺)一带，彼或稍有避忌，勿先自馁"[45]。10月14日，李鸿章向丁汝昌转达皇帝谕旨，询问舰队究竟何日出巡。丁汝昌报称，他"足伤稍愈，仍不能步履；各船伤重且多，星夜加工修理，都未完备"。尽管如此，仍拟一二日先带6舰到威海补充弹药，再巡大连湾到旅顺，安配"定远"、"镇远"起锚机器[46]。18日傍晚，丁汝昌率"定远"等6艘主

[43] 丁汝昌："复吴瑞生"(光绪二十年十月初八日)，谢忠岳编：《北洋海军资料汇编·丁汝昌海军函稿》，上册，第554页。

[44] 《清德宗实录》，卷349，光绪二十年九月甲申。

[45] 李鸿章："寄旅顺丁提督"(光绪二十年九月十五日辰刻)，顾廷龙、戴逸主编：《李鸿章全集》，第25册，第42页。

[46] 李鸿章："寄旅顺丁提督"(光绪二十年九月十六日戌刻)、"复译署"(光绪二十年九月十七日申刻)，顾廷龙、戴逸主编：《李鸿章全集》，第25册，第45、47页。

力舰及2艘鱼雷艇离开旅顺，前往威海。此时距黄海海战已整整一个月。而此后的所谓出巡，就是往来于旅顺、威海两个基地之间，实际上已自动放弃了制海权。

三　北洋海军弃守旅顺口

日本舰队取得黄海海战的胜利后，已完全掌握了黄海制海权。但日本方面认为，尽管北洋海军已遭重创，且战后一直避匿不出，惟其基本实力尚存，仍对日军跨海作战构成重大威胁。日军大本营为实现下一步进军渤海湾、在直隶平原与清军决战的计划，决定首先兵分两路进攻中国本土，并在辽东半岛作战中攻取北洋海军的旅顺基地，进而或全歼北洋海军或击走北洋海军。为此，日军大本营又将第一、第二师团及第二十二混成旅团编成第二军，共约24000余人。届时，第二军与入朝作战的第一军将分左右两翼由海路和陆路同时入侵中国本土，海军联合舰队主要协同第二军行动。

10月24日，日本第一军和第二军分别从两个方向同时向中国本土发起进攻。

日本入朝作战的第一军由陆路进攻中国本土，首先要渡过中朝界河鸭绿江。当时，鸭绿江西岸集结的清军有自平壤败退过江的盛军、毅军、奉军及东北盛字练军等残部，还有北洋海军不久前护送至大东沟的铭军，以及新由旅顺调来的4营毅军，由新任帮办北洋军务的四川提督宋庆统一指挥；另有黑龙江将军依克唐阿所率领的13营镇边军前来助守，总兵力约有3万人。经过反复协调，清军在鸭绿江防线确定为左右两翼布防，宋庆率主力部队为左翼，依克唐阿率部为右翼。清军部署初定，山县有朋率领的日本第一军也已进抵朝鲜境内鸭绿江边。10月24日上午，日军从清军防御薄弱的左翼突破，强渡鸭绿江。当天夜里，日军又在清军右翼江面架起舟桥，随即发起总攻。至25日中午，清军即全线崩溃，江边重镇九连城（今属辽宁丹东市）、安东（今辽宁丹东市）全部失陷。宋庆率盛军、毅军、铭军、奉军等部先退凤凰城（今辽宁凤城市），再退辽阳摩天岭。依克唐阿率部经宽甸退往赛马集一带。东北盛字练军及部分奉军溃向岫岩。此后，清军即在辽阳、海城等地与步步紧逼的日本第一军展开持续的争夺战。

日本第二军从海路进攻辽东半岛，首先要确定登陆地点。9月22日，日军大本营海军参谋官、海军军令部长桦山资纪乘"筑紫"舰来到联合舰队锚地，指示伊东祐亨为第二军选择在辽东半岛的登陆地点。25日，伊东派"鸟海"、"八重山"两舰前去侦察大连湾以东海岸，发现辽东半岛南岸貔子窝以东20海里处的花园口可作为登陆地点，遂立即电告大本营。随后，伊东为迷惑中国方面，又两次派出第二游击队及"浪速"、"秋津洲"、"千代田"等舰前往山东半岛成山头一带游弋，故作疑兵。10月15日至18日，新组建的日军第二军自日本宇品陆续乘船出港，前往朝鲜大同江口的渔隐洞集结。19日，第二军司令官大山岩和第一师团长山地元治登"桥立"舰会晤伊东祐亨，最后敲定以花园口为登陆地点，登陆时间定在24日。

为护送运兵船和掩护陆军登陆，日本联合舰队已于10月10日将编制序列调整为：第一游击队："吉野"、"高千穗"、"秋津洲"；本队："桥立"、"千代田"、"严岛"、"浪速"；第二游击队："扶桑"、"葛城"、"金刚"、"高雄"；第三游击队(运输船向导舰)："大和"、"武藏"、"天龙"、"海门"；辅助船："西京丸"、"相模丸"、"朝颜丸"、"明石"。22日下午，日舰"八重山"、"千代田"、"筑紫"、"大岛"、"鸟海"自大同江口渔隐洞出发，于23日黄昏到达登陆地点。24日凌晨，"千代田"舰上的陆战队登岸，未发现清军，即在登陆地带进行布防。

10月23日上午，日舰第一游击队、本队、第二游击队的10艘军舰护送16艘运兵船驶出大同江口。24日早晨6时30分，抵达登陆地点花园口。花园口西距貔子窝37公里，西南距金州80公里，距大连湾100公里。日军在此登陆，意在攻占金州，抄袭大连湾、旅顺口的后路。但此处海岸较浅，大船不能靠近海岸，登陆部队需换乘汽艇牵引的舢板再行约4海里才能上岸，可见并不是一个理想的登陆地点。正因为如此，清军在此没有设防，而日军选择在这里登陆也正是为了出其不意。日军分三批登陆，整个行动持续了半个月，直到11月7日晚7时30分方全部结束[47]。

在此期间，日舰第三游击队及"八重山"、"西京丸"、"相模丸"等舰船主要负责协助陆军登陆和就近警戒，本队及第一、第二游击队则在运兵船外围巡弋，另派3个鱼雷艇队到内长山岛一带警戒，并不间断地派出舰艇到大连湾、旅顺口、威海卫侦察，以防北洋舰队来袭。在登陆的当天，伊东祐亨即派"浪速"、"秋津洲"前往威海侦察北洋舰队的动向。25日晚，两舰回报，北洋舰队6艘主力舰及2艘鱼雷艇出

[47] 以上见日本海军军令部编纂《二十七八年海战史》，上卷，第303～325页。

港，驶向成山头。伊东担心北洋舰队来袭，即于26日晨率主力驰往内长山岛以东巡弋，但并未发现北洋舰队的踪迹。到大连湾侦查的鱼雷艇队回来时，还掳获了一艘大连湾水雷营的布雷船“捷顺”号。11月1日“吉野”再赴威海卫侦察，3日上午返回报告：威海港内只有“康济”、“威远”两舰及3艘炮船，估计北洋海军主力已前往旅顺、大连湾。4日，伊东祐亨接到第二军预定6至7日进攻金州、大连湾的通报，即决定6日率舰队前往大连湾，以支援陆军作战。[48]

中国方面虽早已获得日军将在辽东半岛登陆进攻大连湾、旅顺的情报，但无从实时掌握日军的登陆时间和地点，也没有组织抗登陆作战的设想和准备。直到10月26日晚，李鸿章才接到来自大连、旅顺的报告，一说有日军2000人在貔子窝登陆，一说有日船36艘及民船百余艘在貔子窝东北花园口渡兵登陆。因为两个报告不一致，李鸿章认为报告恐未尽确，命令旅顺守将速即确探严防。所谓“严防”，就是要求守军在日军来路要口多埋地雷，并多掘地沟以散队设伏，不得轻易接仗[49]。当时旅顺口、大连湾、金州地区的守军有约30营万余人，由于谨遵李鸿章各守营盘的指令，没有及时抽调部队前往日军登陆地点阻击，致使日军得以安全登陆。

10月28日，驻守大连湾的总兵赵怀业、徐邦道等又来电报告，说有民船百余只装运日军驶向大孤山一带。李鸿章命徐邦道赶紧派队前往大孤山探查是否有日军登陆，同时电令在威海基地的丁汝昌“酌带数船驰往游巡，探明贼踪，以壮陆军声援”[50]。丁汝昌在出发前复电李鸿章，告知当晚即率6舰2艇赴旅顺、大连湾，再探觇大孤山一

[48] 日本海军军令部编纂《二十七八年海战史》，上卷，第327～336页。

[49] 李鸿章：“寄旅顺姜程黄张各统领”（光绪二十年九月二十八日戌刻）、“复徐赵统领”（光绪二十年九月二十八日戌刻），顾廷龙、戴逸主编：《李鸿章全集》，第25册，第74、75页。

[50] 李鸿章：“寄威海丁提督”（光绪二十年九月三十日辰刻），顾廷龙、戴逸主编：《李鸿章全集》，第25册，第82页。

带。他说，来自旅顺的消息是日本运兵船在貔子窝东北(即花园口)，并非大孤山一带。又说，据英船探称，日军带有10余艘鱼雷艇，必以此拼我铁、快各舰。所以他表示："此行遇敌，惟有督率将士尽力死拼，第船少械亏，胜负非所敢计，伏乞鉴谅。"[51]李鸿章似又听出弦外之音，遂回电说："相机探进，不必言死拼。"[52]29日上午，丁汝昌率领8艘舰艇抵达旅顺，下午出巡行至大连湾东，与前往侦探日军登陆情况后折回的北洋所雇英旗轮船"北河"相遇。"北河"船长对丁汝昌说："我力过单，前去吃亏，无益。"丁汝昌根据李鸿章的"相机探进"的指示，决定不再前往大孤山和日军登陆的花园口，而是返回旅顺赶配两铁甲舰的起锚机[53]。

由于日军已经攻入中国本土，战局完全恶化，清廷决定加强中央统筹和指挥以力挽危局。11月2日，清廷颁谕设立督办军务处，派恭亲王奕訢督办军务，庆亲王奕劻帮办军务，户部尚书翁同龢、礼部尚书李鸿藻、步军统领荣禄及礼部左侍郎长麟会同商办。并明确规定，所有各路统兵大员均归节制，如有不遵号令者，即以军法从事。[54]次日又谕，正式将翁同龢、李鸿藻和候补侍郎刚毅补授军机大臣[55]。翁、李均为清流领袖，在对外战争中历来坚持主战立场，刚毅则是以附和主战言论而被荐入军机。其中，翁同龢还是当朝皇帝的师傅，光绪帝每事必问同龢，眷倚尤重。他们虽都极力主战，但毕竟也都是文人，对军事、尤其是近代军事极为陌生，甚至是一窍不通。就此而言，军机大臣的调整与否，并不能使军机处的军事决策水平发生根本变化。至于新成立的作战统筹机构督办军务处，6位大臣中有两位亲王，有3人是

[51] "丁提督来电"(光绪二十年九月三十日戌刻到)，顾廷龙、戴逸主编：《李鸿章全集》，第25册，第84页。

[52] 李鸿章："复旅顺丁提督"(光绪二十年九月三十日戌刻)，顾廷龙、戴逸主编：《李鸿章全集》，第25册，第85页。

[53] "丁军门来电"(光绪二十年十月初二日戌刻到)，顾廷龙、戴逸主编：《李鸿章全集》，第25册，第95页。按：在上海人民出版社1987年版的顾廷龙、叶亚廉主编《李鸿章全集》(该全集仅出版前3册电稿后即因故中辍)第3册电稿中(第102页)，该电文被编者错误地标点为："昨由旅开，北河在前，行至大连湾东北河折回。同寄泊口内马船主过船云，我力过单，前去吃亏，无益。现回旅赶配'定'、'镇'起锚机。"包括笔者在内的诸多研究人员在使用此电时均未认真研读，将错就错，即将船名"北河"视作大连湾地名"东北河"。此误后来竟被业余研究者孙建军先生发现，并专文考证，经重新标点此电，应为"昨由旅开，'北河'在前，行至大连湾东，'北河'折回……"(见孙建军：《丁汝昌研究探微》，第110～114页，华文出版社，2006)。惟在此之后出版的新编《李鸿章全集》仍未改正此误。

[54] 《清德宗实录》，卷351，光绪二十年十月戊申。

[55] 《清德宗实录》，卷351，光绪二十年十月己酉。

军机大臣，还有1人是总署大臣。从其人员构成看，此一指挥机构与军机处、总理衙门均有重叠，显然是为了确保军事决策与军事指挥的高度统一。但上有军机处奉旨决断，下有地方大员具体指挥，并无军令权的督办军务处名为节制各路统兵大员，实则无以号令全军，正如其名称，不过是“督办军务”而已，也无法力挽狂澜。

就在督办军务处成立的当天，清廷又发布谕旨，以丁汝昌统带战舰不能得力，着将交部议叙之案撤销。11月3日再谕：“现在倭氛逼近金州，旅顺后路危急，船坞要地，亟应尽力保护”，令李鸿章悉心筹划[56]。日军已在花园口登陆，并正抄袭旅顺后路，李鸿章却担心日军还会在旅顺登陆，故指示丁汝昌：“如贼水陆来逼，兵船应驶出口，依傍炮台外，互相攻击，使彼运船不得登岸。”[57]但此时旅顺已是人心惶惶，各局衙官员走避一空，船坞工匠亦纷纷告去，几近停工状态。6日，丁汝昌致电李鸿章，提出舰队在旅顺有三难：

> 一、大连湾若失守，敌必扑旅顺后路，而我舰停泊口内，不能施展，无能为力。
>
> 二、敌舰来攻，旅顺基地口门窄小，我舰不能整队而出，且“定远”、“镇远”须俟涨潮才能出口，遇有紧急情况，冲出不易。
>
> 三、旅顺口外敌鱼雷艇过多，夜间来攻，我舰缺少快炮，实难防备。[58]

丁汝昌强调客观困难，实因对坚守旅顺没有信心，所以想要撤离旅顺。李鸿章当然明白他的想法，遂回电表示：“旅（顺）本水师口岸，若船坞有失，船断不可全毁。口外有无敌船，须探明再定进止，汝自妥

[56] 《清德宗实录》，卷351，光绪二十年十月戊申、己酉。

[57] 李鸿章：“寄旅顺龚道等”（光绪二十年十月初六日亥刻），顾廷龙、戴逸主编：《李鸿章全集》，第25册，第110页。

[58] “丁提台来电”（光绪二十年十月初九日丑刻到），顾廷龙、戴逸主编：《李鸿章全集》，第25册，第120页。

酌，勿得张皇胆怯，致干大戾。”[59]李鸿章为了保船，准予丁汝昌便宜行事，但必须是在危急时舰队方可撤离。

同一天，皇帝发出的谕令却是：“现在贼逼金州，旅防万分危急，其登岸处在皮(貔)子窝，必有贼舰湾泊及来往接济，着李鸿章即饬丁汝昌、刘步蟾等统率海军各舰前往游弋截击，阻其后路。”[60]但李鸿章没有命令海军出击。他电告新设立的督办军务处：貔子窝一带有日本军舰14艘和鱼雷艇7艘往来梭巡，而北洋海军现仅6舰2艇可出海，力量太单，未便轻进[61]。实际上，此时北洋海军前往貔子窝已没有意义。正是在这一天，日军主力的登陆行动基本结束，其第一师团已占领金州。

11月7日，日军进攻大连湾。总兵赵怀业所部守军望风而逃，未发一枪一炮即将大连湾及各炮台拱手留给了日军。

这一天，夏历十月初十日，正是慈禧太后的60岁生日。这场筹备已久、耗银近一千万两的六旬大寿庆典，在日军的炮火下虽已缩小了规模，仍然令人触目惊心，有人甚至将庆寿贺词中的“一人有庆，万寿无疆”改成了“一人庆有，万寿疆无”。惟不知慈禧在庆寿当天惊闻大连湾失守，又会作何感想。

这一天，也是丁汝昌的59岁生日。当晚，他带着残破不整的舰队凄然离开旅顺，匆匆驶向威海。

丁汝昌率舰队回到威海后，立即电告李鸿章：旅顺船坞已停工，“定远”、“镇远”的起锚机尚未配妥，“来远”只修一半。如果关内无重兵出援，旅顺万难久支。而一旦旅顺陆路失守，各舰在港内无能为力，

[59] 李鸿章：“复丁提督”(光绪二十年十月初九日辰刻)，顾廷龙、戴逸主编：《李鸿章全集》，第25册，第121页。

[60] 《清德宗实录》，卷351，光绪二十年十月壬子。

[61] 李鸿章：“寄督办军务处”(光绪二十年十月初十日巳刻)，顾廷龙、戴逸主编：《李鸿章全集》，第25册，第124页。

有损无益，且陆上各统领恳速告急，故赶回威海发电报告。李鸿章正奉朝廷之命设法保全旅顺，对丁汝昌如此急切地率舰队弃旅顺而去极为不满。他8日去电斥责说："昨电旨方令汝与刘步蟾带船往皮(貔)子窝设法雕剿，断其后路接济，力固不能，然如此仓皇出走，恐干重咎。"[62]由于旅顺告急，朝旨严催派兵往援，李鸿章当晚电令丁汝昌立即带舰来天津面商机宜。他说："寇在门庭，汝岂能避处威海，坐视溃裂？速带六船来沽，面商往旅拼战、渡兵运粮械接济，成败利钝，姑不暇计，尽力为之而已。刻即启碇，勿迟误。"[63]李鸿章所说"渡兵运粮械接济"，是指经其11月5日奏请，朝廷已同意调登莱青镇总兵章高元所部8营约4000人自登州(今蓬莱)渡海至旅顺填防，届时需海军护航。

丁汝昌已将6舰全部带往威海，但李鸿章担心只修一半的"来远"舰还留在旅顺，故在前一封电报中责问丁汝昌何以未禀明带出。皇帝甚至以为尚未修好起锚机的"定远"、"镇远"两舰与"来远"同在旅顺船坞未出，于10日发出一道极为严厉的上谕：

> "定远"各船，前奏三十五日修好，嗣又称起椗机器未全，已久逾前限，不意今日来电仍云尚未配妥，"来远"亦只修一半。不知两月以来，丁汝昌所司何事，殊堪痛恨！"定远"为该军制胜利器，今据称水道狭隘，不能展动，似与"来远"均尚在坞中未出，倘被堵口，直不啻拱手赍盗矣！着丁汝昌即日前往旅坞，将两船带出。倘两船有失，即将丁汝昌军前正法！李鸿章当懔遵谕旨办理，谅亦无从再为捏饰。旅顺援兵仍着设法运送，不得因来往冒险，漠视不救也。[64]

是日，丁汝昌率6舰(包括"定远"、"镇远'和"来远")赶到天津，

[62] 李鸿章："复丁提督"(光绪二十年十月十一日未刻)，顾廷龙、戴逸主编：《李鸿章全集》，第25册，第128页。

[63] 李鸿章："寄丁提督"(光绪二十年十月十一日亥刻)，顾廷龙、戴逸主编：《李鸿章全集》，第25册，第130页。

[64] 《清德宗实录》，卷351，光绪二十年十月丙辰。

商讨护送山东章高元所部嵩武军去旅顺增援。会商的结果，据李鸿章向总理衙门报告，汉纳根认为旅顺有日舰游弋，以军舰护送运兵船前往适以资敌，运兵船必不可保，语甚激切。丁汝昌也是这个意见。因此决定，依丁汝昌之议，由其率舰赴旅顺口外巡徼，遇敌即击，相机进退；章高元部改运营口登陆，不用海军护航[65]。于是，丁汝昌12日下午率舰队离开大沽，次日上午到达旅顺口外。但舰队既没有巡徼，也没有进入旅顺港，而是以羊头洼、小平岛两处日军鱼雷艇太多、恐遭其夜袭为由，当晚即撤往威海[66]。

11月14日下午，李鸿章接到丁汝昌电报，内容竟是：当日早晨舰队回到威海进港时，行驶在“定远”之后的“镇远”被水雷浮标擦伤进水，现正驶至浅水处赶紧抽水，待验实伤处及轻重，再速请电示核办[67]。李鸿章以为“镇远”伤势不会很重，没有立即上报朝廷。他复电指示丁汝昌，赶紧抽水验明伤处，在威海基地机器厂设法修补。并说：“内意视旅（顺）极重，章镇已令由营口去，此外无援，仍赖汝率船时往游弋。”[68]第二天，朝廷便直接电寄丁汝昌一道谕旨，命他统率各舰不时到旅顺游弋，以牵制贼势。16日，光绪皇帝又以旅顺告急，丁汝昌统带海军不能得力，下令革去他的尚书衔，并摘去顶戴。谕旨说这只是“薄惩”，仍着戴罪立功，以观后效[69]。这其中的含义很清楚，就是促使丁汝昌率舰队为救援旅顺作最后的努力。

丁汝昌此时正在忙着查验“镇远”伤情，已无心再顾及旅顺。在皇帝降旨处分他的同一天，他给李鸿章发去一份电报，称“镇远”底舱的海水已抽干，但仍未找到伤处，左翼总兵、“镇远”管带林泰曾因

[65] 李鸿章：“复译署”（光绪二十年十月十三日戌刻）、“寄译署”（光绪二十年十月十四日亥刻），顾廷龙、戴逸主编：《李鸿章全集》，第25册，第138、142页。

[66] 李鸿章：“寄译署督办军务处”（光绪二十年十月十七日申刻），顾廷龙、戴逸主编：《李鸿章全集》，第25册，第151页。

[67] “丁提督来电”（光绪二十年十月十七日申刻到），顾廷龙、戴逸主编：《李鸿章全集》，第25册，第152页。

[68] 李鸿章：“复丁提督”（光绪二十年十月十七日酉刻），顾廷龙、戴逸主编：《李鸿章全集》，第25册，第152页。

[69] 《清德宗实录》，卷352，光绪二十年十月辛酉、壬戌。

时棘船损，痛不欲生，已服毒自杀，现派副管驾杨用霖暂行护理管带。李鸿章见事态严重，这才向总理衙门作了通报，随后又不得不上报朝廷。皇帝览奏，不胜诧异，18日接到奏报当天即颁谕质问：

> 丁汝昌电称“镇远”前因进口时为水雷擦伤，似此电之前已有电将此事原委报明李鸿章，而李鸿章并无电奏！此船原泊何处？进何口被水雷浮标擦伤？既是水雷浮标，应碰伤船帮，何以擦伤船底？又何致派查数次未能觅出伤处？林泰曾纵因船损内疚，何至遽尔轻生？来电叙述既属含糊，情节更多疑窦，殊堪愤闷。难保该船无奸细勾通，用计损坏，着李鸿章严切查明，据实详晰复奏，不得一字疏漏。京津耳目甚近，此事实情无难即日发觉，谅该大臣亦不敢代为掩饰也。[70]

李鸿章固然不想将此事搞大，但他也的确没有掌握全部实情，及见皇帝的怀疑已经离谱，遂赶紧致电总理衙门说明：“林泰曾向来胆小，想因疏忽，内疚轻生，未必有奸细勾通，用计损坏。现正觅匠，就威海机器厂设法修补。奉旨查询，俟马格禄到威后，再令查报转奏，固无所用其掩饰也。”[71]20日又电丁汝昌，要求“马格禄到后，细查‘镇远’伤漏，如何修补？何日竣工？林镇因何服毒？实在情由，详确电复，勿得一字捏饰”[72]。三天后，李鸿章终于等来了丁汝昌的详细报告。

原来，战争爆发后，威海基地为加强对海上正面的防御，用水雷封锁了刘公岛东西两侧进入军港的航道，仅在东口留下一个600码宽的通道，以浮鼓为标志。由于连日风大水溜，浮鼓向东漂移至刘公岛延伸之礁石处，又逢枯水季节，舰队14日凌晨进港时，在前行驶的“定远”舰分水力大，将浮鼓继续推向东南，结果“镇远”靠近东浮鼓随后

[70] 《清德宗实录》，卷352，光绪二十年十月甲子。

[71] 李鸿章：“复译署”（光绪二十年十月二十二日巳刻），顾廷龙、戴逸主编：《李鸿章全集》，第25册，第172页。

[72] 李鸿章：“复丁提督”（光绪二十年十月二十三日申刻），顾廷龙、戴逸主编：《李鸿章全集》，第25册，第178页。

跟进时触礁受伤。经查，在弹药舱下、帆舱下、水力机舱下、煤舱及锅炉舱下共撞出8条口子，最长的一条达11尺。丁汝昌说，已从上海雇来外国工匠下水补塞，但"何时工竣，未能悬揣"。至于林泰曾的自杀，乃"因海军首重铁舰，时局方棘，巨舰受伤，辜负国恩，难对上宪；又恐外人不察，动谓畏葸故伤，退缩规避，罪重名恶，故痛不欲生，服毒自尽，救护不及，并无他故及奸细勾通各事"[73]。

但朝廷仍揪住此事不放，在谕旨中明确表示出对李鸿章的不满，一是"镇远"为海军上等军舰，发生如此重大事故，李鸿章竟未立即详细奏报；二是战舰管带自应用奋勇之人，既称林泰曾胆小，何以派令当此重任，该大臣平日用人不当已可概见。朝廷对丁汝昌已令杨用霖暂行护理"镇远"管带也有疑虑，要求李鸿章再细心察看杨用霖是否可靠，并提出另一个人选，即"平远"管带李和。李鸿章意识到，谕旨明确提到李和，显然是有人保奏。而他对李和并不十分了解，即电询丁汝昌：李和是否能胜"镇远"管带之任，较杨用霖孰优。丁汝昌回报：以"镇远"副管驾杨用霖暂护该舰管带，本循例行，若遽易新将，未谙船性，弁勇心涣，诸多未便。杨用霖系补用副将，实缺左翼中营游击，虽非学堂学生出身，但自幼随船练习，于驾驶、测量尚能谙晓，平日操练钤束颇为得力，黄海海战中胆气尚好，为洋员所共知。李和则官阶较低，现为升用游击、后军前营都司，系船政学堂驾驶班第一届学生，外观诚实，内具忠勇，管带"平远"已历5年，从破格用人的角度亦属可用。但若照《北洋海军章程》规定，"镇远"管带为左翼总兵，当由官阶最高的中军右营副将、"靖远"管带叶祖珪递升[74]。李鸿章同意丁汝

[73] 李鸿章："寄译署"（光绪二十年十月二十六日巳刻），顾廷龙、戴逸主编：《李鸿章全集》，第25册，第189～190页

[74] 《清德宗景皇帝实录》，卷352，光绪二十年十月丙寅；"丁提督来电"（光绪二十年十月二十七日午刻到），顾廷龙、戴逸主编：《李鸿章全集》，第25册，第191～192页。

昌的意见，仍由杨用霖暂时护理“镇远”管带，待事机稍定，再从上述三人中择一简放。

人事安排在紧锣密鼓地进行，“镇远”舰的修复工作却十分缓慢。因天气寒冷，风浪又大，水下施工极为困难。直到一个多月后停工时，尚有三处伤口未修，只好先用木撑堵塞，航速仅有七八节，已不能出海作战和远行。被视为中坚的铁甲舰遭此重创，北洋海军的士气进一步受挫，此后再也不敢出海了。

北洋海军不能全力援护旅顺，固然与其士气不振有关，但实力单薄也是客观事实。在黄海海战后第二天，李鸿章即在奏折中说过：“以北洋一隅之力，搏倭人全国之师，自知不逮”[75]。此话虽有推卸责任之嫌，但道出的却是实情。数日后，李鸿章通过盛宣怀致电翁同龢等中枢大臣，提出：“目前倭以全力图犯渤海，必不旁及南洋，可否请旨电饬南洋、台湾，暂调‘南深’、‘南瑞’、‘开济’、‘寰泰’四船至威、旅帮助守护，暂听北洋差遣，以济眉急。”[76]“南深’、“南瑞”为德制巡洋舰，1883年建成，排水量均为1905吨；“开济”、“寰泰”是国产巡洋舰，分别于1883年和1887年建成，排水量均为2200吨。4舰均为木壳，加之维修保养不善，已是“式旧行迟”，但稍加维修仍可用于应急作战。

朝廷鉴于北洋海军已在黄海海战中损失5艘军舰，其余伤舰又维修需时，即于9月29日电谕南洋大臣刘坤一：“现在北洋各船修理需时，各海口防务十分紧急，着暂调‘南瑞’、‘开济’、‘寰泰’船迅速北来助剿。”但刘坤一次日回电，以东南各省为财富重地，倭人刻刻注意，必须格外严防为由，要求免派[77]。朝廷左右为难，此事只好暂

[75] 李鸿章：“据实陈奏军情折”（光绪二十年八月二十日），顾廷龙、戴逸主编：《李鸿章全集》，第15册，第424页。

[76] “季邦桢、盛宣怀致翁同龢等电”（光绪二十年八月二十七日），陈旭麓等主编：盛宣怀档案资料选辑之三《甲午中日战争》，上册，第176页。

[77] 《清德宗实录》，卷348，光绪二十年十月甲戌；“收南洋大臣电”（光绪二十年九月初二日），中国第一历史档案馆编：《清代军机处电报档汇编》，第10册，第315～316页，中国人民大学出版社，2005。

时作罢。

到了11月7日，日军进攻大连湾，形势已万分危急，朝廷再次电谕南洋："近日倭氛逼近旅顺，北洋战船不敷，若得南洋四艘前来助战，较为得力，着张之洞酌量情形，迅速复奏。"[78]在此之前，刘坤一已奉旨为钦差大臣节制关内外防剿各军，由湖广总督张之洞接署两江总督兼南洋大臣。张于11月8日到任，经调查南洋军舰现状后，10日电告李鸿章："查此四轮，既系木壳，且管带皆不得力，炮手水勇皆不精练，毫无用处，不过徒供一击，全归糜烂而已，甚至故意凿沉搁浅，皆难预料。此时惟有一法，请公速派林国祥来，并令其举能带船之将弁数人，不论官大小，炮勇能带数十人尤好，粤勇更好，当将此四轮管带全行更换。上海粤人不少，可选募添足，即令林国祥统之，率以北行。无论胜负如何，必能拼命一战，为北洋助一臂之力。舍此四轮，亦所不计矣。"[79]李鸿章当天回电表示，南洋军舰的现状他早就知道，至于派人前去接舰北来，待与丁汝昌筹商后再说。

丁汝昌认为，他无法知道南洋军舰究竟缺少何种人才，且往返亦需时日，而南洋各舰历年操练已久，并非不能出海，因此应电请张之洞速令4艘巡洋舰配齐弹药，径驶北来，到威海后再酌添得力员弁。此外，他还请求李鸿章电商两广总督李瀚章，调广东4艘大鱼雷艇赶赴上海，与南洋的4艘军舰整队北来。如担心半路遭日舰截击，可订期约会何处，北洋舰队将于途中迎护。李鸿章即将丁汝昌之意电告张、李二督[80]。李瀚章回电答复，广东鱼雷艇只有两艘可勉强出海，但因艇小储煤有限，远行不敷烧用，又恐途中日舰拦截，加之

[78] 《清德宗实录》，卷351，光绪二十年十月癸丑。

[79] 张之洞："致天津李中堂"（光绪二十年十月十二日酉刻），苑书义等主编：《张之洞全集》，第7册，第5831～5832页，河北人民出版社，1998。

[80] 李鸿章："寄江督粤督"（光绪二十年十月十八日戌刻），顾廷龙、戴逸主编：《李鸿章全集》，第25册，第157页。

当时北风当令，不能前往北洋。李鸿章表示，此举应作罢论[81]。张之洞的答复则是，北洋不派人接舰，南洋4舰断不能派往北洋，已将此意电奏朝廷，并奉旨"依议"，故丁汝昌所称各节应勿庸议[82]。此事就这样成了泡影。

其实，即使南洋和广东同意派舰艇增援，此时对解救旅顺也已缓不济急。再就旅顺的防御而言，自日军登陆抄袭旅顺后路的态势形成后，成败的关键已是陆上作战，而非海军之力所能挽救危局。

四　日军攻陷旅顺与屠城

旅顺口地处辽东半岛南端，与山东半岛北端的威海卫隔海相望，共扼渤海门户。旅顺基地经营多年，不仅建有大石船坞可修巨舰，而且各项配套设施完备，故其重要性可谓至关北洋海军的生存。旅顺基地的防御体系堪称严密，沿岸有9座海岸炮台，从东向西依次为老蛎嘴(崂𡶋嘴)后炮台、老蛎嘴炮台、摸珠礁炮台、黄金山副炮台、黄金山炮台、老虎尾炮台、威远炮台、蛮子营炮台、馒头山炮台，共配置火炮58门，可封锁海上正面。在基地后路金州至旅顺大道东西两侧，有松树山、二龙山、望台北、鸡冠山、小坡山、大坡山、椅子山、案子山等陆路炮台，构成两个炮台群，可封锁金州至旅顺的大道。

守卫旅顺基地的岸防兵力，原有记名提督黄仕林和记名总兵张光前的亲庆军6营，分别驻守东西海岸炮台。旅顺后路各陆路炮台原由四川提督宋庆率毅军驻防。后来毅军奉命开赴前敌，李鸿章又调临

[81] 李鸿章："寄译署"（光绪二十年十月二十一日辰刻），顾廷龙、戴逸主编：《李鸿章全集》，第25册，第167页。

[82] 张之洞："致天津李中堂"（光绪二十年十月二十二日巳刻），苑书义等主编：《张之洞全集》，第7册，第5856页。

元镇总兵姜桂题和记名提督程允和临时招兵7营填防。日军进攻辽东半岛后，黄仕林、张光前的岸防部队又新募2营，达到8营4100人；姜桂题、程允和两部后路炮台守军也增募一营，合计共8营约4000人。不久，清廷命记名提督卫汝成率新招募的成字军5营及马队一小队共3000人，由大沽乘轮赴援，以加强旅顺后路的防御。此外，原守金州、大连的总兵徐邦道、赵怀业在两地失守后，也率所部拱卫军、怀字军等残兵3000余人陆续退至旅顺。综上统计，旅顺守军总兵力共有14000余人。

与进攻辽东半岛的日本第二军24000余兵力相比，旅顺守军在数量上显然处于劣势。但日本第二军在攻占金州、大连之后，已不能投入全部兵力进攻旅顺，因此双方在旅顺的攻防兵力实际相差不大。由此看来，问题的关键不是兵力数量，而是官兵的作战能力。旅顺守军在这方面存在严重不足：

一是缺乏强有力的统一指挥。旅顺守军共有7位统领，横向各率所部，纵向不相系属。时任船坞总办兼旅顺前敌营务处的道员龚照玙本有协调各统领之责，但他毕竟是文官，不懂军事，加之“贪鄙庸劣，不足当方面，颇失人望”[83]。11月6日金州失守当晚，龚照玙乘其所辖之鱼雷艇前往烟台“筹粮”，后又乘轮转往天津“请援”。总办私自出走，造成旅顺人心恐慌，“船坞局逃匿殆尽，市无买卖，水旱雷学生亦均逃走，军械局自委员以下迄无下落”[84]。在此情况下，旅顺守军诸将公推资历较深的姜桂题为各军总统，但此人是目不识丁的武将，有勇无谋，亦难当大任。

[83] 姚锡光：《东方兵事纪略》，中国史学会主编：中国近代史资料丛刊《中日战争》，第1册，第36页。

[84] “张光前致盛宣怀函”（光绪二十年十月十四日），陈旭麓等主编：盛宣怀档案资料选辑之三《甲午中日战争》，下册，第326页。

二是缺乏机动灵活的战略战术。自开战以来,清军的陆战均为株守防地,待敌来攻,最终陷入被动挨打的境地。如此消极防御,有多少兵力都不敷分布,必然是防不胜防,直至退无可退。旅顺的防战再次入此窠臼,在兵力部署上除驻守炮台的8000余人,尚有6000余人可作机动兵力,有多大把握实现主动出击、机动歼敌姑置不论,关键是既无此勇亦无此谋。旅顺守军按照各守营盘的打法,注定会被各个击破,全军溃败的结果已可想见。

三是缺乏训练有素的作战部队。在旅顺守军中,只有驻守海岸炮台的亲庆军中的6营3000余人为老营老兵,其余11000多人均为招募不久的新兵和撤退至此的败军。在众多新兵中,入伍时间多的不过3个月,少的仅有十几天,可能连施放枪炮的要领都没有掌握。以这样的士兵去抗击训练有素的日军,无论采用什么战法,都是必败无疑。

不仅如此,在本土作战的旅顺守军,竟然连后勤补给也已没有保障,军粮只够维持10天左右。一旦出现日军水陆夹击态势,无论守军作战意志如何,仅因断粮就会导致不攻自破。

11月7日大连湾失守的这一天,旅顺与外界的电报联系也中断了。丁汝昌当天率舰队撤离旅顺,理由有二:其一,他认为如无重兵增援,旅顺万难久支,舰队留驻港内也无能为力;其二,旅顺已不能拍发电报,守军各统领恳速告急,所以他才赶回威海发电报告。13日上午,丁汝昌率6舰最后一次来到旅顺,但没有进港。他登岸晤各统领,建议各军“须抽奋勇为迎击之师,或出墙迎剿,或策应吃紧之处,嘱各军镇静严守”[85]。作为海军提督,他在指点陆上部队如何严守旅顺之时,

[85] 李鸿章:“寄译署督办军务处”(光绪二十年十月十七日申刻),顾廷龙、戴逸主编:《李鸿章全集》,第25册,第151页。

却对海军参与保卫基地已然无所作为了。丁汝昌此次率舰到旅顺是要“遇敌即击、相机进攻”的，结果因担心遭日军鱼雷艇袭击，当天即撤往威海。从此，旅顺便彻底与外间断绝了联系。

日军占据大连湾后，经过10天休整，于11月17日开始向旅顺进犯。18日，总兵徐邦道、卫汝成各率所部前出至旅顺北面10公里处的土城子设防，恰与日军侦察骑兵队相遇，随即以优势兵力将其击退。不久，又有日军步兵一个中队和一个大队先后赶来增援，结果也被击退。直到日军先头部队的炮兵前来实施炮击，中国军队才结束战斗，并退回旅顺。土城子之战虽规模不大，但清军能获此小捷实属难得，应该说也是主动出击的结果。

在此之前，伊东祐亨已率联合舰队到达威海，企图诱出并消灭北洋舰队，但未能得逞。18日，日本舰队返回大连湾，协同第二军进攻旅顺。

11月20日，日军开始进攻旅顺，首先攻击的是旅顺后路最外围的椅子山陆路炮台。驻守椅子山炮台的程允和部和字军立即发炮还击，姜桂题部桂字军驻守的右侧松树山陆路炮台和黄金山海岸炮台也相继予以炮火支援。由于守军发射的炮弹杀伤力不大，致使日军在其强大炮火掩护下得以接近炮台，在经过一场短兵相接的肉搏战后，炮台最终被日军攻陷。日军占领椅子山炮台后，继续以各个击破的战术，逐一向旅顺后路的各陆路炮台发起攻击。日本舰队也进抵旅顺海面，从海上炮击老砺嘴等海岸炮台及陆上清军阵地，使旅顺守军腹背受敌。至21日中午，旅顺后路的椅子山、松树山、二龙山、鸡冠山等陆路炮台全部失守，程允和、姜桂题率残部突围而出，卫汝成、赵怀业早已率部向东遁走，徐邦道率部在毅军操场与日军进行一番拼杀后也冲出重围。日军随即向旅顺基地东岸的海岸炮台发起进攻。坐镇黄金山炮台的守将黄仕林未作任何抵抗即弃台而去，东岸之摸珠礁、老蛎嘴等炮台守军见主将遁走，也不战而逃。西岸炮台在守将张光前指挥下进行了顽强的抵抗，但在日军水陆联合炮击下力不能支，遂于是夜循西海岸向北撤走。旅顺船坞总办龚照玙带着几名随从潜往小平岛，又觅渔船逃至烟台。

11月22日，旅顺口全部陷落。“旅顺之防，经营凡十有六年，糜巨金数千万，船坞、炮台、军储冠北洋，乃不能一日守。门户洞开，竟以资敌。”[86]此战，日军付出的代价仅为官兵阵亡47人、伤241人。清军的伤亡虽无统计，但肯定比日军大得多。日军的战利品除夺占了旅顺及北洋海军的重要基地，还有各种火炮330门、炮弹96317枚；步枪1086枝、子弹84125发，军用船只“敏捷”、“海镜”及轮船2艘、帆船2艘、挖泥船1艘[87]。

日军攻陷旅顺后，并未就此停战，随即又展开了屠城行动。日军在旅顺进行惨无人道的大屠杀，理由竟是有清军改扮成了百姓，所以要“清除”。然而，在旅顺大屠杀现场，并非只有加害者和受害者，另外还有一批西方的新闻记者、驻外武官等。他们中大多都是经过日本军方批准后才得以随第二军行动的。而且，日军大本营针对西方的随军记者，还于9月14日专门颁布了一个《外国新闻记者随军须知》，对他们的战地采访提出了种种限制，规定发送通讯文稿必须接受监督

[86] 姚锡光：《东方兵事纪略》，中国史学会主编：中国近代史资料丛刊《中日战争》，第1册，第41页。

[87] “署总教习欧礼斐译日本新报所载日军自开战日至十二月杪所获武器弹药船只等物清单”（光绪二十一年正月二十六日），戚其章主编：中国近代史资料丛刊续编《中日战争》，第5册，第282～283页，中华书局，1993。

军官的审查,凡有不符合日方要求者,将被立即停止随军活动。但是,旅顺大屠杀毕竟确有其事,其真相无论如何都是无法掩盖的。这些西方人士目睹了事件的整个过程,尽管有人倾向日本,甚至按照日本政府之旨意为日军的罪行辩解,却也并不否认大屠杀事实的存在;何况还有具有职业精神和正义感的记者,他们当时就以各种形式将大屠杀真相披露出来,并加以谴责。正是由于他们的客观报道,才使旅顺大屠杀成为当时举世瞩目的重大事件,讲而也为后世了解这 事件的真相留下了大量的第一手资料。

日军的大屠杀是从11月21日开始的。是日下午3时30分,日军先头部队第一师团第二旅团第二联队攻入旅顺市街,随即便展开了屠城行动。当时,西方随军记者就站在能清楚望见市街的白玉山顶,目睹了那里所发生的一切。美国《世界报》(The World)记者克里尔曼(James Creelman)对此作了全面、客观的报道:

> 作为目击者,我亲眼看见旅顺市民对侵略者并无任何抵抗。现在日本人声称,有人从窗户和门内向他们开枪射击,这完全是谎言。日本兵根本不想捉俘虏。我看见一个男人跪在地上乞求开恩,日本兵用刺刀将其刺倒,又一刀砍下头来。另一个人躲在墙角里,被一队日本兵用排枪射杀。一个跪在街中的老人几乎被劈成两半。一个可怜的人被击毙在屋顶上。另一个人听到枪声,从屋顶跌落到街上,被日本兵用刺刀连刺十余刀。在我的脚下,有一所挂着红十字旗的医院,日本兵向从医院门口出来的不拿武器的人们开枪。戴着皮帽子的商人

跪在地上，高举双手在恳求。日本兵向他开枪时，他用手捂住脸。第二天，当我看到他的尸体时，已被乱刀砍碎，几乎无法辨认。

有人带着妇女和孩子向山里逃，日本兵一边追赶一边射击。整个市区均遭到日本兵抢劫，躲在自己家里的居民也被杀害。惊慌失措的大人孩子和牲口成群结队地往外逃。在旅顺西边，难民涉水过一道浅水湾，在冰冷的水里踉踉跄跄前行，一队日本兵追至水湾边上，向水中的人一齐开火。最后涉水的两个男子，领着两个孩子，蹒跚地刚刚到达岸边，一队日本骑兵赶过来，用马刀砍死一个男子。另一个男子和两个孩子退到水湾里躲避，却像狗一样被射杀了。在街道旁边，我不断看见店铺主人苦苦哀求，但不是被击毙，就是被砍死。日本兵拆下每一间店铺的门窗，并进屋抢劫。第二联队的前锋到达黄金山炮台时，发现已被弃守，惟见港内有一只满载难民的舢板，日本兵立即在码头上排列成行，齐向舢板射击，直到船上的男女老幼全部被打死为止。港外还有10只挤满惊恐万状的难民的舢板，也被日本鱼雷艇全部击沉。

5时许，校场上响起乐声。除西宽二郎追击逃敌外，第二军司令官与其余将军皆聚集于此，热烈握手，尽情欢笑。乐队奏起庄严的旋律。当此之际，一直能听到街上齐射的枪声，可知市街又有人家被抢掠，居民遭杀戮。

英国《标准报》(Standard)和《黑白报》(Black and White)特派员维利尔斯(Villiers)在其报道中没有详细描述21日下午他所看到的情景，只是对日军的大屠杀作了这样的概述：

> 他们对遇到的一切有生命的东西开枪射杀，用刺刀刺杀，一直杀到大街。猫、狗以及迷路的骡马都被砍倒……这些可怜的民间百姓——花白头发的老人、青年人、壮年男子们，分别站在自家门口被砍杀。对于村田牌步枪的枪声，市街的任何地方都没有为这个过激行为作正当化辩解的还击。当军队到达船坞时，从操作场、索具的后面，放了二三枪，这也只不过是警告附近有士兵罢了。4名英国人站在能望见市街的山顶上，看着日军进攻旅顺及他们在街上的残酷行为。

英国《泰晤士报》(The Times)记者柯文(Thomas Cowen)一向是站在日本的立场上看待中日战争，但21日下午他也被眼前所发生的一切惊呆了：

> 我站在白玉山山顶险峻的崖边……我可以清楚地看见我脚下整个城市的情况。我看到日军在进攻，他们把街上、住宅里的人都赶了出来，他们追赶、杀害一切活着的生命……我看到了所有开枪射击的人，我发誓说，勿容置疑除了日本兵外，没有任何人开枪。我看见许多中国人在他们躲藏的地方被驱赶出来，被枪击倒，被刀乱砍，没有一个人想奋起反抗。他们都身着便装，但已经毫无意义了。因为不想死的中国兵按他们的做法，早已脱去了军装。许多人跪着，头贴地磕头哀求，他们被征服军毫不留情地就地屠杀。逃跑的，被追赶，迟早都要被杀掉。据我所见，没有任何房屋向外开枪……我不能相信自己的眼睛，因为读过我以前的报道文章就可知道，我是十分赞赏温和的日本人的……在这里，我确信日军的做法必定有其理由，于是拼

命注意寻找，哪怕是任何一点迹象也不放过，但是我什么也没有发现。假如我的眼睛欺骗了我，那么其他人也都被欺骗了吗？英国和美国的公使馆陆军武官也站在白玉山上，与我同样地惊愕、颤抖。就像他们断言的一样，那是野蛮行径的肆意喷发，是令人厌恶地抛弃了伪善的假面具。

从后面射击的枪声，把我们的注意力引向了通往宽阔浅海的北部海湾。在那里，有被包围在市街里很久而处于惊恐万状的逃难者，满载超出定员两倍以上的男女老幼的小船群向西驶去。由军官指挥的日本骑兵部队在海湾上方，朝着海的方向射击，杀死了在射程范围内所有的人。一个老年男子带着10至12岁的两个孩子在渡海湾，骑兵追到水中，用乱刀砍了他们几十刀。那情景即使是注定要死的人，也是无法忍受的。

我们再次将视线转移到市街方向，看到了我们所在位置与市街房屋之间的山丘脚下，一个农夫模样的男人沿着干涸了的小河床向海的方向奔跑，二三十发子弹向他射去，他曾倒下了一次，马上爬起来又拼命地跑。日本兵由于过于兴奋，未能充分瞄准目标。男人从我们的视野里消失了，但最终百分之九十九肯定还是要死的。另一个可怜的不走运的男人，当侵略者见人就杀并从正门闯进来时，他从屋后逃了出去。当他逃进胡同后的一瞬间，他发现自己已落入两支步枪火力的中间。我们看到他曾三次将头垂在土灰中长达15分钟，并听到了他痛苦的叫喊声。第三次，他已经站不起来了，想乞求日本人发“慈悲”，跪着求饶。他横倒在地上。日本兵站在离他十步远的地方，疯狂地向他开枪。

我们看到了更多的这种可怜的死，未能制止杀人者的手，只能眼睁睁地看着。实际上我们看到了更多更多的，简直无法用语言表达，直看到心情极坏、十分悲痛为止……我们仍必须留在能做出我们所目睹到的这种事的人们中间，这简直在受苦刑。

天黑以后，天气突变，狂风大作，雨雪交加。这天夜里，日军在旅顺继续由东向西搜索，挨家挨户破门而入，仍然是见人就杀。克里尔曼在其报道中说，当天夜里，天气极冷，屠杀仍在继续，而逃出去的妇女儿童也将被冻僵在山上。

22日，即大屠杀的第二天，天气转晴，但刺骨的寒风仍在肆虐。清晨，随军记者们纷纷走进市街，四处观察屠杀留下的悲惨景象。他们再一次被眼前的一切惊呆了：大街小巷，屋里屋外，到处都是尸体成堆，血流成河。克里尔曼在其报道中说：

次日早晨，我经过各街，到处可见面目全非的尸体，已被开膛破肚，其残毁如野兽所啮之状。被杀之店铺生意人，堆积道旁，其眼中之泪、伤痕之血，皆已冻结成块。甚至有灵性之犬，见主人尸体僵硬，不禁悲鸣于侧，其惨可知。还到处可见饥饿之犬，尚在撕咬体温仍在的死尸。

我和柯文先生结伴而行，见到一具无头尸体，其头颅滚出二三码开外，一只狗正在撕咬其颈部。日本巡逻兵看见，伫立注目，哈哈大笑。又看见一生意人，白发苍苍，满口无牙，腹破肠出，倒在店铺的门槛，而店铺已被日兵抢劫一空。另一被开膛的遇害者，其腋下还躺着他的爱犬不肯离去。又见一死去的妇女，压在一摞男尸下边，脸上备极哀惨求怜之状。在一街道拐角处，堆放25具尸体，肯定是日兵在最近距离处向其开枪，以至死者衣服着火，尸体半数烧焦。在相距20英尺之处，有一个满脸皱纹的白胡子老头，其喉咙被割断，眼睛和舌头都被剜割出来……

是日，新一轮的屠杀又开始了。克里尔曼当时正在旅顺市街，因而得以近距离地目睹了城里的一些屠杀场面：

第二天，屠杀仍在进行。我看见4个男子顺着城边悄声走过，其中一个怀里抱着婴儿。突然，一队日本兵一齐向他们射击起来……整个一天，日本兵不断从各家将男子拉出门外，或用枪击，或用刀砍，以致身分数段。我见日本兵从尚在抽搐的临死之人的身体上踏过，以进入遇害者的家里抢劫财物。日本人肆无忌惮，没有谁试图掩盖其骇人听闻的罪行，因为他们已经丧失了羞耻之心。逃难者从这个角落逃到另一个角落，像猎物被日本兵所追逐，即使跪地求饶也难免一死。看到此情此景，令人断肠。整个第二天，杀人之风仍不稍减。居民成百成百地被杀害，仅一条路上就有227具尸体，其中被反绑双手从身后开枪打死的不下40人。

英国《标准报》记者维利尔斯和路透社驻中国烟台记者哈特(Stephen Hart)也直接目睹了这一天的屠杀场面。威利尔斯在报道中说，他和哈特一起来到市街，不仅看到了早晨刚刚被杀的、还在流血的尸体横躺竖卧，而且到处仍在不断地响着枪声。他们亲眼看见日本兵拽着辫子或脚后跟，从屋里拖出刚刚杀死的3个中国人。还有微弱呼吸的中国人，被拖在坑洼不平的马路上，留下了深深的血印。满街的尸体和恐怖的场面使威利尔斯感到胸中郁闷。后来他们决定到哈特昨天住过的旅店看看。当他们走进旅店门口时，发现魔鬼之手已伸到了这里，昨天还为哈特做饭的厨师倒在地板上，3个仆人被杀。炕上有两个少年互相搂抱在一起死去，子弹穿透了他俩的身躯，流出的血从炕上缓慢地滴到地板上，发出沉闷的声响。维利尔斯还特别强调：他们一路上没有发现士兵的尸体和任何武器。

23日，天气晴朗，但大屠杀还在继续。克里尔曼在其报道中说：

> 战后第三天，天刚亮，我被枪声惊醒，日本人还在屠杀。我走出住所，看见一名日军军官带领一队士兵追赶3个男子。其中一人怀里抱着一丝不挂的婴儿，因跑得太急，把婴儿掉在了地上。一个小时后，我发现这个婴儿已经死了。两个男人遭枪击倒毙在地，婴儿的父亲则失足跌倒，一个日本兵迅速赶到，手执刺刀朝其背后扑来。我走上前，手指臂上所带的红十字标记，欲加以制止，但毫无作用。那日本兵用刺刀朝摔倒的男子脖颈上连刺三四下，然后扬长而去，任受害者在地延喘待死。我急忙跑回住所，叫醒维利尔斯，一起回到原处，见那人已死，但伤口里还向外冒着热气。当我们弯身查看尸体时，又听到离路上几码外响起枪声，于是上前探看何事。只见一个老人站在路上，双手被缚于背后，他的身边有3个被反绑双手的男子已被击倒在地，仍在痛苦地挣扎。当我们朝前走来，一日本兵又开枪将老人击倒，见他

仰面朝天呻吟叹气，眼珠还在转动。那个日本兵扒开老人的衣服，看其胸膛还在冒血，又开一枪。老人状极痛苦，身体瑟缩抖动，日本兵不独不肯垂怜，且唾其面并嘲笑之……

这天下午，维利尔斯又来到另一条街上，在那儿遇见3个酩酊大醉的日本兵，他们刚刚枪杀了一个躲在店铺里的中国人。接着，他们开始砸隔壁店铺的门。威利尔斯从门缝看见墙角处一个母亲正护着两个孩子，在日本兵脚下还有一个老人正在磕头，他似乎已经绝望了。威利尔斯看到这一情景，就上前拍了拍日本兵的后背，一边说着话一边将其引到了另一个地方。尽管那个老人和他的家人躲过了这一劫，但威利尔斯认为，他们的死期也只不过可以延长到下一拨日军前来搜杀之时。

屠杀早已从市街扩展到郊外以及海上，尤其是海上，死亡人数并不亚于市街。许多难民想从海上逃离旅顺，但他们乘坐的小船几乎刚一起航就遭到日本海军的追击和陆军在岸上的射击，淹死和中弹身亡者不计其数。此外还有许多人是被赶到海里和自己跳入海中的，他们也都成了日军射击的靶子。

直到24日，大规模的屠杀又持续了一天才最后停止。经过连续4天的大屠杀，旅顺市区的平民百姓几乎已被斩尽杀绝，只有寥寥数十人在东躲西藏中活了下来。但他们最终被抓到后仍能幸免于难，并非是日军对他们格外开恩，而是需要他们搬运和掩埋尸体。维利尔斯在发表于《北美评论》的通信报道中证实：

这些活下来的中国人，被用来埋葬同胞的尸体和给日军运水。他们的生命是由一片贴在帽子上的白纸来保护。纸上有用日文写的以下文字："此人不可杀"。[88]

据统计，在旅顺大屠杀中死难的中国人，"除有家人领尸择地安葬者千余外，据扛尸队所记，被焚尸体实有一万八千三百余，骨灰以柳木棺三口盛之，丛葬于白玉山东麓。"[89]这个近20000人的数字仍然不是完全的统计，因为荒野和海里的尸体不可能全部找到。此外，还有大量兵民沿半岛西海岸北逃，半路遭日军截击，战后收集尸体1200具，皆运至金州城西郊外焚烧丛葬。[90]

11月25日晚，西方记者搭乘日本轮船"长门丸"离开旅顺口，前往日本广岛。《泰晤士报》记者柯文在其报道的开篇写道：

八天前，乘坐"长门丸"离开旅顺时，甚至对自己能活着从那难以置信的野蛮行为流行的病区逃离，感到非常吃惊。我们听到的最后声音，是大战结束后过了五天仍不停止的枪声，那就是蛮横杀人的声音。[91]

美国《世界报》记者克里尔曼在其报道的最后则得出了如下结论：

任何一个文明国家，都不可能做出我在旅顺目睹到的那种残暴行为。我所记述的一切，皆我亲眼所见，并且不是有英、美武官在场，就是有柯文或威利尔斯先生在场。也许有人会说这就是战争行为，然而，那是野蛮人的战争行为。……陆军大将及所有的将军们，都知道连续数日进行的大屠杀。[92]

[88] 以上所引西方记者关于旅顺大屠杀的报道均见克里尔曼："旅顺大屠杀"，美国《世界报》1894年12月20日；柯文："旅顺陷落后的残暴行径"，英国《泰晤士报》1895年1月8日；威利尔斯："旅顺陷落"，英国《标准报》1895年1月7日；威利尔斯："关于旅顺的真实"，美国《北美评论》1895年3月号。

[89] 孙宝田：《旅大文献征存》卷3，《甲午战争旅顺屠杀始末记》（稿本）。

[90] 有贺长雄：《日清战役国际法论》，第138～139页，日本陆军大学，1896。

[91] 柯文："旅顺陷落后的残暴行径"，英国《泰晤士报》1895年1月8日。

[92] 克里尔曼："旅顺大屠杀"，美国《世界报》1894年12月20日。

美国记者克里尔曼和英国记者维利尔斯到达广岛后，又经东京转往横滨。12月12日，纽约《世界报》发表了克里尔曼从日本横滨发来的题为《日军大屠杀》的短篇通讯。第二天，《世界报》又刊登了有关大屠杀的报道，并发表了题为《日军的残虐行为》的社论。社论指出，克里尔曼的报道是欧美报纸中关于日军残虐行为最早最可信的报道。12月20日，《世界报》以头版和第二版两个整版的篇幅刊发了克里尔曼更详细的长篇通讯《旅顺大屠杀》。克里尔曼的报道迅速从美国传遍世界各地，英国伦敦当天所有晚报全部转载，21日英国大部分报纸继续转载，其他如温哥华、维也纳等地的报纸也开始转载。继克里尔曼的报道之后，其他西方随军记者有关旅顺大屠杀的详细报道也开始陆续出现在欧美一些重要报刊上。1895年1月5日，《泰晤士报》刊登了柯文的长篇通讯《旅顺陷落》。1月7日，《标准报》刊登了维利尔斯的报道，题目也是《旅顺的陷落》。1月8日，《泰晤士报》又刊登了柯文写的题为《旅顺陷落后的残暴行径》的报道，并配发了社论。维利尔斯于1月4日离开日本后，15日抵达温哥华，当天即接受了《每日世界报》记者的采访，详述其所目睹的旅顺大屠杀事件。数日后，维利尔斯前往美国旧金山，与1月8日离开日本、22日到达这里的克里尔曼会合。维利尔斯随军时带有便携式照相机，拍摄了许多照片，并已制成幻灯片。1月27日，维利尔斯在旧金山“基督教青年会馆”举行中日甲午战争幻灯演讲会，共分三个部分，其中第三部分就是关于旅顺大屠杀的内容。此后，他又到美洲大陆各地举行这样的幻灯演讲会，边放幻灯片边演讲，由于有真实画面展示，说服力和感染力极强。与此同时，他所写的题为《关于旅顺的真实》的文章在《北美评论》1895年3月号上发表，其内容不仅翔实丰富，还披露了许多关于旅顺大屠杀的鲜为人知的情况。旅顺大屠杀的真相，就是由于他们的报道而被公之于世，从而震惊了整个世界。

旅顺大屠杀进行到第三天，即11月23日下午2时，日本第二军将校以上军官和随军国会议员在船坞举行占领旅顺的祝捷宴会。当宴会进入高潮时，第二军司令官大山岩大将、第一师团长山地元治中将、第二旅团长西宽二郎少将、混成第十二旅团长长谷川好道少将等一个接一个地被众人抛了起来。下午4时，宴会在三呼万岁声中结束。

大洋沉思

Chapter Five

第五章

北洋海军覆没铸成败局

一　“拔丁”与查验北洋海军

旅顺陷落后，北京的中枢人臣们对时局已是一筹莫展，只是默坐哀叹。此时，他们所能做的就是对失职官员提出惩罚。11月24日，由他们起草的谕旨电寄至天津的李鸿章，内称：“据电，旅顺失守，览奏曷胜愤懑！该大臣调度乖方，救援不力，深堪痛恨。着革职留任，并摘去顶戴，以示薄惩而观后效。刻下逆氛益炽，各海口处处吃紧，着李鸿章迅即亲赴大沽、北塘等处，周历巡阅，严密布置，不准再事迁延，致干严谴。”[1]革职留任的“薄惩”不过是例行公事，因为真要将李鸿章撤职查办，就将无人统驭正在作战的淮军，局面更难设想。

接下来要处分的是丁汝昌，于是“拔丁”风潮再起。11月26日，光绪皇帝有旨：“现在旅顺已失，该提督救援不力，厥咎尤重。丁汝昌着即革职，暂留本任，严防各海口，以观后效”。[2]革职后仍暂留本任，同样也是因为找不到合适的接替人选。但丁汝昌此时已成朝野众矢之的，要求严惩的呼声越来越高。将丁汝昌革职的谕旨刚刚发出，御史安维峻等60余名言官即联衔上奏，请诛丁汝昌。他们说：“顷闻旅顺失守，固由陆军不能力战，亦缘海军不肯救援，致敌水陆夹攻，得逞其志耳。丁汝昌一切罪状，屡经言官弹劾，早在圣明洞鉴之中。”该提督“自

[1]《清德宗实录》，卷352，光绪二十年十月庚午，中华书局影印本，1987。

[2]《清德宗实录》，卷352，光绪二十年十月壬申。

谓内有奥援，纵白简盈廷，绝不能损其毫发。而军中舆论，则谓其外通强敌，万一事机危急，不难借海外为逋逃薮”。“今旅顺既失，海面皆为敌有，彼若直扑威海，丁汝昌非逃即降，我之铁甲等船，窃恐尽为倭贼所得。事机至此，不堪设想!”因此请旨另简海军提督，再将丁汝昌锁拿进京，交刑部治罪，以申公愤而警效尤[3]。随后，新任山东巡抚李秉衡也奏请以贻误军机罪将丁汝昌明正典刑，“以慑将弁畏葸之心，作士卒敢死之气”[4]。其实，在他们激烈的言辞中，除流露出的情绪是真实的反映，其指责则多为不实之词，所有建议亦不切实际。

帮办北洋军务的宋庆此前奉旨查办统将被参各情，于12月11日复奏查办结果，其中提到丁汝昌在黄海海战中腿及左脸受伤甚重，为其亲眼所见，确属实情，且早已力疾销假，尚非置身事外。“惟统领兵船多年，未能得力，奉旨撤销议叙、革去尚书衔，咎实难辞”[5]。但在安维峻、李秉衡等人的参奏下，光绪皇帝决定进一步严惩丁汝昌，于12月17日传谕将丁汝昌拿交刑部治罪，18日又谕令李鸿章遴选保奏新的海军统帅，还直接提出李和、杨用霖、徐建寅三个人选供其考虑[6]。

上述3个人选中，徐建寅的身份、背景有些特殊。徐建寅，字仲虎，江苏无锡人，是著名科学家徐寿之子。他早年在江南制造局译书馆翻译西书，翻译了许多关于制造舰船、武器和海军方面的著作，后调往山东机器局任职。1879年10月他被任命为驻德国使馆二等参赞，并受李鸿章之托在德国参与订造“定远”、“镇远”两铁甲舰。回国后，奉旨以知府发往直隶，交李鸿章差遣委用，后被奏保为直隶候补道。甲午战争爆发后，翰林院侍读学士文廷式于10月10日上奏举荐徐

[3] 安维峻等：“请诛海军提督丁汝昌疏”（光绪二十年十一月初一日），戚其章主编：中国近代史资料丛刊续编《中日战争》，第6册，第533～534页，中华书局，1993。

[4] 详见李秉衡：“奏旅顺失守如何惩办将士请训示片”（光绪二十年十一月初二日）、“奏请将贻误军机之将领明正典刑折”（光绪二十年十一月十六日），戚其章辑校：《李秉衡集》，第167～168、176～177页，齐鲁书社，1993。

[5] “帮办北洋军务四川提督宋庆复奏查办卫汝贵等被参各情折”（光绪二十年十一月十五日），《清光绪朝中日交涉史料》(2121)，卷26，第7～8页，故宫博物院铅印本，1932。

[6] 《清德宗实录》，卷354，光绪二十年十一月癸巳、甲午。

建寅，请饬其随同办理海防[7]。11月16日，即大连湾失守、旅顺告急之际，光绪皇帝召见徐建寅垂询时局。同日，军机处转发谕旨，命徐建寅赴北洋详细察看"定远"、"镇远"等舰炮位情形，并赴机器局查验合膛炮弹现存若干，是否敷用，据实禀明督办军务处转奏[8]。皇帝在召见徐建寅时，还曾面谕他将海军一切情形一并访察，回京禀复，实际上是想通过他的调查以了解北洋海军的真实情况。

第二天，光绪皇帝又谕，着李鸿章将海军各舰即行调赴大沽，令徐建寅详细查验[9]。但北洋海军正在处理刚发生的"镇远"舰触礁事故，无法也不想开赴大沽，徐建寅只好前往威海查验。12月8日，徐建寅抵达威海，9日赴刘公岛查验北洋海军，10日即离开威海返回。由于他在理论上对海军及其武器装备颇有研究，所以丁汝昌在11日给李鸿章的电报中，对徐建寅作了极高的评价，说他"来威勘验，所论悉中机窍，战守机宜，颇知要领，忠勇之发，溢于言表"。丁汝昌请求将他调派海军，或为提督帮办，或作监战大员[10]。这个建议没有得到批准，倒是丁汝昌对徐建寅的赞许，使徐也成了皇帝提出的接替丁的人选之一。

12月20日，李鸿章就皇帝提出的3个海军提督人选致电督办军务处，指出：李和现任小舰"平远"号管带，才具稍短；杨用霖刚以大副代理"镇远"管带，虽尚得力，未便超升；徐建寅系文员，未经战阵。丁汝昌前请以徐建寅为提督帮办或监战大员，"似系借此卸责之意，未可遽为定论"[11]。光绪皇帝见李鸿章以3人均不合适进行抵制，21日又明确谕示：丁汝昌既经拿问，海军提督即着刘步蟾暂行署理，仍着

[7] 见文廷式："军务紧急敬举人材以资器使折"（光绪二十年九月十二日），汪叔子编：《文廷式集》，第27～28页，中华书局，1993。

[8] 《清德宗实录》，卷352，光绪二十年十月壬戌。

[9] 《清德宗实录》，卷352，光绪二十年十月癸亥。

[10] 李鸿章："寄译署"（光绪二十年十一月十五日巳刻），顾廷龙、戴逸主编：《李鸿章全集》，第25册，第239页，安徽教育出版社，2008。

[11] 李鸿章："寄译署督办军务处"（光绪二十年十一月二十四日辰刻），顾廷龙、戴逸主编：《李鸿章全集》，第25册，第261～262页。

李鸿章遴员保奏。丁汝昌俟经手事件交替清楚,速即起解。[12]

拿问丁汝昌的圣旨一下,威海陆军统领戴宗骞、张文宣、刘超佩和海军右翼总兵刘步蟾暨各舰管带即纷纷发出公电,认为当此威海防务吃紧之际逮治丁提督,不独水师失所秉承,即陆营亦乏人联络,军民不免失望,故恳吁收回成命。经李鸿章转奏,光绪皇帝于23日再谕:"丁汝昌着仍遵前旨,俟经手事件完竣,即行起解,不得再行读请。"从"俟经手事件交替清楚后速即起解",到"俟经手事件完竣即行起解",前后谕旨虽仅数字之差,但含义已有微妙变化。李鸿章在向威海陆海军将领转达谕旨时特别说明:"查经手事件所包甚广,防务亦在其内,应令丁提督照常尽心办理,勿急交卸。"[13]由于当时确实找不到合适的海军提督人选,光绪皇帝没有再提拿问丁汝昌一事。

徐建寅从威海回到北京后,被任命为督办军务章京。他曾就查验北洋海军写过一份详细的报告,并附有两份清折和一份关于海军主要军官的评语。其中《北洋海军各船大炮及存船各种弹子数目清折》计开:

"定远"舰305毫米口径炮4门(内有1门在黄海海战中损伤),有开花弹147枚、钢弹128枚;150毫米口径炮2门,有开花弹203枚、钢弹38枚、子母弹30枚。

"镇远"舰(现尚未修好)305毫米口径炮4门,有开花弹146枚、钢弹116枚;150毫米口径炮2门,有开花弹302枚、钢弹37枚、子母弹30枚。

"靖远"舰210毫米口径炮3门,有开花弹101枚、钢弹63枚; 6英

[12] 《清德宗实录》,卷354,光绪二十年十一月丁酉。

[13] 《清德宗实录》,卷354,光绪二十年十一月己亥;李鸿章:"寄威海戴道张镇刘镇等"(光绪二十年十一月二十七日戌刻),顾廷龙、戴逸主编:《李鸿章全集》,第25册,第275页。

寸(约为150毫米)口径炮2门,有开花弹137枚、钢弹23枚。

“来远”舰(现尚未修好)210毫米口径炮2门,有开花弹56枚、钢弹44枚;150毫米口径炮1门(原有2门,黄海海战中被击毁1门),有开花弹79枚、钢弹23枚、子母弹19枚。

“济远”舰210毫米口径炮2门,有开花弹114枚、钢弹56枚;150毫米口径炮1门,开花弹116枚、钢弹86枚、子母弹10枚。

“平远”舰260毫米口径炮1门,无开花弹,有钢弹35枚,150毫米口径炮2门,有开花弹152枚、钢弹18枚、子母弹20枚。

“广丙”舰120毫米口径速射炮3门,有开花弹205枚、钢弹38枚。

另有“镇东”、“镇西”、“镇南”、“镇北”、“镇边”、“镇中”6艘守口炮船,各有11英寸(约为280毫米)口径炮1门,共有开花弹118枚、凝铁弹176枚、子母弹49枚、群弹75枚;各有3英寸(约为76毫米)口径炮2门,共有开花弹1058枚、双层开花弹478枚、子母弹416枚、群弹132枚。

《北洋海军存库备用各种大炮弹子数目清折》计开:

“定远”、“镇远”2舰用305毫米口径炮开花弹110枚,“靖远”、“来远”、“济远”3舰用210毫米口径炮开花弹681枚,“定远”、“镇远”、“来远”、“济远”、“平远”5舰用150毫米口径炮开花弹385枚,“靖远”舰用6英寸口径炮开花弹340枚,“广丙”舰用120毫米速射炮开花弹157枚。

徐建寅对海军主要军官的评语如下:

右翼总兵、“定远”舰管带刘步蟾:言过其实,不可用;

代理“济远”舰管带林国祥:人尚可用,操守难信;

“来远”舰管带邱宝仁:奸猾不可用;

“靖远”舰管带叶祖珪:诚朴可用;

“平远”舰管带李和:诚朴可用;

代理“镇远”舰管带杨用霖:诚朴可用;

“广丙”舰管带程璧光:尚可用;

“康济”练习舰管带萨镇冰:诚朴可用;

“威远”练习舰管带林颖启:尚可用;

“镇北”炮船管带吕文经:诚实可用;

“镇远”舰枪炮大副曹嘉祥:勇敢,可带兵船;

原“广乙”舰大副温朝仪:胜兵船大副之任;

“靖远”舰大副刘冠雄:可带兵船;

“左一”鱼雷艇管带王登云:勇敢。[14]

徐建寅对截止到12月9日北洋海军舰船和弹药的点验因有客观依据,其统计数字应该是准确的。但他在威海仅停留一天,以前与北洋海军也没有过直接的接触,不知其以文员的角度对海军军官所作的评价有何依据。尤其值得注意的是,他虽然写了查验报告,但在官方档案中却未发现该报告的踪迹和相关信息。[15]

徐建寅似乎并未按规定将查验报告上呈督办军务处,但他在访晤翁同龢等中枢大臣时却又细言丁汝昌不能整顿海军、闽籍军官结党等情况,建议由候补道马复恒接任海军提督。他对马复恒的评价是:“忠勇朴诚,稳练精干,前历充各船管带十余年,嗣后总办鱼雷营,

[14] 徐建寅:“上督办军务处查验北洋海军禀”及附件(手稿)。

[15] 1991年初,笔者获悉中国书店在整理古旧图书资料时发现一份有关北洋海军的原始资料,遂立即前往购回。经考证,此资料即是徐建寅写给督办军务处的关于查验北洋海军的报告底稿(内有修改之处),笔者将其题名为《徐建寅上督办军务处查验北洋海军禀》。

均能实力整顿，劳怨不辞，于海军驾驶、行阵各事皆极精熟，洵堪领袖海军各员。”[16]此番评论一出，使得本已有所缓和的撤换丁汝昌之争又进入了新一轮的较量。

清廷在给李鸿章革职留任处分后不久，即于12月28日任命湘系大员、两江总督刘坤一为钦差大臣，节制关内外防剿各军。这样做的目的，显然是要用湘系牵制淮系，不让李鸿章再独揽前线的最高指挥权。1895年1月3日，前往山海关赴任途经北京的刘坤 致电李鸿章，说朝廷惟望整顿海军，请将拿问之人解京交部治罪，以塞众口[17]。所谓“拿问之人”，李鸿章明知其所指，但复电时就是避而不提丁汝昌。7日，刘坤一再电李鸿章，明确指出：“海军提督缺悬已久，此间公论，均以马道复恒力能胜任。事难再缓，似可径行保奏。”[18]李鸿章立即给丁汝昌去电，询问马复恒之才具魄力是否尚堪造就，黄海海战是否在船驾驶，中外各员能否妥协，望即日筹度，据实密复[19]。

同日，光绪皇帝有旨：“现在海军当差之候补道员马复恒，着李鸿章饬令来京，交吏部带领引见。”[20]刘坤一则步步进逼，以及早整顿海军为由，建议马复恒或补或署，暂缓引见，以免往返需时，并提出马复恒所遗海军营务处差可由徐建寅接办[21]。第二天，李鸿章接到丁汝昌的复电，谓马复恒前曾管带“操江”、“康济”、“海镜”等船，又曾会办旅顺鱼雷局，没有参加黄海大战，海战后会办海军营务处。他知道自己被提名为海军提督人选后，表示才力不及，万难胜任，中外各员亦未能协调，恳切力辞。马复恒认为，徐建寅之才力胜其百倍，若奉简来统海军，必有成效[22]。李鸿章接到丁汝昌的电报后，当即去电答

[16] 陈义杰整理：《翁同龢日记》，第5册，第2762页，中华书局，1997；徐建寅：“上督办军务处查验北洋海军禀”（手稿）。

[17] “刘大臣来电”（光绪二十年十二月初八日亥刻到），顾廷龙、戴逸主编：《李鸿章全集》，第25册，第299页。

[18] “刘钦差来电”（光绪二十年十二月十二日未刻到），顾廷龙、戴逸主编：《李鸿章全集》，第25册，第307页。

[19] 李鸿章：“寄丁提督”（光绪二十年十二月十二日申刻），顾廷龙、戴逸主编：《李鸿章全集》，第25册，第307～308页。

[20] 《清德宗实录》，卷356，光绪二十年十二月甲寅。

[21] “刘岘帅来电”（光绪二十年十二月十二日亥刻到），顾廷龙、戴逸主编：《李鸿章全集》，第25册，第308页。

[22] “丁提督来电”（光绪二十年十二月十三日辰刻到），顾廷龙、戴逸主编：《李鸿章全集》，第25册，第308～309页。

复刘坤一,说明马复恒之才具不长战船,阅历亦少,难以驾驭洋员,故不胜提督之任。李鸿章只字未提马复恒对徐建寅的赞誉,因为他不想再就此事另生枝节。他指出,前已奉旨令刘步蟾署理提督,这样比较稳妥,而马复恒、徐建寅可令会办海军营务处[23]。李鸿章的答复有理有据,刘坤一也就无话可说了。

1月13日,李鸿章接到马格禄来电,内称:丁提督才能出众,忠勇性成,素为海军各将领所服,所有参劾各节,均与丁提督无涉,如果必行拿问,海军局势必至万分艰难。[24]李鸿章将此电转给总理衙门,并请代奏朝廷,意在进一步借外国人的话堵当局之口。

一个多月来,中国方面为撤换海军提督一事内争不已,反复较量,竭尽智慧与谋略,结果是削弱了前线将士的斗志。此时距日军进攻威海卫还有7天。

二　重蹈覆辙的威海卫之防

日军占领旅顺后,日本大本营曾决定按原计划派陆军在渤海湾北岸登陆,立即实施直隶平原决战。11月29日,大本营向伊东祐亨发出指示,令其派军舰前往洋河附近调查登陆点。伊东派舰调查后报告,冬季陆军在渤海湾北岸登陆非常困难。大本营根据这一情况,认为北洋海军的存在仍会给日军在渤海湾登陆带来威胁,又考虑到中国的政治现状,遂决定改变作战方针,以第二军第二师团和国内的第六师团合编为"山东作战军",在联合舰队的配合下攻占威海卫,彻底

[23] 李鸿章:"寄刘岘帅"(光绪二十年十二月十三日辰刻),顾廷龙、戴逸主编:《李鸿章全集》,第25册,第309页。

[24] 李鸿章:"寄译署"(光绪二十年十二月十八日午刻),顾廷龙、戴逸主编:《李鸿章全集》,第25册,第317页。

消灭北洋海军。

12月14日，桦山资纪电告伊东祐亨，大本营已决定进攻威海卫并消灭北洋海军，联合舰队应为此做好准备。伊东立即派出“千代田”、“八重山”、“浪速”、“比睿”等舰前往烟台、成山头侦察山东半岛的防御情况，并初步考察陆军登陆地点。16日，大本营正式命令伊东，将以陆海两军攻占威海卫，联合舰队负责护送陆军登陆，并协同陆军占领威海港，歼灭北洋舰队。23日，第二军和联合舰队的参谋人员乘“高千穗”舰前往成山头，经过两天考察，发现荣成湾和爱伦湾适合登陆，随即回报伊东。

早在1889年，日本海军大尉关文炳就曾勘察过荣成湾，发现这里西距威海约30海里，湾口面向东南，宽约4海里，水深7—9米，底质为泥沙，便于舰船抛锚，并能遮蔽西、北两面的风浪。伊东认为，荣成湾不仅便于登陆，也便于陆军登陆后抄袭威海后路，故在征得第二军同意后，最终选定荣成湾为登陆地点。[25]

实际上，旅顺失守后，李鸿章即已意识到威海将是日军的下一个进攻目标。

威海卫位于山东半岛的东北端，与辽东半岛的旅顺口遥相呼应，势成渤海半边门户。威海城前临海湾，湾中有刘公岛，为海湾之天然屏蔽，并将湾口分为东西两口。威海港作为北洋海军的基地之一，于1887年正式兴建，具有舰队驻泊、补给等保障功能，规模宏大，设施齐全。基地设施主要集中在刘公岛上，除建有北洋海军提督衙门和大批营房，还设有机器厂、弹药库、水师学堂、医院等。由于刘公岛是

[25] 以上见日本海军军令部编纂：《二十七八年海战史》，下卷，第1～8页，日本春阳堂，1905。

北洋海军提督驻节之地，所以李鸿章称“威海卫为北洋海军根本重地”[26]。基地的防御体系由水雷营和各种炮台构成：海湾北岸设有水雷营和北山嘴、黄泥沟、祭祀台3座海岸炮台(通称北帮炮台)，后路有合庆滩陆路炮台和威海卫城北的老母顶陆路炮台；海湾南岸设有水雷营和皂埠嘴、鹿角嘴、龙庙嘴3座海岸炮台(通称南帮炮台)，后路有所城北、杨枫岭、摩天岭3座陆路炮台；刘公岛上设有东泓、南嘴、迎门洞、旗顶山、公所后、黄岛等炮台，刘公岛与南岸之间的日岛也设有炮台。战争爆发后，又在南北帮后路增筑临时炮台多座，使炮台总数达到25座，共配备60—280毫米口径火炮140余门，另有行营炮和速射炮20余门。

威海基地的驻防部队有：道员戴宗骞统率绥字军4营1哨共2100人驻威海北帮，总兵刘超佩统率巩字军4营共2000人驻威海南帮，总兵张文宣统率北洋护军2营共1000人驻刘公岛，均直隶于北洋大臣李鸿章。战争爆发后，绥、巩、护诸军又各增募2营，威海驻军达到16营1哨共8000余人。

自开战以来，李鸿章的淮军和海军屡战屡败，责难之声一直是此起彼伏，他本人也因此受到革职留任的处分。旅顺陷落后，威海已成北洋海军最后一个基地，也是直接指挥战事的李鸿章最后的希望所在。然而，他对威海海陆军将领的指挥能力和作战勇气一点信心也没有。

11月27日，年逾七旬的李鸿章在朝廷的一再督促下前往大沽、北塘巡阅防务，同时给威海守将丁汝昌、戴宗骞、刘超佩、张文宣发

[26] 李鸿章：“请添威海大连湾水雷折”(光绪十七年七月初二日)，顾廷龙、戴逸主编：《李鸿章全集》，第14册，第119页。

去电令：

> 旅（顺）失威（海）益吃紧，（大连）湾、旅（顺）敌船必来窥扑，诸将领等各有守台之责。若人逃台失，无论逃至何处，定即奏拿正法；若保台却敌，定请破格奖赏。闻日酋向西船主言，甚畏“定（远）”、“镇（远）”两舰及威台大炮利害。有警时，丁提督应率船出，傍台炮线内合击，不得出大洋浪战，致有损失。戴道欲率行队往岸远处迎剿，若不能截其半渡，势必败逃，将效大连湾、旅顺覆辙耶。汝等但各固守大小炮台，效死勿去。且新炮能击四面，敌虽满山谷，断不敢近。多储粮药，多埋地雷，多掘地沟为要。半载以来，淮将守台守营者，毫无布置，遇敌即败，败即逃去，实天下后世大耻辱事。汝等稍有天良，须争一口气，舍一条命，于死中求生，荣莫大焉！[27]

这是李鸿章第一次就海陆军协防威海卫下达指令，即要求陆防部队固守炮台，不许远出迎剿，更不许弃台逃跑；海军在敌舰来攻时应出港，在台炮火力范围内与炮台合力迎击，不得远出大洋决战。在他看来，炮台有新式大炮可以旋转炮击，只要守台部队誓死固守，即便日军登陆并抄袭威海后路，也断不可能越过防线。显然，他并没有真正吸取此前屡战屡败的教训，仍然坚持株守防地、待敌来攻的被动应战方针，以为仅凭炮台就能拒敌。他提出威海卫之防绝不能效旅顺覆辙，但旅顺之战恰恰就是因为没有机动部队远出迎剿，才导致孤立作战的海陆各炮台最终崩溃。而李鸿章认为，旅顺失陷是因为守军没能“效死勿去”，他担心威海守台部队因无作战勇气而重蹈覆辙，故在其电令最后甚至带着恳求的语气希望威海守将能争气舍命，

[27] 李鸿章：“寄威海丁提督戴道刘镇张镇”（光绪二十年十一月初一日酉刻），顾廷龙、戴逸主编：《李鸿章全集》，第25册，第203页。

坚守到底。正因为他强调要固守炮台，所以对戴宗骞提出的率守台部队“往岸远处迎剿”的想法深表不满，认为其结果势必“将效大连湾、旅顺覆辙”。

戴宗骞提出的建议是，如日军在威海远处登陆，他将亲率部分绥、巩军前往迎击，届时请丁汝昌帮助照料岸防。但丁汝昌给戴宗骞复函指出：“倭逆万一登岸，吾仲已选锐卒，以备亲率迎剿，前路抵御，固为得机得势。惟兵力过单，恐后路不足为固，诚以为虑。委以鄙人照料，临事在海分调船艇犹惧未能悉当，岂有余力指挥在岸事宜？伏念威海陆路全局系于吾仲，幸宜持重，总期合防，同心一力固守，匪惟一隅之幸也。”[28]戴宗骞见丁汝昌不同意他的方案，又于11月30日给李鸿章去电请示。他认为，如果坐待日军抄袭炮台后路，所埋地雷和行营炮均无法发挥作用，而且炮台弹药库暴露在外，很难防守。他也知道远剿甚难，但鉴于大连湾、旅顺不迎击之失，株守必无全理。因此，他已抽调部分守台部队组成游击之师，“闻警驰援，并力一决，必不偷生苟活，贻中堂(李鸿章)羞”[29]。次日，丁汝昌也致电李鸿章，指出抽调部分绥、巩军远出迎剿，地阔兵单，万一不支，炮台失守，为敌所用，将给威海港中的军舰构成极大威胁[30]。李鸿章一向主张固守台垒，对戴宗骞抽调守台之兵远出接战的想法极不以为然，斥其不知兵亦不知大局。他指出，炮台大炮和行营炮均可回击，地雷亦可移埋后面来路，只要多掘地沟，避敌枪炮，亦能死守。他还告诫说：“若再师心自用，以浪战取巧侥幸，即令战殁，亦不请恤，为不遵军令者戒。丁提督老于兵事，粗知战守方略，务竭诚商办。”[31]

[28] 丁汝昌：“致戴宗骞书”（光绪二十年十一月初三日），戚俊杰、王记华编校：《丁汝昌集》，第223页，山东大学出版社，1997。

[29] “戴道来电”（光绪二十年十一月初四日到），顾廷龙、戴逸主编：《李鸿章全集》，第25册，第212页。

[30] “丁提督来电”（光绪二十年十一月初五日到），顾廷龙、戴逸主编：《李鸿章全集》，第25册，第215页。

[31] 李鸿章：“复戴道”（光绪二十年十一月初四日午刻）、“寄丁提督戴道”（光绪二十年十一月初五日午刻），顾廷龙、戴逸主编：《李鸿章全集》，第25册，第212、215页。

在丁汝昌看来，岸防部队不要说分兵远出迎剿，就是用全力守护海岸炮台也并没有多大把握。他鉴于北帮三座海岸炮台后面缺乏保护，建议在三座炮台后面高山上三个制高点设置行营炮，由海军官兵专守，派马复恒率兵驻守祭祀台炮台，负责指挥山上行营炮阵地。这一建议获李鸿章批准，并付诸实施。但戴宗骞对丁汝昌插手陆上防务极为不满，于12月3日再电李鸿章，认为在山上移设行营炮并不能防止日军从后抄袭，如果日军在前山置炮，凭高下击，我守兵亦难以立足。因此，他仍坚持与山东防军协同进行抗登陆作战，宁力战图存，勿坐以待困，纵不能击其半渡，尚可进扼上庄口山，使局势不致过于逼促。他请求李鸿章准其因地审势，自酌战守。李鸿章当天回电说："用兵固须因地审势，我枪炮既不能敌倭，诡计狠劲又不及彼，如欲扼上庄口山，自问仓促能扼住否？若溃退，则敌必随入，一军皆慌，仍以扼要埋伏地沟为妥。"[32]戴宗骞虽然没再坚持，但与丁汝昌的矛盾已进一步加深。

丁汝昌发现南帮炮台也存在问题。南帮炮台的布局为环海有三座海岸炮台，其后路又有四座陆路炮台，再向南沿皂埠村至海埠修筑了一道15里的长墙，墙外挖有深5尺、宽1丈的堑壕，壕外埋设地雷。由于龙庙嘴炮台深缩港内，距离其他炮台过远，被划出长墙之外。丁汝昌于12月2日曾到南帮视察，认为龙庙嘴炮台实难守住，遂与刘超佩筹商，由海陆军共护此台。"倘万不得已，拆卸炮栓钢圈底归鹿角嘴炮台，免致为敌所用，既慑军心，又累大局"[33]。但问题是，刘超佩受戴宗骞节制，如果戴宗骞反对，此事就无法落实。

[32] 李鸿章："复戴道"（光绪二十年十一月初七日辰刻），顾廷龙、戴逸主编：《李鸿章全集》，第25册，第220页。

[33] "丁提督来电"（光绪二十年十一月初七日午刻到），顾廷龙、戴逸主编：《李鸿章全集》，第25册，第221页。

李鸿章直辖的威海基地海陆两军将领在防守问题上争执不休，焦点问题就是如何确保威海后路及基地岸防的安全，从而避免海军在港内陷入被水陆夹击的绝境。然而，要确保威海基地的安全，关键是要取得抗登陆作战的胜利。具体而言，或以海军击敌运兵船于航行途中，或以海陆军协同阻敌于登陆之际。但李鸿章明确要求海军"不得出大洋浪战"，丁汝昌也根本无意率部出击，故击敌运兵船已不可能。以此为前提，戴宗骞提出在日军登陆时和登陆后进行阻击的建议并非没有道理，但他率领远出迎剿的部队即使是海岸炮台守军的半数，也不过3000人左右，根本不可能实现阻敌目的，如果再发生李鸿章担心的"遇敌即败，败即逃去"的情况，反倒削弱了海岸炮台的防御力量。诚然，戴宗骞设想的是与山东防军联合进行抗登陆作战，或联手在后路实施阻击。这一设想也未免有些天真，因为山东防军归山东巡抚李秉衡节制，李鸿章无权直接调动，故协同作战的难度极大。

自12月24日起，即不断有日舰在山东半岛荣成湾龙须岛出没的报告。中国方面已预料到日军的下一步行动必是进攻威海，亦惟恐威海重蹈旅顺覆辙，但在已有迹象表明龙须岛一带可能就是日军登陆地点的情况下，却仍然没有想到并准备集中兵力实施抗登陆作战。当时在威海后路有山东巡抚李秉衡节制的部队20营约一万人，主要驻扎在烟台至威海的180里防线上，而荣成至威海百余里之遥却只有少量驻军。李秉衡始终没有准确判断出日军的登陆地点，遂坚持分散驻扎部队，只从烟台附近抽调约两千人驰扎荣成，由副将阎德胜指挥。同时，他希望威海守军也能拨助两营，戴宗骞即派哨官戴金铭率300人驻扎于荣成湾龙须岛。但加在一起也不过区区两千余兵,根本不可能抵挡日军的后路进攻。

威海的防御毫无把握,却又谁都无能为力。恰在这时,两个洋人的出现让中国人产生了转危为安的幻想。他们是来自美国的宴汝德(Wilde,又译威理得)和郝威(Howil,又译浩威或好威),为李鸿章英文秘书、美国人毕德格(W.N.Pethiek)所推荐,于12月中旬到达烟台。据接待他们的登莱青道刘含芳向李鸿章报告,这两个美国人声称挟有十项奇术:在口岸建造炮台,敌舰队不能攻入;运兵登陆,敌不能看见;敌舰不论停泊行驶,均能击沉;活捉敌舰,使其不受伤;舰队经过敌炮台,敌不能发现;经过敌方雷区无危险;鱼雷艇靠近敌舰,敌不能看见;能将商船改制成精强战舰;不使用水雷就能在48小时内将炮台口岸布置严密;接近敌炮台舰队无响声[34]。

刘含芳在第二次与这两人交谈之后,才终于弄明白,原来主要人物是宴汝德,郝威只是帮忙者。宴汝德提出,他们传授之秘法如试验见效,中国应先酬给1万美元;如用此秘法击敌建功,应酬给100万美元;如用此秘法擒敌战舰和击沉敌舰,应分别酬给该舰价值之15%和10%;如用此秘法擒获敌之运输船或商船,应酬给该船价值之5%[35]。刘含芳认为,无论其技术能否做到,总可为海岸战守之助,所以决定将他们送往威海,并函告丁汝昌让北洋海军中的留美学生先试探一下他们的虚实,然后再进行试验。

此事竟然连光绪皇帝也知道了,12月18日还就此谕示李鸿章:“美国投效二人自述十事,言虽近诞,惟西人向多幻术,无妨试

[34] 李鸿章:“寄督办军务处”(光绪二十年十一月二十一日巳刻),顾廷龙、戴逸主编:《李鸿章全集》,第25册,第252～253页。

[35] 李鸿章:“寄督办军务处”(光绪二十年十一月二十二日巳刻),顾廷龙、戴逸主编:《李鸿章全集》,第25册,第256页。

验虚实。”[36]

12月19日，两个美国人乘坐“左一”号鱼雷艇由烟台来到威海。他们告诉丁汝昌，用其秘法作战需准备商船和材料，每打一仗应备材料需费在万元左右。第二天，他们提出要先签合同，然后方肯绘图并开单购料。丁汝昌不敢作主，请示李鸿章，李鸿章又上报朝廷。22日，光绪皇帝谕示：“此事总以效验为凭，究竟以何船试验？若以敌船为验，则必须出海攻战；若用华船，则断无自行击沉之理。其余各法，如何取效，并着详晰询明，逐条复奏。”[37]于是，李鸿章再电丁汝昌，要求进一步详细了解宴汝德的所谓“秘法”。

12月23日，丁汝昌电告李鸿章，经详询宴汝德，已略知大概。所谓十项“奇技”，其实都是用一种药水，装入管中，可埋于口门，或置舰船上，用机喷出发烟，使敌不能发现或闻烟气闷而退。而“水师无响声”云云，系属翻译错误。宴汝德说，此系独家秘法，只能略言大概，其深奥处只有签约后才能说出，并进行试验。试验用的船只，废兵船、废商船、废木船均可，但试验材料在烟台、上海都买不到，已电询香港。丁汝昌感到此事仍无把握，担心如果试验有效而临敌无效，其后果责成太重，签约一事应请李鸿章定夺。李鸿章根据丁汝昌的报告，判断宴汝德必是精于化学者，认为“无论其办法有无把握，不妨试验，留之必有用处”。同日，光绪皇帝也发出新的谕旨，着即与宴汝德签约，以便试验[38]。次日，丁汝昌即遵旨与两个美国人签下试验合同。

后来事情的发展就更具戏剧性。过了近一个月，直到次年1月中旬，由马格禄通过怡和洋行代购的试验药料终于到了烟台，又在烟台

[36] 《清德宗实录》，卷354，光绪二十年十一月甲午。

[37] 《清德宗实录》，卷354，光绪二十年十一月戊戌。

[38] 李鸿章：“寄译署督办军务处”（光绪二十年十一月二十八日巳刻），顾廷龙、戴逸主编：《李鸿章全集》，第25册，第276页；《清德宗实录》，卷354，光绪二十年十一月己亥。

购油两种，一并存在民船上，准备运往威海，不料19日竟莫名其妙地被火烧去。宴汝德辞别而去，郝威则自告奋勇留在北洋海军服务，临战前的这出闹剧就此收场。

在美国人兜售"奇技"期间，威海卫的安全形势日趋紧张。12月24日晨，李鸿章接到成山头报告，说荣成湾龙须岛发现1艘日舰，有小火轮欲渡兵上岸。午后，烟台至成山的电报突然中断，李鸿章以为成山头已被日军占领。直到快半夜时，他才又接到报告，说日舰已向南驶去，成山头未失。实际上，这艘日舰正是奉日本联合舰队司令长官伊东祐亨之命到荣成湾勘察登陆地点的"高千穗"。

12月25日，李鸿章电令丁汝昌："速统现有师船赴龙须岛、成山一带巡探，如日船少，即设法驱逐，否则听其由后路包抄，则威危，而兵船无驻足之地，弟获罪更重矣。"[39]丁汝昌当天回电称，马格禄认为，如只有一二艘日舰，亦宜暗袭，明攻则彼必远飏，不能接战。军舰与威海基地相依为命，全队出海不仅滋疑，且恐日舰大队趁机封我威海港口。因此马格禄建议，不如由他先带3艘鱼雷艇出探，如确有日军登陆，即速回报，再率全队前往拼战。现已决定，由马格禄率3艇今夜出发，其余舰艇备便汤汽，候报即发[40]。李鸿章认为"所虑亦是"，同意他们的行动方案。但此事后来没了下文，或许知日舰已撤走，未再派鱼雷艇出巡。

北洋海军此次没有整队出海，虽然得到了李鸿章的同意，但也反映出某种悲观情绪。丁汝昌在给李鸿章的电报中，通过马格禄的口，说出了自己的想法和忧虑。在他看来，舰队闻警出动，就难免要与日本

[39] 李鸿章："寄丁提督"（光绪二十年十一月二十九日巳刻），顾廷龙、戴逸主编：《李鸿章全集》，第25册，第279页。

[40] "丁提督来电"（光绪二十年十一月二十九日亥刻到），顾廷龙、戴逸主编：《李鸿章全集》，第25册，第280～281页。

舰队一战,战则既无信心,又实力不济。而且无论出战或出巡,一旦日本舰队封堵威海港口,很可能是军舰和基地均将不保。另一方面,丁汝昌此时尚处在等待拿问治罪的境地,精神负担十分沉重,也使他在战守问题上顾虑重重。他曾对人表露过自己的复杂心情:

> 汝昌以负罪至重之身,提战余单疲之舰,责备丛集,计非浪战轻生,不足以赎罪。自顾衰朽,岂惜此躯,惟以一方气谊,罔弗同袍骖靳之依,或堪为济。然区区之抱,不过为知者道,但期共谅于将来,于愿足矣。惟目前军情有顷刻之变,言官逞论,列曲直如一,身际艰危,尤多莫测。迨事吃紧,不出要击,固罪;即出而防或有危,不足回顾,尤罪。若自为图,使非要击,依旧蒙羞,利钝成败之机,彼时亦不暇过计也。[41]

在进退两难中,丁汝昌选择了自认为生存机会更大、也更符合部下意愿的株守军港,亦即"军舰与威海基地相依为命"。

1895年初,日军进攻威海的消息终于得到证实。光绪皇帝于1月12日发出谕令:"旅顺既为倭踞,现又图犯威海,意在毁我战舰,占我船坞,彼之水师可往来无忌,其谋甚狡。敌兵扑犯,必乘我空隙之处,威海左右附近数十里内尤为吃紧。着李鸿章、李秉衡飞饬各防军昼夜梭巡,实力严防,不得稍有疏懈。"13日又谕:"海军战舰数已无多,岂可稍有疏失!若遇敌船逼近,株守口内,转致进退不能自由。应如何设法调度,相机迎击,以免坐困,着李鸿章悉心筹酌,饬令海军诸将妥慎办理,并先行复奏。"[42]李鸿章据此电告丁汝昌:"倭如犯威,必以陆队由后路上岸抄截,而以兵船游弋口外,牵制我师。彼时兵轮当如何布置迎击,水陆相依,庶无疏失,望与洋弁等悉心妥筹,详细电复。"[43]

[41] 丁汝昌:"致戴宗骞书"(光绪二十年十二月初二日),戚俊杰、王记华编校:《丁汝昌集》,第224页。

[42] 《清德宗实录》,卷356,光绪二十年十一月己未、庚申。

[43] 李鸿章:"寄刘公岛丁提督刘镇"(光绪二十年十二月十八日戌刻),顾廷龙、戴逸主编:《李鸿章全集》,第25册,第318页。

丁汝昌经与马格禄、刘步蟾等反复研究，提出了一个以军舰依辅基地炮台的港口防御作战方案。他们认为：

> 倭若渡兵上岸来犯威防，必有大队兵船、雷艇牵掣口外。汝昌、格禄早与刘镇及诸将等再三筹画，若远出接战，我力太单，彼船艇快而多，顾此失彼，即伤敌数船，倘彼以大队急驶封阻威口，则我船在外，进退无路，不免全失，威口亦危。若在口内株守，如两岸炮台有失，我船亦束手待毙，均未妥慎。窃谓水师力强，无难远近迎剿；今则战舰无多，惟有依辅炮台，以收夹击之效。查威(海)、旅(顺)海口情形迥异，旅顺口窄港狭，船必候潮出口，非时不能转动，临阵不能放炮，既难依辅炮台，又实无益陆路；威海则口宽港广，随时可以旋转，临敌可以攻击，事势不同。倘倭只令数船犯威，我军船艇可出口迎击；如彼船大队全来，则我军船艇均令起锚出港，分布东西两口，在炮台炮线水雷之界，与炮台合力抵御，相机雕剿，俾免敌舰闯进口内。即使陆路包抄南北两岸，师船尚可支撑攻击彼船。若两岸全失，台上之炮为敌用，则我军师船与刘公岛陆军惟有誓死拼战，船沉人尽而已。

这一作战方案完全是按照李鸿章的“水陆相依”指示精神制定的，也基本上体现了北洋海军将领的集体意志。但他们对南北两岸及其后路的防御现状极为担心，如北帮北山嘴炮台沿海及长墙约30余里，虽已决定派马复恒率兵协守祭祀台及后面高山，又从刘公岛酌拨护军2哨驻守祭祀台附近山沟，但其余山沟尚多，戴宗骞的兵力仍不敷分布；南帮从龙庙嘴炮台到皂埠嘴炮台有10余里，后路更宽，也相当吃紧。归根结底就是地阔兵单，全恃后路游击有兵，以防抄袭，方能巩固。而后路游击之兵应由山东巡抚李秉衡遵旨布置,海军断难舍舟登陆。[44]在他们看来,海军的任务就是依辅炮台防御日本海军的海上正面进攻并协守南北两岸,此外连前往日军登陆地点进行必要的袭击也因无法依辅炮台而不在考虑范围之内。1月15日,李鸿章将海军的防御计划上报朝廷,认为“所拟水陆相依办法,筹虑似尚周到”,但对后路无大支游击之师的问题也无能为力。由于李鸿章对威海后路的防守没有把握,所以对丁汝昌等做出的海军在两岸炮台失守后惟有战至“船沉人尽”这一束手待毙的决定深感忧虑。

此时,英法等国军舰已聚集到烟台港,等待观战。据登莱青道刘含芳报告,英国海军远东舰队司令斐利曼特尔率8艘军舰自烟台驶向成山头,前去观看日军登陆。光绪皇帝接到这些信息后,感到军情已万分紧急,于16日谕令李鸿章、李秉衡分饬各将领,在成山头一带昼夜侦探,以防日军以小船载兵乘隙登岸,务当遇敌即击,勿蹈辽东貔子窝覆辙。18日又谕:“倭寇如犯威海,前面防守较严,所虑乘虚窜扰后路。李秉衡务当相机布置,督饬防营时刻严防,以杜窥伺。”[45]皇帝连降谕旨,只是要求李鸿章、李秉衡严令所部加强防守,却始终没有从全局统筹兵力部署。李秉衡已先后抽调5营兵力前往荣成一带驻扎,既不敢再集中兵力专注一处,就只能分饬沿海各要地防军严加戒备。威海守将戴宗骞除命派驻龙须岛的3哨防队轮班巡守,并严禁威海及龙须岛渔船出海,以免被日军掳去引港,也别无其他布置。

1月19日,李秉衡致电朝廷说明:“威海前面有北洋派扎戴宗骞及刘公岛张文宣等近二十营,又有水军铁舰驻岛防守,尚属严密。惟威

[44] 李鸿章:“寄译署”(光绪二十年十二月二十日亥刻),顾廷龙、戴逸主编:《李鸿章全集》,第25册,第320～321页。

[45] 《清德宗实录》,卷357,光绪二十年十二月癸亥、乙丑。

海后路东南至荣成成山、倭岛、俚岛一带，西至宁海龙门港以抵烟台，共三百里之遥，分布不及二十营。明知兵分则力单，而地面太长，有万不能不分之势。自烟台以西至登州又一百八十里，所驻亦不及十营。倭船之来，倏忽无定，前荣成之成山岛、宁海之金山寨均有倭船窥伺，昨登州又有倭船开炮一时之久。自登州至威海、威海至成山，共五百余里，处处吃重，秉衡均责无可辞，惟有就现有兵力，督饬各营时刻严防。”[46]兵力本就不足，又如此分散设防，威海至荣成的后路空虚问题仍然没有解决。

三　威海卫之战

日本新组建的“山东作战军”于1月16日在大连湾集结完毕。海陆两军在协商后，制定了登陆计划和规约，决定运兵船于19、20、22日分三批从大连湾出发，其中除第一批运兵船由海军护送，第二、第三批自行前往。

1月18日上午6时，日本联合舰队司令长官伊东祐亨命常备舰队司令官鲛岛员规海军少将(原司令官坪井航三已转任旅顺根据地司令长官)率第一游击队“吉野”、“浪速”、“秋津洲”三舰前往登州(今蓬莱)海面游弋，转移清军视线，牵制清军兵力，以掩护日军在荣成湾登陆的真实意图。下午4时50分，又派“高千穗”驶往威海，侦察北洋海军的动向。19日上午9时15分，代用巡洋舰“相模丸”、“西京丸”及通信船“江户丸”自大连湾出发。10时10分，担任掩护陆军登陆的先

[46] 李秉衡：“致总理衙门”（光绪二十年十二月二十四日），戚其章辑校：《李秉衡集》，第602～603页。

遣舰“八重山”、“爱宕”、“摩耶”及“筑紫”、“赤城”、“大岛”、“天城”先后起锚出航。午后，联合舰队本队、第二游击队与第一批装载第二师团15000人的19艘运兵船依次启航。

1月20日凌晨4时，“八重山”等3舰抵达成山头南侧的荣成湾龙须岛。5时30分，侦察队和电信队换乘3艘小驳船出发，于6时50分到达岸边。驻守岛上的戴金铭部3哨巩军发现敌情后，埋伏于岸上渔船后用枪炮阻击。日军侦察队自驳船上以速射炮攻击，“八重山”舰接到信号也驶近用舰炮对岸轰击，并令驳船暂时回舰。巩军在3艘日舰的炮击下难以抵御，向荣成方向撤走。9时，日舰再派驳船登岸，缴获巩军遗弃的4门75毫米炮，随即切断岸上电报线，并占领成山头灯塔。

这时，联合舰队本队、第二游击队及其护送的第一批运兵船已陆续驶入荣成湾，第一游击队“吉野”、“浪速”、“秋津洲”、“高千穗”4舰也从登州、威海赶来会合。“吉野”向旗舰“松岛”发信号报告：“吉野”等3舰在登州海面向岸上持续炮击两天，“高千穗”侦知北洋海军仍在威海港内。伊东祐亨随即命令第一、第二鱼雷艇队前往威海监视北洋海军，第三鱼雷艇队留在登陆点担任警卫，所有军舰在适当地方抛锚。登陆部队迅速搭建舟桥，并于9时30分开始登陆。第二批12艘运兵船和第三批19艘运兵船分别于21日上午和23日上午到达。到24日下午6时，登陆全部结束，登陆部队共计34600人、3800匹马。日军开始登陆的当天下午，首先登陆的第四联队即向荣成进发，因守军已溃散，故未遇任何抵抗便占领了荣成县城。

日本联合舰队于1月21日开赴威海卫海面，监视北洋海军，次日返回荣成湾。伊东祐亨决定，除鱼雷艇队仍按原计划行动，此后白天派一两艘军舰在威海卫海面警戒，夜间由本队及第一、第二游击队轮流在成山头灯塔向北20海里内进行往返巡弋，以防止北洋海军出港逃向南方。

李鸿章在20日早晨接到丁汝昌急电，谓据成山来电，有40艘日军舰船在荣成湾开炮。对此，李鸿章做出的第一个判断是，日军在荣成湾开炮后，势必大举登陆；第二个判断是，荣成一带防御力量单薄，不可能阻止日军登陆。鉴于日军的进攻目标是威海，而荣成至威海尚有百里，山谷丛杂，他希望山东防军能设法埋伏邀截，他直辖的威海守军则只能守炮台长墙[47]。因此，他在向朝廷通报敌情时，提出请山东巡抚李秉衡发兵速救。下午，刘超佩来电表示，他将亲督绥巩军1200人携枪炮前往成山阻击，力若不足，即退守炮台，与敌拼死一战；并说李秉衡派往荣成的5营军队均系新勇，难以得力，请火速增派劲兵万人驰援[48]。

1月21日，李鸿章向威海守将连发两封电报，就威海防御指示机宜。他说，刘超佩率兵赴荣成迎敌，敌众我寡，若有伤损，徒挫锐气，故应相机退守，勿为无益有损之战。正当日军趋重南路，北岸稍松，戴宗骞应拨二三营速赴南岸，并由戴电商山东防军孙金彪部协守北岸。海军应分布东西两口，预备夹击威海后面之日军来路。他要求水陆将士昼夜严备，切勿循常例过年，并表示如能齐心血战破敌，定有重赏[49]。李鸿章无权调动山东部队，亦置威海后路于不顾，完全留给山东巡抚李秉衡去应付。而李秉衡此时已是穷于应付。据刘含芳来电

[47] 李鸿章：“寄威海丁提督戴统领等电”（光绪二十年十二月二十五日午刻），顾廷龙、戴逸主编：《李鸿章全集》，第25册，第328页。

[48] “刘镇急电”（光绪二十年十二月二十五日申刻到），顾廷龙、戴逸主编：《李鸿章全集》，第25册，第330页。

[49] 李鸿章：“寄威海丁提督戴刘张各统领”（光绪二十年十二月二十六日巳刻）、“寄威海丁提督戴张刘各统领”（光绪二十年十二月二十六日酉刻），顾廷龙、戴逸主编：《李鸿章全集》，第25册，第332、333页。

说，李秉衡已派提督孙万林率两营前往荣成，但“兵新器劣，为时太促，电阻不通，莫知寇众多少，胜负未卜。如扑犯宁海，尚须回队兼顾，兵单路远，抵御甚难。三百里山路崎岖，马探往返两日，尚有日船在登州牵制”。[50]

李鸿章已看出威海后路的防守毫无把握，而一旦后路失守，威海也保不住，所以向朝廷请示：“如事到万难，计惟保全‘定远’、‘镇远’。乞俯察。”[51]当天接到谕旨：“海军战舰，必须设法保全。”[52]

威海的防御部署此时正在一片混乱中进行。戴宗骞计划坚守威海南路山岭要隘，即从威海北岸抽调绥军扼守荣成来路最要之南虎口，由山东防军孙万林两营踞守北虎口，但因此出现的北帮空虚问题无法解决。张文宣建议，仍请驻烟台之孙金彪部速来威海，助守北帮。在李鸿章的协调下，李秉衡同意派孙金彪率部往援威海。22日，张文宣又提出，海军与刘公岛相依存，丁汝昌要出口浪战，岛船皆不保。李鸿章立即去电申斥：“口外如有敌船窥窜，丁军门自应开出口门，与炮台夹击。汝未经战阵，胆怯恐无长进。”同日，丁汝昌向李鸿章报告，戴宗骞已带兵赴南路扼虎口，北路托他相机兼顾，“昌自顾不暇，何能兼顾北岸？”李鸿章对丁汝昌不能与戴宗骞协调配合大为不满，回电责问：“口外有无敌船？若敌船少，应出击，多则开往口门，与炮台夹击，即是兼顾北岸，何谓自顾不暇耶？”[53]李鸿章与丁汝昌在“兼顾北岸”的理解上显然出现了差异。李鸿章认为海军以舰炮支持南北两岸作战本是既定方案，所以不明白丁汝昌现在为何又说“自顾不暇”。而丁汝昌对戴宗骞的意图很清楚，就是要将北岸防务交由他来兼顾，

[50] 李鸿章：“寄译署”（光绪二十年十二月二十六日辰刻），顾廷龙、戴逸主编：《李鸿章全集》，第25册，第331～332页。

[51] 李鸿章：“寄译署”（光绪二十年十二月二十六日申刻），顾廷龙、戴逸主编：《李鸿章全集》，第25册，第333页。

[52] 《清德宗实录》，卷537，光绪二十年十二月戊辰。

[53] 李鸿章：“复张镇”（光绪二十年十二月二十七日巳刻）、“复丁提督”（光绪二十年十二月二十七日戌刻），顾廷龙、戴逸主编：《李鸿章全集》，第25册，第336、338页。

所以才对此提出强烈异议。实际上,日军从威海南面登陆,其抄袭威海后路必将由南向北,威海基地北岸之防并非首当其冲。

就在此时,日本联合舰队司令长官伊东祐亨署名的致丁汝昌劝降书,由英国军舰“塞班”号送至威海基地。劝降书全文如下:

大日本国海军总司令官中将伊东祐亨致书与大清国北洋水师提督丁军门汝昌麾下:

时局之变,仆与阁下从事于疆场,抑何不幸之甚耶?然今日之事,国事也,非私仇也,则仆与阁下友谊之温,今犹如昨。仆之此书,岂徒为劝降清国提督而作者哉?大凡天下事,当局者迷,旁观者审。今有人焉,于其进退之间,虽有国计身家两全之策,而为目前公私诸务所蔽,惑于所见,则其友人安得不忠言直告,以发其三思乎?仆之渎告阁下者,亦惟出于友谊,一片至诚,冀阁下垂谅焉。

清国海陆二军,连战连北之因,苟使虚心平气以察之,不难立睹其致败之由,以阁下之英明,固已知之审矣。至清国而有今日之败者,固非君相一己之罪,盖其墨守常经,不谙通变之所由致也。夫取士必以考试,考试必由文艺,于是乎执政之大臣、当道之达宪,必由文艺以相升擢。文艺乃为显荣之梯阶耳,岂足济夫实效?当今之时,犹如古昔,虽亦非不美,然使清国果能独立孤往,无复能行于今日乎?

前三十载,我日本之国事,遭若何之辛酸,厥能免于垂危者,度阁下之所深悉也。当此之时,我国实以急去旧治,因时制宜,更张新政,以为国可存立之一大要图。今贵国亦不可不以去旧谋新为当务之急,亟从更张,苟其遵之,则国可相安;不然,岂能免于败亡之数乎?

与我日本相战，其必至于败之局，殆不待龟卜而已定之久矣。既际此国运穷迫之时，臣子之为邦家致诚者，岂可徒向滔滔颓波委以一身，而即足云报国也耶？以上下数千年，纵横几万里，史册疆域，炳然庞然，宇内最旧之国，使其中兴隆治，皇图永安，抑亦何难？

夫大厦之将倾，固非一木所能支。苟见势不可为，时不云利，即以全军船舰权降与敌，而以国家兴废之端观之，诚以些些小节，何足挂怀？仆于是乎指誓天日，敢请阁下暂游日本。切愿阁下蓄余力以待他日贵国中兴之候，宣劳政绩，以报国恩。阁下幸垂听纳焉。

贵国史册所载，雪会稽之耻以成大志之例甚多，固不待言。法前总统末古末哑恒曾降敌国以待时机，厥后归助本国政府，更革前政，而法国未尝加以丑辱，且仍推为总统。土耳其之哑司末恒拔香，夫利加那一败，城陷而身为囚虏，一朝归国，即跻大司马之高位，以成改革军制之伟勋，迄未闻有挠其大谋者也。阁下苟来日本，仆能保我天皇陛下大度优容。盖我陛下于其臣民之谋逆者，岂仅赦免其罪而已哉？如榎本海军中将、大鸟枢密顾问等，量其才艺，授职封官，类例殊众。今者，非其本国之臣民，而显有威名赫赫之人，其优待之隆，自必更胜数倍耳。第今日阁下之所宜决者，厥有二端：任夫贵国依然不悟，墨守常经，以跻于至否之极，而同归于尽乎？抑或蓄留余力，以为他日之计乎？

从来贵国军人与敌军往返书翰，大都以壮语豪言互相酬答，或炫其强，或蔽其弱，以为能事。仆之斯书，洵发于友谊之至诚，决非草草，请阁下垂察焉。倘幸容纳鄙衷，则待复书贲临。于实行方法，再为详陈。

谨布上闻。[54]

丁汝昌接此劝降书后，并未加以理睬，也未将此事上报。日本方面亦知其劝降未必奏效，故其进攻威海卫一直在按计划进行。

日军在荣成湾登陆，使威海卫重蹈旅顺覆辙的危险骤然加剧。光绪皇帝获悉荣成失守，于1月22日发出谕旨：

刻下贼已登岸，必将猛扑威海，着李秉衡厚集援军，迅往遏截，并激励将士，如有能奋勇破敌者，立予重赏。威防戴宗骞等军，守御尚能出力。现在贼踪逼近，仍着李鸿章饬令在防各军，固结兵心，并力截击，不得临敌畏却，致误大局。闻敌人载兵皆系商船，而以兵船护之，若将“定远”等船齐出冲击，必可毁其多船，断其退路，此亦救急之一策，着李鸿章速筹调度为要。

李鸿章虽然向丁汝昌转达了皇帝的谕旨，但他认为“海军船少，恐难远出冲击，只能在口门与炮台夹击”，所以没有命令海军前去袭击在荣成湾登陆的日军[55]。

1月23日，光绪皇帝又谕：“现在贼踪逼近南岸，其兵船多只难保不闯入口内，冀逞水陆夹击之诡谋。我海舰虽少，而铁甲坚利，则为彼所无，与其坐守待敌，莫若乘间出击，断贼归路。威海一口，关系海军甚重，在事将弁兵勇倘能奋力保全，将登岸之贼迅速击退，朝廷破格酬功，即丁汝昌身婴重罪，亦可立予开释。”[56]但李鸿章同日电示丁汝昌：日军进攻威海南岸时，如刘超佩能死守，应设法帮助；如守不

[54] 劝降书译文载上海广学会译著：《中东战纪本末》，卷5，第39～40页，图书集成局，光绪丁酉新春。

[55] 《清德宗实录》，卷357，光绪二十年十二月己巳；李鸿章：“寄东抚李威海将领”（光绪二十年十二月二十七日亥刻），顾廷龙、戴逸主编：《李鸿章全集》，第25册，第338～339页。

[56] 《清德宗实录》，卷357，光绪二十年十二月庚午。

住，即密令将炮台大炮炮栓拔下弃入海中。“若水师至力不能支时，不如出海拼战，即战不胜，或能留铁舰等退往烟台。希与中外将弁相机酌办为要”。李鸿章虽也要求海军必要时出海拼战，目的却是预留退路，在威海失守时能保住战舰。这一天，钦差大臣刘坤一抵达天津，在与李鸿章讨论威海局势时达成两项谅解：一是威海甚危，海军告急，电饬丁汝昌相机办理，务须保全铁甲兵轮各船；二是海军吃紧，督率需人，请朝廷姑宽丁汝昌拿办之罪，责令立功自赎。[57]

第二天，丁汝昌电告李鸿章，已挑选兵勇安插在南帮炮台，暗备急时毁炮，并准备将各炮台大炮备用钢底钢圈取存于刘公岛。但他表示：“海军如败，万无退烟(台)之理，惟有船没人尽而已。旨屡催出口决战，惟出则陆军将士心寒，大局更难设想。”[58]在他认为单纯保船并不可能而同时保存军舰与基地尚有可能的情况下，他最终选择了后者，亦即株守军港以坐待援兵。丁汝昌决心已定，李鸿章也无可奈何，只好回电说：“汝既定见，只有相机妥办。廷旨及岘帅(刘坤一)均望保全铁舰，能设法保全尤妙。”[59]

由于丁汝昌与张文宣、刘超佩议定不守南帮龙庙嘴炮台，遭到戴宗骞的反对，双方纷争再起。戴宗骞在给李鸿章的电报中说：丁等提出不守龙庙嘴炮台，是未见敌而怯，“宪(李鸿章)谕特言台炮能回打，龙庙嘴台亦能回打，因甚轻弃？”还说，孙万林、刘树德等已获胜仗，初战即利，士气倍增。李鸿章接到这一报告，又对丁汝昌产生不满，即发电令：丁汝昌系戴罪图功之员，乃胆小张皇如是，无能已极，着严行申斥；刘超佩立即回守龙庙嘴，如不战轻弃炮台，即军法从事。[60]

[57] 李鸿章：“寄刘公岛丁提督”(光绪二十年十二月二十八日午刻)、“寄威海丁提督戴刘统领烟台刘道”(光绪二十年十二月二十九日巳刻)，顾廷龙、戴逸主编：《李鸿章全集》，第25册，第341、344～345页。

[58] “丁提督来电”(光绪二十年十二月二十九日申刻到)，顾廷龙、戴逸主编：《李鸿章全集》，第25册，第345页。

[59] 李鸿章：“复丁提督”(光绪二十年十二月二十九日酉刻)，顾廷龙、戴逸主编：《李鸿章全集》，第25册，第346页。

[60] 李鸿章：“寄丁提督刘镇”(光绪二十年十二月二十九日亥刻)，顾廷龙、戴逸主编：《李鸿章全集》，第25册，第348页。

其实，戴宗骞不仅轻敌，而且还夸大了孙万林、刘树德等部的战绩。实际情况是，山东嵩武军左营营官孙万林奉李秉衡之命率1000余人驰往荣成迎敌，1月21日在羊亭集以东遇到阎得胜率河防营从荣成败退，遂合军返回羊亭。22日，孙万林率部在白马河西岸的桥头阻击日军，阎得胜率部从旁截击，戴宗骞派来的管带刘树德3营在桥头北山策应。24日，清军与日军的小股前哨部队接战，并取得小胜。但因阎得胜、刘树德部均不战而退，孙万林部成为孤军，不得不撤退。

丁汝昌对戴宗骞的轻敌冒进早有不满，更不服被其指为胆怯，也致电李鸿章，揭发说南北帮各炮台士兵现在不足排一班之用，倘若受伤，无从添配；除了皂埠嘴、北山嘴炮台设有营官外，其余炮台仅余哨官、哨长，日岛上连军官也没有；各炮台均无后墙，又无小炮洋枪，实不解如何防护。李鸿章接到丁汝昌的申辩，又转而去电训斥戴宗骞："看此情形，该统领营哨官皆不以守台为重。试问不守台，不靠炮，将守何处？"[61]戴宗骞回电报告："贼如踞龙庙嘴，以快炮击鹿角嘴等台，之后又何以为守？已传帅(李鸿章)令，刘镇遵办。"[62]但刘超佩并不服气，也致电李鸿章，说明威海南岸各炮台均在海边，后面山势较炮台过高，东西长墙15里靠山而筑，敌人拉快炮上山，各台受敌，万不能守。他率部坚守长墙，与炮台联络一气，果如守住，万无一失。所虑后路空虚，望速调3营来防，否则龙庙嘴炮台难保。他说丁汝昌提出龙庙嘴炮台不守为妙。李鸿章面对威海守将一日数电，各执一词，已经难辨是非。他最后指示："究竟龙庙嘴应守与否，应令戴道迅速亲往察酌形势，与丁面商定夺，勿得固执已见，聚讼误事。"[63]

[61] 李鸿章："寄威海戴刘统领"（光绪二十年十二月三十日申刻），顾廷龙、戴逸主编：《李鸿章全集》，第25册，第351页。

[62] 李鸿章："戴道来电"（光绪二十年十二月三十日申刻），顾廷龙、戴逸主编：《李鸿章全集》，第25册，第351页。

[63] 李鸿章："寄戴道"（光绪二十年十二月三十日申刻），顾廷龙、戴逸主编：《李鸿章全集》，第25册，第352页。

就在威海守将聚讼不休时，日军已开始向威海发起进攻。

1895年1月25日是夏历甲午年除夕，但威海南北两岸及刘公岛上没有丝毫的喜庆气氛，也听不到以往辞旧岁的爆竹声声。半夜时分，突然南岸响起炮声隆隆，原来是炮台守军在夜幕中远望风摇林影，以为日军攻来，故开炮击之。真可谓风声鹤唳，草木皆兵。[64]

正是在这一天，分三批登陆的日本山东作战军在荣成完成集结，司令官大山岩下达了进攻威海卫的命令。日军兵分两路：第六师团由黑木为祯中将指挥，称右纵队，沿荣成至威海大道进犯威海南帮炮台；第二师团由佐久间左马太中将指挥，称左纵队，沿荣成至烟台大道过虎山绕至威海南帮炮台西侧，切断守军退路，并与右纵队形成夹击之势。

日本联合舰队为配合陆军的进攻，伊东祐亨于1月24日派“天龙”、“海门”2舰前去炮击登州府，以牵制烟台附近的清军；又派第三鱼雷艇队靠近海岸与陆上右纵队一同前进，以便互相联络。伊东判断，日军攻击威海卫时，北洋舰队肯定出港逃走，所以决定本队及第一、第二游击队继续对威海港实施昼夜监视。其余舰艇的行动计划是：

1.陆军进攻威海南帮炮台时，由“筑紫”、“鸟海”、“赤城”、“摩那”、“爱宕”、“武藏”、“葛城”、“大和”8舰支援陆军，炮击南帮炮台、刘公岛东泓炮台及日岛炮台。炮击时如北洋舰队出港，应设法将其诱至海面有利于交战的位置，本队及第一、第二游击队即以适当的运动进行攻击。

[64] 卢毓英：《卢氏甲午前后杂记》（手稿影印件），第41页。

2."鸟海"、"赤城"、"摩耶"、"爱宕"、"武藏"、"葛城"、"大和"7舰编组陆战队,伺机占领刘公岛。

3.第一、第二鱼雷艇队随主力舰队行动,在北洋舰队出战时,乘机将其拦住,并配合主力舰队作战。其中第二鱼雷艇队进至威海南帮炮台附近海面,在陆军占领炮台的当夜破坏港口防材,冲进港内袭击北洋舰队。[65]

伊东祐亨还对舰队和鱼雷艇队的夜间行动做了部署,决定在陆军进攻南帮炮台时或未消灭北洋海军之前,本队、第二游击队和第一游击队夜间分别在鸡鸣岛海面和威海港西口外20海里处巡弋,早晨均至威海港外约10海里处会合;第一、第二、第三鱼雷艇队于夜间破坏威海港防材,袭击港内或逃跑的中国军舰。

从伊东祐亨的作战部署可以看出,只要日本陆军没有攻占威海南北帮炮台,其海军就不敢直接从海上进攻威海基地。也就是说,中国方面能否守住威海,关键在于陆上防御。

但直到此时,威海后路仍是空虚依旧。日军占领荣成后,因威海危急,署两江总督张之洞即于1月22日致电朝廷:"威海为北洋屏蔽,海军停泊之所,此处不守,则北洋出路梗阻矣。该处台坚炮巨,炮手亦好,敌船不能攻,故袭后路,此攻旅顺故智也。戴宗骞数营止敷守台。山东勇新募,无精械,不知能得力否?若派兵赴援,路远难致。"他建议,将南方奉调北上的24营部队移缓就急,因关外军情较缓,似非急需。其中,徐州镇总兵陈凤楼马队3营,并率清淮马队2营,于23、24日自徐州出发;皖南镇总兵李占椿步队5营、记名提督万本华步队5营近

[65] 日本海军军令部编纂:《二十七八年海战史》,下卷,第60~64页。

日可到清江，总兵张国林步队5营二三日可由上海到达镇江，均归李占椿总统，随即渡江北上；贵州古州镇总兵丁槐苗兵4营将抵沂州。上述各军可由沂州折向东北，出山东省城之南，取道营州等处，直趋烟台，探明威海后路，相机援剿。清江至烟台约一千三四百里，军行20日可到，但各军兵勇多系新募，须在途中略为操练，且天气严寒，断不能兼程速行。此外，李占椿、万本华两军各只有马梯尼枪千支，张国林军仅有数百支枪、十余门炮，陈凤楼军原定到天津领取枪支，丁槐军则连一支枪也没有，所以还须设法尽快补足枪支[66]。张之洞的建议为刘坤一所接受，并获朝廷谕准。张之洞即于23日电告戴宗骞：若能坚持半月，大队必到，万望与孙万林劝励士卒，力守以待[67]。

李鸿章也一面电饬威海水陆将领死守待援，一面电嘱李秉衡转饬沿途地方官多备车辆应付援军之用。但他担心，援军路径生疏，恐缓不济急。此时的当务之急，是在威海东路阻截日军的进攻，而可以立即投入作战的只有威海西路的驻兵。伊东祐亨正是担心这一点，才派“天龙”、“海门”2舰前往登州炮击，以牵制烟台一带清军。李秉衡认为，日舰在宁海金山寨游弋，又在登州海面开炮，连日并有犯烟台之信，“虽系牵制我军，难保不乘虚登岸”。因恐西路太空，致有疏失，则威海、烟台并危，所以不敢倾西路之兵专注东路，甚至连原定派往威海协防的孙金彪部也仍留驻登州未动[68]。

威海已是岌岌可危，海陆将领竟然还在负气争斗。刘含芳调查后认为，丁汝昌以南帮龙庙嘴炮台无后墙，又无枪护，仅40人万难守住，不如不守，此议似不为无见，但不与戴宗骞相商，乃丁之过。又查

[66] 张之洞：“致总署”（光绪二十年十二月二十七日卯刻发），苑书义等主编：《张之洞全集》，第3册，第2025～2026页，河北人民出版社，1998。

[67] 张之洞：“致威海戴统领”（光绪二十年十二月二十九日未刻发），苑书义等主编：《张之洞全集》，第8册，第6036页。

[68] 李秉衡：“致总理衙门”（光绪二十一年正月初一日）、“致威海戴统领”（光绪二十一年正月初一日），戚其章辑校：《李秉衡集》，第625、626页。

前因，原来戴宗骞积欠军饷，引起士兵不满，丁汝昌劝其发清欠饷，并从海军经费中挪款为刘超佩的巩军垫饷，从而导致彼此均有意见，遇事多不面商。刘含芳于1月26日致电李鸿章，请饬戴宗骞务必保全龙庙嘴炮台勿失，并添拨各台轮替之人为要。李鸿章立即给丁汝昌、戴宗骞去电，指出陆路防务，责成在戴宗骞。“然如丁言，若临警龙庙嘴不守，则岛舰受毁，亦不可不虑。吾令戴与丁面商妥办，乃来电负气争胜，毫无和衷筹商万全之意，殊失厚望。吾为汝等忧之，恐复蹈旅顺覆辙，只有与汝等拼老命而已”[69]。连“拼老命”的话都说了出来，可见他的遥控指挥已无法驾驭前敌将领了。

也是在26日这一天，张之洞致电总理衙门和督办军务处，以威海孤军恐难持久，援军缓不济急，故建议：

> 请北洋大臣李(鸿章)电饬海军，就现有铁舰快船四五号，疾驶至成山头一带，顷刻可到，袭其运兵运械接济船及游弋之船，得利则进；如彼大队来追，收至威海，船台相辅，倭必受伤。威海得力在炮台，故倭避水路而袭陆路，使我炮台无用。若使海军数船扰之，则正可引之使来台下受我炮耳。彼若用水师攻台，贼船虽多，大半皆是运船，不能破我台也。半年来，贼船终不敢近威海，其情可见。或虑战败船毁，不知威海若失，海军已无老营，寥寥数舰，然后贼从容围攻，终归不支。趁此时威海炮台未失，赶紧用之，犹有万一之望。不然，台亦不能久存矣。若彼来攻台，我辅以数舰，则是一台变为数台，一舰变为数舰也。惟恳朝廷以重赏严罚激励各船员弁，方能出奇制胜。此举似乎孤注，然事机危急，断无束手受攻之理。此乃审敌情、

[69] 李鸿章：“寄威海丁提督戴道等”(光绪二十一年正月初一日酉刻)，顾廷龙、戴逸主编：《李鸿章全集》，第26册，第4页。

尽人事,实非孤注。[70]

张之洞认为北洋海军不应株守军港,确有其道理。但他显然并不完全了解敌情。姑且不说日本舰队正在海上张网以待,就算北洋海军敢于出海袭击,此时日军的登陆行动早已结束。而日本舰队在其陆军未占领威海炮台前,无意以大队正面进攻威海港,日舰也绝非大半皆是运船。

光绪皇帝对张之洞的建议颇为赞赏,并于1月28日降旨:“至令海舰出击敌船,年前二十七八日(1895年1月22、23日)叠降谕旨,未据李鸿章复奏。张之洞此奏所陈,思议颇为周匝,此时救急制胜,舍断其接济、助台夹击,更无别法,决无株守待攻之理,着李鸿章迅速妥筹具奏。”[71]但李鸿章只是将张之洞的建议和皇帝谕旨先后转告丁汝昌,让他妥筹速复,此外别无指示。

由于威海东路门户洞开,日军西进未遇任何抵抗,一路畅通无阻。1月29日,左纵队进抵温泉汤,右纵队占领九家疃,形成对威海南帮炮台的包围态势。日军司令官大山岩决定于次日拂晓向南帮炮台发起总攻,并要求日本舰队在海上炮击百尺崖所陆路炮台。伊东祐亨接到陆军的电报,立即通令各舰:本队及第一游击队30日凌晨2时起航,第四游击队及第三游击队的“大和”、“武藏”、“葛城”三舰在适当时机起航,于6时30分左右到达百尺崖所海面;第二游击队由警戒地直接向西航进,于黎明时在鸡鸣岛海面与本队会合。

1月30日凌晨,日军右纵队分成左右翼,以右翼支队沿海岸佯攻南帮炮台东侧,以左翼支队主攻南帮后路之摩天岭。摩天岭是威海

[70] 张之洞:“致总署督办军务处”(光绪二十一年正月初一日发),苑书义等主编:《张之洞全集》,第3册,第2027～2028页。

[71] 《清德宗实录》,卷358,光绪二十一年正月乙亥。

南岸的制高点，筑有临时炮台，由营官周家恩率一营新兵驻守。上午7时30分，日军左翼支队在第十一旅团长大寺安纯少将的指挥下，开始向摩天岭发起攻击。周家恩率部顽强抵抗，北洋海军也派出“定远”、“镇远”、“来远”等舰抵南岸发炮助战，连续打退日军多次冲锋。日军改变战术，先占领摩天岭西侧的山头，然后从三面围攻摩天岭。周家恩与士兵始终坚守阵地，毫不退缩，直至全部阵亡。日军占领摩天岭后，大寺安纯登上炮台，正在得意之际，港内“定远”等舰发出的炮弹即呼啸而至，结果当场毙命。大寺安纯是甲午战争中第一个被清军击毙的日本将军。

与此同时，日军左纵队也在南帮炮台的南面发起进攻，目标是位于南北帮炮台之间的虎山及虎口。当日军攻至虎山南麓时，虎山阵地指挥刘树德弃军北走，所部3营绥军随之溃散。驻守南北虎口的戴宗骞见日军攻势猛烈，也率2营绥军撤出阵地，回到北帮炮台。虎山失守。

日军右纵队在攻占摩天岭后，又立即向杨枫岭发起进攻。驻守杨枫岭陆路炮台的巩军左营在营官陈万清指挥下发炮击敌，南帮海岸炮台也掉转炮口向日军轰击，港内“定远”等舰继续在南岸发炮助战。战至中午，杨枫岭炮台弹药库中炮爆炸起火，陈万清见已不可守，率部撤离炮台。日军右纵队进攻杨枫岭的同时，又向南帮海岸炮台发起攻击，并首攻龙庙嘴炮台。龙庙嘴炮台既缺乏保护，又兵力单薄，难以抵御日军的猛攻，巩军统领刘超佩左腿中弹后弃军逃往刘公岛。结果正如丁汝昌所料，龙庙嘴成为南帮最先陷落的海岸炮台。日军即用龙庙嘴炮台的大炮轰击鹿角嘴炮台，守军很快逃散。接着，日军又相继攻占百尺崖所和所城北陆路炮台。这样，威海南帮便只剩下皂埠嘴一座海岸炮台了。

日本舰队于是日凌晨自荣成湾出发，上午7时许到达指定位置，开始配合陆军作战。其中，第四游击队的"筑紫"、"赤城"、"鸟海"、"爱宕"、"摩耶"5舰和第三游击队的"大和"、"武藏"、"葛城"3舰抵近南岸，向杨枫岭、百尺崖所、所城北、皂埠嘴、日岛等炮台进行反复炮击；本队及第一、第二游击队则在威海港外巡弋，并向刘公岛、日岛实施多次炮击。下午2时，伊东祐亨接到陆军已占领皂埠嘴炮台的报告，又率舰队向刘公岛东炮台发起一波炮击，然后撤往鸡鸣岛以东海面抛锚。

日军虽然占领了皂埠嘴，但得到的却不是完整的炮台。丁汝昌一直担心这座炮台一旦失守，将被日军用来轰击刘公岛、日岛和港内的军舰，故当日军进攻时，特派敢死队员乘鱼雷艇赶到皂埠嘴岸边，冒着弹雨登上炮台，点燃了地雷引信。日军随后攻上炮台，刚要竖起日本旗，炮台就爆炸了。

不到6个小时，威海南帮炮台即全部被日军攻陷。李鸿章闻报，又惊又气，立即分别致电戴宗骞和丁汝昌，命令他们将刘超佩及守台营哨官就地正法。尽管他还命戴宗骞设法速往南岸击逐日军，又令丁汝昌竭力督饬防守日岛及水雷拦坝，但已预感到败局将至。他再次指示丁汝昌："万一刘岛不保，能挟数舰冲出，或烟台，或吴淞，勿被倭全灭，稍赎重愆。否则，事急时将船凿沉，亦不贻后患，务相机办理。”[72]但丁汝昌此时希望听到的不是绝望的命令，而是援军的消息。

2月1日，日军第二师团在孙家滩击败孙万林、阎得胜指挥的山东防军，控制了威海以西、以北的后路。威海卫城内守军不战而溃。2日，日军轻取威海卫城，随即进攻北帮炮台。北帮原有绥军6营，后有5营随戴宗骞、刘树德前往南帮虎山、虎口御敌，已战败溃散。留守的1营，也于2月1日哗变溃散，北山嘴、黄泥沟两炮台仅剩19人。丁汝昌前派“广甲”管带吴敬荣率水手来此协守，是日亦随溃散的绥军西去。丁汝昌亲往北岸察看，见祭祀台炮台虽有马复恒率部死守，然孤台不支，恐资敌用。为防止北帮炮台被日军攻占后用以轰击港内军舰及刘公岛，他将戴宗骞劝至刘公岛，撤回守台的海军人员，再派敢死队员前去将各炮台及弹药库、水雷营全部炸毁。戴宗骞到刘公岛后吞金自尽。

至此，威海沿岸全为日军占领，北洋海军与外界的电信联系断绝，刘公岛成了一座孤岛。

[72] 李鸿章：“复戴道”（光绪二十一年正月初五日酉刻）、“复丁提督张镇”（光绪二十一年正月初五日酉刻），顾廷龙、戴逸主编：《李鸿章全集》，第26册，第16页。

四　北洋海军覆没

威海南帮炮台失守后，威海电报局的官员和电报生即逃避一空，威海与外界的联系自1月31日开始中断。李鸿章无法直接向丁汝昌发出电令，便致电烟台的刘含芳，表示担心丁汝昌未必遵示带船冲出，恐船尽人亡，故请他设法确探驰报[73]。

[73] 李鸿章：“复烟台刘道”（光绪二十一年正月初七日辰刻），顾廷龙、戴逸主编：《李鸿章全集》，第26册，第19页。

光绪皇帝获悉威海南帮炮台失守，在此后的几天里，就保卫威海北帮、刘公岛及军舰连降谕旨。

1月31日谕：

现在水师各舰在刘公岛与陆路依护堵击，着即饬令奋力冲击，如能多毁敌船，尚可力支危局，切勿再失事机，致以战舰资敌。

2月1日谕：

倭队全向西行，戴宗骞往守北岸三台，兵少势孤，危在呼吸，现惟有严饬孙万林、李楹赶紧驰赴北岸，协同戴宗骞等尽力防守。水路各舰，着丁汝昌督率在刘公岛及北岸各台与陆军依护堵击。

2月2日谕：

威海南台既失，刘公岛及北岸三台势当万紧，丁汝昌统带海军各舰，务当会合张文宣、戴宗骞等水陆同心，尽力拒战。设此台不守，丁汝昌当照前誓死拼战、船沉人尽之议，不可稍有退诿；或带船出口，尽力轰击，却回敌船，则我船之进退自裕。总之，无论如何危急，必不使我船为彼所得，是为至要。

2月3日谕：

着李鸿章督饬海军将士，力筹保全海舰之法。如威海不守，各舰何处收泊，一并迅筹复奏。[74]

然而，皇帝的谕旨已无法传达给丁汝昌。直到2月4日，光绪皇帝才接到李鸿章奏报，威海卫城及北帮炮台也已失陷，遂急谕李鸿章："究竟海军各舰能否力战冲出？现泊何处？刘公岛孤悬海滨，势亦不保，日内情形，着即探明速报。"[75]但李鸿章已无能为力。

就丁汝昌而言，即使他能够接到谕旨，也决不会"力战冲出"。在

[74] 以上谕旨见《清德宗实录》，卷358，光绪二十一年正月戊寅、己卯、庚辰、辛巳。

[75] 《清德宗实录》，卷359，光绪二十一年正月壬午。

日军攻占南帮炮台后的1月31日下午，天气骤变，风雪交加，日本舰队被迫放弃了是日派鱼雷艇进港偷袭及占领日岛的计划，并于2月1日上午自威海口外撤往荣成湾避风。因丁汝昌已决心在港内死守到底，当然不可能发现并抓住这一将舰队带离威海的机会。

被日军包围后，丁汝昌与威海营务处候选道牛昶昞、北洋护军统领张文宣共同起草一份告急文书，派人携往烟台送交刘含芳上报，内称：

昌等现惟力筹死守，粮食虽可敷衍一月，惟子药未充，断难持久。求速将以上情形飞电各帅，切恳速饬各路援兵星夜前来解此危困，以救水陆百姓千万人生命，匪特昌等感大德。[76]

此信直到2月5日才交到刘含芳手上。

2月3日，天气转晴。日本舰队于凌晨分别自荣成湾和鸡鸣岛起航，驶至威海卫港外，并接到陆军已占领威海卫城的通报。上午9时15分，伊东祐亨命令第二游击队炮击日岛。第二游击队驶至皂埠嘴炮台以北约1000米、距日岛4000米处，还未来得及发炮，即遭到日岛、刘公岛炮台和港内北洋舰队的炮击。第二游击队立即改变航路，避开炮火，转向刘公岛东南端炮击刘公岛炮台。但经过三次炮击，不仅没有取得效果，“高雄”号还中弹受了轻伤，遂于11时50分停止炮击。中午12时57分，日舰“筑紫”、“大和”、“武藏”、“葛城”开始炮击日岛和刘公岛。日岛、刘公岛炮台和港内军舰一齐向日舰猛烈轰击，刘公岛炮台发射的炮弹击中“筑紫”左舷，从右舷穿出。“筑紫”舰上有8名官兵伤亡，舰体也多处受损，被迫退出战列抢修。下午2时39分，“葛城”大樯

[76] 李鸿章：“寄译署”（光绪二十一年正月十二日午刻），顾廷龙、戴逸主编：《李鸿章全集》，第26册，第32页。

上部被击中。3时,日舰停止炮击撤走。

伊东祐亨见正面炮击难以奏效,而北洋舰队又不出战,决定派鱼雷艇于夜间破坏港口防材,潜入港内袭击。

威海港东西两口已做了严密封锁。西口由黄岛至北岸的北山嘴,设置防材2层,水雷7层。东口从刘公岛东岸到日岛,设置防材2层,水雷5层;日岛至南岸鹿角嘴,设置防材1层,水雷5层。防材为直径约1.5尺、长约12尺的圆木相并横置,环以3条一寸三分粗的铁索,下面用铁锚固定。东口靠近南岸处有一狭窄缺口,但无航标,难以通行。

2月3日夜间,伊东祐亨派2艘鱼雷艇前去破坏东口防材,结果只切断一条铁锁。他们发现,东口最南端有一宽约100米的通道,但进出困难。4日,伊东接到鱼雷艇的报告,决定当夜即派第二、第三鱼雷艇队从狭窄的通道潜入港内袭击,第一鱼雷艇队警戒,"鸟海"、"爱宕"两舰在港外炮击日岛、刘公岛实施牵制。

2月5日凌晨2时,日军第二、第三鱼雷艇队的10艘鱼雷艇从阴山口出发,3时20分驶至东口防材的缺口处。第三艇队先潜入港内,沿海岸行驶至杨家滩,再右转舵驶向刘公岛。3时50分左右,北洋海军警戒舰发现有日本鱼雷艇偷袭,立即发射报警火箭,各舰纷纷向日艇开火。日军充当先导的第23号艇还未来得及发射鱼雷,即因躲避炮火而触礁,舵机损坏,勉强退至龙庙嘴附近搁浅,又被炮弹击中,有4名官兵毙命。第6号艇在刘公岛西侧发现前面有两大舰影,立即发动攻击,但鱼雷没有射出,自己反倒多处中弹,被迫返航。第5号艇和第10号艇分别在刘公岛南端和黄岛附近袭击,但都没有命中目标,随即撤走。第二艇队随后进港袭击，其中第21号先导艇和第8号艇先后抵近北洋海军锚地，但未等发射鱼雷即遭到猛烈炮击，被迫退回。第14号艇还未进港即发生触礁，第18号艇未找到缺口而撞上防材，两艇费尽周折脱险后，天已大亮，不得不放弃行动。最后潜入的第19号艇正向刘公岛航进，前面突然传来巨大的爆炸声，不久发现了已不能行驶的第9号艇，遂将其拖至龙庙嘴附近，救出艇上幸存者后，弃艇而去。

原来，第9号艇通过防材后，多次与北洋海军的鱼雷艇遭遇，但仍冒险加速突进，很快发现前面有一艘两桅大军舰，立即发射鱼雷袭击。此舰正是“定远”号。当日艇发射鱼雷时，发射管闪出火焰，被“定远”发现。“定远”立即发炮，击中第9号艇锅炉，随即发生爆炸，轮机失灵，4名艇员当场毙命，另有4人受伤。但“定远”左舷也被日艇发出的鱼雷击中，随着猛烈的爆炸，舰体开始倾斜。

丁汝昌急令将“定远”舰驶向东口，赶在尚未沉没前搁浅于刘公岛南岸浅滩，以便舰上巨炮还能发挥作用。“定远”舰遭此重创，不仅对北洋海军的坚守待援计划是一个沉重打击，而且连最后孤注一掷的突围也没了本钱。问题是日军鱼雷艇的偷袭并不会就此停止，而北洋海军竟然没有对东口南端的空隙采取任何补救措施。

伊东祐亨见偷袭取得效果，决定次日继续派第一鱼雷艇队进港袭击，第二、第三鱼雷艇队在港外警戒。6日凌晨2时30分，第一鱼雷艇队的5艇自阴山口出发，仍驶向东口南端空隙处。因是夜海上风浪较大，气温极低，航行非常困难，第7号艇未能进入港内。“小鹰”号、第23号、第11号、第13号4艇得以进入港内，但很快被发现，遭到北洋海军各舰和刘公岛炮台的猛烈炮击。刘公岛上守军为便于发现目标，打开了探照灯，结果也使日艇更容易找到攻击目标。4艘日艇冒着弹雨，在近距离向各自目标发射鱼雷后，全数撤离。这次偷袭，使北洋海军的"来远"号巡洋舰、"威远"号练习舰和"宝筏"号差船中雷沉没，其中"来远"舰仅管带邱宝仁等50余名官兵获救，"威远"舰官兵多溺亡，惟管带林颖启因事登岸得免[77]。

在两次派鱼雷艇进港偷袭得逞后，伊东祐亨认为北洋海军已遭到沉重打击，遂决定7日向刘公岛发起总攻，并通知已占领的威海南北帮炮台配合作战。早在日军进攻威海时，伊东就已派出陆战队随同陆军行动，为的是控制并利用南北帮海岸炮台。日军占领南帮龙庙嘴、鹿角嘴、皂埠嘴3座海岸炮台后，海军陆战队很快找到了散落四处和埋于土中的零部件，修好了大部分火炮，还曾配合鱼雷艇偷袭多次炮击港内中国军舰及刘公岛。

2月7日黎明，伊东率本队（"松岛"、"千代田"、"桥立"、"严岛"）、第一游击队（"吉野"、"高千穗"、"秋津洲"、"浪速"）8舰驶向刘公岛西口，西海舰队司令长官相浦纪道海军少将率第二游击队（"扶桑"、"比睿"、"金刚"、"高雄"）、第三游击队（"大和"、"葛城"、"武藏"、"海门"、"天龙"）、第四游击队（"筑紫"、"爱宕"、"摩耶"、"大岛"、"鸟海"、"赤城"）15舰驶向刘公岛东口。上午7时23分，本队及第一游击队各舰桅杆升起战斗旗，并以单纵队向刘公岛逼近。距刘公岛5800米时，刘公岛炮台首先开炮。7时38分，日本旗舰"松岛"发炮，其他各舰也随即开始炮击。一场激烈的炮战由此展开。7时40分，一

[77] 见卢毓英：《卢氏甲午前后杂记》（手稿影印件），第44页。又据姚锡光《东方兵事纪略》记载："十二日侵晓，倭雷艇复入东口来袭，我'来远'并'威远'练船、'宝筏'差船皆沉于敌，时'来远'管带邱宝仁、'威远'管带林颖启方登陆逐声伎未归也。"见中国史学会主编：中国近代史资料丛刊《中日战争》，第1册，第70页，上海人民出版社，1957。

枚炮弹掠过"松岛"舰桥,穿透烟囱,舰队航海长高木英次郎海军少佐等3人被炸伤。7时50分,"桥立"舰首中弹受轻伤。7时52分,"秋津洲"舰尾甲板栏杆被击中,两名水兵负伤。8时5分,"吉野"左舷中弹,第6号速射炮的炮盾被击碎,第2号舢板、甲板室、上甲板及传令管受损,并有6名士兵伤亡。8时12分,一枚炮弹击中"浪速"6号煤舱,又穿过5号煤舱,逸出舷外。

口舰本队和第一游击队完成第一轮炮击后,正准备回旋进行第二轮炮击。突然,北洋海军的"左一"、"左二"、"左三"、"右一"、"右二"、"右三"、"福龙"、"定一"、"定二"、"镇一"、"镇二"、"中甲"、"中乙"等13艘鱼雷艇及"飞霆"、"利顺"两汽艇从西口冲出。伊东祐亨以为北洋海军想要进行最后决战,先派鱼雷艇出港袭击,然后乘机突围,所以他急令各舰注意防备。不料,这些鱼雷艇出港后,竟全速向西逃去。当鱼雷艇冲出西口时,另有4艘炮船也起锚随行。港内和岛上的官兵看到他们逃跑,极为愤怒,黄岛炮台甚至向鱼雷艇发炮攻击,后面的炮船见状不敢复出[78]。

伊东见北洋海军的鱼雷艇向西逃走,立即命令第一游击队追击。追了大约10分钟后,司令官鲛岛员规令各舰"自由行动"。这时,逃出的鱼雷艇大多已在威海以西至金山寨口之间被击毁或搁浅。于是,"吉野"将航速提高至16节,追击逃在最前面的"左一"和"左三"号鱼雷艇,"高千穗"紧随其后。中午12时17分,"吉野"追至烟台附近,遭到炮台的炮击。"吉野"发现两艘鱼雷艇已在烟台港西面海岸搁浅,遂与"高千穗"掉头返航。"秋津洲"、"浪速"两舰在后面不断炮

[78] 见卢毓英:《卢氏甲午前后杂记》(手稿影印件),第45页。

击已搁浅在东岸的鱼雷艇，但很快即被赶来的“松岛”发出的信号制止，因为伊东祐亨要将其缴获并加以利用。

是日，威海港东口的炮战也异常激烈。上午7时10分，相浦纪道在旗舰挂出战斗信号，15艘日舰以单纵队向日岛逼近。7时37分，在相距5500米时，日岛炮台首先开炮。7时45分，行驶在前的第二游击队旗舰“扶桑”开始炮击，后续各舰亦相继发炮。日岛炮台配有2门200毫米口径地阱炮和6门其他火炮，原由数十名陆军驻守，后改派“康济”号练习舰管带萨镇冰带30名水兵接守。此时，丁汝昌又派数舰驶至日岛附近助战。激战中，日舰“扶桑”右舷中弹，有7名士兵伤亡。但日舰与日军占领的南帮海岸炮台前后夹击，火力更猛，北洋海军助战的军舰难以抵御，逐渐向刘公岛走避。不久，日岛炮台一门地阱炮被击毁，弹药库亦中弹爆炸，萨镇冰被迫率部撤离。

是日炮战结束后，伊东祐亨留下第二游击队和鱼雷艇队在威海港西口外担任警戒，其余各舰返回阴山口锚地。当晚9时，第四游击队5舰又自阴山口出发，奉伊东之命前去将搁浅的北洋海军鱼雷艇拖回。“赤城”、“摩耶”两舰到达烟台时，“左一”、“左三”两艇已不见。“筑紫”、“鸟海”、“爱宕”3舰将鱼雷艇“福龙”、“左二”、“右一”、“右二”、“右三”、“定一”、“镇二”、“中乙”及汽船“飞霆”拖回，“镇一”、“定二”、“中甲”因受损严重而放弃[79]。拖回的8艘鱼雷艇后经维修均编入日本海军。

2月8日白天，日本舰队没有采取行动，伊东祐亨决定夜间派汽艇破坏东口防材，由鱼雷艇队协助和掩护。晚上9时，第一游击队4舰配

[79] 日本海军军令部编纂：《二十七八年海战史》，下卷，第101～103页。

属的汽艇出发，11时到达东距龙庙嘴4链处，随即在防材铁索上以大约两链的间隔安装炸药进行爆破。9日上午8时，日军占领的海岸炮台应伊东的要求，开始炮击港内北洋舰队。日舰第三游击队同时炮击刘公岛，实施牵制。面对日军的前后夹击，丁汝昌登上“靖远”舰，并率“平远”驶至日岛附近进行反击。不久，“靖远”被皂埠嘴炮台日军炮弹击中左舷，逐渐倾斜下沉，丁汝昌和管带叶祖珪欲与舰共沉，但被水兵拥上汽艇回到刘公岛。

2月9日晚8时20分，日军第三鱼雷艇队从阴山口出发，准备与第一游击队的汽艇队一起再次破坏东口防材。晚10时许，鱼雷艇队驶至日岛东南3链处，见汽艇队尚未到达，便独自开始用斧锯切断铁索，又用炸药将防材炸开了宽约400米的缺口。至此，伊东祐亨认为全歼北洋舰队的时机已经到了。

对于北洋海军的处境，李鸿章一直得不到直接的消息，因此焦急万分。2月7日，他密电烟台刘含芳：“水师苦战无援，昼夜焦系，前拟觅人往探，有回报否？如能通密信，令丁同马格禄等带船乘黑夜冲出，向南往吴淞。但可保铁舰，余船或损或沉，不至资盗，正合上意，必不至干咎，望速图之。”[80]朝廷同日给李鸿章的密谕确有此意，令其电告刘含芳设法送信给丁汝昌：“贼若并力来攻，难以久支，如能相机力战，冲击敌船，乘势连墙结队，出险就夷，则水师不致尽为所毁。”[81]刘含芳接电后回报，前已派人分三路往刘公岛送信未回，“现奉冲出密谕，即抄作密码，雇人再送”[82]。

2月7日晚，李鸿章又接到刘含芳电报。原来“左一”号鱼雷艇逃至

[80] 李鸿章：“寄烟台刘道”（光绪二十一年正月十三日巳刻），顾廷龙、戴逸主编：《李鸿章全集》，第26册，第34页。

[81] 《清德宗实录》，卷359，光绪二十一年正月乙酉。

[82] 李鸿章：“寄译署”（光绪二十一年正月十三日申刻），顾廷龙、戴逸主编：《李鸿章全集》，第26册，第35页。

烟台搁浅后，管带王平等登岸向刘含芳谎报说："十三(2月7日)七点，倭大队攻进日岛口，各舰艇起碇攻敌，随丁提督令全军舰艇冲出北口(即西口)。'左一'艇放雷攻敌，'吉野'快船转舵，未中。倭以一快舰专打雷艇，以大队攻'镇远'、'靖远'、'广丙'，未知如何。丁提督在'镇远'，余船未见。'左一'行过芝罘(烟台)亦被击沉。在威出口之时，日岛、刘公岛均尚在，惟我军舰艇已尽。"[83]李鸿章由此判断，北洋海军已船沉人尽。

但刘含芳2月8日夜里又报：昨日有商轮经过威海，"见刘公岛炮台威澳内仍有兵轮，然望援莫及，似难久存，痛彼苦役，徒增血泪而已。各国观战兵舰亦均未回烟，是岛、舰犹存可信"。李鸿章于次日晨致电总理衙门："岛、舰犹存，无从救援，徒为焦急，请代奏饬催援兵为幸。"[84]其实李鸿章心里十分清楚，援军及时赶到威海解围已经没有希望了。前调外省援军，丁槐所部是行军最快的一支，8日中午才到莱州，距烟台尚有300里之遥。这时，朝廷又改变计划要将丁军调往天津，后经李秉衡奏请，才又同意留在山东。但糟糕的是，丁军没有武器，李鸿章为其筹措的枪炮还在兼程赶运之中。李秉衡则仍无意集中山东半岛的兵力专顾威海，尤其是威海失守后，认为不独登州、烟台两处为日军所必争，"且倭轮飘忽靡定，自登州而外，青(岛)、莱(州)两郡口岸林立，处处空虚，水陆均虑乘锐西窜"。因此，他提出要率部移扼莱州，以统筹全局。[85]这样一来，所有救援威海的努力最终都落空了。

2月10日夜，李鸿章终于等来了丁汝昌的消息。这是刘含芳派人

[83] 李鸿章："寄译署"(光绪二十一年正月十四日巳刻)，顾廷龙、戴逸主编：《李鸿章全集》，第26册，第38页。

[84] 李鸿章："寄译署"(光绪二十一年正月十五日辰刻)，顾廷龙、戴逸主编：《李鸿章全集》，第26册，第41～42页。

[85] 李秉衡："致总理衙门"(光绪二十一年正月初八日)，戚其章辑校：《李秉衡集》，第648页。

潜往刘公岛带回的丁汝昌等人的最后一份告急文书,内称:

> 当南岸各台未失以前,昌与张文宣等曾挑奋勇,备事急时即往毁炮,不料守台官既不能守,又不许奋勇入台行事,竟以资敌,贻害不浅,此船岛所以不能久支也。南北岸极其寥阔,现均为敌踞,且沿岸添设快炮,故敌艇得以偷入,我军所有举动,敌于对岸均能见及,实防不胜防。十三(2月7日)晨,敌全力攻扑东口,炮声一响,我小雷艇十只畏葸,擅由西口逃出西去,倭分队尾追,被其获去九只,余被击沉。以我艇资敌用,其害与南台同。自雷艇逃后,水陆兵心散乱,如十六七日(2月10、11日)援军不到,则船岛万难保全。[86]

李鸿章接到此报时,丁汝昌提出的船岛防守之最后期限已到。第二天早晨,李鸿章将电报全文转发总理衙门,此外他已无话可说,也无事可做了。

北洋海军及刘公岛危在旦夕,北京的一些官僚们却又在交章弹奏,要求严惩丁汝昌等人。吏科给事中褚成博奏称,“丁汝昌以专阃大员,违命辜恩,纵贼失地,罪状昭著,更无所用其讯鞫,相应请旨电饬李秉衡,将丁汝昌密速在军前正法,庶可抒万众积愤之心,而作三军同仇之气”[87]。左庶子戴鸿慈上奏说,“现闻倭陷威海,丁汝昌不发一炮,任其游行”,复闻丁汝昌驾“定远”战舰潜逃,请即明发谕旨,特予严谴李鸿章,并责成其将丁汝昌速行拿解,以肃军令而儆效尤[88]。翰林院侍读学士文廷式的奏折,更是在传闻的基础上进一步发挥其想象力。他说:闻威海失后,海军旋覆,此中情弊,不问可知。丁汝昌向来驻“定远”舰,而“定远”被轰之时,他适在“镇远”,其为先

[86] 李鸿章:“寄译署”(光绪二十一年正月十七日酉刻),顾廷龙、戴逸主编:《李鸿章全集》,第26册,第48页。

[87] “吏科给事中褚成博奏丁汝昌失陷要地请立加诛殛以申国法折”(光绪二十一年正月十四日),《清光绪朝中日交涉史料》(2507),卷31,第33页。

[88] “左庶子戴鸿慈奏请严遣李鸿章并拿解丁汝昌折”(光绪二十一年正月十五日),《清光绪朝中日交涉史料》(2520),卷32,第3页。

知预避，情节显然。自去岁以来，盈廷弹劾，严旨拿问，而李鸿章护庇益悍，卒至以国家利器殉于凶人之手，此实人神所同愤，天地所不容。还有刘步蟾，性本巧滑，加之怯懦，素无一战之绩，朝廷误信北洋，委之重寄。今日之事，谁任其咎？文廷式要求将他们正法拿问，以泄天下之愤[89]。然而，丁汝昌此时身陷绝境，且已决心用死来证明自己，再也听不到外界对他的种种责难了。

丁汝昌此时一面指挥抵御日军的进攻，一面还要稳定部下的军心以待援，早已心力交瘁。自从被日本海陆军包围后，悲观绝望的情绪即在刘公岛上蔓延开来，秩序日渐混乱。2月6日晚，岛上居民男女老少数千人麇集码头，哀求生路，经抚慰后散去。7日发生鱼雷艇逃跑事件后，海陆军士气开始崩溃，“兵勇水手乃纠党噪出，鸣枪过市，声言向提督匄生路，岛中大扰”。当晚，护军各营兵云集码头，求放生路。更有甚者，水兵不欲战者违令上岸，陆兵惟恐海军出走而登舰。8日，岛民与各舰水兵又复哀求放其生路，军中洋员亦向丁汝昌劝降。丁汝昌表示：“我知事必出此，然我必先死，断不能坐睹此事。”他先晓以大义，勉慰固守，并许诺“至十七日(2月11日)若救兵不至，届时自有生路”[90]。9日，丁汝昌亲乘“靖远”舰督战时，一直坚持站在舰桥上，以求阵亡保住名节而尽早解脱，但没能如愿。是日下午3时许，丁汝昌、刘步蟾下令用水雷将搁浅的“定远”舰炸毁，又派“广丙”向受重伤的“靖远”舰发射鱼雷[91]。10日下午，刘步蟾来到原“广甲”管轮、后派在“定远”差遣的卢毓英的住处，“定远”枪炮大副沈寿堃亦至。言谈之间，沈信笔写下“千古艰难惟一死”一句，刘步蟾看后推案

[89] “翰林院侍读学士文廷式奏请将海军失律在事人员罗丰禄等分别惩处折”（光绪二十一年正月十七日），《清光绪朝中日交涉史料》(2545)，卷32，第12页。

[90] 以上参见“牛（昶昞）刘（含芳）马（复恒）三道会陈海军覆亡禀”，张侠等编：《清末海军史料》，第337～338页，海洋出版社，1982；姚锡光：《东方兵事纪略》，中国史学会主编：中国近代史资料丛刊《中日战争》，第1册，第72页。

[91] 日本海军军令部编纂：《二十七八年海战史》，下卷，第178页。又据“牛（昶昞）刘（含芳）马（复恒）三道会陈海军覆亡禀”，丁汝昌下令击毁“定远”、“靖远”是在10日午后。见张侠等编：《清末海军史料》，第338页。

一笑,吟诗句而出。当晚,刘步蟾服鸦片自杀[92]。

当时,鸦片在刘公岛上已很难买到。据卢毓英记述,因担心被俘受辱,他与沈寿堃相约到街上寻购鸦片烟以做服毒自尽的准备,但只买到二钱烟土。他们回到海军公所住处后,以如此少许烟土尚不够一人服毒之用,又决定先抽了尽此一乐,临期再做他计,并说此之谓"今朝有酒今朝醉,明日无钱明日愁"。于是,他们点上烟灯,相与枕藉于榻中,吞云吐雾,置外间之事于不闻不问[93]。他们的表现还算好的。有的海军军官,甚至一些舰艇管带,在士兵向丁汝昌求放生路时竟交煽其间。

在刘步蟾自杀的那一天,部分陆军兵勇挟统领张文宣往见丁汝昌,水兵亦随之,胁迫丁汝昌投降。不久,威海营务处道员牛昶昞和各舰管带也来见丁汝昌,并相对而泣。丁汝昌命会说华语的炮兵教习德人瑞乃尔((T.H.Schnell)出外安抚士兵,但众人仍喧嗥不止。瑞乃尔回报说:"兵心已变,势不可为,不若沉船毁台,徒手降敌较得计。"丁汝昌沉思良久,乃令诸将候令,同时沉舰。但诸将不应,因恐沉舰投降会触怒日本人。至此,丁汝昌已不能控制海军及岛上局面了。

2月11日是丁汝昌许诺救兵不来"自有生路"的最后期限。这天上午,日舰第三游击队又两次炮击刘公岛,刘公岛炮台亦发炮还击。第一次炮击时,日舰"葛城"左舷被击中,伤亡士兵7人,被迫退出战列。第二次炮击时,日舰"天龙"、"大和"均被击中,其中"天龙"副长海军大尉中野信阳等5名官兵毙命,海军少轮机士高野太吉等6名官兵负伤。由于日军岸上炮台亦协同炮击,北洋海军各舰均避至港内西面,

[92] 见卢毓英:《卢氏甲午前后杂记》(手稿影印件),第47页。

[93] 卢毓英:《卢氏甲午前后杂记》(手稿影印件),第45～46页。

没有参加炮战。当晚，丁汝昌接到刘含芳派人送来的李鸿章催令冲出的电报，以及李秉衡已移师莱州的消息，知援兵无期。直到这时，他才想要尝试最后一搏，召集海军将领商量突围，但会议得出的结论是：各舰皆受重伤，弹药将尽，港外又布满日军舰艇，无法冲出。而此时岛上的混乱局面已无法控制，水兵陆勇以到期相求，最后发展到兵民万余人哀求活命。丁汝昌几次下令用鱼雷将“镇远”轰沉，以免资敌，但始终无人动手[94]。他知军心大势已去，除了兑现放兵民“生路”的诺言，已别无选择。兵民要求的“生路”显然是指投降，丁汝昌同意放其“生路”，也就是同意投降。但是，丁汝昌早已表示他本人决不投降，也决不会活着目睹此事。

威海基地内的海陆军终于决定向日军投降，并开始起草投降书。

2月12日晨，已服鸦片水自尽的丁汝昌气绝身亡，同时他也将一个历史之谜留给了后世：北洋海军的投降书究竟是他生前所作（包括别人按照他的旨意所作），还是他死后别人伪托其名义所作？[95]

同日自杀的还有护理“镇远”管带杨用霖和北洋护军统领张文宣。杨用霖，字雨臣，福建闽县人。与其他海军将领不同，他没有受过海军学堂的正规培训，而是“船生”出身，18岁派上福建“艺新”号炮舰，从管带许寿山学习英语及驾驶、枪炮之学，凭着勤奋好学，刻苦努力，一步步成长为北洋海军的高级军官，英人琅威理赞誉他将来可成为亚洲之纳尔逊。在黄海海战中，杨用霖表现非常出色，颇受官兵敬重。此时，面对北洋海军的投降结局，杨用霖在其“镇远”官舱中毅然举起手枪，口诵文天祥“人生自古谁无死，留取丹心照汗青”的诗句，

[94] 以上参见姚锡光：《东方兵事纪略》，中国史学会主编：中国近代史资料丛刊《中日战争》，第1册，第72页；“牛（昶昞）刘（含芳）马（复恒）三道会陈海军覆亡禀”，张侠等编：《清末海军史料》，第338页。

[95] 丁汝昌自杀和北洋海军向日军接洽投降的第四天，即2月15日，李鸿章电告朝廷，谓据刘含芳电称，有德国军舰自威海来烟台，传言丁汝昌等皆尽难。朝廷为了解详细情况，于2月18日谕令新署直隶总督、北洋大臣王文韶确切查复。王即转饬刘含芳详查具复。刘直接向了解内情的威海营务处候选道牛昶昞和北洋海军营务处候选道马复恒做了调查，随后3人联名向王文韶递交一份“会陈海军覆亡禀”，内称：“丁提督见事无转机，对职道昶昞等言，只得一身报国，未能拖累万人。乃与马格禄面商，不得已函告倭水师提督伊东云，本意决以死战，至船尽人没而后止，因不忍贻害军民万人之性命。贵军入岛后，中外官兵民人等，不得伤害，应放回乡里等语，派‘广丙’管驾程璧光送往倭提督船。程璧光开船之时，丁提督已与张镇文宣先后仰药，至晚而死。”见张侠等编：《清末海军史料》，第338～339页。王文韶根据他们的报告，于3月9日复奏朝廷。在此之前，有人奏称丁汝昌等死事“情节支离，未敢深信，请旨饬查”，朝廷又令山东巡抚李秉衡就近调查。见《清德宗景皇帝实录》，卷361，光绪二十一年二月壬子。但李秉衡并未另行

发弹自戕，时年42岁。其部下闻枪声冲入官舱时，只见他端坐椅上，头垂胸前，鲜血从鼻孔流向胸襟，而手中之枪犹握住不放。军中同仁感叹：勇哉杨公，伟哉杨公，其视服鸦片自尽的丁(汝昌)刘(步蟾)辈为何如也[96]。

也是在2月12日，具体时间是上午8时，“广丙”舰管带程璧光乘悬挂白旗的“镇北”号炮船出港，先至英、德军舰之旁抛锚，再改乘舢板将投降书送至日本舰队旗舰“松岛”号。送降书一节，又是一个历史谜团。已决定投降的北洋海军军官还有很多，偏偏由一名广东军舰的管带递送投降书，其原因何在？无论如何，仅以程璧光也是中国海军军官加以解释是不足以说明问题的。

程璧光送至日舰的投降书全文为：

> 革职留任北洋水师提督军门丁为咨会事：照得本军门前奉贵提督来函，只因两国交争，未便具复。本军门始意决战至船沉人尽而后已，今因欲保全生灵，愿停战事，将在岛现有之船及刘公岛并炮台、军械献与贵国，只求勿伤害水陆中西官员、兵勇、民人等命，并许其出岛归乡，是所切望。如彼此允许可行，则请英国水师提督作证。为此具文咨会贵军门，请烦查照，即日见复施行。须至咨者。
>
> 右咨日本海军提督军门伊东。光绪二十一年正月十八日。[97]

值得注意的是，此降书开篇即提及丁汝昌此前接到过伊东祐亨的劝降书。

伊东祐亨接到投降书后，即复书丁汝昌，表示接受投降，要求次日即将军舰、军械、炮台等悉数交出，日军派船将中国水陆官兵送至适

调查，仍完全根据牛昶昞等3人的报告，于3月28日复奏朝廷。也就是说，丁汝昌在做了乞降安排后自杀的说法，均来自牛、刘、马3人的报告。牛昶昞、马复恒为事件的当事人，其报告应属直接证据，但另一方面，他们也是利害关系人，为推卸对投降的责任，又有作伪的可能。另据“广甲”舰管轮卢毓英回忆，丁汝昌在事无转机时曾问计于海军军械委员陈恩涛，陈曰外国兵败有情愿输服之例，遂引某国某人有行之者，丁意遂决，乃于十八日(2月12日)命陈作降书，令“广丙”管带程璧光乘“镇北”炮船送往日舰，丁于是日夜服毒而亡。见卢毓英：《卢氏甲午前后杂记》(手稿影印件)，第47～48页。卢毓英为亲历者，且无需承担投降责任，其回忆又非有目的之作，所述应该比较客观。惟其并非北洋海军核心圈中人，所记事件经过究系目击还是耳闻，直接关系到准确性问题，故在无法确定的情况下只能作为旁证。至于说法完全相反的记述，即说投降书为丁汝昌自杀后别人伪托他的名义所作者，亦为数不少，但均属来自传闻的间接证据，皆不足以立论。目前可以确定的是：北洋海军投降是经丁汝昌同意的，但丁本人没有投降。

[96] 卢毓英：《卢氏甲午前后杂记》(手稿影印件)，第47～48页。

[97] “咨日本海军中将伊东祐亨文”，载上海广学会译著：《中东战纪本末》，卷5，第40页。

当地方，并建议丁汝昌前往日本，待战事结束后仍可回国效力。还说，此事无须英国舰队司令作证[98]。

2月13日上午9时，程璧光乘坐“镇边”号炮船再次来到日舰“松岛”，递交丁汝昌复信，并说丁已于昨日自杀身亡。复信内容为请求将投降日延期至16日。伊东同意展限，但要求在是日下午6时前，由一负责的中国官员来“松岛”舰商谈军舰、军械、炮台的交缴及释放刘公岛上中外人员等事项。下午5时，威海水陆营务处提调牛昶昞作为守军代表，与程璧光乘“镇边”来到“松岛”舰，经谈判后接受了日方提出的清军投降条件。

2月14日下午，牛昶昞和程璧光再次来到“松岛”，由牛昶昞和伊东祐亨分别代表双方签下《威海降约》，其内容共11条：

一、中西水陆文武各官须开明职衔姓氏，西人须开明国名姓名，其文案书识及兵勇人等但须开一总数，以便分别遣还中国。

二、中西水陆文武官员须各立誓，暂时不再预闻战事。

三、刘公岛一切器械应聚集一处，另开清折注明何物在何处。岛中兵士由珠岛日兵护送登岸，威海各东兵自二月十四日(西历)五点钟起至十五日午正止陆续遣归。

四、请牛(昶昞)道台代承交付兵舰、炮台之任，惟须于十五日正午以前将舰中军器、台上炮位开一清帐交入日舰，不可遗漏一件。

五、中国中西水陆各官弁许于十五日正午以后乘“康济”轮船，照第十款所载开返华界。

六、中西各官之私物凡可移动者，悉许随带以去，惟军器则不论

[98] 伊东祐亨：“复中国丁提督文”，载上海广学会译著：《中东战纪本末》，卷5，第40页。

公私,必须交出,或日官欲加以搜查,亦无不可。

七、向居刘公岛华人,须劝令安分营生,不必畏惧逃窜。

八、日官之应登刘公岛收取各物者,自十六日九点钟为始,若伊东提督欲求其速,可先令兵船入湾内等待。现时中西各官仍可安居本船,俟至十六日九点钟为止,一律迁出;其在船之水师水手人等,愿由威海遵陆而归,可听其便,其送出之期则与各兵一律,从十五日正午为始。

九、凡有老稚妇女之流欲离刘公岛者,可自乘中国海船,从十五日正午以后任便迁去,但日本水师官弁可在口门内稽查。

十、丁军门等各官灵柩,可从十六日正午为始,或迟至二十三日正午以前,任便登"康济"兵船离岛而去。伊东提督又许"康济"不在收降之列,即由牛道台代用,以供北洋海军及威海陆路各官乘坐回华,此缘深敬丁军门尽忠报国起见。惟此船未离刘公岛之前,日本水师官可来拆卸改换,以别于炮船之式。

十一、此约既定,战事即属已毕,惟陆路若欲再战,日舰必仍开炮,此约即作废纸。[99]

2月16日上午9时,程璧光乘"康济"号练习舰来到日舰"松岛"号,缴出威海卫海陆军军官、洋员名册和兵勇军属统计表,以及不再参与对日作战的保证书。投降官兵共计5124人,其中陆军2040人,海军3084人。

2月17日上午7时40分,日本舰队自阴山口启航,8时40分到达威海港西口。伊东祐亨命"大和"、"葛城"、"武藏"3舰首先进港,将陆

[99] "威海降约",载上海广学会译著:《中东战纪本末》,卷5,第41页。

战队送上刘公岛，其他各舰随后跟进。9时45分，日本舰队在港内抛锚，随即开始接收北洋海军降舰，共有“镇远”、“济远”、“平远”、“广丙”、“镇东”、“镇西”、“镇南”、“镇北”、“镇中”、“镇边”等10艘。

是日下午4时，已被卸去大炮的“康济”号练习舰，载着丁汝昌、刘步蟾、林泰曾、杨用霖、戴宗骞、沈寿昌(“济远”大副)、黄祖莲(“广丙”大副)的灵柩及千余名军民，凄然离开已陷落的威海基地，迎着刺骨的寒风驶向烟台。

曾几何时，北洋海军这一晚清军事自强的最大成果，这一主要为抵御日本而组建的亚洲一流舰队，在其成军后仅仅过了6年，便在甲午抗日作战中灰飞烟灭了。

威海卫的陷落和北洋海军的覆没，致使北洋门户洞开，虽然战争仍在继续，但中国在整个战争中的败局已由此铸成。就在北洋海军向日军致降书的第二天，即2月13日，清廷开复了此前对李鸿章的所有处分，赏还翎顶和黄马褂，命其为全权大臣向日本讲和。[100]李鸿章的战事指挥就此结束，其直隶总督、北洋大臣遗缺，由王文韶署理。整整一个月后，李鸿章自天津启程前往日本，代表清政府踏上了屈辱求和之路。其实，持续了8个月的战争也使日本几乎筋疲力尽，加之其在中国的横冲直撞已危及到列强的在华利益。在内外压力下，日本政府也同意议和。

3月19日晨，李鸿章和他的儿子、参议李经方及参赞罗丰禄、伍廷芳、马建忠等32名中国议和官员抵达日本本州西部的港口城市马关(今下关)。谈判地点设在当地一家著名的饭店——春帆楼，日方谈

[100]《清德宗实录》，卷359，光绪二十一年正月辛卯。

判的全权大臣为总理大臣伊藤博文和外务大臣陆奥宗光。谈判自20日开始进行到第5天，即24日下午，李鸿章在结束当天会谈返回驻地途中，被一个叫小山丰太郎的日本人用手枪击中左眼下，子弹嵌入颧骨。李鸿章被刺虽未致命，但双方谈判一度中断。谈判期间，日方已破获中国的电报密码，完全掌握了中方的谈判底牌。4月17日，李鸿章万般无奈地与伊藤博文签下《讲和条约》，即著名的《马关条约》。

条约共11款，主要内容如下：一、中国放弃对朝鲜的宗主权，承认朝鲜独立；二、中国割让辽东半岛、台湾全岛及澎湖列岛给日本；三、中国赔款库平银2亿两；四、中国增开沙市、重庆、苏州、杭州为通商口岸；五、日本人得以在中国通商口岸从事工艺制造；六、中日重新签订通商行船章程前，日本派兵占领威海卫。在所属之《另约》中又具体规定，驻守威海卫的日军不超过一旅团，驻守范围包括刘公岛、威海卫沿岸40华里以内；日军驻守期间，中国政府每年贴交库平银50万两。[101]

五　悄然落幕的另一场梦幻之战

在北洋海军与日本海军进行实战的同时，中国方面还在纸上自导自演了另外一场直捣日本的以攻为守之战，亦真亦幻，跌宕起伏，其过程同样值得回味。

甲午战争爆发后，因清政府始终未能制订出明确有效的御敌作战方略，故朝野上下为反击日本侵略朝鲜和中国而建言献策者颇多。

[101]《马关条约》(1895年4月17日)，王铁崖：《中外旧条约汇编》，第1册，第614～619页，三联书店，1957。

这些主战人士不论职务高低，有奏事权者直接上奏，无奏事权者请人代呈，一般读书人则利用舆论工具，纷纷条陈制敌之策，以备当权者采择。他们普遍认为，最好的防御办法是以攻为守，而最有效的进攻便是派海陆军直捣日本本土。他们作为具有浓厚传统思想的文官或书生，并不懂得如何筹划近代战争，建言献策的御敌思路首先并主要是来自于中国古代兵法所提供的谋略资源。他们甚至明言，直捣日本之计，即是“围魏救赵”、“釜底抽薪”、“避实击虚”等古代兵法的今用。这种以攻为守的御敌谋略，当时在朝野间颇有市场，就连光绪皇帝亦曾为其所动，并一直试图付诸实施。

早在1894年7月19日，中日战争一触即发之际，吏科给事中余联沅即向朝廷递上一折一片，指出日本觊觎朝鲜已非一日，故请朝廷早作定计。他认为，御敌之上策是“乘其并力朝鲜，国中无备，以重兵袭其东京，如孙韩之伐魏以救赵”[102]。两天后，山东道监察御史庞鸿书上奏献策，认为朝鲜不可轻弃，应集兵直捣日本。中日正式宣战的第四天，广西道监察御史高燮曾亦上奏提出了相同的主张。同时，社会上持此论者亦大有人在，认为如能直捣日本，“倭奴首尾无援，自必疲于奔命，则高丽之倭兵自退，而我国之疆圉以安”[103]。当时颇有影响的中文报纸《申报》，还就此刊发过多篇政论[104]。

直捣日本需要跨海作战，舰船是必不可少的战具，人们的目光自然首先聚集于现有的南北洋海军。鉴于日本此次侵略主要来自北方，北洋门户已成防御重心，故有些建议更倾向于派南洋军舰出击，以与北洋海军形成攻防结合态势。如庞鸿书所奏即主张以南洋战舰渡劲

[102] “给事中余联沅奏东事日急请申宸断折”（光绪二十年六月十七日），《清光绪朝中日交涉史料》（1177），卷15，第2～3页。

[103] “围魏救赵说”，见戚其章主编：中国近代史资料丛刊续编《中日战争》，第12册，第296～297页，中华书局，1996。

[104] 详见“出奇制胜策”、“移师东伐议”、“论当乘机进捣日本”，《申报》1894年8月11日、19日、27日。

旅至台湾，“声言直捣日本，为围魏救赵之计，使敌人亦自顾边防，不敢空国以争胜”[105]。高燮曾提出的计划更为具体，他建议将南洋、广东能出海作战的军舰合为一军，以知兵者统之，齐集台湾操练。“此军一成，或直捣日本内地，或分扰其海口；否则游徼日本海面，绝其饷道，阻其援师……万一日本扰我海口，即以全队师船跟踪夹击，比之株守待敌者更操胜算矣。”[106]他们的建议，从理论上看是可行的，但要付诸实施却又相当复杂。广东能出海的“广甲”、“广乙”、“广丙”3舰已奉调随同北洋海军作战，惟南洋尚拥有2000吨左右钢质或铁胁巡洋舰、炮舰“南琛”、“南瑞”、“开济”、“寰泰”、“镜清”等5艘，另有千余吨的木质兵轮“保民”、“登瀛洲”、“威靖”等3艘。

丰岛海战后的第三天，驻英公使龚照瑗获悉日本陆军在朝鲜亦开始向清军发动攻击，即致电李鸿章，建议电调“南洋各省兵轮，游奕近倭海面，为牵制计”[107]。李鸿章对北洋海军的实力都信心不足，遑论南洋数艘陈旧之舰，故未采纳。而开战不久，清廷即电令南洋抽调两船赴台湾协防，显然也无意采纳以南洋军舰直捣日本的作战方案。计不出此，李鸿章已明言南洋军舰不中用，清廷恐怕考虑更多的是一旦南洋军舰倾巢而出，东南沿海、尤其是长江门户就会完全失去海军的拱卫。其实他们的担心均有失偏颇。首先，依靠以机动见长的军舰守护海口海岸，实际上等于扼杀其战斗力，根本无法发挥其应有的作用。其次，就军舰数量而言，南洋虽仅8艘大舰，或除去调防台湾的2艘后所余6艘，也足以能够组成一支分舰队；就军舰质量而言，南洋数舰因服役期已在10年、甚至20年以上，加之保养不善，固然多已

[105]“御史庞鸿书奏为朝鲜不可轻弃应集兵直捣日军折”（光绪二十年六月十九日），见戚其章主编：中国近代史资料丛刊续编《中日战争》，第1册，第23～24页，中华书局，1989。

[106]“御史高燮曾奏保护朝鲜关系重要宜用全力折”（光绪二十年七月初四日），见戚其章主编：中国近代史资料丛刊续编《中日战争》，第1册，第49～50页。

[107]“龚使来电”（光绪二十年六月二十五日巳刻到），顾廷龙、戴逸主编：《李鸿章全集》，第24册，第169页。

陈旧不堪,但也并非不能出海任战,况且其缺陷又完全可以通过短期的抢修得以补救,用于袭击日本应无大碍。

南洋军舰难以担负直捣日本之重任的关键不在船而在人,即其舰上官兵的素质太差,且要改善又不能像整修军舰那样在短时间内奏效。湖广总督张之洞于11月8日奉旨接署两江总督、南洋大臣后不久,即曾查勘南洋军舰,结果发现各舰不仅“质脆行迟”,“炮勇、管机人等尤鲜好手,管带各员类皆柔弱巧滑之人,万无用处”[108]。到了黄海海战后,已不是南洋军舰能否出击日本,而是连北上渤海协同北洋海军作战都成了问题。因此,即使清廷作出以南洋军舰直捣日本的决策,也根本没有实现的可能。

同时,言官们抨击北洋海军作战不力,也含有对其不敢主动出击日本本土的不满。中日开战后,江南道监察御史钟德祥即于8月17日上奏进言兵法,认为“应催集南北海陆各军,围攻韩城,旁捣釜山,使之备多力分,必将首尾衡裂。复令丁汝昌亲率船游弋对马、釜山之交,断其电线,即不能径攻岛险,而警以海声,倭势自蹙”。他甚至表示,“今若都不敢游弋对马为吾陆军声援,复安用此海军提督为?”[109]8月28日,福建道监察御史安维峻因近闻北洋海军聚守威海卫一处,但期防堵,不思进攻,恐非全胜之术,特向朝廷奏陈用兵之道。他认为,“海口各要害既有炮台及陆军防营,可无庸以海军全力坐守一处……拟请将海军船只分拨一半游弈洋面,相机进剿,或直驶彼之海口空虚处,乘势捣攻,彼必返而自救。”[110]此番分析虽出自外行人之口,却颇符合海军作战要旨,就北洋海军当时的实力而言,亦有实施的可能。

[108] 张之洞:“整顿南洋炮台兵轮片”(光绪二十一年二月初四日),苑书义等主编:《张之洞全集》,第2册,第957页,河北人民出版社,1998。

[109] “御史钟德祥奏朝鲜兵事必不可以骤解敬为筹画方略折”(光绪二十年七月十七日),戚其章主编:中国近代史资料丛刊续编《中日战争》,第1册,第98页。

[110] “安维峻奏陈用兵之道片”(光绪二十年七月二十八日),《清光绪朝中日交涉史料》(1496),卷18,第17～18页。

但光绪皇帝及枢臣们惟恐北洋门户有失，进而危及京师，故不敢在寇至门庭的情况下作出以北洋海军远袭日本的决断。

不仅言官有此建言，就连海关总税务司英人赫德也于此时提出了同样的建议。他密禀李鸿章，以现在长崎空虚，若我船过成山由南而东直捣长崎，得胜即回扰仁川，来往不逾七八日，皆攻其不备，可以得手。并有现在日舰已分散护运陆军，我以整攻散，以实击虚，是好机会，不可失等语。9月7日，在天津负责后路转运事宜的盛宣怀奉李鸿章之命密电丁汝昌，令其与德籍总教习汉纳根妥筹赫德之议是否能办，"如果可行，请径禀帅夺"[111]。奇怪的是，李鸿章始终与丁汝昌保持着电报联系，而他不直接与丁电商此事，却令盛宣怀密电转达，盛又让丁将筹议结果"径禀帅夺"，个中奥妙十分耐人寻味。结果，丁汝昌在接到盛宣怀的电报后，并未做出任何反应。不久，北洋海军即在黄海海战中遭到重创，此后不消说清廷和李鸿章更加不敢断然改行远袭日本之策，就是北洋海军本身亦无此实力和士气了。

有些主张以游击之师直捣日本的人士似乎一开始就已意识到派南北洋海军出击的可能性不大，或认为实无使用此正兵之必要，因而提出另行选将募勇行之的建议。撮其大意，主要有两种方案：

一种意见认为，应在沿海地区招集勇士，以民船商船载往袭扰日本各海口。8月间，余联沅再次奏请发兵"直捣长崎、横滨"，认为既然海军不能出动，应即"电饬海疆督抚，何路可以进军，何船可以渡海，何物可以御炮……不妨各抒所见，密为条陈，即行电奏，请皇上裁择施行"[112]。江南道监察御史张仲炘则在其奏折中进一步指出，海滨

[111] 盛宣怀："致威海丁军门电"（光绪二十年八月初八日），陈旭麓等主编：盛宣怀档案资料选辑之三《甲午中日战争》，上册，第134～135页，上海人民出版社，1980。

[112] "给事中余联沅奏陈管见四条折"（光绪二十年七月二十八日），《清光绪朝中日交涉史料》(1495)，卷18，第16页。

之民习于风浪，智勇之士极多，渔团、海盗皆可用，故请密饬海疆诸臣暗为罗致。“若得数千人或千数百人，驾驶商船零星前往，更密约内地商民乘间而发，据其炮台，守其要隘，断其电报，虽神户、横滨之固不难立破。否则，或由台湾而攻其鹿儿岛，或由北洋而夺其对马、台岐，或由南洋而据其淡路，或由闽海而袭其琉球，或由香港而捣其浦贺。此数处皆无重兵，轻易掩取……然后继以大军，声东击西，星驰电扫，扰其海岸，击其中权，其东西京有不岌岌震动涣然瓦解者哉？”他认为，此等人当于闽粤求之，但须给以粮饷，其必有应募者。“即令不能成事，亦不损我兵威，是亦出奇制胜之一道也。”[113]10月16日，四川学政瞿鸿机亦上奏提出类似建议，即“密饬两江、闽浙督抚臣，特选勇略兼优之将，速将沿海渔船、商船全数收雇，招募渔人、疍户编为舟师”，分别由上海、温州、厦门裹粮潜渡，直捣长崎、冲绳等处。“三路并攻，相为犄角，彼将顾救不暇，征调俱疲，而我东陲之师疾卷而复朝鲜决矣”。在他看来，“渔船、商船咄嗟可办，驾驶亦灵，游奕无定，不虑敌舟截击。”[114]

另一种意见认为，应选良将率兵直捣日本。也是8月间，刑部侍郎龙湛霖奏请授前新疆巡抚刘锦棠以督办军务之命，令其于湖南、湖北、安徽、江西各省水陆防营先抽调勇丁四五成，凑成2万人，不足则另招募，然后“带赴上海，相机而前，直趋日本”[115]。此后又有人提出其他统兵宿将人选，如广西提督苏元春、前云南提督冯子材、广东南澳镇总兵刘永福等[116]。其中，刘永福曾率黑旗军在越南抗击法军多年，并屡获胜仗，有善与外敌作战之盛名，故最为人们所推崇。吏部

[113] “江南道监察御史张仲炘奏倭患方张筹度战守事宜折”（光绪二十年七月十八日），《清光绪朝中日交涉史料》(1413)，卷17，第16～17页。

[114] “四川学政瞿鸿机奏日军入侵应大张挞伐不可轻与议和折”（光绪二十年九月十八日），戚其章主编：中国近代史资料丛刊续编《中日战争》，第1册，第363～364页。

[115] “刑部侍郎龙湛霖奏救护朝鲜宜筹全局敬陈方略四条折”（光绪二十年七月初五日），戚其章主编：中国近代史资料丛刊续编《中日战争》，第1册，第53页。

[116] “漕运总督松椿奏为请简宿将统兵直捣日本国土折”（光绪二十年八月十六日），戚其章主编：中国近代史资料丛刊续编《中日战争》，第1册，第217～218页。

尚书麟书等代呈翰林院检讨陈存懋条陈，即有派刘永福统领旧部直捣日本之请。陈氏认为，以"刘永福之军冲其前，福建、台湾接应之军踵其后，声势联络，决荡纵横，倭人自救不暇，必撤兵回援"[117]。刑部尚书松溎等代奏该部郎中陆学源条陈军务呈文，亦"请饬刘永福酌带兵船由台湾越姑米洋直抵那霸，进捣琉球，复我之旧藩，攻其所必救"[118]。10月19日，麟书又代奏翰林院编修王荣商对日用兵条陈，其中建议"饬拨兵舰数艘，交刘永福等统之前进，或由长崎入其国都，或由台湾攻其后路，若能犁庭扫穴，固足大快人心。即不能遽立奇功，而使倭夷有内顾之忧，朝鲜兵事亦必易于得手"[119]。

对于上述两种意见，清廷最初均无意采纳。就前一方案而言，稍有军事常识的人都会明白，仅靠乌合之众乘坐渔船或商船前去袭击日本，直同儿戏。光绪皇帝虽不懂军事，也肯定能看出其中的荒唐。至于后一方案，清廷已于8月6日谕令刘永福帮同台湾巡抚邵友濂办理防务，故明确表示，"刘永福帮办台防正在吃紧，且现在海舰缺乏，势难越境远剿"[120]。但经不住言事诸臣仍多有请令刘永福统率偏师直捣日本者，并有刘本人亦有此请之说，朝廷终于开始慎重对待。10月7日，光绪皇帝谕令邵友濂询问刘永福，"前该总兵请回粤多召旧部，若果如所请，伊能否直赴日本，以奇兵制胜，应令详细筹度，据实电奏"[121]。然刘之旧部只存300人留为粤防，其渡台后又仅新募两营，且未经训练。他前曾奉旨率部北上协防，此时便一并做出答复，沥陈带勇北上有三难，而"直捣长崎，非有多处兵轮，断难得手。虽亟谋上策，而未敢曰能"[122]。既是如此，朝廷亦无话可说，此

[117] "翰林院奏检讨陈存懋条陈事务据呈代奏折"（光绪二十年七月二十三日），附件一，《清光绪朝中日交涉史料》(1448)，卷17，第29页。

[118] "刑部奏郎中陆学源条陈事务据情代奏折"（光绪二十年七月二十九日），附件一，《清光绪朝中日交涉史料》(1504)，卷18，第24页。

[119] "翰林院学士麟书等据呈代奏编修王荣商务陈对日用兵十条折"（光绪二十年九月二十一日），戚其章主编：中国近代史资料丛刊续编《中日战争》，第1册，第381页。

[120] "军机处奏商阅发下志锐等折拟缮电旨进呈片"（光绪二十年七月二十三日），《清光绪朝中日交涉史料》(1444)，卷17，第27页。

[121] 《清德宗实录》，卷348，光绪二十年九月壬午。

[122] "收台湾巡抚电"（光绪二十年九月十一日），中国第一历史档案馆编：《清代军机处电报档汇编》，第10册，第408～412页，中国人民大学出版社，2005。

议就此告寝。

进入10月下旬，日军分两路侵入中国本土，辽东地区岌岌可危。适在此时，又有传闻说广东有配置炮械的拖罟渔船，人极勇往，惯习波涛，可直赴日本为捣穴之计。光绪帝情急之下，即于11月3日电令两广总督李瀚章传谕广东水师提督郑绍忠，谓“现在倭以全力并赴前敌，国内定必空虚，亟宜用釜底抽薪之策”。令其派员设法招募拖罟船三四十只，给以行粮，迅赴长崎、横滨、神户三岛，攻其不备。并表示，“倘能扰其口岸，毁台斩级，报明后立予重赏；如有夺获敌人货财物件，即行赏给；并先与订明船价，倘被敌人伤毁，即照数给还”[123]。惟此议较之以刘永福率旧部乘兵船出袭更不切实际，虽重赏之下，亦无人敢应。李瀚章于第三天即回电将郑绍忠的答复如实上报。据郑说，道光、咸丰年间，因海寇为患，广东拖罟渔船各置炮械自卫，并曾为官军出海充当前敌。自沿海购置轮船巡哨，海寇肃清，各拖罟船不复备炮械，且非顺风不敢出海。由粤赴日本水路数千华里，现又北风当令，万难驶行。因此郑复称：“拖罟船板片轻薄，即量配炮械，断难得力，未敢轻率办理，致误军事”[124]。这样的结果本应早在预料之中，连现有的军舰都拉不出去，又怎能指望临进纠集渔民渔船去出奇制胜？况且日本本土再空虚也不至于如此不堪一击，就算渔民们敢于前往，也无异于以卵击石。

负实际责任的官员历来较朝中言官持重，因为他们在提出或赞成某一行动方案的同时，还须考虑其可行性。因此，当言官们就直捣日本之策而放言高论时，沿海疆吏极少有人随声附和，因为在他们看

[123]《清德宗实录》，卷351，光绪二十年十月己酉。

[124]“收两广总督电”（光绪二十年十月初八日），中国第一历史档案馆编：《清代军机处电报档汇编》，第11册，第97～99页。

来，此计固然可取，但如果不具备实施的条件也只能是一句空话。后来由于外购军舰活动的全面展开，才又使实施直捣日本的构想出现了新的转机。

外购军舰早在开战之前就已开始，清政府的主要目的是为了加强海防实力，至于如何使用，在军舰未到手之前，尚无具体安排。以李鸿章具体负责指挥战事的身份，加之北洋首当其冲的前敌位置，由他接收新购军舰的可能性无疑最大。但当张之洞署理两江总督、南洋大臣后，他有意另行组建一支像样的南洋舰队，因此很快也成了一个强有力的竞争者。随着战争形势的不断恶化，在张之洞为有效使用新购军舰所虚拟的计划中，用以直捣日本的意图逐渐凸现出来，言官们则趁机推波助澜，从而再次让清廷燃起出奇制胜的希望。于是，外购军舰的成败，又成为能否实施直捣日本计划的关键。

当时购舰的渠道主要有两条：一条是由海关总税务司赫德通过驻伦敦办事处的金登干(James D.Campbell)进行联系，一条是李鸿章通过驻外使臣直接商购。最初，两条渠道都通向了英国的阿姆斯特朗公司。该公司有1艘业已下水的巡洋舰待售，是日舰“吉野”号的同型舰，开价34万镑，可优先卖给中国，甚至连运费2800镑都已讲妥[125]。但当8月2日清廷决定拨银200万两(约合30万镑)购舰时，中日已经宣战，英国政府宣布中立，购买英舰因而受挫。战争期间倒卖军火是一本万利的买卖，南美各国如智利、阿根廷、秘鲁、巴西等都有兴趣，表示可不守中立卖舰给中国。经过选择，中国把购舰目标集中到了智利和阿根廷，而且已开始谈判商购其尚堪一用的七八艘军舰。

[125] 陈霞飞主编：《中国海关密档》，第6册，第92、96～97页，中华书局，1995。

8月中旬，龚照瑗仍在英国商购那艘巡洋舰，且信心十足；同时又获悉智利有同样巡洋舰2艘出售，经请示国内后，获准一并购下。他前曾建议调南洋军舰直抵日本海面实施牵制，已被李鸿章否定，现在又将希望寄托于正在议购的3艘军舰上。他在给李的电报中说，果有3舰，并雇英将，可命其先毁长崎各口，然后或驻南洋分倭势，或赴北洋参战[126]。李鸿章正翘首以待此3舰来增强北洋的防御能力，对龚的书生之见根本不屑一听，当即回电说："如毁长崎各口，到华再议，应令径赴威海或大沽。"[127]说得煞有介事，所购3舰却根本无法落实。洽谈中的其他军舰也是若隐若现，而且在外国军火商的炒作下，价格一路看涨，谈判忽允忽翻。中国方面因筹款艰难，购舰主意飘忽不定，也影响了办事效率。此后，购舰活动一直在希望与失望的交织中断断续续地进行，迟迟没有结果。

张之洞对外购军舰也表现出极高的热情，不仅始终关注李鸿章处的购舰进展情况，而且还通过其他途径打探消息。10月1日，他根据自己掌握的情况致电驻德公使许景澄，告之葡萄牙有一艘名为"法士格地加马"的铁甲舰，"其国穷窘，且无守局外明文，饵以厚利，当可成事。"但许回电称："葡船式旧行缓，无济且碍"[128]。放下此舰，他又与上海的外国商行联系，结果还是毫无所获。而在他看来颇有价值的线索，最终也是通往南美国家的，遂又转过头来推动清廷和李鸿章加快购舰步伐。他主张速借洋款，饬出使大臣与南美各国密商，择其船身坚固、炮火精良者，速购数艘[129]。11月初，他获得日本已派人暗赴美国订购大铁甲舰的密报，立即电告督办军务处、总理衙门及李鸿

[126] "龚使来电"（光绪二十年七月十五日酉刻到），顾廷龙、戴逸主编：《李鸿章全集》，第24册，第238页。

[127] 李鸿章："复龚使"（光绪二十年七月十五日酉刻），顾廷龙、戴逸主编：《李鸿章全集》，第24册，第238页。

[128] 张之洞："致柏林许钦差"、"许钦差来电"，《张之洞电稿》乙编(未刊)，第6 函，中国社会科学院近代史研究所藏。

[129] 张之洞："致总署天津李中堂"（光绪二十年九月十五日巳刻发），苑书义等主编：《张之洞全集》，第3 册，第1997页。

章,认为“智利国在南美洲,美舰恐即是智利之船。无论是否,此时我断不可游移惜费,似宜速令北洋大臣饬瑞生洋行立与订定为妥。若归敌有,后悔何及”[130]。此时张之洞尚在湖广总督任上,远离沿海防区,其矻矻于购舰,无非是究心防务而已。接署两江总督、南洋大臣后,他的热心购舰才随之有了具体的战略意图,即希望以新购军舰组建一支新的南洋舰队,然后载兵直捣日本,以改变被动挨打的不利局面。为此,他已着手编练一支2000人的海防兵,并决定与署理台湾巡抚唐景崧联手进行。

从技术层面看,张之洞的直捣日本计划同样不切实际。实施该计划的前提是在战争结束前完成筹款、购舰、练兵各项准备,但具体操作起来,可以说任何一项都无法把握[131]。果然,战争已近尾声,购舰一事迄未落实。

1895年2月3日,即北洋海军在威海卫港陷入日军水陆合围的第二天,给事中余联沅以“事势危迫”,上奏请饬张之洞与唐景崧密商妥筹,“设法以水师直攻日本,或游弋其各岛”,“使彼有内顾之忧,而我得抽薪之计”[132]。同日,光绪皇帝有旨:“着张之洞与唐景崧会商办法具奏”[133]。唐景崧接到张之洞的电转上谕后,即于2月6日回电表示:“此计须有坚兵轮多只方敢入人国,现无此力,亦无此从容时候……惟有杂凑兵轮,前往虚惊,相机进退”。所谓“杂凑兵轮”,是指利用江南现有舰艇及其在粤订造的11艘鱼雷艇,再购铁壳商船改作兵轮,并招兵万人。尽管如此杂凑,亦需款300万两左右,而且最快要4个月方可成行[134]。但张之洞认为,“此时欲攻袭倭境,或游弋海

[130] 张之洞:“致天津李中堂总署督办军务处”,《张之洞电稿》乙编(未刊),第6函。

[131] 详见苏小东:“张之洞在甲午战争中的海军作战方略”,《贵州社会科学》1998年第5期。

[132] “给事中余联沅奏请饬令张之洞等设法以水师直攻日本折”(光绪二十一年正月初九日),《清光绪朝中日交涉史料》(2440),卷30,第36~37页。

[133] 《清德宗实录》,卷358,光绪二十一年正月辛巳。

[134] “唐抚台来电”(光绪二十一年正月十二日巳刻到),苑书义等主编:《张之洞全集》,第8册,第6070页。

面，非有铁舰快船不可”，“若杂凑之轮，万无用也”。因此他主张请旨筹借巨款，购买铁舰运船，雇募洋弁，选练健将劲卒，然后相机攻袭[135]。张、唐往返电商多次，直到3月9日方联衔将其纸上谈兵的直捣日本作战计划上报朝廷。该计划设计的作战兵力为，拟购穹甲巡洋舰数艘，合汉纳根在阿根廷定购的2艘，另赶造快速鱼雷炮舰10艘，并购买快速商船3艘改为运输船，载兵2000人，组成海陆突击部队。作战方法是以乘虚攻袭为原则，由舰队护送陆军突击队至日本登陆，或毁其台炮，或歼其守兵，或焚其积储。敌内地之兵大至或其舰队还救，则移攻他处；若海面遇敌，船少则攻，船多则避，遇其运兵运械之船则截夺之。惟唐景崧似已意识到该计划的缓不济急，故又主张“招粤边悍勇游匪数千，先用民船潜往，如有兵轮，随后继进”。张之洞则认为“民船难往”，不赞同唐的意见。最后决定，先由唐负责募练陆勇，张负责筹办饷械，“俟勇齐船到，再看情形商酌”[136]。

可悲的是，在张之洞、唐景崧上报直捣日本作战计划的前一个月，实施该计划的条件就已经不存在了。2月11日，窥破购舰虚实的出使美、日（Espana音译“日斯巴尼亚”简称，即西班牙）、秘国大臣杨儒电告清廷：“中倭开仗以后，欧美大邦皆恪守局外公法，所有军舰不容转售，中国势难购船，美国亦无售船与倭之事。惟南美小国，间思乘时射利，或以废旧之舰投函求售，即使购得，无裨军实。”[137]外购军舰实已彻底落空。更为严重的是，北洋海军已于2月12日向日军投降，中国在甲午战争中的失败已成定局。在这种情况下，张之洞等人还在认认真真地“画饼”，恐怕国人连“充饥”的幻觉也找不到了。

[135] 张之洞：“致台北唐抚台”（光绪二十一年正月十七日子刻发），苑书义等主编：《张之洞全集》，第8册，第6084～6085页。

[136] 张之洞：“致督办军务处”（光绪二十一年二月十三日未刻发），苑书义等主编：《张之洞全集》，第3册，第2043～2044页。

[137] 《清德宗实录》，卷359，光绪二十一年正月己丑。

4月13日,中日《马关条约》签字在即,总理衙门电告张之洞,购舰直捣日本事“现暂缓办”[138],实际上是取消了这个计划。

从战争爆发前夕就已提出的直捣日本之策,其谋划几乎贯穿于整个战争期间,但直到战争结束,该计划却仍然还是可望而不可及的纸上谈兵。检讨其教训,首先应该肯定,在中国古代军事思想资源中汲取用于当前的御敌谋略,由此形成直捣日本的构想,完全符合积极防御的战略原则。问题是清政府在实际运用时,并未将其提到战略的高度,而是视为临渴掘井的应急之策。因此,直捣日本的以攻为守策略虽好,但因平时未作充分准备,战时也就没有条件进行有效的运用。再退一步说,即使战前未作准备,倘能将全国现有的财力、物力、兵力加以统筹调度,也仍然有实施的可能性,可是清政府连这一点亦无法做到。遗憾的是,时人始终未能认清导致这一计划流产的真正原因,后世国人也并未真正记取其深刻的教训。

[138] 张之洞:“致总署”(光绪二十一年三月二十二日申刻发),苑书义等主编:《张之洞全集》,第3册,第2055~2056页。

大洋沉思
Chapter Six

第六章

战争尾声与结局

一　日军攻占澎湖

日本对中国台湾垂涎已久。早在1874年日本即曾发兵入侵台湾，惟其当时虽急欲对外扩张而实力不济，结果在讹诈了中国50万两白银后罢兵而归。20年后，日本通过发动侵华战争，再次将夺取中国台湾列为战略目标之一。日军大本营原定的作战计划是在海军夺取黄海、渤海制海权后，即输送陆军至渤海湾登陆，与清军决战于直隶平原，然后直取北京。但当日军占领大连湾、旅顺后，首相伊藤博文认为，冬季在直隶作战交通不便，而且在未消灭退入威海卫基地的北洋舰队之前登陆渤海湾还会遇到危险，即使最后取得成功，一旦清王朝崩溃，日本也将失去和谈对手，甚至引起列强干预。因此，他向大本营提出，应先攻占威海卫以消灭北洋海军，尽快夺取台湾并永远占为己有。他说："如果要以割取台湾为和平条约之要件，若非事先以兵力占领，后日被拒以无割让之理由，将其奈他何？故非有控制渤海之锁钥，同时南取台湾之深谋远虑不可"。[1]前首相松方正义也认为："台湾之于我国，正如南门之锁钥，如欲向南发展，以扩大日本帝国之版图，非闯过此一门户不可。如因攻占台湾而失去进攻北京之机会，就帝国百年大计设想，实无大损失，至少比攻北京失台湾更有大益。"[2]

[1] 转引自黄秀政：《台湾割让与乙未抗日运动》，第43页，台湾商务印书馆，1992。

[2] 转引自丁名楠："略谈日本发动甲午战争的背景、过程及其影响"，《甲午战争九十周年纪念论文集》，第16页，齐鲁书社，1986。

大本营接受了这个意见，立即将作战目标转向攻占威海卫和台湾，并决定在清政府乞和之前攻占澎湖，以迫使中国在谈判桌上割让台湾。

日军要进攻澎湖，掌握中国东南沿海制海权仍是关键，而护送运兵船并协同登陆澎湖也将依赖海军。在北洋海军投降之前，日本海军军令部长、大本营海军参谋官桦山资纪即向联合舰队司令长官伊东祐亨作了“占领威海港后，预定派遣舰队主力南下”的内部通报。[3]1895年2月17日占领威海后，伊东即命“吉野”、“浪速”、“秋津洲”、“高千穗”、“严岛”、“桥立”、“松岛”等舰先后返回日本维修，为南下做准备。3月3日，伊东也赶回大本营领受任务。大本营决定将联合舰队一分为二，以主力南下进攻澎湖，编制序列为本队：“松岛”（司令长官旗舰）、“严岛”、“桥立”、“千代田”（暂时属北方舰队）；第一游击队：“吉野”（司令官旗舰）、“浪速”、“高千穗”、“秋津洲”；第四鱼雷艇队：第25号（司令艇）、24号、15号、16号、17号、20号鱼雷艇；鱼雷艇队母舰：“近江丸”、“元山丸”；供应船：“西京丸”、“相模丸”；医院船：“神户丸”。归入编队指挥的还有用于登陆作战的一个陆军混成支队。

日本为攻占澎湖岛编成的陆军混成支队，以比志岛义辉大佐为支队长，下辖3个步兵大队和1个炮兵中队，共约5000人。3月6日，混成支队乘运输船自宇品出发，途径马关稍作停留，9日晨抵达佐世保军港，与南下舰队会合。13日，代表清政府前往日本谈判议和的李鸿章及其随员自天津登船尚未启程，伊东祐亨已向所属各舰长及混成支队长发出南下攻取澎湖训令：

一、首先占领澎湖岛，以此为根据地，控制马鞍群岛以南海面；

[3] 日本海军军令部编纂：《二十七八年海战史》，下卷，第290页，日本春阳堂，1905。

二、编队自佐世保港出发后，先至澎湖岛南面的仓岛附近抛锚，并由侦察舰侦察澎湖岛及登陆地点；

三、途中如遇敌舰，由本队及第一游击队各舰实施攻击，运输船避至敌舰炮射程之外；

四、各舰出港后应做好战斗准备；

五、第四鱼雷艇队、佐世保临时水雷队布设部等出港日期另行通知；

六、煤炭及饮用水除由运输船供给外，可在冲绳中城湾、大岛久慈港及占领后的澎湖岛获取；

七、占领澎湖岛后，由佐世保临时水雷队布设部司令负责港口管理指挥，并适时布设水雷和防材；

八、在澎湖设置民政厅掌管一般民政，陆军负责守备占领的各炮台；

九、在澎湖岛登陆后，由舰队人员组成陆战队利用占领的炮台炮击其他炮台。[4]

3月15日，清政府全权议和代表李鸿章及随员前往日本谈判刚刚启程，日本舰队和装载比志岛支队的运兵船即由佐世保出港，向澎湖进发。3月20日，中日双方代表开始议和谈判。同一天，日军进攻澎湖的海上编队经过台湾岛南端到达澎湖以南的仓岛，并按计划在此抛锚。是日下午，奉命前去侦察登陆点和澎湖岛炮台情况的“吉野”、“浪速”两舰回报，澎湖岛里正角湾内有适合登陆地点，澎湖港岸上有大小炮台5座。

第二天上午8时20分，编队准备起锚开赴登陆点，不料首先出发的“吉野”舰突然触上暗礁，伤势严重，行动被迫取消。22日，海上风浪大作，不适合登陆。23日晨，天气好转，日舰护送运兵船终于离开锚地驶向里正角湾。先行出发的第一游击队“浪速”、“秋津洲”、“高

[4] 日本海军军令部编纂：《二十七八年海战史》，下卷，第295～298页。

千穗”3舰向澎湖岛东南巡航，驶至据守军拱北炮台6000米处开始炮击，守军亦发炮还击。此番炮击双方均无伤亡，但日方确认拱北炮台火炮口径均在150毫米以下，射程有限。上午10时50分，伊东祐亨令“秋津洲”舰掩护运兵船进入里正角湾文良港（即龙门港），自率本队各舰到达里正角西南约2海里处抛锚，第一游击队的“浪速”、“高千穗”两舰也随后到此会合。为掩护运兵船，“秋津洲”抵近陆岸炮击清军拱北炮台，守军立即发炮还击。11时40分，口军混成支队开始登陆。拱北炮台守军见状，又调转炮口向日军登陆点射击。日军各舰立即实施不间断炮击，尤其是“严岛”320毫米口径炮威力极大，完全压制了拱北炮台的射击。[5]下午4时30分，日军登陆全部结束，无人员伤亡。

澎湖原驻清军不过一千四五百人，直到去年战争爆发后，方募兵增营，此时兵力约有5000人。惟招募新兵之后，所需武器等均须内地转运，战备效率又低，故防务迟迟未能齐备。澎湖岛四面皆可停轮登陆，守军兵力本就单薄，又不得不分散驻防。此时，澎湖主官为知府朱上泮和澎湖镇总兵周振邦。澎湖为台湾省属地，但两岛间海上交通不便，遇有紧急情况主要靠电报联系。

日军登陆澎湖的前一天，即3月22日，署理台湾巡抚唐景崧电告朝廷，台湾南端恒春见倭轮十余艘游弋港口，澎湖西岭复见倭轮5艘。[6]日军在澎湖文良港登陆的23日，唐景崧向朝廷发申（下午3—5时）电说，顷据澎湖来电，本日倭轮12艘犯澎湖之大城北地方，被我炮台击沉2艘，击伤2艘，余逃复回扑，我军力战，寇稍退，恐复来，我炮台无伤[7]。唐景崧远在台北，仅依澎湖电报掌握战情，京城中枢就更难

[5] 以上见日本海军军令部编纂：《二十七八年海战史》，下卷，第309～317页。

[6] “收署台湾巡抚电”（光绪二十一年二月二十六日），中国第一历史档案馆编：《清代军机处电报档汇编》，第13册，第628页，中国人民大学出版社，2005。

[7] “收台湾巡抚电”（光绪二十一年二月二十七日），中国第一历史档案馆编：《清代军机处电报档汇编》，第13册，第638页。

辨真伪。清廷回电指示唐景崧，激励防军时刻严防，测准炮力可及，即行轰击，如能毁其多船，立颁重赏，以资鼓励[8]。其实，唐景崧向朝廷电告澎湖战情时，日军已经完成登陆行动，是日战斗尚未结束。

据日方记载，日军混成支队第一大队（后备步兵第一联队第一大队）首先登陆后，经侦察文良港及附近村落并无清军，随即抢占距登陆点约800米的尖山村前高地。尖山以西约2000米为大武山，是通向拱北炮台和马公城的必经之路。当日军第一大队第一、第二中队准备占领这一高地时，突遇40余名清军，双方激烈对射，这支清军被击退。接着，又有约600名清军冲上来，依托沟渠和田埂向日军射击，战斗非常激烈。日军第一大队长岩崎之纪少佐见第一、第二中队前进受阻，立即率第三、第四中队投入战斗。但其前方很快又出现200余名清军，右侧后方也冒出100余名清军，“敌我相距仅二百米，双方竭尽全力作战”[9]。清军虽进行了顽强抵抗，最终还是力不能支，被迫退走。到下午4时，日军终于占领大武山。此战，日军一人因伤重而亡，另有8人受伤；清军阵亡34人，伤数不详。在日军第一大队抢占大武山之际，第二大队（后备步兵第一联队第二大队）也自登陆点赶来，参与追击溃走的清军。是日战斗结束后，第一、第二大队宿营于大武山，混成支队司令部宿营于尖山村。

统一指挥日军进攻澎湖的联合舰队司令长官伊东祐亨为增加陆上战斗力，在登陆前就组建了以“松岛”舰炮术长井上保大尉为指挥官的42人海军陆战炮队，配备3门47毫米口径速射炮，归陆军混成支队长指挥，主要任务是利用占领的炮台攻击其他清军炮台及协同进

[8]《清德宗实录》，卷362，光绪二十一年二月庚午，中华书局影印本，1987。

[9] 日本海军军令部编纂：《二十七八年海战史》，下卷，第355页；《日清战争实记选译》，见戚其章主编：中国近代史资料丛刊续编《中日战争》，第8册，第469页，中华书局，1994。

攻马公城。[10]23日下午4时，这支海军陆战炮队从“松岛”舰出发，随陆军之后亦在里正角文良港登陆，当夜宿于尖山村附近。

3月24日凌晨2时，日军混成支队司令部与荒井信雄大尉指挥的临时山炮中队和海军陆战炮队提前出发，步兵第二、第三大队（后备步兵第十二联队第二大队）随后跟进，直指拱北炮台。5时许，日军各部到达拱北炮台附近的集合地点，随即在混成支队长比志岛义辉指挥下，陆军临时山炮中队在左，海军陆战炮队在右，从2000米的距离开始炮击拱北炮台。紧接着，步兵第三大队从正面向拱北炮台发起冲锋，第二大队从右侧绕攻。恰在这时，一支200余人的清军从大武山和拱北炮台之间冲过来，试图阻击日军，但很快即被击溃。6时30分，日军第三大队攻进炮台。当时炮台内仅剩少数清军，或伏于壕中，或藏于门后，进行顽强抵抗，直至全部阵亡。日军第三大队攻进炮台时，第二大队也从右侧冲上炮台，大队长岩元贞英少佐将一面太阳旗插在了最高处，并骑跨在炮身上狂呼“天皇陛下万岁”[11]。此战，日军亡2人、伤17人，清军伤亡人数不详。

在日军第三、第二大队进攻拱北炮台的同时，第一大队第四中队奉命占领了炮台南面的村落，目的是接应在附近登陆的海军联合陆战队。海军联合陆战队也是在日军登陆澎湖前夕由伊东祐亨下令组建的，人员来自“高千穗”、“秋津洲”、“桥立”、“松岛”、“严岛”、“浪速”6舰，共240人，内分枪队（下设第一、第二中队）和炮队（配置速射炮1门、机关炮1门），指挥官为“高千穗”舰副长丹治宽雄少佐，任务是在混成支队进攻马公城时牵制圆顶半岛清军。[12]24日晨6时，海军联合

[10] 日本海军军令部编纂：《二十七八年海战史》，下卷，第317～318页。

[11] 《日清战争实记选译》，见戚其章主编：中国近代史资料丛刊续编《中日战争》，第8册，第471页。

[12] 日本海军军令部编纂：《二十七八年海战史》，下卷，第322～324页。

陆战队到达拱北炮台东侧海岸，并顺利登陆。7时30分，海军联合陆战队赶到已被混成支队占领的拱北炮台。丹治宽雄与混成支队长比志岛义辉协商后，留下一小队驻守拱北炮台，即率陆战队直奔圆顶半岛。

日军混成支队攻占拱北炮台后，即以第二大队为先锋，进逼马公城。行进途中，不断遭到清军渔翁岛炮台的炮击，但未能阻止其前进。日军进抵马公城下后，以一个中队攻击城外清军营地，另以一个中队攻城门。上午11时10分，日军攻破城门，分三路杀入。城内一度发生激烈巷战，但很快大多数清军即由北门退向海边。11时50分，日军攻陷马公城。接着，一部日军自马公城出发，乘小船渡至渔翁岛，结果发现炮台已被炸毁，岛上也已不见清军。

日军混成支队自拱北炮台出发进攻马公城的同时，海军联合陆战队也向圆顶半岛进发。上午8时，海军联合陆战队兵分三路，枪队第一中队为右翼向井仔村推进，枪队第二中队为左翼向乌崁村推进，炮队居中走通往圆顶半岛的主道。日军沿途搜索前进，在乌崁村和双头卦村各捕杀清军20余人，三路共俘清军30名。当天夜里，驻圆顶半岛清军定海军分统兼卫队营管带补用参将郭润馨派人到日军宿营地，向日军求降。25日晨，日海军联合陆战队自宿营地出发，途中搜索猪田村后继续前行。8时30分，圆顶半岛清军在小管港村外向日军投降，其中有郭润馨和定海前营管带郭俊山、五营正总查欧阳连等军官13人，士兵560余人，加上后来被捕和零星来降者，总数已远远超过日海军联合陆战队。日军随即在投降清军引导下，先后进占圆顶半岛的金山炮台和圆顶山炮台。[13]至此，日军已基本上控制了澎湖岛。

[13] 以上参见《日清战争实记选译》，见戚其章主编：中国近代史资料丛刊续编《中日战争》，第8册，第477～479页；日本海军军令部编纂：《二十七八年海战史》，下卷，第328～333、367页。

中国方面对澎湖之战情一直是一头雾水。3月24日日军进攻拱北炮台和马公城的那一天，署理台湾巡抚唐景崧曾四次致电清廷报告战况。其凌晨电告，日舰多艘昨日上午并攻澎湖大城北炮台，败退复进，又血战三时，下午停炮，炮台微损。“据统领周镇振邦、朱守上泮电称，查寇情形，图由文良港登岸，已派勇接应。”上午电告，澎湖大城北炮台昨苦战半日，敌舰败退，文良港登岸千余人，我军接战，互有杀伤。总兵周振邦、通判陈步梯带队出城策应，未报胜负，炮台、电线均无恙。又说澎湖四面水深，皆可停轮登岸，兵难遍布，“倘再有大队分登澎岸，力孤援阻，其危可想”。中午电告，本日晨澎湖血战仍在大城北，至午时停战。下午电告，“本日澎战倭负，午刻未据报到，午后电断，已饬台南觅人往探”。[14]

台澎间失去电报联系后，唐景崧直到28日才又开始陆续从澎湖逃渡台湾的弁勇口中了解一些澎湖之战的情况，并确信澎湖已陷落。综合各弁勇口述，大致拼凑出如下战情：23日和24日“水陆并战，击毁倭船三艘，岸贼驱走，我炮台亦被毁，各亡千余人”。知府朱上泮24日与日军“短兵相持，中五伤倒地，恐阵亡。贼逼厅城，周镇振邦、分统林福喜、通判陈步梯力击贼退”。25日，日军“复登岸，攻进东门，周镇巷战带伤，左右尽死，传闻登山自尽”。日军袭取“金龟头炮台，哨官陈德兴并勇百余人力抵，亦俱死。林福喜受伤，不知下落，其军最奋，伤亡尤多。陈步梯带团助战，亦受伤不知下落”。唐景崧在向朝廷发电转述时说，“三日血战，澎军头目伤亡殆尽，臣明知澎湖孤悬绝地，无兵轮无以策应，负此将士，悲痛何极！”[15]闽浙总督谭钟麟也曾收到唐

[14] “收署台湾巡抚电”（光绪二十一年二月二十八日），中国第一历史档案馆编：《清代军机处电报档汇编》，第13册，第646、648、649～650页。

[15] “收署台湾巡抚电”（光绪二十一年三月初三、初四日），中国第一历史档案馆编：《清代军机处电报档汇编》，第14册，第35～36、43～44页。

景崧的此类电报，但他就此致电朝廷说，“该弁勇所述语多支离，未敢入告”[16]。唐景崧也认为这些弁勇带伤逃渡，对各处战况未必亲历目睹，故又饬台南就近派人详细探查。

4月8日，唐景崧终于向朝廷递上“查明澎湖失守情形折”。他将此前澎湖逃勇所言、台南派人探查结果及前一天投到台北缴印之澎湖镇总兵周振邦供述加以综合后，又勾勒出澎湖之战概况如下：

3月23日，“辰刻，忽有倭船十二艘先后驶至，开炮攻犯澎湖之东边纱帽山、大城北等处，被我军守大城北炮台（即拱北炮台）之熊国昌还炮击之，先后中倭船二艘，将沉未沉之际，被其余倭船拖带而去。未几，倭船复来环攻，午后又被我炮台击坏倭船后桅一艘。倭人尽力扑攻，即由文良港等处登岸约二千余人，经督带林福喜督队接仗，奋勇直前，血战至晚，击毙倭兵数百人，我军哨官蓝翎五品顶戴刘得和阵亡，蓝翎千总余道德、蓝翎五品顶戴朱光辉受重伤，伤亡勇丁六七十人。”

3月24日，“统领花翎知府朱上泮与总兵周振邦相约，三更各派一营偷劫倭兵。是夜（即23日夜）朱上泮宿大城北炮台，待至五更，周振邦之兵不至，朱上泮即自派右营之左、右、后三哨赴敌，又调前营两哨、后营两哨为此三哨接应。不意此三哨天明行至西溪，正遇倭伏，两相痛击，哨官花翎守备宋承进、蓝翎把总陈喜清均阵亡，蓝翎把总夏泽润带伤，兵勇稍却。其接应之前后两营四哨大呼陷阵，敌人炮弹如雨，血肉纷飞，我军死者甚众，哨官蓝翎都司朱光明、蓝翎守备徐绍坤、蓝翎千总栾定邦、拔补千总黄长胜等皆战殁。辰刻，倭船开大炮轰击我炮台，一面分队登岸，即在大城北与我军对仗。朱上泮亲身督战，彼此枪

[16] “收闽督电”（光绪二十一年三月初四日），中国第一历史档案馆编：《清代军机处电报档汇编》，第14册，第45页。

炮齐施。朱上泮左股忽为开花弹所中，肩上复中一弹，当即昏倒在地，经亲兵等竭力抢归。我军伤亡大半，前营管带花翎游击衔留甘补用都司朱朝贵、后营管带留闽补用参将朱荣昌、哨官花翎守备孙殿勋、蓝翎千总罗得标均阵亡，花翎都司吴定安带伤，幸督带西屿炮台（即渔翁岛炮台）副将刘忠樑在彼瞭见我军被逐，即在台开大炮遥击，伤毙倭兵不少。林福喜乘势回逐力战，倭退回船，随即掳各渔船，胁令渔户引路，复登岸再战，分队抢割水雷电线，顷刻碰沉鱼雷船一艘。倭船复施开花炮接应，午后大城北炮台遂为倭炮所毁，林福喜独力鏖战时久，力竭兵单，遂致挫败，哨官蓝翎把总蔡进祺受伤被掳，倭既抢踞各处营盘扎定，复被我西屿炮台刘忠樑尽力开炮遥击，轰毙倭兵二百余人。”

3月25日，“倭轮环攻西屿炮台，刘忠樑仍还炮击之，伤其一船。相持许久，忽被倭炮飞子飞入药库，火发轰毁炮台，弁勇溃散。”

唐景崧由此得出结论：“察核各将领此次战状，地虽失守，以林福喜督战为最奋，朱上泮次之。朱上泮系受伤致败，林福喜系力竭兵单致败。刘忠樑扼守西屿炮台最为得力，先后击毙倭人亦最众，其炮台被毁系被倭炮飞子入库轰发致败。以致孤岛支持血战三日夜，卒因无船援应，致为敌陷。”至于周振邦，“系澎湖专阃大员，此次战守不力，迭据各委员查复，于各将领在外血战，望视不救；倭兵入城，又先逃避，并无巷战受伤情事”，相应据实奏参。[17]唐景崧的这份报告准确与否姑置不论，仅就澎湖作战过程来看，还是没有说清楚。

朝廷接到唐景崧的奏折后，即令其派员将周振邦押解福建，交新任闽浙总督边宝泉审明，按律定拟具奏。再后来，澎湖通判陈步梯也

[17] 以上见“署台湾巡抚唐景崧奏查明澎湖失守情形折”（光绪二十一年三月十四日），《清光绪朝中日交涉史料》（3182），卷44，第18～19页，故宫博物院铅印本，1932。

被押解福建受审。[18]澎湖之失，在防将领固然咎无可辞，惟就坐视不救而论，清中枢和台湾省府也基本上是听之任之，并未采取任何有效措施。唐景崧强调澎湖孤悬绝地，无兵轮难以救护，也确有其道理。

4月2日，日军参谋总长彰仁亲王给联合舰队司令长官伊东祐亨发来祝词：

澎湖控制台湾海峡，为黄海、中国海之咽喉。现今贵舰队及陆军混成支队通力合作，一举将其占领，全国欢庆。立即奏上，天皇深感欣慰，在此祝贺。[19]

日军占领澎湖后，即在原清军澎湖镇署内设立澎湖行政厅，以海军少将田中纲常为行政厅长官，陆军步兵中佐志水直为副长官。

二　日本割占台湾

在中日谈判之前日军进攻澎湖时，清廷即不断电谕署理台湾巡抚唐景崧，指出“倭人意在攻取台湾”，要求“台湾各口一律严加整备，以杜窥伺”。并说，“澎如不守，必将犯台，该省布置能否周密，如兵力不敷，或就地添募，或由闽省添派设法渡往助剿”，即令唐景崧与闽浙总督谭钟麟妥商筹办[20]。澎湖失陷后，清廷又电谕唐景崧：

澎湖既失，台湾更形紧急，该署抚布置防务历时已久，勇营亦颇不少，临敌调度必先胸有成算。上年据奏招集万四千人听调，是否足资得力，杨岐珍现扎何处，其余将领如何分布，着即电闻。该署抚务当与统兵各将领互相联络，竭力抵御。敌如分路来犯，或乘隙登岸，必

[18]《清德宗实录》，卷366，光绪二十一年四月戊午；卷367，光绪二十一年五月庚辰。

[19] 日本海军军令部编纂：《二十七八年海战史》，下卷，第348页。

[20]《清德宗实录》，卷362，光绪二十一年二月庚午、辛未；卷363，光绪二十一年三月壬申。

当有游击之师接应截剿，方不致猝为所乘，深入滋扰。[21]

3月30日，中日两国全权大臣首先签订《中日停战协定》，停战期限为20天，即到4月20日中午12时为止。但停战地区仅限于奉天、直隶、山东等处，并不包括台湾、澎湖，这是日本在为其割占台湾、澎湖预作准备。清廷获悉此情，立即电谕唐景崧，“澎既失守，不日即将犯台，一经戒严，军火粮饷皆难接济。惟台省营数不少，将士中不乏忠义果敢之人，唐景崧惟当激励诸军，广筹方略，相机截剿，力保岩疆”[22]。4月1日，唐景崧向朝廷连发四电。他首先说明，停战台不在列，洋行得信喧传，台民愤骇，谓北停台独向隅，是任倭以全力攻台，台民何辜，致遭歧视，一时军民商工无不失望。他继而提出，停战台湾独否，敌必以全力攻注，孤台当巨寇，其危可知；而他处既停战，请朝廷饬将所有军舰均调赴台湾听用，并请饬下两广总督拣可用后膛枪拨给台湾5000枝并配足子弹，另拨毛瑟弹300万粒、火药10万磅，设法解运台湾。最后上报台湾布防情况：

台防分南、北、中三路，守北路基隆提督张兆连，基隆后路道员林朝栋，沪尾(即淡水)总兵廖得胜，沪尾对岸都司黄宗河，沪尾后路守备李文忠，苏澳参将沈祺山；守南路刘永福，台湾镇万国本，恒春都司邱裕标，嘉义总兵陈罗；守中路道员杨汝翼，守后山台东知州胡传。此外小口十余处或一二营不等。原设防番各营不能撤动。杨岐珍往来基、沪，办事和衷，所部扎基、沪，留以布在省城备游击。合布虽多，分布则薄，基、沪要口，合前敌后路，不满六千人，此外可知。游击师仅杨岐珍之营，一二仗后，无营替换，现赶募未成营。义勇可调用，惜无

[21] 《清德宗实录》，卷363，光绪二十一年三月乙亥。

[22] “军机处电寄唐景崧谕旨”(光绪二十一年三月初六日)，中国第一历史档案馆编：《清代军机处电报档汇编》，第1册，第485页。

枪与弹，得款后始购新式枪炮，运送必迟。论台之力办防，仅能至此，久支强寇，实无胜算。略可恃者，军民心尚固结耳。[23]

电报中提到的杨岐珍是去年8月前往台湾会办防务的，到台北后又奉旨总统基隆、沪尾两军。他在唐景崧上报台湾布防情况的第二天，又直接电告朝廷，说基隆、沪尾各营既多新募，又多土勇，已更番换驻；他带去的10营现分驻沪尾4营、基隆之八堵2营、台北府城4营。他表示，"惟基、沪两口港汊纷岐，无论倭犯何处，自当与抚臣随时妥筹，一面亲督将弁极力一拼，以期无负高厚。"[24]清廷收到唐景崧的一日四电后，立即复电作出回应：

朝廷注念该处孤悬海外，援应维艰，宵旰忧廑，自去岁至今，无特少释。然自开战以来，屡为该处备兵增饷不遗余力者，亦正虑有今日。该署抚应将以上所谕剀切宣示，激励将士，开导绅民，敌忾同仇，力图捍御。其有捐资济饷、杀贼立功者，定必优加奖擢，不次酬庸，慎毋惑于愚论，籍口向隅，致守备有疏，自贻伊戚。该署抚所请由广东拨济枪弹子药，已饬李瀚章照办，并谕知张之洞、谭钟麟酌量协济。至调用兵轮一事，北洋无船，南洋各舰前令协助北洋，因张之洞声称船旧行迟，不能出海，遂止不调。本日曾谕张之洞、李瀚章酌筹办理，第恐未能应手耳。[25]

唐景崧随后发来电报说，经宣示朝廷所谕，台湾"人心大定，士气益奋，现赶增土勇二十余营，愿杀贼者群起，惜械无多，难尽收用"。等到下月"各营军火运到，粤勇来齐，战事能有把握"[26]。惟其请调南洋、广东军舰和枪械协济台湾一事，很快就落空了。署理两江

[23] "收署台湾巡抚电"（光绪二十一年三月初七日），中国第一历史档案馆编：《清代军机处电报档汇编》，第14册，第71～72、74～76、77、79页。

[24] "收台湾杨岐珍电"（光绪二十一年三月初八日），中国第一历史档案馆编：《清代军机处电报档汇编》，第14册，第80～82页。

[25] 《清德宗实录》，卷363，光绪二十一年三月己卯。

[26] "收署台抚电"（光绪二十一年三月十一日），中国第一历史档案馆编：《清代军机处电报档汇编》，第14册，第99～100页。

总督、南洋大臣张之洞回复说，前段时间已将上海存枪1600余枝、子弹100余万尽数解往台湾，此后如有购到之械，当尽力拨济。“至调兵轮一节，南洋除最劣之轮外，止木质四兵轮，船薄行迟，每一点钟只行十海里，又无快炮，在长江依辅炮台尚可协助，若战于海上，敌船围攻追击，徒供糜碎，有损于江，无益于台，而中国从此无一兵轮矣。”[27]两广总督李瀚章则明确表示，粤存枪械前已拨解京都及南北洋并湖北各省，并无余存。“至粤东大兵轮三艘，均已毁于东征，此外小兵轮俱系木质，不能出行大洋，实难赴台。”[28]清廷认为，张之洞、李瀚章所言亦系实情，便将此意电告唐景崧，此外就保卫台湾再无具体指导。

大敌当前，台湾绅民颇具危机意识，表现出内地战区百姓所不曾有的强烈抗日情绪。“台民惟恐倭力攻台，愿投效杀贼者日有千数百人”，惜因枪械不足而不能尽收。唐景崧很快即增集台勇七八千人，次第成军。[29] 台湾义勇的主要领导者是前工部主事丘逢甲。丘逢甲祖籍广东嘉应州镇平县（今蕉岭县），至曾祖时迁至台湾。逢甲于1864年出生于台湾彰化县翁仔社，幼负大志，博览群籍，善诗文，少年时即“毅然以天下为己任，恒为大吏陈国家大计”。1889年中进士，授工部主事，但他无意仕途，辞官回台掌崇文书院。甲午战争爆发后，他预见到势将祸及台湾，忧而叹曰：“日人野心勃勃，久垂涎于此地，彼讵能恝然置之乎？”于是，他召集乡民加以训练，以备战守。[30]旋奉唐景崧之命总办全台义勇事宜，正式组成一支义军，驻守台北后路的南崁、后垅一线。

4月17日，中日两国全权大臣签订《马关条约》。其中第二款规定，中国割让辽东半岛、台湾全岛及所有附属各岛屿、澎湖列岛即东经119°~120°和北纬23°~24°之间诸岛屿给日本。4月23日，即《马关条

[27] 张之洞：“致总署”（光绪二十一年初十日申刻发），苑书义等主编：《张之洞全集》，第3册，第2052~2053页，河北人民出版社，1998。

[28] “收粤督电”（光绪二十一年三月十一日），中国第一历史档案馆编：《清代军机处电报档汇编》，第14册，第101页。

[29] “收署台湾巡抚电”（光绪二十一年三月二十日），中国第一历史档案馆编：《清代军机处电报档汇编》，第14册，第149页。

[30] 参见江山渊：《丘逢甲传》，中国史学会主编：中国近代史资料丛刊《中日战争》，第6册，第396、398页，上海人民出版社，1957；石旸雎、赖建铭：《丘逢甲传》，戚其章主编：中国近代史资料丛刊续编《中日战争》，第12册，第460页，中华书局，1996。

约》签订5天后，俄、德、法三国以日本割占辽东半岛有碍他们在华的利益，尤其与俄国在中国东北的利益发生严重冲突，故要求日本放弃对辽东半岛的占领，此即“三国干涉还辽”事件。由于列强的干涉，日本被迫同意中国以3000万两白银“赎回”辽东半岛。台湾省最终却未能幸免于被割占。

《马关条约》第5款规定：台湾一省，应于本约批准互换后，立即各派大员至台湾，限于本约批准互换后两个月内交接清楚。[31]清政府指派的人员是李鸿章的儿子李经方。李鸿章对此是既吃惊又愤怒，无法理解为何由其“父子独为其难”，却又“无可推诿”。他为此致电总理衙门，说明李经方自日本回国后忧劳成疾，现回南方就医，已神志不清，断难胜此巨任。[32]但清廷不为所动，谕令“李经方迅速前往，毋许畏难辞避。倘因迁延贻误，惟李经方是问，李鸿章亦不能辞其咎也”[33]。

《马关条约》签字的当天，割台的消息即传到了台湾。“台人骤闻之，若午夜暴闻轰雷，惊骇无人色，奔走相告，聚哭于市中，夜以继日，哭声达于四野。”[34]第二天，丘逢甲即代表全台绅民写下上朝廷书，呈请唐景崧代奏。内称：

> 和议割台，全台震骇。自闻警以来，台民慨输饷械，不顾身家，无负朝廷列圣深仁厚泽，二百余年所以养人心士气，正为我皇上今日之用，何忍弃之。全台非澎湖之比，何至不能一战？臣等桑梓之地，义与存亡，愿与抚臣誓死守御。设战而不胜，请俟臣等死后再言割地，皇上亦可上对祖宗，下对百姓。如倭酋来收台湾，台民惟有开仗。谨率全台绅民痛苦上陈。[35]

清廷对此未作回应，亦无言以对。

[31] 以上有关“割地”内容见“马关新约”（1894年4月17日），王铁崖：《中外旧约章汇编》，第1辑，第615页，三联书店，1957。

[32] 李鸿章，“寄上海交李经方”（光绪二十一年四月二十四日申刻）、“寄译署”（光绪二十一年四月二十五日巳刻），顾廷龙、戴逸主编：《李鸿章全集》，第26册，第151～152页，安徽教育出版社，2008。

[33] 《清德宗实录》，卷366，光绪二十一年四月丁卯。

[34] 江山渊：《徐骧传》，戚其章主编：中国近代史资料丛刊续编《中日战争》，第12册，第467页。

[35] “收署台湾巡抚电”（光绪二十一年三月二十四日），中国第一历史档案馆编：《清代军机处电报档汇编》，第14册，第179～180页。

鉴于台湾绅民强烈反对割台，唐景崧连电朝廷，恳请设法挽回。4月20日电称：

台民不服闹市，绅民拥入署，哭声震天。二百年文物之邦，忽沦化外，迁徙谈何容易，其惨自不待言。土勇数十营誓必与战，撤时断不肯缴军装。倭人登岸，民必歼之，崧势不能禁。请设法告倭，不可遽遣人来，来或被戕，官不认咎。此时官自难保，焉能保人？当此万古奇变，祈作设身处地之想，焉能使勿滋事端……

4月21日电称：

大局败坏，一至于此，惟废约再战，拼孤注以冀转机。否则，各国纷起，宇内立见纷裂，虽欲苟安而不可得……绅民哭声震天，乱民又起，无可抚慰，无可禁止，臣与各官惟日以泪洗面……

4月23日电称：

弃台，大众咨嗟，乱民已起。本日午刻，省城抢劫，砍毙抚标中军方良元，枪毙平民十余人。现距交割之期尚远，且未撤营，乱已如此，撤营后必至全台糜烂，官员恐难保全……

4月26日电称：

二十五日(4月19日)，台民知台已属倭，台北绅民男妇日来署向臣母及臣环泣，并电知台南、台中各绅士，留臣固守。当将朝廷不忍台民涂炭之意剀切开导，无如义愤所激，万众一心，无从分解。次日即鸣锣罢市……果有转机，不难立定。若仍照前约，军民必立变，现已抗缴厘金，谓台仍属中国则缴。并禁各盐馆售盐，饷银不准运出，制造局不准停工，皆秣应留为军民战倭之用。臣恐为军民劫留，无死所矣。

4月28日电称：

台民汹汹，屡请代奏，未便渎陈。前闻各国阻缓换约，谓有机会可乘，劫以不得不奏之势。兹据绅民血书呈称："万民誓不从倭，割亦死，拒亦死，宁先死于'乱民'手，不愿死于倭人手。现闻各国阻缓换约，皇太后、皇上及众廷臣倘不乘此时将割地一条删除，则是安心弃我台民。台民已矣，朝廷失人心，何以治天下？查《公法会通》第二百八十六章有云：'割地须商居民能顺从与否'；又云：'民必顺从，方得视为易主'"等语，务求废约……

4月30日电称：

台民愤恨，必不服倭，不待去官撤勇，变乱立起。近闻三国阻约，人心稍定。现距批约之期不远，如无转机，乞速密示，以便筹画。

5月1日电称：

台乱日起，臣无泪可挥，无词再渎。惟反复焦思，中外固强弱迥殊，但能矢志不割地，有此限制，事犹可为。或已失之地力不能复，听其占据犹属有说，台未失而与人，此端一开，各国援以索地，是不动兵而可裂我疆宇，恐大变即在目前。诸臣可苟安，皇上春秋鼎盛，临天下之日甚长，断不可图苟安。今一割地，以后欺凌艰苦之事，惟皇上一人当之，诸臣不复见矣。割台，臣可偷生，然天良未泯，甘蹈危机，万死不悔。总之，战而失与割而失大有不同，况战未必即失耶。[36]

其实，大陆反对割台的呼声更为强烈，"连日纷纷章奏，谓台不可弃，几于万口交腾"[37]。清廷曾电谕李鸿章详筹挽回万一之法，又寄希望于俄、德、法三国阻缓换约，明知不可为，亦不过聊以自慰。

5月8日，清政府全权代表伍廷芳与日本全权代表伊东巳代治在

[36] 以上电文见"收署台湾巡抚电"（光绪二十一年三月二十六、二十七、二十九日，四月初四、初六、初七日），中国第一历史档案馆编：《清代军机处电报档汇编》，第14册，第196～197、206～207、223、266～267、285、304～305页。

[37] 《清德宗实录》，卷365，光绪二十一年四月丙午。

烟台如期换约。至此,日本割台终成定局。

在此之前,唐景崧已向清廷说明,一旦割台无法挽回,台民将留他和刘永福在台为民做主,刘永福已慷慨自任;他"虽知不可为,而届时为民挽留,不能自主,有死而已"。[38]《马关条约》换约后,唐景崧于5月10日发电向朝廷提出最后的请求:"恳旨饬户部速拨二百万两,以备急需,但有一线可图,誓必存台,另开局面。不敢屡求部帑,为目前急无可筹,仍仗朝廷。台将亡矣,赏畀此款,藉慰万民怨愤之忱,二百年养育天恩亦遂从此尽。"[39]电奏中"另开局面"一语,显然意有所指,请款200万两与此亦不无关系。

以丘逢甲为首的台湾绅民开始会商自救办法,恰有曾任清政府驻法参赞的陈季同从上海来到台北,提出"民政独立,遥奉正朔,拒敌人"之策。[40]众皆认为:"万国公法有'民不服某国,可自立民主'之条,全台生民百数十万,地方二千余里,自立有余。"[41]5月15日,丘逢甲等集议于台北筹防局,决定自主保台,请唐景崧主持台湾事务。当天,丘逢甲即以全台绅民名义致电总理衙门及各省大吏。电文曰:

台湾属倭,万姓不服,迭请唐抚院代奏台民下情,而事难挽回,如赤子之失父母,悲惨曷极!伏查台湾为朝廷弃地,百姓无依,惟有死守,据为岛国,遥戴皇灵,为南洋屏蔽。惟须有人统率,众议坚留唐抚暂仍理台事,并留刘镇永福镇守台南。一面恳请各国查照割地绅民不服公法,从公剖断台湾应作何处置,再送唐抚入京、刘镇回任。台民此举,无非恋戴皇清,图固守以待转机。情形万紧,伏乞代奏。全台绅民同泣叩。[42]

[38] "收署台抚电"(光绪二十一年四月初四日),中国第一历史档案馆编:《清代军机处电报档汇编》,第14册,第265页。

[39] "收署台抚电"(光绪二十一年四月十六日),中国第一历史档案馆编:《清代军机处电报档汇编》,第14册,第433～434页。

[40] 陈衍:《闽侯县志》,卷69,《陈季同传》。

[41] 思痛子:《台海思痛录》,戚其章主编:中国近代史资料丛刊续编《中日战争》,第12册,第107页。

[42] "收张之洞电"(光绪二十一年四月二十二日到),中国第一历史档案馆编:《清代军机处电报档汇编》,第14册,第479～480页。

同一天，唐景崧致电清廷，说明台民“愿死守危区为南洋屏蔽，坚留景崧与刘永福，经反复开导，再三力拒，无如众议甚坚，臣等虽欲求死而不得。至台能守与否，亦惟尽人力以待转机。此乃台民不服属倭，权能自主，其拒倭与中国无涉。”[43] 5月20日，清廷发出电旨：“署台湾巡抚布政使唐景崧着即开缺，来京陛见，其台省大小文武各员并着饬令陆续内渡。”随后又专电谕令提督杨岐珍即回本任。[44]

5月21日，丘逢甲与候补道林朝栋、内阁中书教谕陈儒林及陈季同等在台北筹防局集议，决定自立民主，成立“台湾民主国”，推唐景崧为总统。当天，他们又到巡抚衙门，相率环吁唐景崧出任总统。随后，铸金印一颗，文曰：“台湾民主国总统之印”；制长方形国旗，为“蓝地黄虎”，“虎首内向，尾高首下”，以示臣服于中朝。25日，台北绅民拥至巡抚衙门，由丘逢甲等捧送总统印和国旗。唐景崧朝服出，望阙九叩首，北面受任，大哭而入。台湾民主国正式宣告成立，改年号为“永清”，寓永远隶于清朝之意。次日，唐景崧致电朝廷表明心迹：

台民闻割台后，望有转机，未敢妄动。今已绝望，公议自立为民主之国，于五月初二日(5月25日)齐集衙署，捧送印、旗前来。印文曰：“台湾民主国总统之印”，旗为蓝地黄虎。强臣暂留，保民理事，臣坚辞不获。伏思倭人不日到台，台民必拒，若炮台仍用龙旗开仗，恐为倭人藉口，牵涉中国，不得已允暂视事，将旗发给各炮台暂换，印暂收存，专为交涉各国之用。一俟布告各国，并商结外援，嗣后台湾总统均由民举，遵奉正朔，遥作屏藩。俟事稍定，臣能脱身，即奔赴宫门，席藁请罪，昧死上闻。[45]

[43] “收署台湾巡抚电”(光绪二十一年四月二十二日)，中国第一历史档案馆编：《清代军机处电报档汇编》，第14册，第481页。

[44] “军机处电寄唐景崧谕旨”(光绪二十一年四月二十六日)，中国第一历史档案馆编：《清代军机处电报档汇编》，第1册，第520页；《清德宗实录》，卷367，光绪二十一年五月辛未。

[45] “收前署台湾巡抚唐景崧电”(光绪二十一年五月初三日到)，中国第一历史档案馆编：《清代军机处电报档汇编》，第15册，第12～13页。

数日后再电朝廷说明,“全台不服倭,因愿为圣朝之民,今之自主,为拒倭计,免其向中国饶舌。如有机,自应归中国。臣为民劫留,暂缓赴京陛见。连日以来,悚惶万状。惟此后不无奏咨之件及与各省文件公牍,拟用臣开缺本衔及台湾巡抚关防,一息尚存,未敢稍逾臣节。谨预陈明。”并报称,杨岐珍已潜离行营,待轮内渡,勇营后拔。[46]

台湾民主国建立后,首要任务就是组织力量,团结民众,以抗击日军的进攻。台湾原驻清军20余营,共万余人。甲午战争爆发后,台湾巡抚邵友濂陆续招募新营,清廷又谕调福建水师提督杨岐珍、南澳镇总兵刘永福分别带兵赴台,这样旧有新募各勇达到80营约4万人。唐景崧署台湾巡抚后,非常重视编练义勇,也取得了一定成效。清廷饬令在台所有文武官弁内渡后,福建水师提督杨岐珍、台南镇总兵万国本等率部先后回到大陆,台湾驻军兵力减至3.3万人。义军规模最大的是全台义军统领丘逢甲所部10营,其后各地义军纷起,著名的有徐骧、吴汤兴、姜绍祖、胡嘉猷、江国辉、苏力、黄娘盛等各支义军。

《马关条约》在烟台换约后,日本政府即于5月10日任命海军军令部长桦山资纪为台湾总督兼军务司令官,军衔由中将晋升为大将。远征台湾的日军兵力除桦山亲自指挥的直属部队(含役夫)12300余人,还有师团长陆军中将北白川宫能久亲王指挥的驻金州第二军的近卫师团官兵14500余人,合计共27000人。另以吴镇守府司令长官海军中将有地品之允任常备舰队司令长官,率领常备舰队负责侦察、护航和协同陆军作战。

5月18日,桦山资纪发布征台第一号命令:“本官接收台湾岛以台

[46] “收前署台湾巡抚电”(光绪二十一年五月初六日),中国第一历史档案馆编:《清代军机处电报档汇编》,第15册,第22~23页。

北府城为驻扎地。若彼军队抗我，即以兵力攘击之。我海、陆两军之集合地点，定为冲绳县中城湾。”[47]22日，日军近卫师团乘运输船由旅顺出发，26日抵琉球。桦山资纪一行于24日乘“横滨丸”自日本宇品起航，27日上午亦至琉球中城湾与近卫师团回合。桦山在此训示全军：若遇顽民抗拒，须迅速击退，严惩不贷。[48]是日中午，桦山一行乘“横滨丸”驶往台湾沪尾，近卫师团则奉命驶向基隆附近海域待命。28日傍晚，桦山资纪乘“横滨丸”驶抵沪尾港。日本海军的“高千穗”、“浪速”、“八重山”等舰已先期到此侦察，报称大军在沪尾登陆不利。桦山决定在三貂角附近海湾登陆，即于29日凌晨离沪尾至基隆海面，与近卫师团会合后，由“松岛”舰先导，驶至三貂角湾，并确定以澳底为登陆地点。当天下午，日舰佯攻基隆港，近卫师团则在基隆以东50里的澳底开始登陆。当时澳底守军只有两营，且皆系新募，成军刚数日，故不堪一击，很快即溃败西撤。日军遂顺利登陆，并占领澳底。30日，日军向基隆进犯，占领三貂岭。唐景崧于当天先后命弁目吴国华和营官胡连胜、陈国柱、陈得胜、包干臣等各率兵数百前往迎敌，次日又派刑部主事、督办全台营务处俞明震至基隆督战。

6月1日，清政府所派办理台湾交接的专使李经方乘轮抵达沪尾，旋随日舰“高千穗”驶至基隆口外。次日，李经方在船上与桦山资纪办完交接手续，随即返回大陆。

与此同时，日军由三貂岭向瑞芳持续猛攻。激战中，清军提督张兆连重伤，记名提督陈得胜战死，守军不支。日军遂两路围攻守军炮兵阵地，守备刘燕督兵抵御，死伤甚众。俞明震率亲兵助战，亦被弹片

[47] 日本海军省编：《日清战史稿本》，转引自吴天颖：《甲午战前钓鱼列屿归属考——兼质日本奥原敏诸教授》，第116页，社会科学文献出版社，1994。

[48] 《日清战争实记选译》，戚其章主编：中国近代史资料丛刊续编《中日战争》，第8册，第483页。

击伤，被部下抬至狮球岭。瑞芳遂陷。

6月3日，日军近卫师团兵分三路攻基隆。中午，日军在军舰炮火掩护下向基隆发起猛攻，于下午5时攻入市街。残余守军继续抵抗，与日军展开巷战，直到最后战死。日军在进攻基隆的同时，又向基隆西北的狮球岭发动攻击。知县胡友胜率兵4营在此防守，孤军苦战，坚守不退。据日方记载："我军虽集中射击，对方却顽固不动。风雨愈急，日近黄昏，炮声、枪声与风雨相合，相当可怕，不知何时才能攻占狮球岭！"[49]直到日军占领基隆市街后，调兵增援，才终于攻陷狮球岭。

狮球岭陷敌，台北即失屏障，危在旦夕。唐景崧闻报，大惊失色，不知所措。俞明震力劝其退守新竹，与林朝栋、刘永福二军联合，以图再举。唐景崧不应。俞明震无奈密函唐曰："天不佑中国，无可奈何，公心迹可告无罪。惟既不退守新竹，公宜自为计，不可贻笑天下。"[50]意在劝唐离台而勿落敌手。6月4日夜，唐景崧携巡抚关防及部分资财避至沪尾，两天后乘德轮内渡厦门，旋被清廷打发回了广西灌阳老家。

唐景崧出走后，台北城顿时大乱，劫掠烧杀如狂风一般。6月7日，日军在商人辜显荣引导下，不费一枪一弹即占领台北城。9日，日军占领沪尾要塞。11日，北白川宫能久率近卫师团司令部进驻台北。17日，桦山资纪在台北主持所谓"始政典礼"，宣布台湾总督府正式成立。

日军既占台北，又立即派兵南犯。因台北地区已无清军作战，驻防台北后路的丘逢甲所部义军遂成孤军抗敌，虽沿途伏击，终因众寡不敌，势不能支，退往台中。丘逢甲在台中一带转战月余，复败，仅率数人避入深山。后在部属的劝说下，辗转离台内渡。

[49] 《日清战争实记选译》，戚其章主编：中国近代史资料丛刊续编《中日战争》，第8册，第494页。

[50] 俞明震：《台湾八日记》，中国史学会主编：中国近代史资料丛刊《中日战争》，第6册，第378页。

日军自台北南犯，必首取新竹。时新竹有防军两营，后又有前台湾镇总兵吴光亮和提督首茂林、傅宏禧各率一营清军前来会合。台北失陷的消息传到苗栗，苗栗铜锣湾生员、台湾府义军统领吴汤兴及苗栗头份塾师徐骧、原丘逢甲义军营官邱国霖、苗栗生员吴镇洸等即率义勇北上，以期规复台北。6月10日，吴汤兴等抵新竹城外，与新竹清军诸营会合，众推吴汤兴为抗日义军首领。11日，吴汤兴集众列营，祭旗誓师。12日，吴汤兴即率部由新竹沿铁路线北上，以截击南来之日军。

日军近卫师团步兵第二联队第四中队于6月12日自台北南下，前往新竹侦察。14日，这支日军经桃仔园、中坜进至头亭溪，旋即被义军围困在大湖口火车站，多次突围不成。后因天降大雨，义军暂停攻击，他们才于16日凌晨破围而出奔至中坜。19日，近卫师团步兵第二联队长阪井重季大佐率部再次南侵，至杨梅坜和大湖口车站遭到义军顽强阻击，被迫放弃进攻，绕道迳取新竹。22日上午，阪井支队进至新竹城下，随即以机关炮队发炮掩护步兵攻城。吴汤兴义军因饷械不继，为避免过多伤亡，主动撤出城外。新竹遂陷。

日军虽然占领了新竹城，但城外各村庄仍在义军的掌握之中，而且台北至新竹间到处都有义军活动，如新竹安平镇的胡嘉猷部义军、淡水三角涌的苏力部义军、南雅厅大嵙崁的江国辉部义军等。因此，桦山资纪不得不暂时推迟执行“南征”计划，决定先集中兵力镇压台北、新竹间的抗日义军。经过近一个月的扫荡，日军才将上述几支义军剿灭。

新竹失守后，吴汤兴义军曾于6月25日发动一次反攻，但没有成功。在义军英勇抗战的鼓舞下，台湾、彰化、云林、苗栗4县官绅亦招募土客各勇组建“新楚军”，以副将杨载云为统领。7月10日，新楚军与义军分三路进攻新竹，但因日军早有防备，进攻再次受挫。7月25日，抗日军又对新竹发动第三次进攻，仍以失败告终，只好向南撤退。在此之前，新楚军和义军因损失严重，处境日益困难，即向坐镇台南的刘永福求援。

刘永福是广西人，出身草莽。当年太平军在广西起事后，他也乘机拉起一支农民队伍，打出黑色的北斗七星旗，故有“黑旗军”之称。太平天国失败后，刘永福在官军围剿下难以立足，率部退入越南。当法国殖民势力大举进入越南时，刘永福率领黑旗军曾多次击败法军，并斩杀法军军官安邺、李维业等，一时名声大噪。中法战争中，清政府有意笼络刘永福，而联络人即为唐景崧。中法战争结束后，刘永福率部回国，被实授广东南澳镇总兵。甲午战争爆发后，刘永福奉旨帮同台湾巡抚办理防务，率军数千人赴台。此时，他的部队已非当年黑旗军，仅有老兵300余人，其余均是在广东潮汕一带招募的新兵。刘永福率部到台后，先后在凤山之旗后海口和台湾岛最南端的恒春扎守。后因台湾镇总兵万国本按清廷旨意离职内渡，刘永福遂兼理台镇印篆，率军进驻台南府城。唐景崧内渡后，台南绅民公议举刘永福为台湾民主国总统，并多次呈送总统印，但刘辞之不授，表示抗击日军的关键在军民互相协力而不在此印，愿仍以“帮办军务”之名义领导保卫台湾的斗争。6月29日夜，刘永福召集台南文武百余人歃血为盟，并作《盟约》，号召台湾同胞誓与土地共存亡。当日军占领彰化、进逼嘉义之际，年近六旬的刘永福力撑危局，组织军民全力抗敌。他先派吴彭年、李维义率2营北上支援新楚军，不久又命王德标、杨泗洪率军至嘉义据守。

8月8日，日军近卫师团兵分三路出新竹，直扑新楚军驻地苗栗、新竹间的头份街。山根信成少将指挥的右路军和内藤正明大佐指挥的左路军，在驶近海岸的“吉野”、“秋津洲”2舰炮火的配合下，分别攻占抗日军的前哨阵地虎头山和鸡卵面山。接着，日军又进至抗日军重点防御的尖笔山，向山腰处的大埔实行猛烈的炮击。“山炮和野炮炮弹命中大埔，不久引起火灾，火焰冲天”[51]。抗日军无法立足，被迫撤离。8月10日，日军开始向新楚军驻地头份发动进攻。“日军放开花大炮，子如雨下，铳烟散布，不见人面。”新楚军和义军虽拼死力战，仍难以抵御，防线终被攻破，纷纷退走。“惟杨载云力战，不避铳火。日军前后来攻，回见大营已破，尤复奋勇为殿，身中数铳而毙。”[52]而新楚军锐气尽丧，从此一蹶不振。

日军占领头份后，乘势南窥苗栗。8月15日，北白川宫能久亲率近卫师团向苗栗发起总攻。抗日军主力列阵于苗栗东畔山上，多次打退日军的冲锋。后因伤亡严重，吴彭年率部与徐骧等部义军南撤至大甲溪。苗栗遂陷。

8月22日，日军渡溪进犯，遭到吴彭年、徐骧两军在南北两岸的伏击，仓皇逃走。此后，日军又多次进攻，均被击退。最后日军收买奸细带路从后抄袭，抗日军腹背受敌，只得放弃大甲溪。

日军渡过大甲溪，继续向南进犯台中。吴彭年、吴汤兴、徐骧等率部退守彰化，依大肚溪天然屏障阻击来犯之敌。当时，彰化有吴彭年、吴汤兴、徐骧各部共7营，刘永福又派王德标率5营前来增援，合计总兵力约3000人。8月27日，日军近卫师团分三路扑向彰化城东。当夜，内藤正明大佐率军偷渡大肚溪，进至八卦山义军阵地的东侧。次日晨，日军向八卦山炮台发起冲锋。吴汤兴、徐骧指挥义军奋力杀敌，最后与敌展开肉搏战，使日军遭到重创，山根信成少将亦毙命于此。

[51]《日清战争实记选译》，戚其章主编：中国近代史资料丛刊续编《中日战争》，第8册，第566页。

[52] 吴德功：《让台记》，戚其章主编：中国近代史资料丛刊续编《中日战争》，第12册，第83页。

激战中，吴汤兴中弹身亡，八卦山守军亦伤亡殆尽。徐骧率余部20人走后山，突围而出。此时，吴彭年正指挥所部在茄冬脚与日军激战，忽见八卦山已树日旗，便勒马率军回救。在向山上冲锋时，吴彭年身中数弹，犹奋力向前，终不支仆地而亡。仍在茄冬脚率部与敌拼战的王德标也已"身被数创，望敌兵则坚立不退，麾军截击不少挫。而回顾八卦山火起，炮声如雷，探哨报彰化失矣，左右强挟之行"[53]。日军既占八卦山，遂分兵攻入彰化城。

日军占领彰化后，即分三路继续南犯。8月29日，日军陷云林县。30日，其前锋抵嘉义城北之大莆林，台南形势十分危急。坐镇台南的刘永福兵力已不足10营，内无粮饷，外无援兵，处境极为困难。他派人联络分散的义军，台南各地义首纷纷应招，其中著名者为简成功、简精华（原名大肚）、黄荣邦、林义成（乳名少猫）等。

9月3日，杨泗洪率军进至嘉义北打猫庄，与简精华义军联合行动，将驻有日军两个大队的大莆林围住。与此同时，又分兵与黄荣邦义军联合突袭，夺占他里雾。6日晨，杨泗洪部与义军向被围困在大莆林已3昼夜的日军发起进攻。激战2小时，日军向北突围，杨泗洪率军追击，不幸中弹受伤，两天后逝去。大莆林日军突围后，与他里雾日军会合，一同退至北斗镇。抗日军收复云林县。

日本政府为尽快占领台湾，任命高岛鞆之助中将为台湾副总督，率第二师团赴台；并组建南进军司令部，高岛任司令官。10月10日，第二师团的混成第四旅团在3艘日舰的火力掩护下于台南西北的布袋嘴登陆，第二师团的第三旅团在5艘日舰的火力掩护下于台南西南的

[53] 洪弃父：《台湾战纪》，中国史学会主编：中国近代史资料丛刊《中日战争》，第6册，第343页。

枋寮登陆。至此，征台日军已达4万余人，并有联合舰队协同作战。

日军南进军司令部计划由近卫师团、第三旅团、混成第四旅团三路进攻台南，其中近卫师团由正面提前向台南发起进攻。9月29日和10月3日，近卫师团前卫和主力分别出北斗、彰化，分三路进兵嘉义。10月9日，日军向嘉义发动总攻，先以大炮轰毁城门和城墙，然后冲入城内。王德标率军浴血巷战，伤亡严重，被迫退守曾文溪。嘉义遂陷。但日军也有很大伤亡，近卫师团长北白川宫能久亲王受重伤，不久毙命。

曾文溪距台南府城仅30余里，为台南府城北路的最后一道防线。刘永福为在此进行最后的抵御，特派总兵柏正材统军至曾文溪，兼统王德标部和林义成、简精华等义军，徐骧亦率从卑南招募的义民赶来增防，总兵力共约4000余人。

此时，在布袋嘴登陆的日军混成第四旅团已进占盐水港。当其继续南进时，遭到林崑冈所部义民的激烈抵抗。但因义民装备落后，且众寡悬殊，不敌而败，林崑冈及其长子均战死。日军第二师团司令部及第三旅团在枋寮登陆后，首先进攻茄冬脚。10月15日，日军混成第四旅团前锋进至急水溪北岸，第三旅团前锋渡过淡水溪占领奉山。同一天，日本海军陆战队在舰炮的掩护下登陆，占领了打狗炮台。第二天，第二师团长乃木希典中将率主力进占凤山县城。

10月18日，乃木率军离凤山进逼台南，混成第四旅团长伏见贞爱亲王率部也从北路向台南急进。次日凌晨，混成第四旅团出茅港尾进取曾文溪，以一部在溪之右岸佯攻正面，伏见贞爱亲率一部从上游渡溪绕攻右翼。守军急起应战，但日军已经逼近，交战很快由射击发展到白刃相接。徐骧和柏正材、王德标先后战死，义军首领林义成、简精华突围而出。

日军混成第四旅团攻占曾文溪的同一天，乃木希典率第二师团主力也向台南府城发起总攻。当时，台南已成一座孤城，粮饷又复告罄，守军因绝望而溃散。

在日军尚未自台湾南部登陆之前，刘永福曾多次私下致电两江总督张之洞，谓台南已无法可筹，“如克有济，则祖宗之土地幸甚，台湾数百万之生灵幸甚，福亦幸甚”；而今饷械俱绝，兵民将乱，无以战守，乞速设法救援[54]。张之洞则通过闽浙总督边宝泉转电刘永福，明确告之：“两次奉旨禁止接济台饷械，敝处实无从设法，万勿指望。”[55]台湾北、中两路已相继失陷，外援又彻底绝望，台南势必不守，刘永福此时只有或降或走两条路。日军总攻台南之际，万念俱灰的刘永福退至安平，当夜搭英国商船内渡厦门。

10月21日，日军进占台南府城。11月18日，桦山资纪向参谋本部报告：台湾全岛已全部平定。从此，台湾被日本殖民统治长达半个世纪。

三　东亚海权格局之变

日本割占中国台湾省是其实现大陆政策的重要步骤，即由此获取了“南进”基地。早在1894年冬，甲午战争胜负已成定局之时，日本前文部大臣井上毅即向总理大臣伊藤博文进言：“占有台湾，可以扼黄海、朝鲜海、日本海之航权，而开阖东洋之门户。况台湾与冲绳及八

[54] “刘镇来电”（光绪二十一年六月二十九日未刻到、七月初二日未刻到、七月初三日申刻到），苑书义等主编：《张之洞全集》，第8册，第6577～6578页。

[55] 张之洞：“致福州边制台”（光绪二十一年七月初三日戌刻发），苑书义等主编：《张之洞全集》，第8册，第6577页。

重山群相联，一臂所伸，可制他人之出入。若此一大岛落入他人之手中，我冲绳诸岛亦受鼾睡之妨，利害之相反，不啻霄壤。[56]”实际上，当时日军大本营已经制定了攻占澎湖以最终夺取台湾的作战计划。在日本明治政府的扩张路线图中，“北上南进”的跳板和基地一直都是朝鲜和台湾，而占有台湾，即可问鼎东亚海权，进而南取东南亚。

日本发动甲午战争，既要达到其对外扩张的第一步预定目标，也要为其以后实现更大的侵略计划创造条件。在签订《马关条约》之前，陆军大臣山县有朋即向睦仁天皇奏称：“我国应以本次战争为机取新领地于海外。果如斯，则为其守备必须扩张军备，更何况欲乘连捷之势趁机成为东洋盟主者乎？盖以往军备皆以维持主权线为本，然若欲使本次胜利不致徒劳无效并进而为东洋盟主，则须谋取利益线之扩张。”[57]割占战略要地台湾，就是为了“谋取利益线之扩张”。而为了守住“利益线”，就必须扩张军备。

日本除了割占中国领土，还向中国索取了巨额赔款，从而为其进一步扩张军备创造了条件。《马关条约》第4款规定中国向日本赔偿军费库平银2亿两，再加上“赎辽费”3000万两和威海卫日军守备费150万两，日本共计勒索中国2.315亿两白银，约合3．5亿日元。当时，日本政府每年的财政收入也不过8000万日元左右。日本成了名副其实的战争暴发户，“由于巨额赔款的流入，一面进行以扩充军备为核心的产业革命，另一方面获得了采用金本位制的资金，也就拿到了参加以伦敦为中心的国际金融市场的通行证。”[58]可以说，日本向中国勒索的巨额赔款，为其战后的产业革命和经济发展提供了重要的资金

[56] 转引自黄大受：《台湾史纲》，第196页，台湾三民书局，1982。

[57] 井上清：《日本帝国主义的形成》，第58页，人民出版社，1984。

[58] 信夫清三郎：《日本外交史》，上册，第293页，商务印书馆，1992。

来源。而日本资本主义的快速发展，反过来又为其进一步对外扩张注入了更大的欲望和动力。

日本自明治维新后提出"脱亚入欧"，目的是跻身于欧美强国之林并加入其殖民行列，最终成为东洋霸主。就其所追求的此一国家战略目标而言，甲午战争无疑是重要的转折点，日本由此迈出了奔向目标的第一步。第一步得逞，日本通过发动战争实现大陆政策的决心更加坚定不移。从此，日本政府继续大力扩充军备，时刻准备发动新的战争。

日本从中国索取的巨额赔款，直接用于扩充军备的就达75% 以上。其中，陆军扩充费5680万日元，海军扩充费13925万日元，加上临时军费7895万日元，合计共2.75亿日元。日本政府为了继续贯彻其大陆政策，实现称霸东洋的野心，甲午战争一结束便开始为发动新的战争而加速准备。陆军的第一期扩充目标是在原有6个师团（不含近卫师团）之外，再增设6个师团及骑兵2个旅团、炮兵2个旅团；师团编制扩大一倍，即一个师团的兵力相当于战前的两个师团。日本海军在甲午战争中扮演了极其重要的角色，在新的战争中还将发挥核心作用，所以仍是重点发展的军种。甲午战争结束的当年，日本海军省即提出一个"六六舰队"计划，要建成6艘15000吨级战列舰和6艘10000吨级装甲巡洋舰为主力舰的常备舰队，海军舰船总吨位达到20万吨。[59]日本在甲午战后继续不遗余力地扩充军备，就是为了发动新的战争，而这场战争早在甲午战前就已作出了预判。

日本和中国签订《马关条约》后，不料俄国牵头搞出一个"三国干涉还辽"事件，使日本吞进嘴里的肥肉——中国辽东半岛，又被迫吐

[59] 外山三郎：《日本海军史》，第60页，解放军出版社，1988。

了出来。不仅如此，日本发动甲午战争的目的之一是要控制朝鲜，结果也因遭到俄国的抵制而未能如愿。在日本方面看来，俄国已经成为其推行大陆政策的最大障碍，当然还是要用武力加以清除。三国干涉还辽时，日本虽不甘心，却又没有能力立即反击。睦仁天皇曾就此指示总理大臣伊藤博文："在这次战争中，我们已经了解该地的地理人情，不久将在朝鲜或其他地方再发生战争，那时再夺取也不为晚。[60]"后来，他又专门向陆海军发布诏令，强调"国家前途来日方长"，以此抚慰军部的不满。日、俄冲突的实质，缘于两国在对中国东北扩张问题上发生了交集，故无论日俄之战或早或晚，最大的受害者都是中国。

仅仅指责和声讨侵略者并不能改变被侵略的境遇。甲午战争的结局，如果说日本是完胜，中国可谓是完败。战争的过程已如前述，在此补录两份本应列为日本在战争中掠夺中国财物的战利品清单，也许能够从另一个角度透视出清军的屡战屡败。第一份清单开出的是甲午战争爆发到1894年12月底日军在历次战斗中所获武器、弹药、舰船等物明细数量：

大炮：成欢获8门，平壤获48门，九连城获78门，凤凰城获5门，金州、大连获129门，旅顺获330门，岫岩获6门，海城获4门，共计608门。

步枪：成欢获83枝，平壤获1165枝，九连城获4395枝，金州、大连获621枝，旅顺获1086枝，金家河子获50枝，共计7400枝。

炮弹：平壤获840枚，九连城获36384枚，金州、大连获2468200枚，旅顺获96317枚，共计2601741枚。

枪弹：平壤获560000发，九连城获43000660发，金州获

[60] 佐佐木高行：《明治圣上与臣高行》，转引自戴逸等著：《甲午战争与东亚政治》，第305～306页，中国社会科学出版社，1994。

33814000发,旅顺获84125发,共计77458785发。

米谷:成欢获200石,平壤获4600石,九连城获4015石,凤凰城获5537石,金州、大连获2605石,共计16957石。

马:368匹。

营帐:3326架。

船只:在花园口获华式船15艘,大连获30吨轮船1艘,旅顺获轮船2艘、帆船2艘、挖泥船1艘,共计21艘。

军舰:丰岛海战中获“操江”号,在旅顺获“敏捷”、“海镜”号,共计3艘。[61]

第二份清单是日军在整个甲午战争中的《战利品概算》,减去1894年底以前部分,即为以后日军缴获的战利品。计有:

大炮:威海卫获34门,牛庄获26门,营口获56门,田庄台获12门,澎湖岛12门,共计140门。

炮弹:威海卫获6796枚,牛庄获187枚,营口获15000枚,共计21983枚。

步枪:威海卫获61枝,牛庄获2138枝,营口获243枝,共计2442枝。

枪弹:牛庄及其附近获2221000发,营口获330000发,共计2551000发。

米谷:牛庄获1300石,澎湖岛获500石,共计1800石。

船只:营口获小蒸汽船2艘、小船100艘。

军舰:威海卫获“镇远”号铁甲舰,“济远”、“平远”、“广丙”号巡

[61] “署总教习欧礼斐译日本新报所载日军自开战日至十二月杪所获武器弹药船只等物清单”,戚其章主编:中国近代史资料丛刊续编《中日战争》,第5册,第282~283页,中华书局,1993。

洋舰,“镇南”、“镇北”、“镇西”、“镇东”、“镇中”、“镇边”号炮舰;营口获“湄云”号炮船,共计11艘15405吨。此外还有“福龙”、“右一”、“右三”、“镇二”号鱼雷艇4艘及“飞霆”号汽船。

杂品:包括地雷、水雷、火药、刀枪及其他武器,帐幕、军旗、工兵用具、炊事用具、衣服及其他武装品,马具、导电线、车辆、鼓、号、铜锣及各种机械等。[62]

在此需要说明的是,上述日军缴获的清军武器装备,不论是购自外国还是国内制造,基本上都是现代化军器。这样的武器装备,几乎每次作战都或多或少地委之于敌,总的数量之大令人触目惊心,清海陆军的战斗力由此可见一斑。

《马关条约》签订后,中国朝野无不痛心疾首,“廷臣交章论奏,谓地不可弃,费不可偿,仍应废约决战”。光绪皇帝为此特颁谕旨说明:“其言固皆发于忠愤,而于朕办理此事,兼权审处,万不获已之苦衷有未能深悉者。自去岁仓猝开衅,征兵调饷,不遗余力,而将少宿选,兵非素练,纷纭召集,不殊乌合,以致水陆交绥,战无一胜。”又说他“临朝痛哭,将一和一战两害熟权,而后幡然定计。此中万分为难情事,乃言者章奏所未详,而天下臣民皆应共谅者也”[63]。皇帝当然永远是英明正确的,放言高论的廷臣士大夫们也无需承担任何责任,责无旁贷的就只有战无一胜的军队了。尤其是投巨资建设的海军,人人痛诋其未救国而误国,甚至认为当初就不应该建海军。

北洋海军覆灭后,总理海军事务衙门即以“暂无待办要件”,主动请求将该衙门裁撤,朝廷立即依议照准[64]。随后,经署理北洋大

[62] 川崎三郎:《日清战史》,转引自戚其章主编:中国近代史资料丛刊续编《中日战争》,第7册,第606~609页,中华书局,1996。

[63] 《清德宗实录》,卷366,光绪二十一年四月戊午。

[64] 《清德宗实录》,卷362,光绪二十一年二月戊午。

臣王文韶奏准，北洋海军的编制也被正式撤销。[65]从此，中国已没有海军领导机关，也没有正规编制的海军了。

按照惯例，清廷在每次对外作战失败后都要组织廷臣疆吏总结教训。由君主专制体制下的君臣总结教训，不可能触及到失败的真正根源，提出的应对之策也大多不具建设性。关于战后还要不要重建海军，中外臣工对此已失去热情，奉旨条陈时务时均避而不谈。惟有署理两江总督张之洞和战争后期奉命节制关内外防剿各军的钦差大臣刘坤一在复奏中论及海军，却又意见不一。刘坤一认为，海军既覆，不惟一时巨款难筹，将才尤属难得，故目前不必遽复海军名目。“总期先有人而后有船，俟款项充盈，不难从容购办。”[66]的确，战后的巨额赔款，已使清政府的财政不堪重负，实无重建海军的财力。

张之洞则主张亟治海军。他说：“今日御敌大端，惟以海军为第一要务。沿海七八千里，防不胜防，守不胜守。彼避坚而攻瑕，避实而攻虚，我劳彼逸，我钝彼灵，彼横行海面而我不能断其接济，彼空国出师而我不能攻其巢穴，虽竭天下之力，费无穷之饷，终无完固之策，而国已困而不可振也。故今日无论如何艰难，总宜复设海军。”他进而提出，“论今日大势，自以南洋、北洋、闽洋、粤洋各设海军一枝为正办，若限于物力太巨，则南北洋两枝断不可少。此攻彼战，此出彼归，或分或合，变动不居，方不致困守一隅，坐受敌人之牵缀”。而要使海军建有成效，他主张必须用洋将负责管理和训练，因为“非用洋将则积弊必不能除，操练必不能精，考核拔擢必不能公”。至于海军建设经费，需款固然浩大，但赔款借洋债已多，不如再多借十分之一二，“及此创巨痛深之

[65] 《清德宗实录》，卷370，光绪二十一年六月庚午。

[66] 刘坤一：“遵议廷臣条陈时务折”（光绪二十一年八月初七日），中国科学院历史研究所第三所工具书组校点：《刘坤一遗集》，第2册，第895～896页，中华书局，1959。

际一举行之，负累虽深，而国势仍有蒸蒸日上之象”；况且购置军舰可令外国船厂垫办，目前尚可不需现款[67]。张之洞所论，除了强调急建海军的重要性，此外并无多少新意，基本上还是办洋务的老套路。

清廷没有接受张之洞的大兴海军之议。不过，北洋海军覆灭后，拱卫京畿的渤海门户再次洞开，这一严峻的局面确实令人堪忧。迫不得已，清政府在接收战争期间订购的“飞霆”、“飞鹰”2艘鱼雷炮舰后，又相继为北洋购置了“海容”、“海筹”、“海琛”、“海天”、“海圻”5艘巡洋舰和“海龙”、“海青”、“海华”、“海犀”4艘驱逐舰，但已不再使用海军名目了。清政府在甲午战败的打击和巨额赔款的重负下，不仅丧失了重振海军的信心和财力，而且随后又陷入了军港被列强瓜分殆尽的境地。

甲午战争的结局使远东国际形势发生了重大变化，并引发了列强在远东地区的激烈角逐，一场瓜分中国的狂潮随之而起。俄国之所以积极牵头干涉日本“还辽”，因其太平洋舰队基地海参崴冬季结冰，一直企图南下寻找不冻港，目标之一即为辽东半岛的旅顺口。参与干涉还辽的德国也有其目的，即以此换取中国一处港湾作为补偿，从而为其在东亚海权中找到一个支点。1898年3月，德国在派舰占领山东胶州湾后强迫清政府签订了租借条约，俄国随即强租旅顺口、大连湾及其附近水面。德、俄两国得手后，瓜分中国沿海军事基地之风迅速蔓延，英国强租威海卫及九龙半岛，法国强租广州湾。日本通过甲午战争已确立了它在东亚海权中的一席之地，也因此正式成为列强中的一员，此时宣布将紧邻台湾的福建划作其“势力范围”。美国也在

[67] 张之洞：“吁请修备储才折”（光绪二十一年闰五月二十七日），苑书义等主编：《张之洞全集》，第2册，第989～1001页。

实践马汉的“海权论”，继1893年兼并夏威夷后，1898年又通过战争从已衰落的西班牙手中夺取了菲律宾，在太平洋上搭起跳板，插足到了中国的大门口。但当美国试图“租借”中国福建三沙湾作为基地时，遭到已视福建为禁脔的日本的反对，结果未能如愿。正是在这样的背景下，美国提出了“门户开放”政策，以便最大限度谋求在华权益。由于列强将中国沿海港湾瓜分殆尽，中国海军竟连消极的海口防御都做不到了。1900年英、德、俄、法、美、日、意、奥八国联军侵华时，没有遇到中国海军哪怕是象征性的抵抗，故在攻占天津大沽炮台后即一路打进北京，强迫清政府签订了空前屈辱的《辛丑条约》。

八国联军之役是列强侵略中国的高潮，但以中国之大，欧美列强普遍认为哪一个强国都独吞不了，惟有日本始终抱有独吞中国的野心。日本独吞中国的第一步南取台湾已经得逞，接下来就是独占东北，这就不可避免地与同样觊觎中国东北的俄国发生冲突，因此日本早已预见到日俄必有一战，也认识到决定战争胜负的关键依然是海权。在完成扩军备战之后，日本即于1904年2月发动了日俄战争，并以先后袭取旅顺口俄国舰队和对马海战奠定了胜局。日胜俄败战局已定后，美国出面调停，把日俄代表拉到美国新罕布什尔州的朴茨茅斯议和，1905年9月5日签订和约，旅顺口、大连湾及附近领土领水内的权利全部移交给日本。旅顺军港终于沦入日本人的控制之中。日俄战争之后，日本崛起为亚洲强国，远东的形势，特别是列强在中国的实力对比，开始出现了明显的变化。日本的扩张更加肆无忌惮，不仅在中国东三省南部的侵略活动全面加紧，还以武力控制了朝鲜半岛，并于1910年将其作为殖民地完成了所谓“日韩合并”。

日本的崛起与中国的沉沦形成了鲜明的对比，不同命运的历史拐点即在甲午战争。这场战争，用血与火检验了日本“脱亚入欧”的明治维新和中国“中体西用”的洋务运动，战争结局就是答案。当甲午战后清政府在体制内不痛不痒地总结失败教训时，亦不乏有识之士开始独立进行更深入的反思。中国搞了近30年“中体西用”的洋务运动，踌躇满志地要通过学习西方的坚船利炮和先进技术以实现自强，龙旗飘扬的现代化舰队也曾驰骋于东亚海上，结果在战争中却不堪一击，竟被小小岛国日本打得惨败，蒙受割地赔款之奇耻大辱。道路决定命运，中国在甲午战争中的失败，实质是“中体西用”之洋务运动的失败。事实证明，在传统“中体”之下，器物层面的现代化没有也不可能真正实现。于是，人们转而要求制度现代化，也便有了战后不久的变法与革命。故正如梁启超所说：“唤起吾国四千年之大梦，实自甲午一役始也。”[68]

随着民族的觉醒，国人对海权问题也终于有所认识和关注。自1900年马汉的《海权对历史的影响》一书的第一章在上海中文月刊《亚东时报》以“海上权力要素论”为题连载，海权论开始在中国传播。后来清政府练兵处提调姚锡光奉命草拟海军复兴计划，即将海军建设从海防上升到海权的高度，认为“方今天下，一海权争竞剧烈之场耳。古称有海防而无海战，今寰球既达，不能长驱远海，即无能控扼近洋。”[69]这是中国海军建设规划中第一次出现关于海权的表述。

然而，开始觉醒的中国要真正踏上全面现代化的轨道，并为安全与发展去塑造自己的海权，注定还有很长的路要走。

[68] 梁启超：《戊戌政变记》附录一《改革起源》，中国史学会主编：中国近代史资料丛刊《戊戌变法》，第1册，第296页，神州国光社，1953。

[69] 姚锡光：“筹海军刍议”，《清末海军史料》，第798页，海洋出版社，1982。

大洋沉思
Appendix

附录

黄海海战示意图

一　日本联合舰队司令长官海军中将伊东祐亨黄海海战报告（1894年9月21日）中的本队航迹图

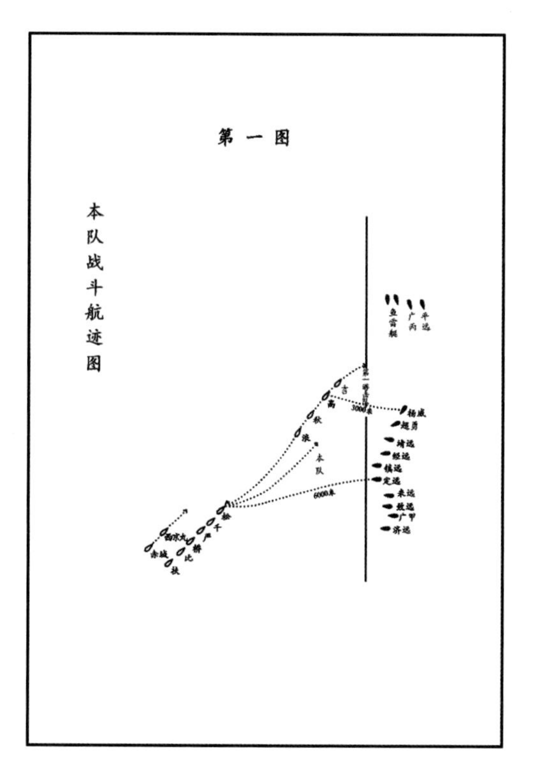

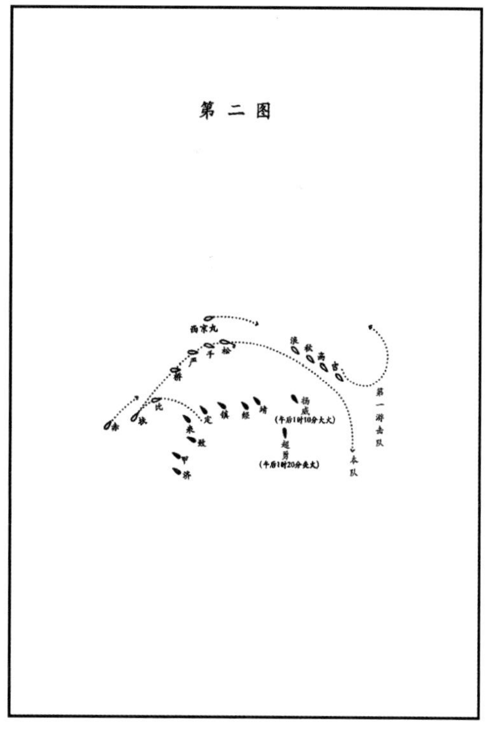

黄海海战示意图

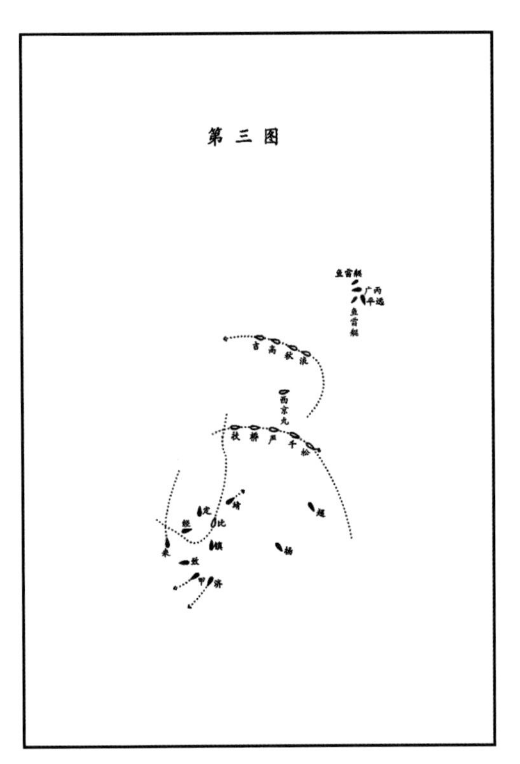

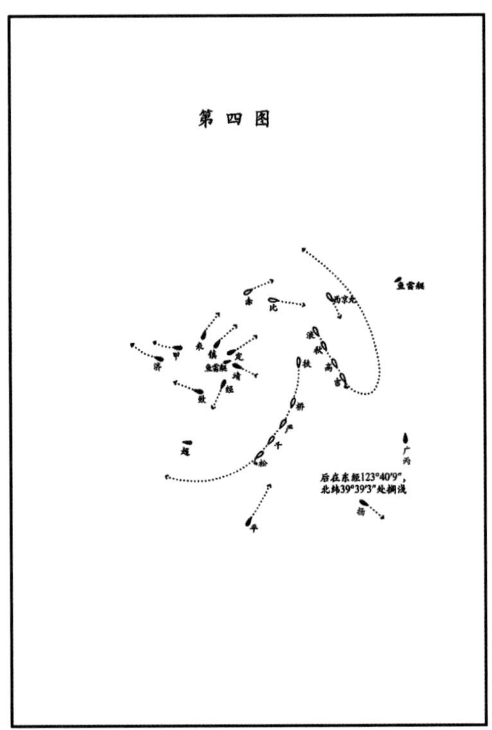

黄海海战示意图

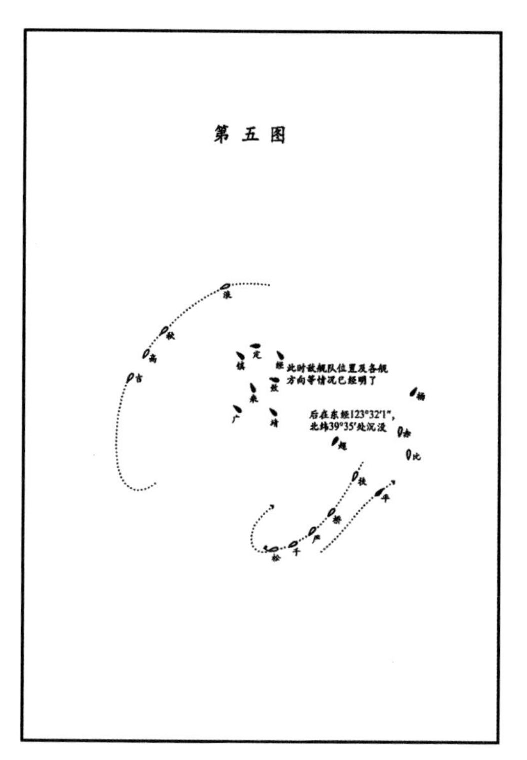
第五图
此时敌舰队位置及各舰
方向等情况已经明了
后在东经123°32′1″，
北纬39°35′处沉没
浪
秋
高
吉
定
镇
经
致
来
广
靖
杨
赤
比
超
扶
平
桥
严
千
松

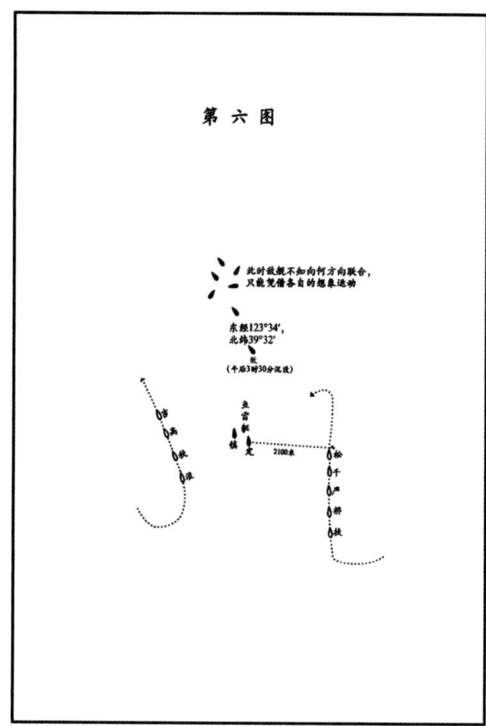
第六图
此时敌舰不知向何方向联合，
只能凭借各自的想象运动
东经123°34′，
北纬39°32′
（午后3时30分沉没）
鱼
雷
艇
镇
定
2100米
吉
高
秋
浪
松
千
严
桥
扶

黄海海战示意图

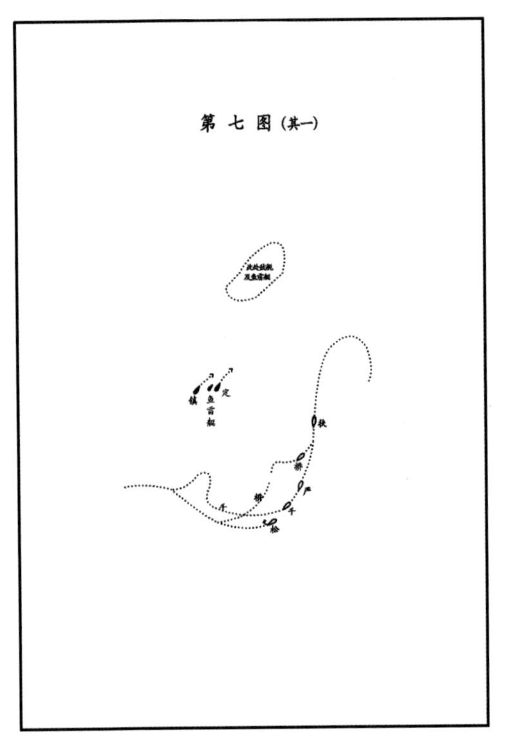

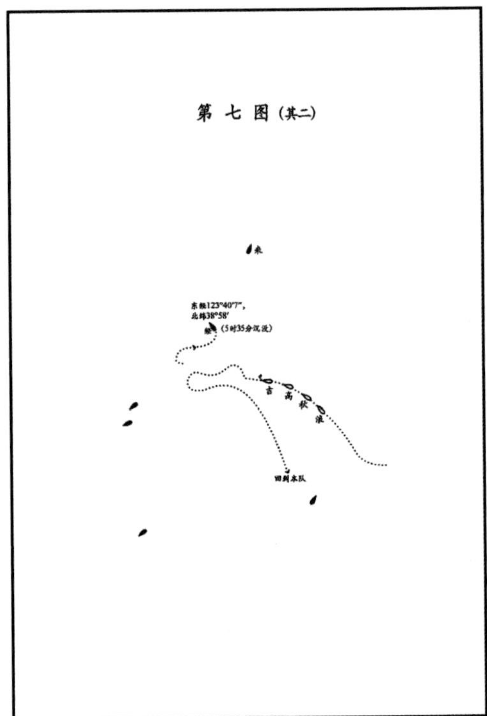

黄海海战示意图

二　日本常备舰队司令官海军少将坪井航三黄海海战报告(1894年10月11日)中的第一游击队航迹图

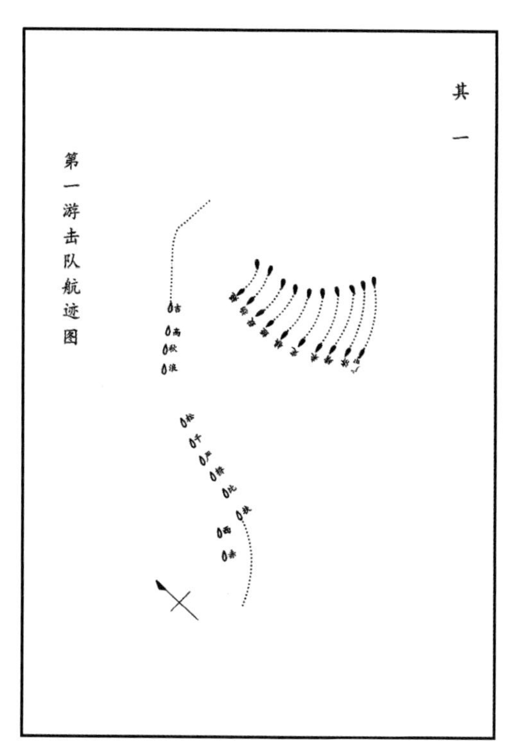

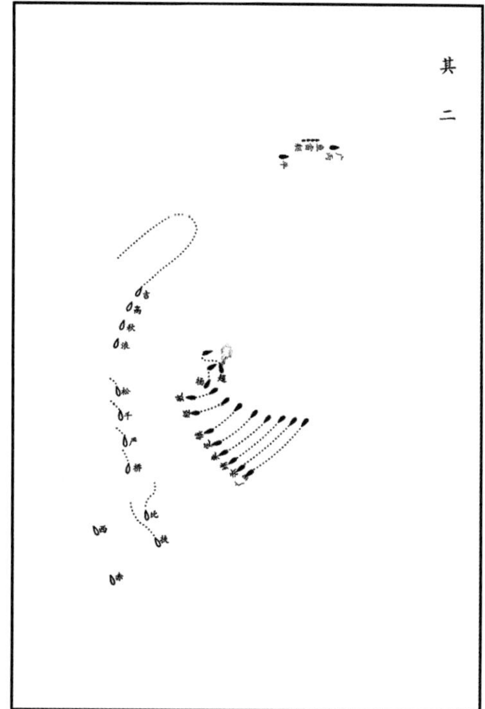

黄海海战示意图

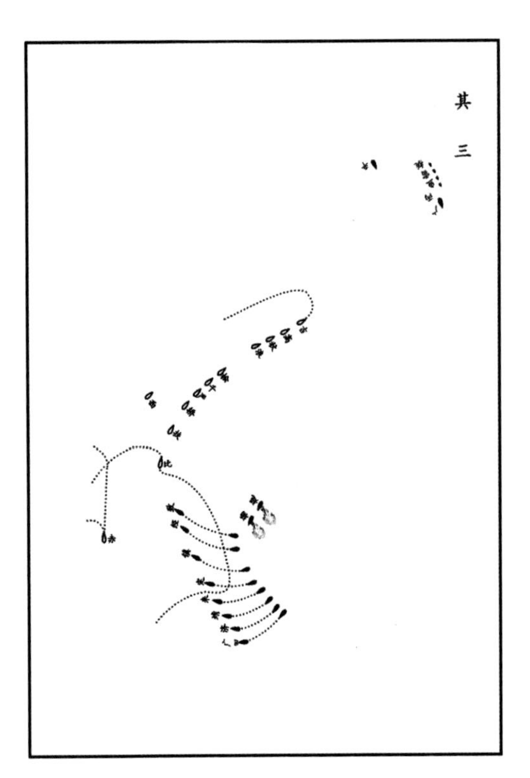

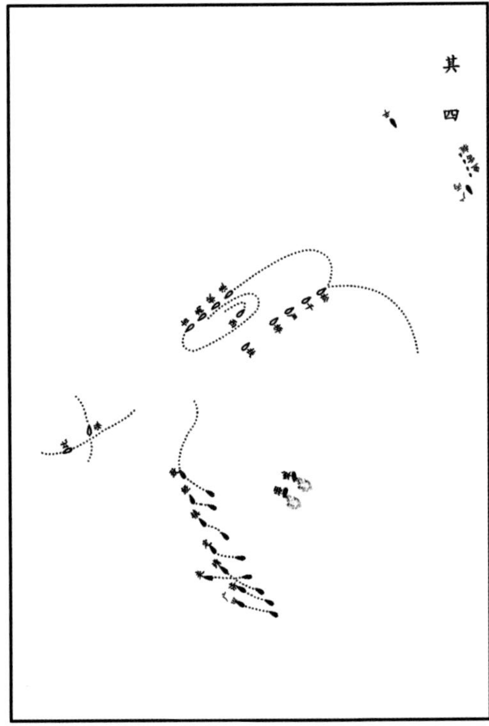

黄海海战示意图

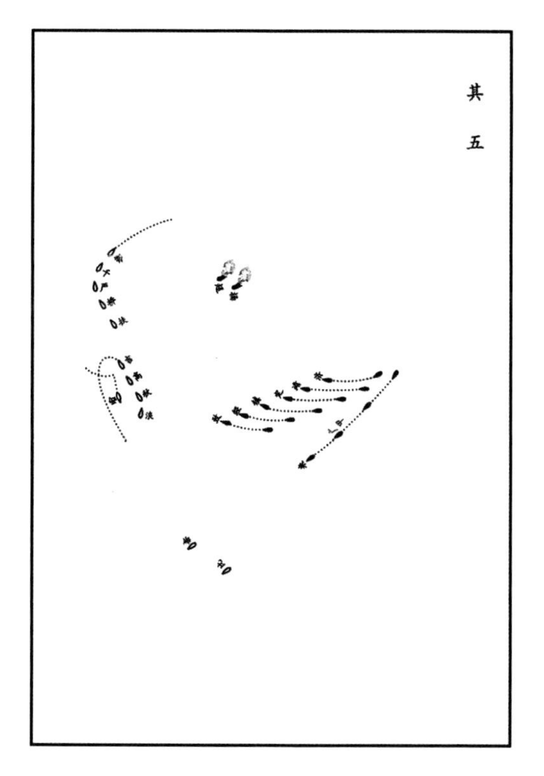

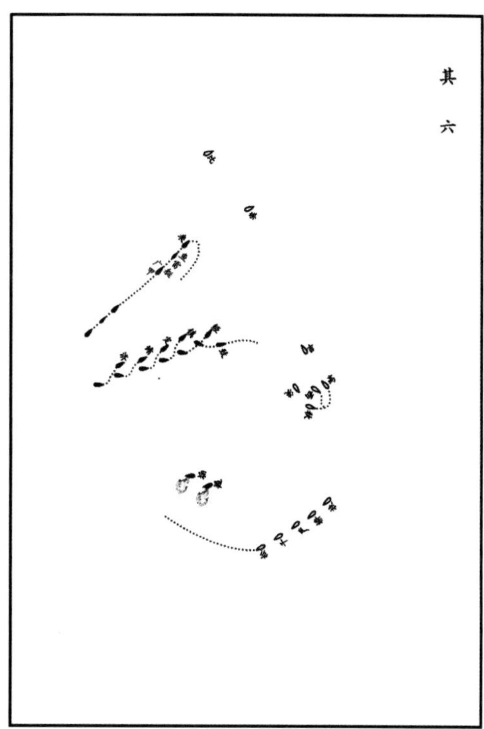

黄海海战示意图

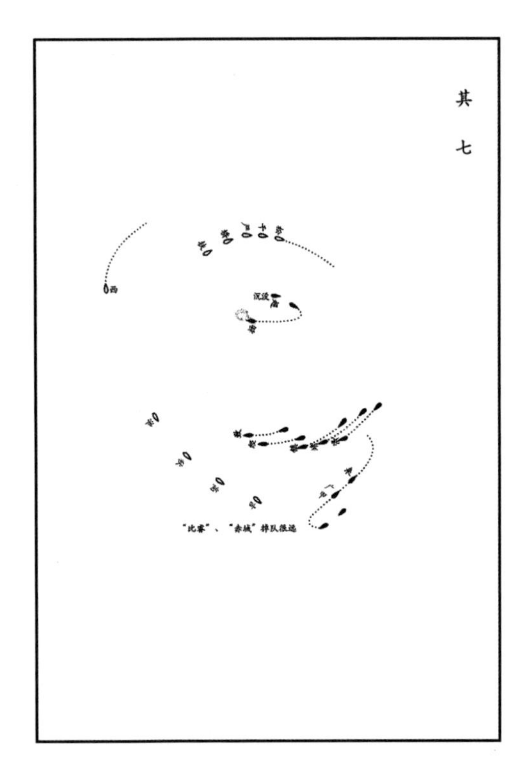

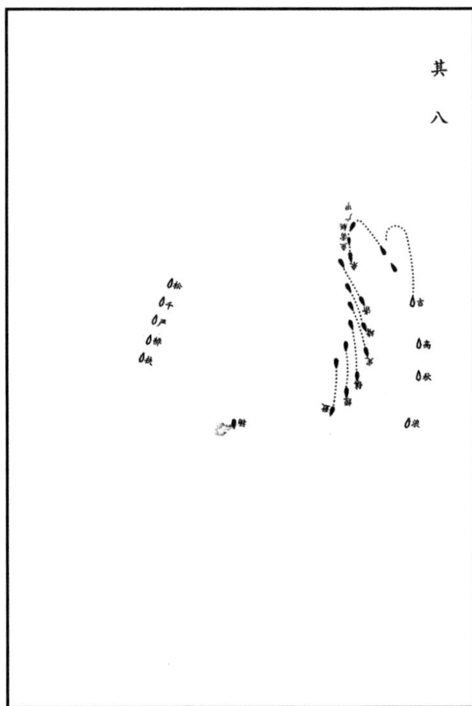

黄海海战示意图

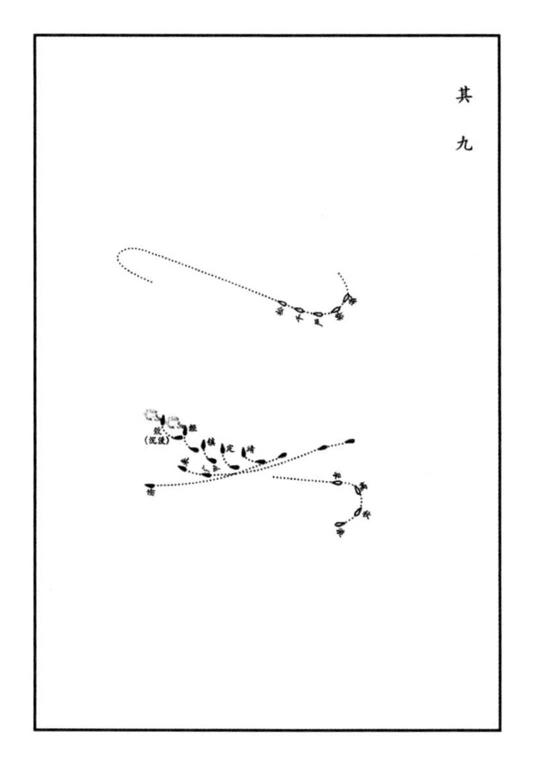

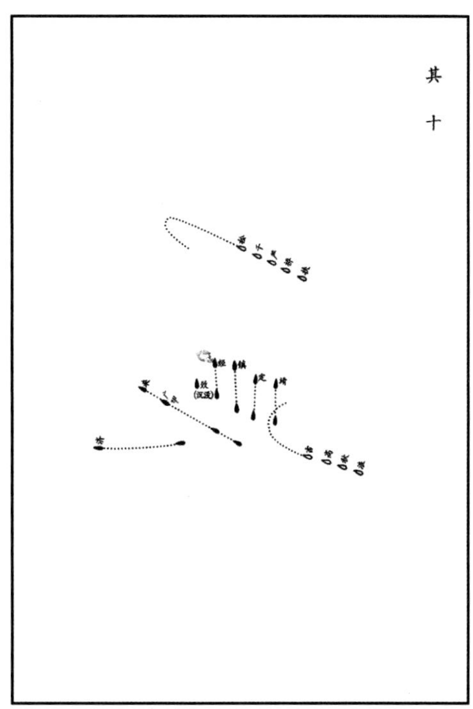

黄海海战示意图

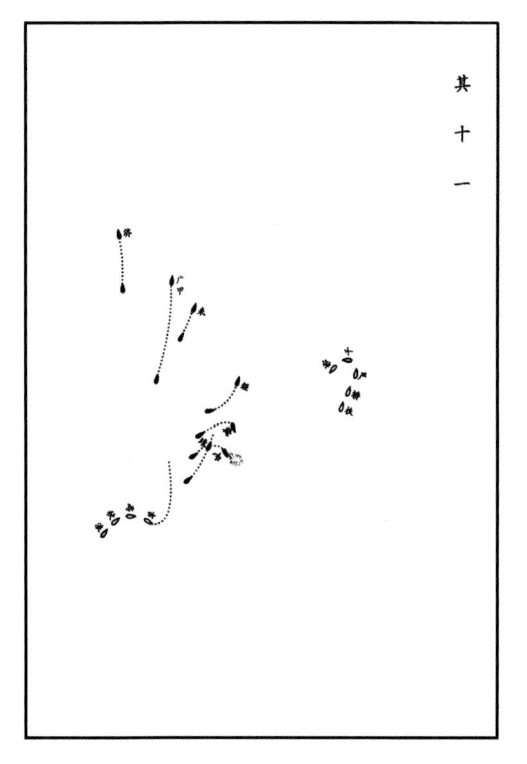

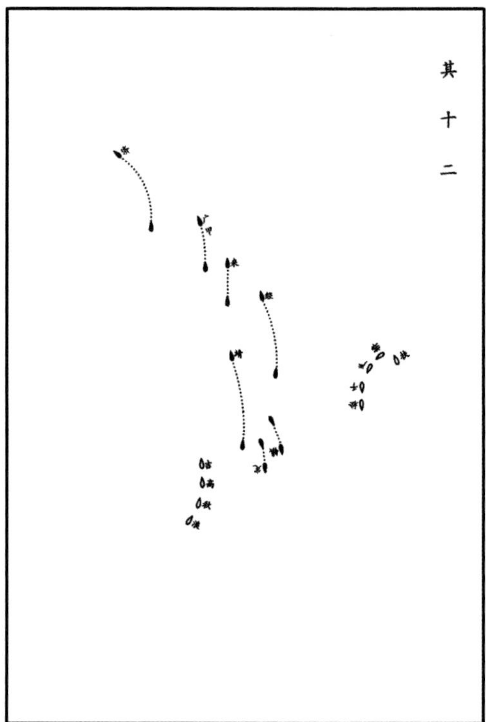

黄海海战示意图

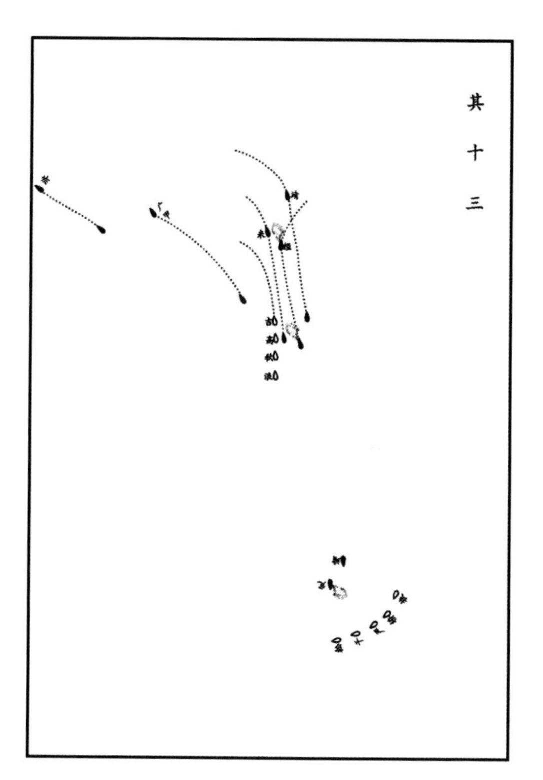

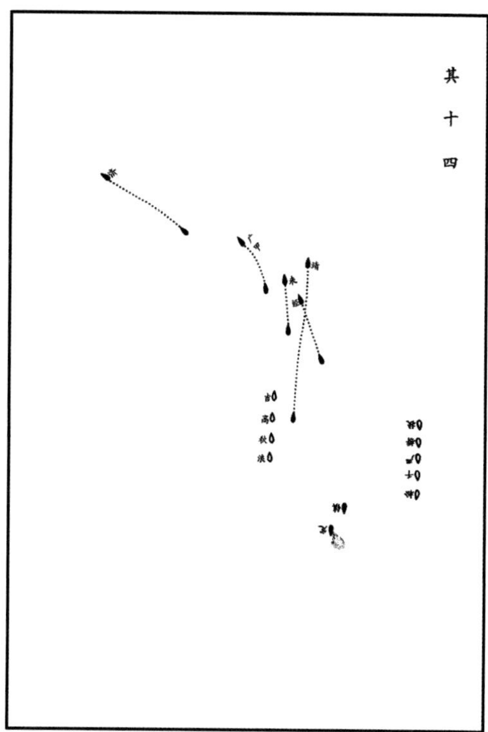

黄海海战示意图

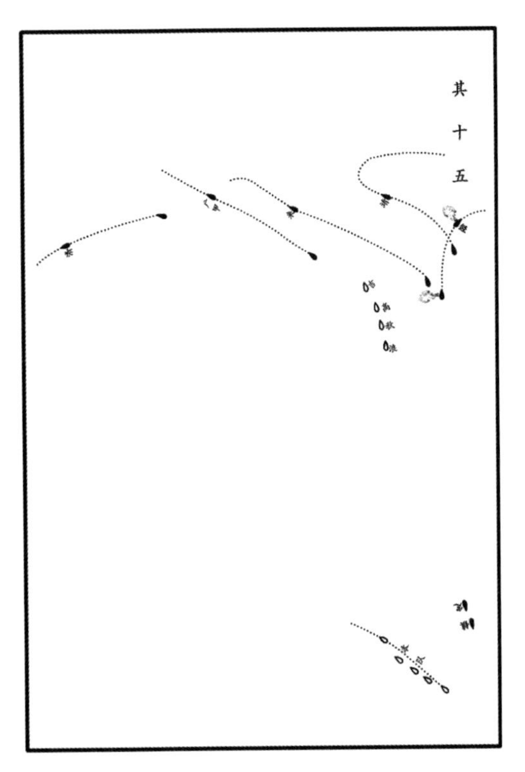

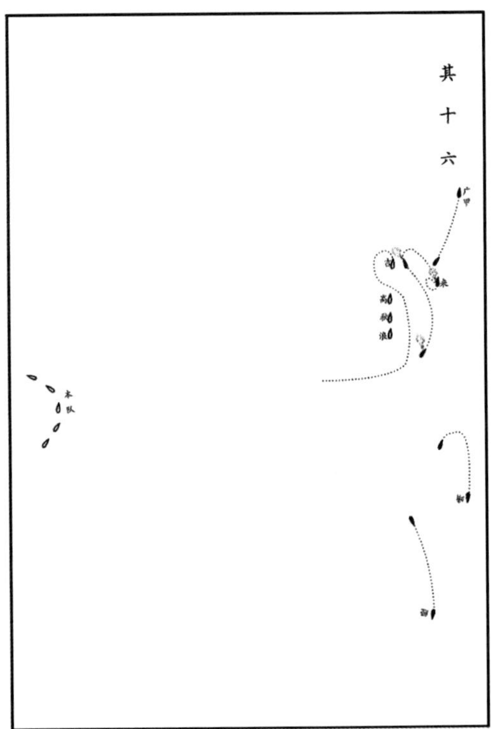

黄海海战示意图

三　英国海军元帅杰弗里·霍恩比爵士(Sir Geoffrey Thomas Phipps Hornby)所撰“黄海海战”(1894年11月)中的中国舰队接战阵形图

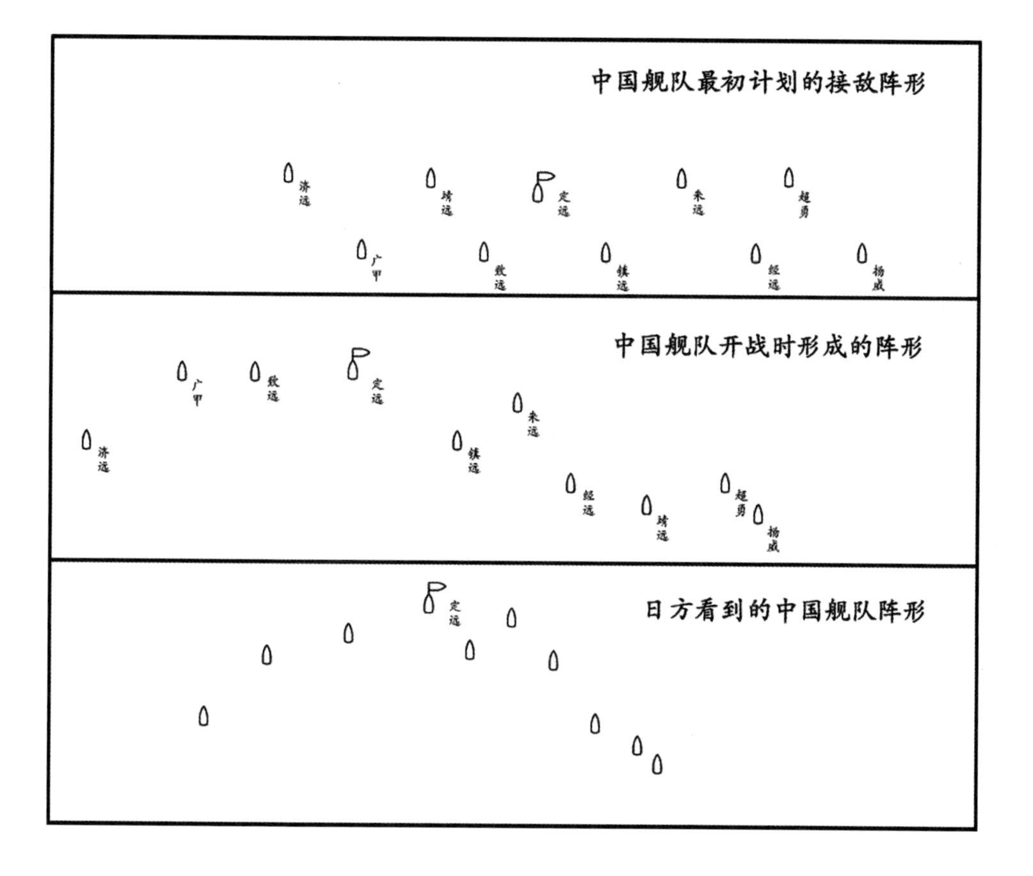

黄海海战示意图

四　英国布拉西（T.A.Brassey）主编《海军年鉴（1895年）》（The Naval Annual 1895）中的黄海海战示意图

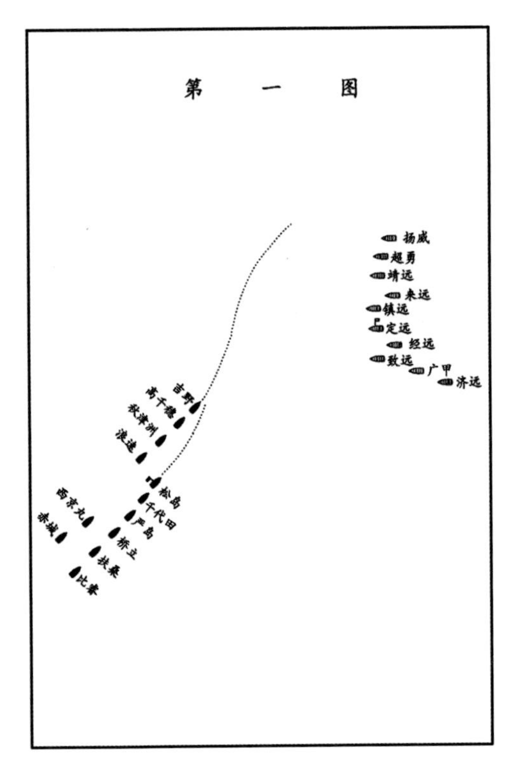

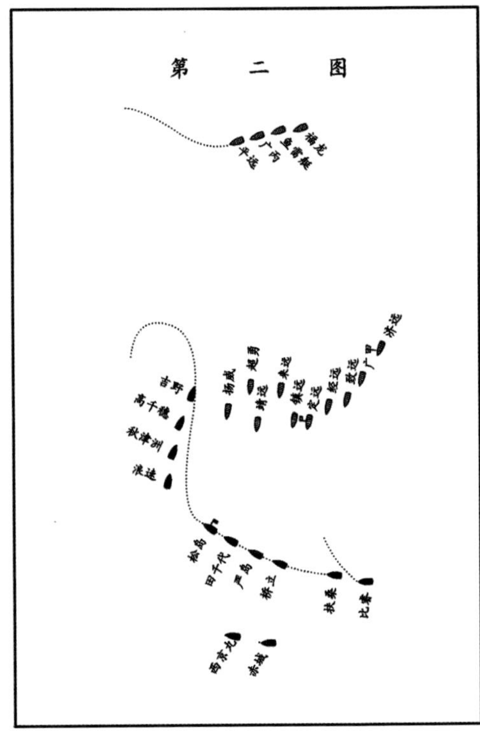

黄海海战示意图

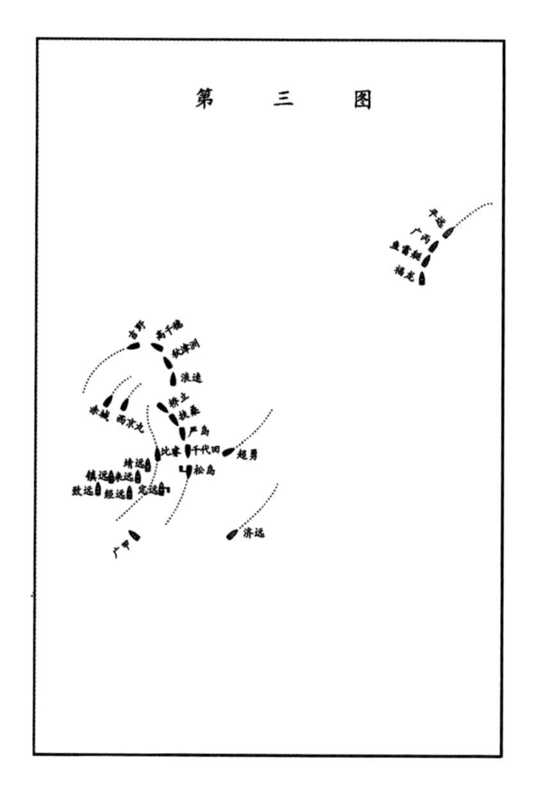
第　三　图
平远
广丙
鱼雷艇
福龙
吉野
高千穗
秋津洲
浪速
赤城
西京丸
桥立
扶桑
严岛
比睿
千代田
超勇
松岛
靖远
镇远
来远
致远
经远
定远
广甲
济远

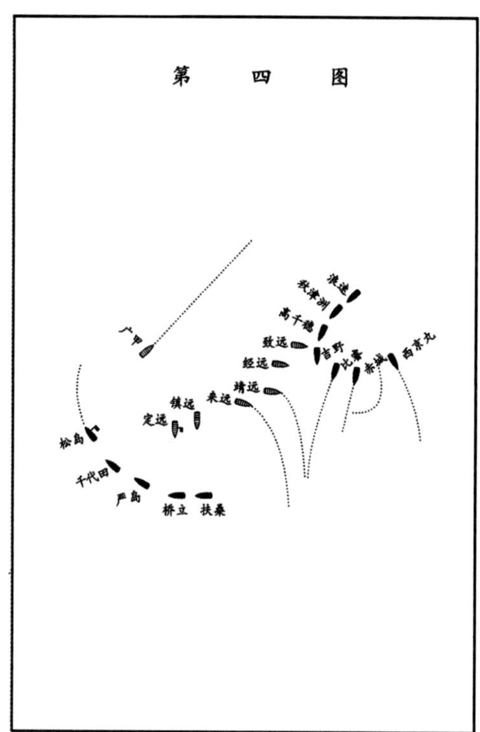
第　四　图
广甲
浪速
秋津洲
高千穗
致远
吉野
经远
比睿
赤城
西京丸
靖远
来远
镇远
定远
松岛
千代田
严岛
桥立
扶桑

黄海海战示意图

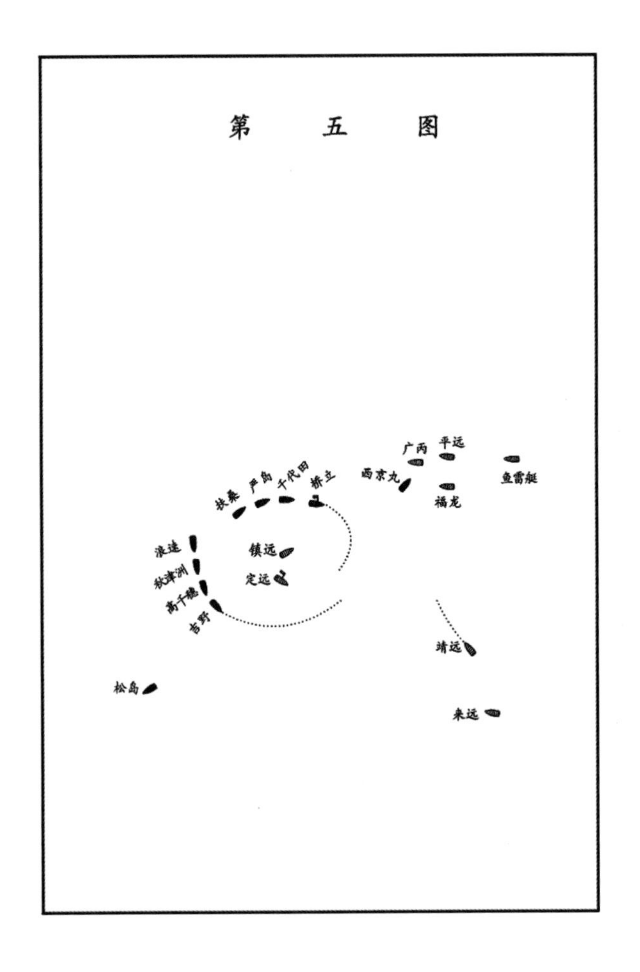

黄海海战示意图

五　北洋海军美籍洋员、“镇远”号铁甲舰帮带马吉芬（Philo Norton McGiffin）所撰“鸭绿江外海战”（1895年8月）中的黄海海战示意图

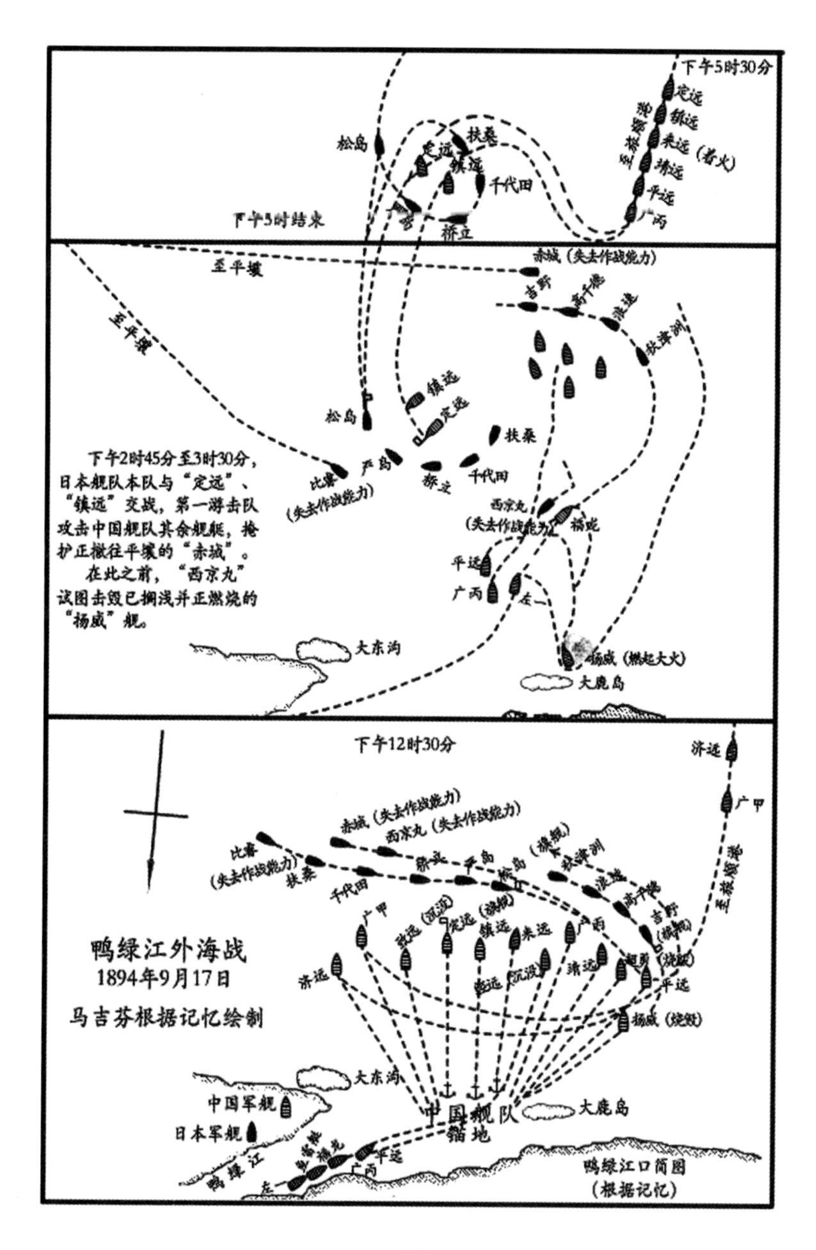

图书在版编目（C I P）数据

大洋沉思 : 甲午海战全景透视 / 苏小东著. -- 福州 : 海风出版社, 2014.7

ISBN 978-7-5512-0148-3

Ⅰ. ①大… Ⅱ. ①苏… Ⅲ. ①中日甲午战争—研究 Ⅳ. ①K256.307

中国版本图书馆CIP数据核字(2014)第092839号

大洋沉思——甲午海战全景透视

苏小东　著

责任编辑：亓可佳 林巧玲

书籍设计：林巧玲

出版发行：海风出版社

（福州市鼓东路187号　邮编：350001）

印　　刷：福州德安彩色印刷有限公司

开　　本：787×1092　1/16

印　　张：22.5印 张

字　　数：270千 字　　　图：34幅

印　　数：1-1000 册

版　　次：2014年6月第1版

印　　次：2014年6月第1次印刷

书　　号：ISBN 978-7-5512-0148-3

定　　价：45.00元